MANAGEMENT ESSENTIALS
IN THE 4TH INDUSTRIAL REVOLUTION ERA

4차 산업혁명 시대의

기업경영

유재욱 | 이근철 | 선정훈

박영사

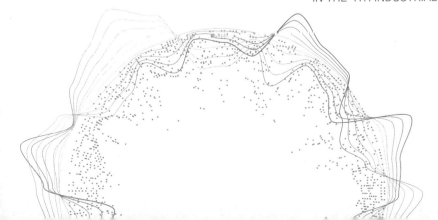

MANAGEMENT ESSENTIALS
IN THE 4TH INDUSTRIAL REVOLUTION ERA

머리말

    디지털 정보통신혁명인 3차 산업혁명의 기반 위에서 디지털, 나노, 바이오 등 다양한 기술 간의 융·복합 과정을 통해 창조되고 있는 4차 산업혁명 시대의 도래는 물리적인 것과 디지털의 결합, 주문 맞춤 생산을 하는 스마트공장, 중개기관을 대체하는 플랫폼의 등장을 포함하는 다양한 기업운영 방식의 변화를 초래하였다. 또한 빠르게 변화되고 있는 불확실성이 높아진 기업환경은 다양한 이해관계자들에 대한 기업의 책임과 역할의 중요성을 강화시키고 있다. 따라서 기업들은 지속가능한 경영을 위하여 4차 산업혁명 시대의 높은 파고를 헤쳐나가며, 이익창출이라는 일차원적인 목표를 넘어 사회적 존립의 정당성을 강화하고, 다양한 사회구성원들과 함께 성장해 나아가기 위한 노력을 경주해야 한다.

    변화된 기업환경과 사회적 요구에 부합하기 위하여, 본서는 기업경영과 관련된 기초개념과 이론들을 4차 산업혁명 시대에서 필요한 기업경영방식의 관점에서 최대한 간략하고 이해하기 쉽게 소개하였다. 아울러 관련된 사례들을 'Opening Case'와 'Closing Case'를 통해 소개함으로써 4차 산업혁명 시대의 경영 현상들에 대한 독자들의 이해도를 제고하였다. 따라서 본서는 경영관련 전공의 입문자는 물론, 경영학의 전체적인 윤곽을 이해하고자 하는 부전공 또는 다전공자, 경영일선에서 직면하는 다양한 현상들을 학문적이고 이론적인 토대에 기초하여 이해하고자 하는 실무자, 그리고 빠르게 변화하고 있는 사회와 기업 간의 공생적인 발전관계를 이해하고자 하는 일반인들에게 핵심적인 지식과 정보를 제공해줄 수 있을 것이다.

　　본서는 총 4개의 부와 13개의 장으로 구성되어 있다. 제1부 '4차 산업혁명 시대와 기업경영'에서는 자본주의 4.0시대로 진화한 현대사회의 역사적 발전과정을 소개하였다. 또한 4차 산업혁명, 기업, 경영, 경영자, 기업가, 창업 등 진화하는 사회 속에서 기업을 창업하고 운영하는 데 필요한 필수 요소들을 소개하는 데 중점을 두었다. 제2부 '4차 산업혁명 시대와 기업성장'에서는 창업한 신생기업의 지속적인 성장과 발전을 위한 조건으로서 소비자 관점의 경영, 재무적 관점의 경영, 전략적 관점의 경영과 함께, 신규시장 진출 및 고객범위 확대를 위한 효과적인 국제화 전략들을 소개하였다. 제3부 '4차 산업혁명 시대의 기업경영관리'에서는 경영관리의 주요 과정들과 함께 효율적인 기업운영을 통한 수익성 향상을 위하여 경영관리시스템과 조직문화의 구축 및 활용 방안을 소개하였다. 또한 기업지배권과 관련된 기업 인수합병과 기업집단에 대한 주요사안들과 실패기업에 대한 정의 및 구조조정 방법에 대해서도 기술하였다. 마지막으로 제4부 '4차 산업혁명 시대와 지속가능기업'에서는 기업과 사회의 지속적인 동반성장을 위한 핵심요소들인 기업의 사회적 책임, 기업윤리, 환경경영에 대해 논의하였다.

　　본서의 집필에는 빠르게 변화되는 사회 환경에 부합하는 기업경영방식에 대한 광범위한 내용들을 효과적이고 유기적으로 설명하기 위하여 경영학의 다양한 전공분야 교수들이 공동으로 참여하였다. 집필과정에서는 내용의 충실성을 강화하기 위하여 선학들의 지적 결과물들을 충분히 참고했으며, 많은 토론과정을 통해 독자들의 이해를 도모하였다. 하지만 저자들의 이 같은 노력에도 불구하고 미흡한 부분

머리말

이 있음을 인정한다. 그리고 미흡한 부분들은 향후 독자들의 의견과
제언들을 수렴하여 계속적으로 수정·보완해 나아갈 것을 약속드린다.

2020년 8월
저자 일동

차례

PART 2　　4차 산업혁명 시대의 기업성장

CHAPTER 5
재무적 관점에서의 경영

차례

PART 3 4차 산업혁명 시대의 기업경영관리

CHAPTER 8
경영관리

차례

PART 4   4차 산업혁명 시대의 지속가능기업

CHAPTER 11

기업의 사회적 책임 CSR: Corporate Social Responsibility

차례

CHAPTER 13
환경경영

part 01

4차 산업혁명
시대의 기업경영

CHAPTER

01

기업과 사회

이 장에서는 경영의 대상인 기업의 정의 및 유형에 대한 개괄적인 고찰을 한다. 이어서 경영자 자본주의, 주주 자본주의, 이해관계자 자본주의 등 자본주의 모델의 변화추이를 고찰한다. 이를 통해 기업경영이 누구를 위해 이루어져야 하는지와 관련한 대상 범위가 경영자 및 대주주에서, 소액주주를 포함한 모든 주주, 주주를 포함한 모든 이해관계자로 점차 확대되어왔음을 살펴볼 것이다. 마지막으로 최근 논의가 되고 있는 제4차 산업혁명의 의의와 기업경영 변화, 기업의 지속가능한 발전을 위한 지속가능경영 등에 대해 살펴본다.

다시 질주하는 테슬라 … 흑자전환·주가상승에 머스크 CEO '덩실'

일론머스크테슬라 최고경영자(CEO)가 수많은 직원 앞에서 막춤을 선보여 화제다. 지난 1월 7일 중국 상하이에 자리한 공장에서 열린 테슬라 보급형 세단 '모델3' 인도식에서다. 행사에 참석한 일론머스크 CEO는 사회자와 이야기하던 중 노래가 흘러나오자 춤을 추기 시작했다. 처음에는 가볍게 리듬을 타는 정도였지만 이내 흥을 주체하지 못하고 재킷을 벗어던진 뒤 본격적으로 춤을 췄다. 객석에서는 웃음과 함께 박수가 터져 나왔다.

왜 신이 났을까. 테슬라 주가를 보면 고개를 끄덕이게 된다.

지난해 상반기까지만 해도 테슬라 주가는 다소 부진했다. 2019년 초 300달러 대를 기록하다 2019년 6월 170달러 대 후반까지 떨어졌다. 직원 7%를 감원한 점, 미국에서 자율주행 보조시스템 '오토파일럿' 기능을 이용하던 테슬라 자동차가 인명사고를 낸 점, 중국 상하이에 자리한 한 건물 주차장에 주차돼 있던 테슬라 자동차 '모델S'에서 불이 난 점 등이 악재로 작용했다는 분석이다.

그러나 이후 반등해 2019년 12월 31일 418.33달러에 거래를 마감했다. 2019년 하반기에만 84.1% 뛰었다. 같은 기간 나스닥지수 상승률은 10.9%다. 올해 들어서도 상승세는 이어진다. 1월 29일 테슬라는 종가 580.99달러를 기록했다. 시가총액은 약 1,047억 2,000만 달러. 미국 양대 완성차 업체 제너럴모터스(480억 1,000만 달러)와 포드(352억 4,000만 달러) 시가총액

을 합친 것보다 몸값이 높다. 콜린러시오펜하이머 애널리스트는 "테슬라는 전통 완성차 업체에 위협적인 존재가 됐다"고 말하며 목표주가로 612달러를 제시했다. 종전목표주가인 385달러에 비해 60% 가까이 높다. 뉴스트리트리서치는 530달러에서 800달러로, 제프리스는 400달러에서 600달러로 목표주가를 조정했다.

주가가 고공행진하는 덕분에 머스크는 성과급으로 거액을 챙길 전망이다. 머스크 CEO는 월급이나 보너스를 받지 않는다. 대신 테슬라 시가총액이나 경영성과에 따라 주식을 받는다. '성과기반주식옵션'이라는 제도로 테슬라 시가총액이 1,000억 달러를 넘어서고 이후 1개월과 6개월 평균 시가총액이 1,000억 달러를 웃돌면 주식을 받게 된다. 더불어 테슬라가 4개 분기 연속으로 매출 200억 달러 혹은 EBITDA(법인세·이자·감가상각비차감전영업이익) 15억 달러를 기록하면 받는 주식도 있는데 이 기준은 이미 지난해 달성했다. 시장에서는 머스크 CEO가 주식성과급으로 3억 4,600만 달러를 받게 될 것이라 예상한다.

주가급등 배경은

생산량 안정화·상하이 공장가동

테슬라 주가가 우상향 곡선을 그리는 데에는 이유가 있다.

먼저 자동차 생산량과 인도량이 궤도에 올랐다는 점이 결정적인 역할을 했다.

2019년 테슬라 자동차 생산량은 2018년 대

비 43.5% 늘었다. 차량출고대수(인도량)는 36만 7,500대로 전년도에 비해 50% 증가했다. 미국 캘리포니아주 생산시설이 안정화된 덕분으로 파악된다. 예약 물량에 비해 턱없이 모자라는 생산량·인도량 때문에 비판을 받던 과거와는 사뭇 다른 모습이다. 중국 상하이 공장이 본격 가동을 시작했으며 독일 베를린에도 새 공장을 지을 계획인 만큼 앞으로도 순항이 예상된다. 상하이 공장은 우선 연간 15만 대가량을 생산하며 장기적으로는 '모델Y' 등으로 제품군을 확장하며 연간 50만 대까지 생산량을 늘릴 계획이다. 테슬라 측에 따르면 상하이 공장은 캘리포니아주 생산기지에서 자동차를 만들 때 드는 비용의 65%가량만으로 제품을 생산해낸다. 비용절감에도 기여할 것이라는 해석이 가능하다. 독일공장은 SUV 제품인 모델Y와 배터리를 주로 만들 예정이다. 올해 초 착공을 위해 준비 중이며 2021년 말 가동이 목표다.

보급형 차량인 모델3 인기에 힘입어 미국과 중국을 비롯한 주요시장 내 판매량도 호조를 보인다. 지난해 미국에서 판매된 전기차의 78%는 테슬라 차량이었던 것으로 추산된다. 2019년 1월부터 9월 테슬라의 중국시장 자동차판매액은 23억 1,800만 달러로 2018년 같은 기간보다 60.4% 증가했다. 한국시장에서도 두각을 나타낸다. 2019년 국내 테슬라 자동차 판매량은 2,430대. 2017년 판매량이 303대, 2018년 판매량은 587대에 불과했다는 점을 감안하면 괄목할 만한 성장세.

생산량과 판매량이 뒷받침되자 실적도 차츰 개선되는 모습이다. 지난 2019년 1분기와 2분기 적자를 냈지만 3분기에는 순이익 1억 4,300만 달러를 기록했다. 대규모 적자를 낼 것이라는 월가 예상을 깼다. 4분기에도 순이익 1억 500만 달러를 기록했다.

최근 공개한 전기트럭 역시 대체적으로 긍정적인 반응을 이끌어냈다. 신차 공개행사에서 자동차 유리방탄 기능을 시연하는 도중 유리창이 깨지는 해프닝이 있었으나 디자인이 독특하다는 점, 테슬라가 처음으로 선보이는 트럭이라는 점 등이 관심을 끈 덕분에 3일 만에 사전예약 약 15만 건을 기록했다.

앞으로 과제는

끊임없는 안전성 논란해소 시급

승승장구하는 테슬라지만 롱런하기 위해 해결해야 하는 과제도 적지 않다.

흑자 전환이 첫 손에 꼽힌다. 매출은 매년 가파른 성장세를 보이지만 테슬라는 2018년까지 한 번도 연간 기준으로 흑자를 낸 적이 없다. 2019년에도 3·4분기에는 흑자를 기록했으나 1분기에는 7억 달러, 2분기에는 4억 달러 적자를 내 연간 기준 흑자 전환에는 실패했다.

테슬라 자동차 안전성에 대한 논란이 이어진다는 점도 문제다. 지난 1월 17일(현지시간) 미국도로교통안전국(NHTSA)은 테슬라 자동차 급발진 관련 조사와 리콜을 요구하는 민원 127건이 접수돼 이를 검토할 계획이라고 발표했다. NHTSA에 접수된 민원에 따르면 급발진으로 인해 충돌사고 110건이 발생하고 52명이 다친 것으로 추산된다. 청원인들이 정식 조사와 리콜을 요구한 모델은 2012~2019년 모델S와 2016~2019년 '모델X', 2018~2019년 모델3 등으로 총 50만 대. 과거에도 테슬라는 스티어링 휠볼트 결함, 좌석시트 고정장치 결함 등으로 인해 모델S와 모델X를 비롯한 자동차를 리콜하는 등 품질문제로 도마 위에 오른 바 있다.

전기차 시장경쟁이 갈수록 심화된다는 점 역시 예의주시해야 하는 사안이다.

특히 중국 전기차 선두주자 비야디 행보가 심상치 않다. 테슬라가 상하이 기가팩토리를 본격 가동하고 중국에서 만든 모델3 가격을 낮춘다고 발표하자 왕촨푸비야디 회장은 최근 "비야디가 새로 개발한 리튬전지 '다오펜 배터리'가 올해 생산에 돌입한다"고 발표했다. 비야디 측은 이 배터리가 기존 제품에 비해 에너지 저장 밀도가 50% 높고 크기는 더 작다고 설명한다. 제조비용은 20~30%가량 저렴하다. 올해 6월 판매를 앞둔 신형세단 '한(漢)' 모델에 쓰일 예정이다. 외부인사 영입에도 적극 나서는 중이다. 지난 1월 13일 비야디는 케빈웨일 전 미국제너럴모터스 중국법인사장을 선임고문으로 선임했다. 제너럴모터스에서만 32년 동안 근무한 자동차전문가로 앞으로 비야디 그룹 운영전략, 영업, 마케팅, 브랜드 구축 등 여러 부문에서 자문을 맡는다. 이외 비야디는 지난해 7월 토요타와 전략적 협력협약을 맺고 함께 전기차 모델과 배터리를 개발하기로 한 데 이어 지난해 11월 전기차연구개발(R&D) 합작사를 설립하기로 했다.

비야디 외 제너럴모터스와포드, 폭스바겐, BMW 등 전통 자동차 기업 역시 전기차 시장에서 우위를 점하기 위해 속도를 내고 있다.

크레이그어윈로스캐피털파트너스 애널리스트는 "테슬라는 시장을 선도하는 전기차 제조사지만 경쟁은 갈수록 치열해진다. 테슬라 주식은 과대평가돼 있다"고 평가했다.

테슬라 주가 〈단위·달러〉

매경이코노미(2020.02.03.)

CHAPTER 01

기업과 사회

제1절　기 업

기업의 정의

　　기업(enterprise)은 우리 사회에서 재화와 서비스의 생산활동을 담당하는 경제주체이다. 기업은 사회 구성원들이 의식주를 해결하고 문화 및 여가 생활을 누리는 데 필요한 재화와 서비스를 제공한다. 또한 사회 구성원들에게 일자리를 제공함으로써 의식주 해결에 필요한 소득의 원천을 제공한다.

　　한편, 우리나라 상법에서는 기업을 "회사"라는 명칭으로 정의하고 있다. 우리나라 상법상 회사는 "상행위나 그밖의 영리를 목적으로 설립한 법인(제169조)"으로 정의되고 있는데, 이 정의에 따르면 회사의 구성요소는 영리성과 법인성의 두 가지로 파악할 수 있다. 여기서 영리성은 이익을 추구하는 단체를 의미하고, 법인성은 사람처럼 법의 권리와 능력을 부여한 단체를 나타낸다. 법인은 자연인과 대비되는 용어로서 법인성은 자연인의 힘만으로는 목적을 달성하기 어려운 사업을 수행하기 위하여 결합한 사람이나 재산에 대하여 자연인과 동일한 법률관계 주체로서의 지위를 인정하는 것을 의미한다.

기업과 경영의 관계

기업과 경영은 매우 밀접한 관계를 갖는다. 기업이 없는 경영은 이루어 질 수 없고, 경영 없는 기업은 무의미하다. 기업은 경영의 대상이며, 경영은 기업이 추구하는 목적을 달성하기 위해 조직적으로 이루어지는 행위이다. 기업을 하드웨어에 비유하면, 경영은 이 하드웨어를 유지하고 발전시키기 위해 필요한 소프트웨어라고 할 수 있다.

기업의 형태

현대사회에는 다양한 형태의 기업들이 존재한다. 기업에 자본을 제공하는 자를 출자자라고 하는데, 표 1−1에서 보는 바와 같이 기업은 출자자에 따라 사기업과 공기업으로 구분될 수 있다.[1] 사기업은 영리추구의 목적으로 개인이 설립한 조직을 말한다. 반면 공기업은 공익추구를 목적으로 국가 또는 공공기관이 설립한 조직이다. 공기업에는 국영기업, 공사, 공단, 지방공익기업 등이 포함된다.

▌표 1−1 기업의 형태

분류 기준		기업의 형태
사기업	단독기업	개인회사
	공동기업	합명 합지회사 유한회사 주식회사 유한책임회사
공기업		국영기업, 공사, 공단, 지방공익기업

한편, 사기업은 출자자의 수에 따라 1명의 출자자가 단독으로 출자한 단독기업과 여러 명의 출자자가 공동으로 출자한 공동기업으로 분류될 수

---

[1] 이러한 분류는 기업의 설립 당시의 설립 목적과 출자를 기준으로 이루어진 분류이다.

있다. 개인회사(sole proprietorship)는 단독기업에 속하며, 합명·합자회사 (partnership), 유한회사(limited company), 주식회사(corporation), 유한책임회 사(limited liability company) 등은 공동기업으로 분류된다.

이하에서는 개인회사, 합명·합자회사, 유한회사, 주식회사 유한책임회 사 등에 대하여 자세히 살펴보기로 한다.

1. 개인회사

개인회사는 한 명의 출자자에 의해 소유되고 운영되는 기업을 의미하는 데, 전 세계적으로 가장 일반화된 형태의 기업이다. 개인회사는 다음과 같은 특성들을 갖는다.

첫째, 기업의 소유자가 단 한 사람이므로 설립이 간단하다는 이점이 있 다. 이 때문에 많은 신생기업들이 개인기업의 형태로 창업된다. 둘째, 개인회 사의 소유자는 발생하는 모든 이익을 혼자서 갖는다. 소유주 개인의 수입과 회사의 수입 간에 구분도 없고, 회사의 모든 이익은 개인소득으로 간주되어 세금이 부과된다. 셋째, 개인회사의 소유자는 회사의 채무에 대해서 개인적 으로 무한책임을 져야 한다. 개인회사가 채무불이행 상태가 되면, 채권자는 소유자의 개인 재산으로 채무를 상환할 것을 요구할 수 있다. 넷째, 개인회 사의 존속 기간은 소유자의 수명으로 제한된다. 이는 소유주와 회사가 동일 체이므로 개인회사의 소유권을 양도하는 것이 불가능하기 때문이다.[2]

기업이 성장함에 따라 개인회사의 단점은 장점을 능가하게 된다. 그 이 유는 기업의 성장에 따라 회사의 채무가 소유자 개인이 감당할 수 있는 수준 을 넘어설 수 있기 때문이다. 이에 따라 기업은 처음에는 개인회사의 형태를 취하더라도 성장이 이루어지면 소유자 개인의 책임을 제한하는 기업의 형태 로 전환하는 것이 일반적이다.

---

2) 개인회사의 소유주가 사업체를 다른 소유주에게 양도하면 다른 개인회사가 된다.

2. 합명·합자회사

합명·합자회사는 둘 또는 그 이상의 출자가가 공동으로 설립한 파트너십(partnership) 형태의 기업을 말한다. 합명·합자회사는 기업의 소유자가 한 명이 아닌 여러 명의 개인 또는 법인이라는 점을 제외하고는 개인회사와 유사한 특성을 갖는다. 합명회사(general partnership)와 합자회사(limited partnership)의 차이는 공동출자자의 구성에 있다. 출자자는 회사의 채무에 대한 책임 한계에 따라 무한책임사원(general partner)과 유한책임사원(limited partner)으로 구분될 수 있다. 무한책임사원은 회사의 채무에 대해 개인적으로 무한책임을 지는 사원이다. 유한책임사원은 회사의 채무에 대해 본인이 출자한 금액의 범위 내에서만 책임을 지는 사원이다. 무한책임사원은 회사의 경영에 참여할 수 있지만, 유한책임사원은 회사의 경영에 참여할 수 없다.

합명회사는 출자자가 모두 무한책임사원으로 구성된다.[3] 한편 합자회사는 출자자가 한 명 또는 그 이상의 무한책임사원과 한 명 또는 그 이상의 유한책임사원으로 구성된다.[4] 합명·합자회사의 이익과 손실은 출자자들이 공유하며, 그 방식은 계약서에 구체적으로 기술된다.

3. 유한회사

유한회사는 복수의 출자자들이 공동으로 설립한 기업으로서 합명·합자회사와 유사한 형태를 갖고 유사한 방식으로 운영된다. 다만, 유한회사는 출자가가 모두 유한책임사원으로 구성된다는 점에서 합명·합자회사와 차별화된다. 즉 유한회사 소유자는 회사의 채무에 대한 책임이 투자 지분으로 한정되고, 회사의 채무에 대해 개인적으로 책임을 지지 않아도 된다. 유한회사는 소수의 출자자와 소액의 자본으로 운영되는 폐쇄형 소규모 기업에 적합한

---

3) 합명회사는 출자자의 수가 복수라는 것을 제외하고 개인회사와 동일한 특성을 갖는다.
4) 합자회사는 합자조합과 구별된다. 조합원들이 각자 조합의 채무에 대해 무한책임을 지는 기존 조합들과 달리, 합자조합은 무한책임조합원과 유한책임조합원이 혼재된 형태의 조합이다. 또한, 회사의 형태를 취하는 합자회사는 법인성을 갖지만, 조합의 성격을 가진 합자조합은 법인성을 갖지 않는다.

형태의 기업이다. 이는 출자자의 지분 양도가 주식회사에 비해 자유롭지 못하기 때문이다. 유한회사의 사원은 지분의 일부 또는 전부를 양도하거나 상속할 수 있지만 회사의 정관을 통해 지분 양도가 제한될 수 있다. 또한 유한회사는 외부 투자자를 대상으로 한 자본의 공모, 상장, 사채발행이 금지되기 때문에 주식회사에 비해 자본조달이 자유롭지 못하다.

4. 주식회사

주식회사는 복수의 주주가 출자하여 설립한 기업을 말한다. 주식회사의 특징을 요약하면 다음과 같다.

첫째, 주식회사는 소유주인 주주와 분리되는 법인격(legal person)을 가진 기업의 형태이다. 이에 따라 주식회사는 실제 사람과 똑같은 권리와 의무를 갖는다. 주식회사 명의로 계약과 소송을 할 수 있고, 재산을 소유할 수도 있으며, 자금을 차입할 수도 있고, 다른 회사의 주식을 소유할 수도 있다.

둘째, 주식회사의 소유주인 주주는 회사의 채무에 대해 유한책임을 진다. 즉 주식회사의 주주들은 자신의 출자금액이라는 제한된 범위 내에서만 회사의 채무에 대해 책임을 진다.

셋째, 주식회사의 주주들은 이중으로 세금을 납부한다. 이는 주식회사의 조세의무와 주식의 소유주인 주주의 조세의무가 분리되어 있기 때문에 나타나는 현상이다. 구체적으로 주식회사는 회사의 이익에 대해 법인세를 납부한다. 그리고 나머지 이익이 주주에게 배분될 때, 주주는 이 소득에 대해 개인소득세를 납부한다. 이러한 과세체계를 이중과세(double taxation)라고 하는데, 대부분의 국가에서 이러한 과세체계를 가지고 있다.

넷째, 주식회사는 소유자인 주주의 수와 자격에 대한 제약이 없다. 주식회사의 소유권은 주식(stock)이라고 하는 지분으로 나누어지며, 주식회사가 발행한 주식의 총 가치를 시가총액(market capitalization)이라고 한다. 주식회사의 주식을 보유하기 위해 특별한 자격이나 전문성이 요구되지 않는다. 따라서 누구든 주식회사의 주식을 보유할 수 있다. 대부분의 주식회사들은 많은 수의 소유자를 가지고 있으며, 이에 따라 각 소유자는 주식회사 지분의 일부만을 보유하게 된다.

　　일반적으로 주식회사는 소유와 경영의 분리된 형태를 취하고 있다.[5] 즉, 주식회사는 주주에 의해 소유되지만, 주식회사의 경영권은 최고경영자와 이사회를 포함하는 경영진에 의해 행사되는 것이 일반적이다. 이는 대규모 주식회사에서는 많은 수의 주주들이 직접 경영에 관여하는 것이 현실적으로 불가능하기 때문에 나타나는 현상이다. 주주들은 이사회(board of directors)의 이사를 선출하고, 이사회는 최고경영자를 선임한다. 주주는 이사 선임권을 통해 주식회사를 지배한다. 소유와 경영의 분리는 지분에 따른 소유권을 쉽게 이전할 수 있도록 하고, 소유권 변동과 무관하게 기업의 계속성을 유지할 수 있도록 한다.

　　이상에서 열거한 특징들로 인해 주식회사는 대규모 기업에 적합한 형태의 기업이라고 할 수 있다. 이에 따라 오늘날 대규모의 자금조달이 필요한 규모가 큰 기업들의 경우 대부분 주식회사의 형태를 취하고 있다. 특히 주식회사 중 주식이 주식시장에서 자유롭게 거래되는 공개기업(public firm)의 경우, 대규모 자본조달이 더욱 용이해진다.

　　이하에서는 별도의 언급이 없는 한 기업은 주식회사 형태의 기업을 의미하며, 경영은 주식회사의 경영을 의미한다. 하지만, 주식회사의 형태를 취하지 않는 기업의 경영도 주식회사의 경영과 유사한 경제적 원리에 입각하여 이루어지므로, 주식회사의 경영을 중심으로 한 서술은 주식회사의 형태를 취하지 않은 기업에도 그대로 적용가능하다고 할 수 있다.

5. 유한책임회사

　　주식회사는 대규모의 자본을 조달하여 규모가 큰 사업을 영위하고자 할 때 유리한 회사형태이다. 하지만 회사의 설립이 어렵고 공시의 의무, 정보 공개의 의무를 가지고 이사회, 감사, 주주총회 등의 기관을 반드시 두어야 하는 등 지배구조가 경직적이라는 단점이 있다. 그래서 이러한 주식회사의

---

5) 개인회사와 합명회사는 회사에 대해 무한책임을 지는 소유자에 의해 소유되고 경영된다. 하지만 개인회사, 합명회사를 제외한 다른 유형의 회사에서는 소유의 경영이 분리될 수 있다.

단점을 완화하고 회사 설립을 쉽게 할 수 있도록 하기 위해 2011년 개정 상법에서는 미국의 "Limited Liability Company; LLC" 형태의 유한책임회사를 도입하였다.

유한책임회사는 주식회사와 파트너십의 장점을 취합해서 만들어진 회사 형태라고 볼 수 있다. 유한책임회사는 출자자인 (유한책임)사원들이 자신이 출자한 금액의 한도 내에서 법적인 책임을 진다는 점에서는 유한회사 및 주식회사와 동일하다. 하지만 유한책임회사는 이사, 감사, (사원 또는 주주)총회를 두지 않아도 된다는 점에서 유한회사 및 주식회사와 차이가 있다. 이사, 감사, 총회 등의 제도가 없는 유한책임회사에서는 사원들의 개별적인 합의에 의해 회사가 운영된다.[6] 한편 유한책임회사는 유한회사나 주식회사와 달리 공시의 의무, 정보공개의 의무를 가지고 있지 않다.[7]

한편, 유한책임회사도 유한회사나 주식회사처럼 업무집행 대표자를 정한다. 유한회사에서는 정관에 별도로 정한 바가 없으면, 사원총회에서 업무집행 대표자를 결정한다. 그리고 주식회사에서는 이사회에서 이사회 결의로 업무집행 대표자를 결정한다. 하지만 총회가 없는 유한책임회사에서는 사원들 간의 개별적인 합의로 업무집행 대표자를 결정한다.

주식회사, 유한회사, 유한책임회사는 소유주가 유한책임 출자자들로만 구성된다는 점에서 공통점을 갖는다. 하지만 회사의 필수 기관, 업무 집행 대표자 선정 등 중요한 의사결정의 방식, 지분양도 시 필요 절차, 공시 및 정보공개 의무 등에서 차이가 있다. 주식회사는 주주총회, 이사회, 감사를 필수 기관으로 반드시 두어야 한다. 유한회사에서 사원총회와 이사는 필수 기관이지만, 감사는 반드시 두지 않아도 되는 임의 기관이다. 유한책임회사는 필수 기관 없이 사원들 간의 개별적인 합의에 의해 운영된다. 주식회사는 주주총회에서, 유한회사는 사원총회에서 중요한 의사결정이 이루어진다. 반면 유한책임회사는 사원들 간의 개별적인 합의에 의해 중요한 의사결정이 이루어진다. 주식회사에서는 지분이 주식으로 나누어지며, 지분에 대한 양도 양수가

---

6) 유한회사는 사원총회에서 지분의 양도를 결정하지만, 유한책임회사에서는 사원 전원의 동의에 의해 지분의 양도를 결정한다.
7) 2020년부터 유한회사도 외부감사 및 공시의 대상이 되었다.

장외 또는 장내 주식시장에서 이루어진다. 하지만 유한회사에서는 사원총회 결의, 유한책임회사에서는 총 사원의 동의 또는 정관 변경 동의 절차가 지분 양도 양수를 위해 필요하다. 주식회사와 유한회사는 공시 및 정보공개 의무가 있지만, 유한책임회사는 이 의무를 지지 않는다. 지분의 증권화가 이루어지지 않아 지분의 양수도가 어렵고, 주식회사에 비해 상대적으로 불투명하게 운영되는 유한회사와 유한책임 회사는 투자자들의 대규모 투자를 받기 어려운 측면이 있다.

▌표 1-2 주식회사, 유한회사, 유한책임회사의 비교

	주식회사	유한회사	유한책임회사
회사의 필수 기관	주주총회, 이사회, 감사	사원총회, 이사	없음
중요 의사결정 절차	주주총회	사원총회	사원들 간의 개별적인 합의
지분 양도양수 필요 절차	없음	사원총회 결의	총 사원의 동의 또는 정관 변경
공시 및 정보공개 의무	있음	있음	없음

제2절 사 회

자본주의 모델의 변화추이

1. 경영자 자본주의

20세기 초반 미국에서 출현한 경영자 자본주의(managerial capitalism)는 소유와 경영이 분리된 주식회사에서 경영이 전문경영인에 의해 이루어지는 경영 체제를 의미한다. 20세기 초반 미국의 기업들이 빠르게 성장하면서, 주식 발행을 통한 기업 자금조달이 활성화되었으며, 발행된 주식들이 불특정 다수의 주주들에게 광범위하게 분산되기 시작했다. 이러한 현상은 주식회사에서 소유와 경영의 분리를 촉진하여 주주가 경영자를 임명하고, 경영자는 경영 전반을 책임지는 형태의 기업지배구조가 정착되었다.

그림 1-1은 미국 자본주의 모델의 변화추이를 나타내고 있다. 저명한 경영 사상가인 로저 마틴(Roger Martin) 교수는 1932~1975년 기간 동안을 미국에서 경영자 자본주의가 번성한 시기로 설명하였다. 이 기간 동안 대주주들은 기업경영을 전문경영자에게 전적으로 위임하였으며, 배당에 대한 요구도 과도하게 하지 않았다. 이처럼 주주들의 배당 압력이 높지 않았던 이유는 이 기간 동안에는 자본이득에 대한 세율보다 배당금에 대한 세율이 훨씬 높아, 배당금을 지급받는 것보다 기업성장을 위해 투자하고 주가를 상승시켜 자본이득을 얻는 편이 훨씬 유리했기 때문이다. 따라서 이 기간 동안 많은 경영자들은 기업이 창출한 이익을 기업내부에 유보하고, 이를 신규투자나 경쟁기업 또는 다른 업종의 기업을 인수하는 데 활용했다. 기업규모가 커질수록 경영자의 권한과 영향력은 더욱 확대되었고, 확대된 경영자의 권한과 영향력은 기업규모를 추가적으로 커지게 하는 역할을 했다. 한편, 기업의 경영자들이 자신들의 권한과 영향력을 더욱 확대시킬 목적으로 축적된 내부자금을 신규투자와 기업인수에 집중적으로 활용하면서, 산업 전체적으로는 과잉투자와 과잉설비의 문제가 발생하기도 했다.

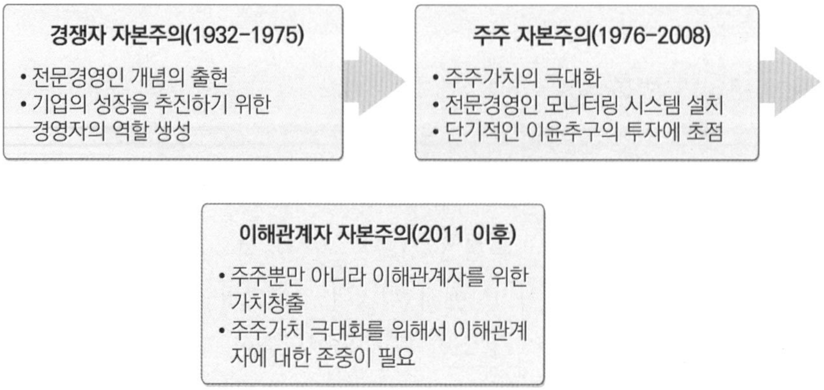

경쟁자 자본주의(1932-1975)
• 전문경영인 개념의 출현
• 기업의 성장을 추진하기 위한
  경영자의 역할 생성

주주 자본주의(1976-2008)
• 주주가치의 극대화
• 전문경영인 모니터링 시스템 설치
• 단기적인 이윤추구의 투자에 초점

이해관계자 자본주의(2011 이후)
• 주주뿐만 아니라 이해관계자를 위한
  가치창출
• 주주가치 극대화를 위해서 이해관계
  자에 대한 존중이 필요

자료: Martin(2010) 수정인용

그림 1-1 미국 자본주의 모델의 변화추이

2. 주주 자본주의

미국 경기는 1960년대 후반부터 침체되기 시작했다. 경기침체로 인해 수요가 둔화되자, 과잉설비를 보유한 미국 기업들의 이익은 축소되고 주가가 하락하였다. 미국의 주가지수가 1940년대부터 1960년대 중반까지는 가파른 상승세를 보였으나, 1960년대 후반부터 1970년대 후반 사이에는 하락하는 추이를 보였다. 이러한 미국 기업들의 주가하락은 더 이상 자본이득을 기대할 수 없게 된 주주들의 배당 압력 증가로 이어지고 결국 경영자 자본주의에서 주주 자본주의로의 이행이라는 결과를 초래하였다.

그림 1-1에서 볼 수 있는 것처럼 로저 마틴 교수는 1976년부터 글로벌 금융위기가 발생한 2008년까지를 주주 자본주의의 기간으로 설명하였다. 경기침체와 주가하락으로 더 이상 자본이득을 기대할 수 없게 된 주주들이 배당에 대한 압력을 강화하고, 주주의 이익을 위한 기업경영을 강조하게 된 시기이다. 로저 마틴 교수가 1976년을 주주 자본주의의 원년으로 보는 이유는 해당 연도에 젠센(Jensen)과 메클링(Meckling)이 주주 자본주의를 주창하는 기념비적인 논문을 발표했기 때문이다. 젠센과 메클링은 '기업이론: 경영행

동, 대리인 비용 및 소유구조'란 논문에서 전문경영인들이 주주보다 자신의 이익을 앞세우기 때문에 주주의 이익을 극대화하는 것이 기업의 목표가 되어야 한다는 주장을 제시하였다.

주주 자본주의는 주식시장이 발달한 미국, 영국 등에서 발달한 자본주의 모델로, 주주를 경영의 초점에 둔다. 주주 자본주의 관점에 따르면 주식회사는 주주 이익의 극대화를 위해 경영되어야 한다. 즉, 주주에게 최대한 많은 배당이나 시세차익을 확보해주고 세금을 최대한 적게 내서 주주의 금전적 혜택을 극대화할 수 있도록 경영자가 기업을 경영해야 한다.

주주 자본주의에서 기업가치의 극대화와 주주 이익의 극대화를 동일하게 취급하는 이유는 주주를 주식회사의 주인으로 보기 때문인데, 그 이유는 다음과 같다. 주주는 다른 이해관계자들과 달리 기업경영의 위험을 부담한다. 물론 채권자도 주주처럼 기업에 자본을 제공한다. 하지만 주주는 채권자가 제공한 자본을 상환하고 남는 잔여재산에 대해 청구권을 갖는다. 이로 인해 채권자는 기업의 영업실적에 관계없이 제공한 자본과 이에 대한 이자를 청구할 수 있지만, 주주가 청구할 수 있는 금액은 기업의 영업실적에 따라 달라진다.

한편, 기업에 인적 자본을 제공하는 종업원도 기업의 영업실적에 따라 손실을 입을 수 있다. 기업이 이익이 줄어들면 임금이 내려가고, 기업이 파산하면 실직하게 된다. 하지만 기업이 파산하게 되더라도 종업원이 다른 곳에 이직할 수 있기 때문에 인적 자본 자체를 잃게 되지는 않는다. 하지만 주주는 기업이 파산하면 자신이 제공한 자본 자체를 잃게 된다. 우리나라에서도 1997년 외환위기 이후 주주의 권리에 대한 인식이 강화되면서 주주 자본주의가 소액주주권리의 강화, 사외이사제도의 확대, 경영 투명성의 강화 등의 형태로 전개된 바 있다.

사실 주주의 권리를 강조하는 주주 자본주의 자체에 문제가 있는 것은 아니다. 하지만 기업이 이해관계자들의 이익을 손상시키면서 주주 이익만을 추구한다면 사회적인 문제가 초래될 수 있고, 기업 자체의 지속가능한 경영도 어려울 수가 있다. 기업이 주주에 대한 배당과 주가 관리에만 전념한 나머지 신규투자를 기피한다고 가정해보자. 신규투자가 줄어들면 종업원의 채용도 줄어들고, 기업은 점차 성장 동력을 잃게 될 수 있다. 이로 인해 주주의 이익이 단기적으로 늘어날 수 있지만, 장기적으로는 기업과 주주의 이익이 줄어들 수밖에 없는 것이다.

3. 이해관계자 자본주의

이해관계자(stakeholder) 자본주의는 기업의 공익적 책임을 중시하고, 고객, 노조, 거래기업, 채권자, 정부 등 다양한 이해관계자의 공존공영에 기업경영의 초점을 맞추는 자본주의 모델이다. 이해관계자 자본주의는 상대적으로 자본시장이 덜 발달되고 은행 중심의 금융시스템을 가진 독일에서 시작되었다(김진방 외, 2003). "독일의 기업들은 주주 이익보다 기업 이익을 훨씬 중시하는 경향이 있으며, 기업내부의 질서는 공적 이해를 대변해야 하고, 법과 단체협약 등에 의해 광범위한 사회적 규제를 받는다. 또한 독일 주식회사의 감독이사회(Aufsichtsrat)는 기업에 자본을 제공한 대형은행들이 기업을 감시하기 위해 만든 제도적 장치이다. 대형은행의 임원들이 참여하는 주식회사의 감독이사회는 주주의 이해만을 대변하지 않고 모든 이해관계자들의 이해와 함께 공익을 고려하여 의사결정을 한다."

주주 자본주의가 발달한 미국에서도 2011년부터는 주주 자본주의가 이해관계자 자본주의로 전환되어야 한다는 주장이 대두되고 있다. 이익추구는 기업의 영원한 본질이지만 이것에만 몰두해선 지속가능한 경영을 하기 힘들게 되었다는 인식이 사회적으로 확대되었기 때문이다. 그림 1-2는 주요 국가에서 기업의 주주가치 창출활동이 사회적 이익과 합치되어야 한다는 데 동의한 비율을 보여주고 있다. 해당 조사결과에 의하면, 국가별로 동의 비율에 다소간의 차이가 있지만, 대부분의 국가에서 대다수의 응답자들이 기업의 주주가치 창출을 위한 활동이 사회적 이익과 합치되어야 한다고 생각하고 있음을 알 수 있다.

특히 해외사업의 비중이 큰 다국적 기업의 경우 이해관계자를 중시하는 기업경영이 더욱 중요하다. 역사, 인종, 문화가 다른 나라에서 사업을 하면서 돈벌이에만 너무 치중한다면, 결코 좋은 평판을 얻을 수 없기 때문이다. 한 예로 미국의 세계 최대 커피 프랜차이즈 업체 스타벅스가 콜롬비아 등 개발도상국 커피 농장을 착취한다는 비판에 직면한 경우를 생각해볼 수 있다. 결국 스타벅스는 공정무역 인증 원두를 구매하기로 정책을 바꾸고 점차 그 비중을 확대해 기업 이미지 개선에 나서게 되었다. 또한 유럽계 정유사 로열더치셸은 원유를 실어 나르는 유조선이 기름을 유출하는 사고를 일으켰다. 결국 이 문제가 사회적 이슈가 되어 이 회사는 피해국 사람들뿐만 아니라 국제사회의 비난에 직면하게 되었다. 이처럼 현대사회는 물건을 많이 팔아 이익의 극대화만을 추구하는 기업을 비난하고 심지어는 이들의 존립에 위협을 가하고 있다. 이런 변화를 겪으면서 주주 자본주의가 이해관계자 자본주의로 점차 바뀌고 있다.

우리나라는 그동안 이해관계집단이 너무 좁은 범위로 한정되어왔고 이해관계자들 사이의 균형관계가 유지되지 못해왔다는 지적을 받아왔다. 즉, 지배주주와 소액주주, 종업원, 하청업체, 그리고 채권자 등 기업의 이해관계

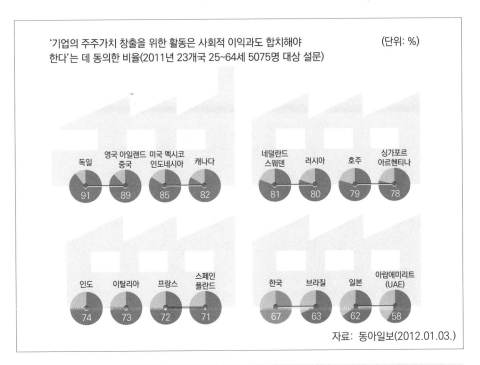

그림 1-2 기업의 주주가치 창출활동이 사회적 이익과 합치해야 한다는 데 동의한 비율

자들 사이의 견제, 감시 또는 의견수렴이 제대로 이루어지지 못했던 것이다. 이제 우리나라도 사회적인 공유가치창출(CSV: creating shared value)이 주요 국가전략이 되었고, 이해관계자와의 상생을 도모하지 않는 회사는 살아남기 어려운 시대로 접어들었다. 또한 사회공헌이 기업 지속가능성(sustainability) 의 핵심 화두가 되고 있는데, 특히 사회적 영향력이 큰 대기업들에게는 더욱 그렇다. 그리고 이 같은 현상에 대해서는 기업이 착해져서라기보다는 살아남기 위해 사회에 눈을 돌린다고 보는 주장이 일반적이다. 장기적인 관점에서 이익의 극대화는 기업이 경제적 성과뿐 아니라 사회적 성과와 환경적 성과를 포괄적으로 관리해야 가능하기 때문이다.

제4차 산업혁명

1. 제4차 산업혁명의 의의

인류 역사상 3차례의 산업혁명이 발생했다. 제1차 산업혁명은 1760~ 1840년경에 발생하였다. 제1차 산업혁명은 증기기관의 발명에 의한 기계화 혁명으로 특징지을 수 있다. 제2차 산업혁명은 19세기 말에서 20세기 초에 이루어졌다. 제2차 산업혁명의 특징으로 전기와 컨베이어 벨트에 의한 생산 조립 라인에 의한 대량생산혁명을 들 수 있다. 제3차 산업혁명은 1960년부터 시작되었으며, 컴퓨터와 인터넷의 발달에 의한 정보화/디지털 혁명이다. 우리는 어떤 경우에 대해 산업혁명이라고 명명할 수 있을까? 경제학자인 아놀드 토인비가 「18세기 영국 산업혁명 강의」에서 산업혁명이라는 용어를 처음 사용했다. 그는 "인류 역사에서 기술혁신과 그에 수반하여 일어난 사회·경제적 구조의 변혁이 발생해야 산업혁명이라는 용어를 쓸 수 있다"라고 하였다.

우리는 제4차 산업혁명이라는 용어를 뉴스에서 쉽게 접하고 있다. 제4차 산업혁명은 완료되지 않은 현재 진행형의 산업혁명이므로, 그 특징을 명확하게 정의할 수 없을 뿐 아니라 이미 시작되었는지도 단언할 수 없다. 제4차 산업혁명이라는 용어가 본격적으로 사용되게 된 것은 언제부터일까? 세계

경제포럼(WEF: World Economic Forum, 이하 WEF)의 의장인 클라우스 슈밥(Klaus Schwab)이 2016년 1월 개최된 다보스 포럼에서 4차 산업혁명 시대의 도래를 선언하고, 이어 『제4차 산업혁명(the Fourth Industrial Revolution)』이라는 책을 출간하면서부터 이 용어가 화두가 되기 시작했다.

클라우스 슈밥은 언제부터 제4차 산업혁명이 시작되었고, 제4차 산업혁명을 어떻게 정의하고 있을까? 그는 제4차 산업혁명이 21세기 시작과 동시에 제3차 산업혁명을 기반으로 출현했다고 보았다. 그는 제4차 산업혁명을 "진화된 디지털 기술을 중심으로 물리학 기술, 생물학 기술 등 다양한 기술 간 융합을 통해 발생하는 기술적, 경제적, 사회적 변화"로 특징을 짓고 있다. 그의 저서의 서문에서는 "일부 학자와 전문가들이 이러한 상황을 여전히 제3차 산업혁명의 연장선으로 이해하고 있으나 그와는 현저히 구별되는 제4차 산업혁명이 현재 진행 중이라는 사실을 뒷받침할 만한 근거로 속도, 범위와 깊이, 시스템 충격을 들 수 있다"라고 한다. 클라우드 슈밥(2016, pp. 12-13)에서 그가 제시한 세 가지 근거를 차례로 살펴보면 다음과 같다.

- **속도**: 제1~3차 산업혁명과 달리, 제4차 산업혁명은 선형적 속도가 아닌 기하급수적인 속도로 전개 중이다. 이는 우리가 살고 있는 세계가 다면적이고 서로 깊게 연계되어 있으며, 신기술이 그보다 더 새롭고 뛰어난 역량을 갖춘 기술을 만들어냄으로써 생긴 결과다.
- **범위와 깊이**: 제4차 산업혁명은 디지털 혁명을 기반으로 다양한 과학기술을 융합해 개개인뿐만 아니라, 경제, 기업, 사회를 유례없는 패러다임 전환으로 유도한다.
- **시스템 충격**: 제4차 산업혁명은 국가 간, 기업 간, 산업 간 그리고 사회 전체 시스템의 변화를 수반한다.

정진섭(2019)에 의하면, 제4차 산업혁명 시대에는 "초연결성(hyper-connectivity), 초지능성(hyper-intelligence), 초융합성(hyper-convergence)이라는 특성을 축으로 하는 새로운 비즈니스 모델들이 탄생되고 있다"라고 한다. 초연결성은 전면적인 디지털화 및 온라인화에 따른 현실과 가상 간의 경계

소멸 및 데이터베이스화를 의미한다. 이러한 초연결성으로 인해 기업들이 다양하고 방대한 정보의 입수가 가능하게 되었다. 그리고 초지능성은 확보된 데이터에 기초한 기계학습의 발전과 이로 인한 비인간 행위자의 자율화를 의미한다. 빅데이터 분석과 인공지능 발전으로 대별되는 초지능성으로 인해 인산 노동의 로봇 대제, 개인 맞춤형 생산 등이 가능하게 되었다. 마지막으로 초융합화는 초연결성 및 초지능성으로 인해 분리되어 있던 영역들 간(예: 산업들 간, 온라인과 오프라인 간)의 융합 또는 복합으로 새로운 가치가 창출되는 것을 의미한다.

2. 제4차 산업혁명의 주요 기술

클라우드 슈밥(2016, pp. 35-50)은 제4차 산업혁명을 이끄는 메가트렌드 기술로 디지털 기술, 물리학 기술, 생물학 기술을 들고 있다(아래 그림1-3 참조). 그가 소개하는 이 기술들을 살펴보면 다음과 같다.

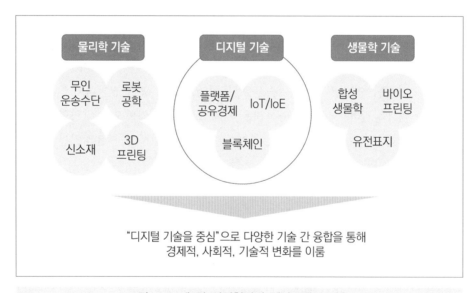

그림 1-3 제4차 산업혁명의 메가트랜드 기술

출처: 김대훈 외 3인(2018)

▌표 1-3 제1~4차 산업혁명의 특징과 주요 기술

	특징	주요 기술
제1차 산업혁명	기계화 혁명	증기기관
제2차 산업혁명	대량생산혁명	전기, 생산 조립 라인
제3차 산업혁명	정보화/디지털 혁명	컴퓨터, 인터넷
제4차 산업혁명	다양한 기술 간 융합혁명	디지털 기술, 물리학 기술, 생물학 기술

먼저 디지털 기술에는 사물인터넷(IoT: Internet of Things, 이하 IoT)또는 만물인터넷(IoE: Internet of Everything, IoE), 블록체인, 공유경제/플랫폼 비즈니스(예: 우버, 에어비앤비) 등이 있다. 사물인터넷은 실물과 디지털의 연계를 가능하게 하는 기술이다. 각종 센서와 송신기, 전자태그장비가 더 작고, 저렴하고, 스마트하게 제조됨에 따라 발달하게 된 이 기술은 제조 공정, 집, 의류, 액세사리, 도시, 운송망, 에너지 네트워크 등 실생활과 가상의 네트워크를 연결시키고 있다. 이는 제조업, 사회기반시설 및 보건의료 등 모든 산업에서 자산과 활동을 세밀하게 모니터링하여 활용의 극대화를 도모할 수 있도록 할 수 있다. 사물인터넷의 활용 예로 기업에서 활용하는 원격 모니터링 기술을 들 수 있다. 사물인터넷의 대표적 활용 예로 상자, 화물운반대, 컨테이너 등에 센서, 송신기, 전자태그 등을 부착하여 물류의 이동 시 위치를 추적하는 원격 모니터링을 들 수 있다. 블록체인은 거래와 기록이 이루어지기 전에 컴퓨터 네트워크상에서 모든 참여자들의 검증을 거쳐야 하는 분산원장 방식의 보안 프로토콜 중의 하나이다. 중앙원장과 같은 중립적 중앙당국의 개입 없이 사용자들이 공동으로 시스템을 만들어가고, 암호화된 보안으로 모든 사용자들에 의해 공유되므로 특정 사용자가 블록체인의 시스템을 통제할 수 없다는 장점이 있다. 블록체인 기술의 대표적인 활용 예로 디지털 화폐의 일종인 비트코인을 들 수 있다. 플랫폼은 공유 또는 주문형(on-demand) 경제를 가능하게 하는 기술이다. 스마트폰과 같은 모바일 기기를 통해 쉽게 접근이 가능한 플랫폼은 사람, 자산, 데이터 등을 한데 모아 재화와 서비스를 소비하는 방식을 공유 또는 주문형으로 바꾸고 있다. 플랫폼 기술의 활용은 자동차 공유(우버), 홈스테이(에이비앤비), 쇼핑(알리바바) 등 다양한 비즈니스

분야에서 이루어지고 있다. 플랫폼을 활용한 비즈니스는 저렴한 수준의 가격에서 거래를 성사시키고, 다양한 재화와 서비스의 공급이 이루어지도록, 디지털 플랫폼상에서 공급자와 수요자가 서로 피드백을 주고받을 수 있다는 장점이 있다. 플랫폼 비즈니스의 가격 경쟁력은 플랫폼이 직접 자산을 보유하지 않음에 기인한다. 일례로 자동차 공유 플랫폼은 자동차를 소유하지 않고, 홈스테이 플랫폼인 에어비앤비는 부동산을 소유하지 않는다. 플랫폼은 자산 보유에 따라 발생하게 되는 거래비용이나 마찰비용을 줄여 상대적으로 낮은 가격에 재화나 서비스를 제공하는 것이 가능할 수 있다.

물리학 기술에는 무인운송수단, 3D 프린팅, 첨단 로봇공학, 신소재 등이 포함된다. 무인 운송수단으로 자율주행차, 드론, 무인 항공기 등을 들 수 있다. 센서와 인공지능의 발달함에 따라 자율체계화된 모든 기계의 능력이 빠른 속도로 향상되고 있다. 그중 가장 대표적인 것이 드론이다. 현재 드론은 주변 환경의 변화를 감지하고, 그에 맞추어 반응하는 기술을 갖추어 택배, 배달 등 상업용으로 곧 활용될 것으로 기대된다. 3D 프린팅은 입체적으로 형성된 3D 디지털 설계도나 모형에 원료를 층층이 쌓아서 유형의 물체를 만드는 '적층 가공' 기술이다. 지금까지 대량생산을 위해 활용되어온 '절삭 가공' 기술, 즉 설계된 모양이 형상화될 때까지 재료의 층을 깎아서 모형을 제조하는 기술은 주문 맞춤 생산에는 한계가 있었다. 절삭 가공을 통해 만드는 모형의 제작에 시간과 비용이 많이 들어 모형을 제작하는 데 한계가 있기 때문이다. 하지만 디지털 견본을 이용하는 이 기술은 주문 맞춤 생산을 더욱 쉽게 만든다. 이 기술은 현재 자동차, 항공우주, 의료 산업 등에서 주로 활용되고 있다. 첨단 로봇공학은 인간과 기계의 협력을 일상화시킬 것으로 기대된다. 로봇의 구조와 기능적 디자인이 생물학적 구조를 차용하고 센서가 발달함에 따라, 로봇이 더욱 뛰어난 적응성과 유연성을 확보할 것으로 기대된다. 또한 로봇이 클라우드 서버 접근을 통하여 원격 정보에 접근하고 다른 로봇들과 네트워크로 연결됨에 따라 더욱 폭넓고 다양한 업무를 수행하는 것이 가능해질 전망이다. 신소재로 더욱 가볍고, 강하고, 재생가능하고, 적응력이 높아진 소재들이 출현할 것으로 예상된다. 여기에 대한 예로 자가치유 고분자소재를 들 수 있다. 자가치유 고분자소재는 분자의 크기가 매우 큰 고

분자에 치료물질을 담은 마이크로 캡슐을 분산시키거나, 치료가능한 기능을 부여한 고분자소재로 코팅재와 건축소재, 의료소재 등 다양한 분야에 활용되고 있다.

생물학 기술은 합성 생물학, 바이오 프린팅 등을 포함한다. 합성생물학은 DNA 데이터를 기록하여 유기체를 제작할 수 있는 기술이다. 이 기술은 비용대비 효과가 큰 방법으로 인간의 유전자 구성을 밝히는 데 활용될 수 있다. 이는 심장병, 암 등 유전적 요소가 있는 난치병의 발명에 관여하는 유전자 구성을 밝힘으로써 개인 맞춤형 치료법을 제안할 수 있을 것으로 기대된다. 바이오 프린팅은 재생을 위해 생체조직을 만들어내기 위한 유전자 편집 기술과 3D 프린팅을 결합한 기술이다. 이 기술을 이용하여 피부와 뼈, 심장, 혈관 조직을 만들어낼 수 있다.이 기술은 향후 3D 프린터로 출력한 간세포를 여러 층으로 쌓아올려 이식용 장기를 만들 수도 있을 것으로 기대된다.

3. 제4차 산업혁명 시대 기업경영의 변화

제4차 산업혁명 시대에 일어나고 있는 기업경영에서 일어나고 있는 변화를 다음과 같이 예시할 수 있다.

- 물리적인 것과 디지털의 결합
- 주문 맞춤 생산을 하는 스마트공장
- 중개기관을 대체하는 플랫폼

▌물리적인 것과 디지털의 결합

사물인터넷, 빅데이터, 소프트웨어, 적층식 제조분야의 발전을 기반으로 인간(물리적)과 장비(디지털)를 통합하는 대표적인 사례로 GE의 생각하는 공상(brilliant factory)을 늘 수 있다. GE의 생각하는 공장은 발전, 항공, 철도, 헬스케어 등 다양한 분야에서 3D 프린팅, 첨단 소프트웨어 분석 등을 이용해 첨단 제조화하여 생산성을 향상시키는 차세대 공장 개념이다. GE의 생각하는 공장은 공장 시설과 컴퓨터가 사물인터넷으로 실시간 커뮤니케이션하여 품질 유지와 가동 중지 상황을 미리 예측해 의사결정을 내릴 수 있으며, 공급망과 서비스, 유통망까지 사물인터넷에 연결해 생산 최적화를 도모할 수 있다. GE는 이러한 통합을 통해 제품 설계, 생산, 서비스 방식을 다시 결정함으로써 비용은 절감되고 생산속도는 증대되며 그것이 결국 고객을 위한 혁신으로 이어질 것으로 기대하고 있다.

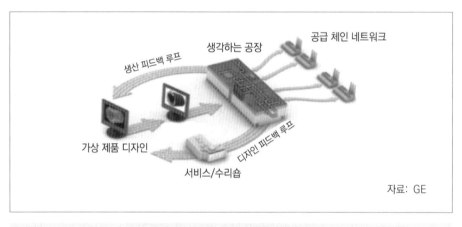

그림 1-4 GE의 '생각하는 공장' 개념도

▌주문 맞춤 생산을 하는 스마트 공장

주문 맞춤 생산을 하는 스마트 공장의 예로 미국 캘리포니아주에 위치한 테슬라의 프레몬트 전기 자동차 공장을 들 수 있다. 이 공장에는 자동차 공장에서 흔히 볼 수 있는 컨베이어 벨트가 없으며, 자동차 조립을 담당하는 직원이 있어야 할 자리에 빨간색 로봇이 있다. "테슬라 전기차 공장에 컨베이어 벨트 없는 이유는?" 조선비즈(2014.05.04.)의 기사는 "첨단 로봇들은 과거에 공장 직원이 담당하던 조립과 용접, 도색 업무를 척척 수행해내며 하루에 전기 자동차 80대 이상을 만들어내고 있다. 3,000여 명의 직원은 관리 업무에만 집중하면 된다. 테슬라의 브랜드 색상인 밝은 빨간색으로 통일한 첨단 로봇 160여 대는 '제조업의 애플'이라고 불리는 테슬라의 혁신 문화를 반영하고 있다. 지금은 많은 자동차 공장들이 로봇을 활용하지만 테슬라가 본격 제조를 시작한 2012년에는 4개 기능을 수행할 수 있는 로봇을 사용하는 공장은 프레몬트 공장뿐이었다. 테슬라는 전기 자동차 상용화는 물론 첨단 공장 혁신도 주도한 것이다"라고 보도하고 있다.

출처: "테슬라 전기차 공장에 컨베이어 벨트 없는 이유는?", 조선비즈(2014.05.04.)

테슬라의 사례는 컨베이어 벨트가 없는 스마트 공장에서 로봇에 의한 주문 맞춤 생산이 가능이 가능한 현실임을 보여주고 있다. 포드주의적 생산 방식으로 대별되는 컨베이어 벨트 시스템은 동일한 제품의 대량생산을 가능하게 하는 혁신적인 발명이었으며, 인류 역사상 효율적인 생산방식 중의 하나로 여겨져 왔다. 컨베이어 벨트 시스템은 부품의 표준화와 노동의 표준화를 통해 가격 경쟁력을 보유한 제품을 생산해낼 수 있도록 함으로써 제2차 산업혁명을 주도했다. 일례로 미국의 자동차 회사인 포드는 1980년에 컨베이어 벨트 시스템에서 생산된 '모델T카'를 출시했다. 이 차의 가격은 $700~$850로 $2,500~$3,000에 달하던 자동차 가격을 큰 폭으로 낮추어 자농자가 더 이상 사지꿈이 아니고 누구든지 원하면 살 수 있는 품목으로 변환시켰다.

테슬라의 사례는 소품종 대량생산에 적합한 방식인 포드주의적 생산방식이 주문형 경제가 본격화되는 제4차 산업혁명 시대에는 더 이상 효율적이지 않을 수 있음을 시사한다. 컨베이어 벨트 시스템에서는 생산되는 품종을 바꾸려면 벨트를 바꾸어야 한다. 하지만 컨베이어 벨트가 아닌 로봇에 의한 생산은 소비자의 수요에 유연하게 맞출 수 있는 다품종 생산방식이다. 소비자의 주문 정보가 로봇에게 전파로 전달되면, 로봇은 이 정보를 기반으로 소비자가 원하는 자동차를 제작할 수 있기 때문이다. 제4차 산업혁명의 진전으로 주문형 경제가 본격화되면, 제조업에서 컨베이어 벨트가 사라지고, 로봇에 의한 완전한 주문 맞춤 생산이 가능해질 전망이다. 즉 스마트 공장에서 인공지능을 탑재하고 빅데이터를 보유한 클라우드에 접속가능한 로봇이 소비자가 주문한 사양의 자동차를 맞춤 주문하는 것이 가능할 것으로 기대된다.

▎중개기관을 대체하는 플랫폼

제4차 산업혁명으로 인해 강력한 플랫폼이 등장함에 따라 기업과 소비자 간의 구매를 연결시키는 유통회사, 자금의 공급자와 수요자를 연결시키는 금융중개회사 등 전통적인 중개기관의 역할을 약화시킬 것으로 예상된다. 플랫폼 비즈니스는 사업자가 제품 또는 서비스를 직접 제공하는 것이 아니라, 제품이나 서비스를 제공하는 생산자 그룹과 이를 필요로 하는 소비자 그룹을 서로 연결하는 것이다. 플랫폼 비즈니스의 사업자는 생산자 그룹과 수요자 그룹이 플랫폼 내에서 활발한 거래가 발생하도록 함으로써 가치를 생성하고 궁극적으로 수익을 창출한다. 구축된 디지털 플랫폼 네트워크는 사람들을 모아 상품과 서비스가 거래되는 역할을 할 수 있다. 이러한 이유 때문에, 애플, 구글, 아마존, 페이스북을 비롯한 많은 기업들이 디지털 플랫폼 구축을 위해 노력한다. 플랫폼이 전통적인 중개기관의 역할을 대체하는 사례로 아마존(amazon)과 리플(ripple)을 들 수 있다.

온라인 커머스 기업인 아마존은 디지털 플랫폼 구축을 통해 유통업의 전통적인 강자인 월마트를 위협하고 있다. 월마트도 뒤늦게 급성장 중인 온라인 커머스 사업에 뛰어들었으나, 이 사업에서 고전을 면치 못하고 있다. 아마존은 여전히 온라인 커머스 시장을 장악하고 있으며 아마존과 월마트 간 격차는 여전히 좁혀지지 않고 있다. 2020년 3월 기준으로 아마존은 매출액 점유율 38.7%로 온라인 커머스 시장에서 1위를 기록하고 있고, 월마트가 매출액 점유율 5.3%로 그 뒤를 따르고 있다.[8] 아마존은 도서, 의류, 음반, 가전용품, 식품, 무형의 콘텐츠 등 다양한 품목을 판매하는 온라인 종합 쇼핑몰을 운영하고 있다. 또한 아마존은 아마존 웹 서비스(Amazon Web Service, 이하 AWS)를 통해, 온라인 서버와 데이터 저장 공간을 임대하는 클라우드 컴퓨팅 비즈니스를 수행하고 있다.

리플은 블록체인 기반 해외송금 플랫폼을 구축하고, 은행들이 견고한 진입장벽을 구축하고 있는 해외송금 시장에 진입하였다. 리플과 같은 해외송금 플랫폼 업체가 등장하기 이전에는 은행들이 해외송금 시장을 거의 독점하고 있었다. 일반적으로 은행들은 국제 은행 간 통신망인 스위프트(SWIFT)[9]를 통해 해외송금 메시지를 주고받고, 송금은행과 수취은행의 중간에서 중개은행들이 해외송금 거래를 정산하고 있는 방식으로 해외송금 업무를 처리하고 있다. 은행들이 스위프트 시스템을 이용하기 위해 막대한 고정적인 비용이 들고, 해외송금 거래의 정산을 위해 여러 단계의 중계은행을 거쳐야 되므로, 은행의 해외송금서비스를 이용하기 위해 적지 않은 중계 수수료를 부담하고 상당 기간이 소요된다. 리플과 같은 블록체인 기반 해외송금 플랫폼은 저렴한 해외송금 수수료와 신속한 송금 완료를 무기로 하고 있다. 리플은 은행 간 대규모 송금을 쉽고 빠르게 만들어주는 암호화폐 '리플'을 자사 해외송금 플랫폼 '엑스커런트(xCurrent)'와 '엑스래피드(xRapid)'를 통해 송금하고 있다. 예를 들어 미국에서 달러를 리플로 바꾼 뒤 일본으로 송금하면 일본에서 이를 엔화로 바꿔 수취할 수 있는 방식이다. 자체 발행한 암호화폐로 송금이 완료되는 이러한 구조는 스위프트와 중계은행을 이용하지 않게 됨에 따라 거래비용을 절감할 수 있고, 실시간 이체도 가능하다는 장점을 갖는다. 이러한 장점 때문에 리플은 해외송금 시장에서 새로운 바람을 일으키고 있다. 2018년부터 멕시코, 스페인, 일본 등의 여러 금융기관들이 리플 플

---

8) eMarketer.com
9) 스위프트는 1973년 구축된 이후 은행 간 해외 송금망을 사실상 독점해왔다. 전 세계의 많은 금융회사, 중앙은행 및 기업들이 스위프트 회원으로 가입되어 있다. 스위프트의 중앙화된 구조로 인해 한 번 송금하려면 여러 중개은행들을 거쳐야 한다는 치명적 약점이 있으며, 이로 인해 비싼 송금 수수료를 내야 하고 송금에 걸리는 시간도 오래 걸린다.

랫폼을 통해 해외 송금에 나서고 있으며, 한국에서도 신한은행과 우리은행이 리플 플랫폼 도입 계획을 밝힌 바 있다.[10]

아마존, 리플 등과 같은 디지털 플랫폼이 오프라인 시장을 잠식해가며 영역을 넓히고 있다. 디지털 플랫폼이 갖는 강점은 무엇일까? 첫째, 디지털 플랫폼은 거래비용과 마찰 비용을 크게 줄인다. 일반저으로 디지털 플랫폼은 사이버 공간에서 공급자와 수요자가 직접 상품과 서비스를 거래할 수 있도록 연결해주는 역할을 한다. 중간 거래자가 없으므로 디지털 플랫폼에서의 거래는 거래비용을 절감할 수 있어 공급자와 수요자 모두 이익을 볼 수 있다. 또한 디지털 플랫폼에서의 거래자는 원하는 상품과 서비스를 찾기 위해 시간과 교통비를 들이지 않아도 되므로 그만큼 마찰 비용을 절약할 수 있다.

둘째, 디지털 플랫폼은 이용자가 증가하면 '네트워크 효과(network effect)'가 발생한다. 네트워크 효과는 디지털 플랫폼의 이용자가 증가하면 할수록 이용자 간의 더 많은 상호작용으로 이어져 디지털 플랫폼 자체의 가치가 커지는 것을 의미한다. 디지털 플랫폼의 구축에 막대한 초기 고정비용이 발생한다. 하지만 일단 디지털 플랫폼이 구축된 이후에는 네트워크 효과로 인해 이용자가 늘어날 때 발생하는 한계비용이 매우 낮다. 물론 오프라인 유통업체에서도 네트워크 효과가 발생할 수 있다. 하지만 오프라인 유통업체의 네트워크 효과는 지리적으로 접근 가능한 지역 내에서만 작동할 수 있으며, 사람들이 직접 그 공간으로 찾아와야만 실현된다는 한계가 있다. 디지털 플랫폼은 네트워크 효과의 지리적 한계를 갖지 않으며, 온라인 유통업체에서의 주문은 언제나 가능하여 시간적 제약도 받지 않는다.

셋째, 디지털 플랫폼은 오프라인 회사와 비교하여 유형 자산을 매우 적게 보유한다. 이로 인해 이커머스 업체는 자원의 효율적사용과 자원 낭비 감소를 통해 비용을 줄이고, 이는 오프라인 회사에 대한 가격 경쟁력을 높일 수 있도록 한다. 오프라인 경쟁사에 비해 낮은 원가 구조를 가지는 아마존, 리플과 같은 이커머스 업체는 낮은 가격 책정이 가능하다. 낮은 가격 책정은 더 많은 이용자를 디지털 플랫폼으로 불러 들어 규모의 경제를 실현함으로

---

10) "견고한 해외 송금시장의 벽, 리플이 깼다", 조선비즈(2019.4.17.).

써 비용절감 ⇒ 더 많은 고객 및 이용자 ⇒ 규모 확대 ⇒ 비용절감의 선순환 구조를 창출할 수 있도록 한다.

넷째, 디지털 플랫폼은 오프라인 경쟁자가 수집하지 못한 데이터를 확보함으로써 경쟁력을 높일 수 있다. 아마존은 고객의 구매 정보 및 회원 정보를 수집 및 분석하여 고객의 성향에 따라 향후 구매 확률이 높은 상품에 대한 정보를 생성한 후, 이를 마케팅 활동에 적극적으로 활용하고 있다. 데이터 확보를 통한 정보력이 네트워크 효과와 결합되면 더 많은 디지털 플랫폼 이용이 더 많은 데이터와 더 높은 가치 창출로 이어져 디지털 플랫폼의 정보력이 높아지고, 이로 인해 디지털 플랫폼의 경쟁우위가 더욱 강화될 수 있다.

지속가능경영

지속가능경영(sustainable management)은 지속가능한 발전(sustainable development)을 기업경영에 적용한 개념이다. 1987년 유엔의 세계환경발전위원회(World Commission on Environment and Development)는 우리의 공통된 미래(Our Common Future)라는 보고서를 발간했다. 이 보고서에 따르면 지속가능한 발전이란 '미래 세대의 필요충족능력을 해치지 않으면서 현 세대의 필요성을 충족시킬 수 있는 발전'으로 정의된다(WCED, 1987).

따라서 기업에게 있어 지속가능경영은 경제적, 환경적, 사회적 영향을 종합적으로 균형 있게 고려하면서 기업의 지속가능성을 추구하는 경영활동을 의미한다. 그림 1-5에서 보는 바와 같이 경제, 환경, 사회가 지속가능경영의 세 가지 축을 구성하며, 이 세 가지 축이 조화롭게 균형을 이룰 때 기업의 지속가능성은 달성될 수 있다(Savitz and Weber, 2006).

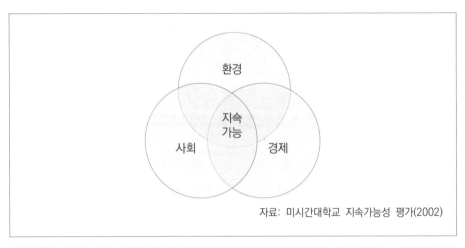

자료: 미시간대학교 지속가능성 평가(2002)

그림 1-5 지속가능경영의 세 가지 축

　　과거에는 기업이 매출, 이익 등 경제적 성과의 창출에만 힘을 쏟았다. 하지만 앞으로는 기업의 지속가능한 발전을 위해서 지속가능경영이 반드시 필요하다는 주장이 대두되고 있다. 이러한 주장은 기후 온난화 등으로 전 세계적인 환경규제가 강화되고, 이해관계자들의 기업의 사회적 책임에 대한 요구가 증가하는 상황에서 기업이 경제적 가치와 함께 환경보전 및 사회적 책임 완수를 통해 환경적 성과와 사회적 성과를 창출하지 않고는 발전은 고사하고 존립조차도 어렵다는 인식에 기반을 두고 있다.

　　지속가능경영의 필요성이 강조되면서, 기업들은 여러 가지 지속가능경영 활동을 전개하고 있다. 1995년에는 '세계 지속가능발전기업협의회(WBCSD)'가 발족되었고, 포춘지 선정 250대 기업 대다수가 매년 '지속가능성 보고서'를 발간하고 있다. 우리나라에서도 2002년에 '지속가능발전기업협의회(KBCSD)'가 발족되었고 2003년부터 많은 기업들이 지속가능성 보고서를 발간하고 있다.

　　지속가능성 보고서는 기업의 지속가능성이 얼마나 높은지를 나타내는 보고서로 경제, 환경, 사회의 세 가지 축을 포함한 기업의 지속가능경영 비전 및 전략, 프로그램 및 성과 등을 내용으로 포함한다. 또한 회계 보고서에는 포함되지 않은 환경 리스크, 사회적 리스크, 관리능력, 수익창출기회 등 비재무적 정보를 포함하고 있어 기업의 가치평가에도 활용되고 있다.

삼성경제연구소(2012)는 15개 글로벌 기업의 지속가능경영 활동들을 분석하고 여섯 가지의 지속가능경영 트렌드를 도출하였는데, 이를 요약하면 다음과 같다. 첫째, 환경, 건강, 안전을 의무사항을 넘어 사업 변신의 기회, 신사업 및 성장 동력으로 활용한다. 즉, 기업이 환경, 건강, 안전을 핵심가치로 추구하여 기업을 둘러싼 다양한 이해관계자들의 삶의 향상을 도모한다. 둘째, 저소득층, 개발도상국에서 사용할 수 있는 제품과 서비스를 개발하여 제품 및 서비스의 접근성을 높인다. 제품 및 서비스의 접근성 향상은 기업에게는 신규고객 창출 및 신시장 확보 등을 통해 새로운 사업 기회를 제공하고, 더불어 사회적 약자의 효용을 높여 사회 전체의 후생을 증가시킨다. 셋째, 건전한 기업생태계 조성이 기업의 경쟁력이라는 인식하에 협력사와 유기적인 연결과 협력체계를 구축한다. 협력사와의 유기적인 연결과 협력체계는 기업의 장기적인 운영능력을 강화한다. 넷째, 지역사회와 함께 지속가능한 선순환 수익모델을 창출하여 지역발전에 기여한다. 지역사회의 발전은 기업에게 양질의 물리적 자원을 확보하도록 하고 지역사회와 우호적 관계를 형성할 수 있게 해준다. 다섯째, 종업원들의 삶의 질 향상을 통해 내부고객 만족도를 제고한다. 종업원의 만족도 향상은 기업의 성과 향상으로 연결되며, 내부고객 만족도 제고를 통해 사회공헌에도 기여한다. 여섯째, 기업 위주의 사회공헌활동에서 벗어나 종업원, 고객 등 이해관계자의 사회공헌 참여를 유도한다. 사회공헌활동을 통해 기업의 평판도가 상승하고, 여러 가지 사회문제들이 해소될 수 있으며 고객과 사회의 사회공헌 욕구가 충족될 수 있다. 종합해보면, 기업의 지속가능경영 활동들이 기업뿐만 아니라 기업을 둘러싼 다양한 이해관계자에게도 여러 가지 혜택을 제공하고 있음을 알 수 있다(표 1-4).

▌표 1-4 기업의 지속가능경영 활동의 혜택

구 분	기 업	이해관계자
환경, 건강, 안전 추구	사업 변신의 기회 신사업 및 성장 동력 제공	건강, 안전, 환경을 고려한 삶의 질 향상
제품 및 서비스의 접근성 향상	신규고객 창출 및 신시장 확보	저개발국, 저소득층의 제품 사용 기회 확대
협력사와 유기적인 연결과 협력	협력사와 신뢰관계 구축으로 장기적 운영능력 강화	건전한 기업생태계 확보
지역발전	양질의 물리적 자원확보 지역사회와 우호적 관계 형성	지역의 사회적, 경제적 발전
종업원 만족도 제고	종업원 만족도 향상이 기업의 성과 향상으로 연결	내부고객 만족도 제고를 통한 사회공헌
사회공헌	사회적 평판도 상승	사회문제 해소 고객과 사회의 사회공헌 욕구 충족

자료: 삼성경제연구소(2012)

Closing Case

[4차 산업혁명 이야기] 디지털 전환시대의 플랫폼 독점과 경쟁

플랫폼의 경쟁력은 가격과 비용의 차이에 있지 않다. 데이터 수집과 분석력이 경쟁력을 결정한다. 많은 플랫폼 기업들이 데이터 추출과 분석을 위한 고정자본에 투자를 강화하는 이유다. 기존 제조업과 차별화되는 플랫폼 기업의 경쟁우위 원천은 그 어느 때보다 독점을 강하게 지향하도록 만든다. 하지만 플랫폼 중심의 자본주의 사회가 펼쳐지더라도 경쟁을 피해갈 수는 없다.

플랫폼 독점과 경쟁

플랫폼 기업의 독점화 경향의 출발점은 네트워크 효과다. 더 많은 이용자는 더 많은 상호작용으로 이어져 플랫폼 자체의 가치가 커진다. 그리고 가치의 성장은 복수의 네트워크 효과가 결합된다는 점에서 기하급수적이다. 우버는 운전자의 증가에서 네트워크 효과를 얻지만, 승객이 늘어나도 우버 플랫폼의 가치는 상승한다. 게다가 디지털 경제 시대에는 네트워크 효과로 초기의 우위를 선점할 경우 그 지위가 지속되는 경향이 나타난다. 남들보다 먼저 플랫폼 사업을 시작했다는 것은 경쟁자가 수집하지 못한 데이터를 확보했음을 의미하고, 네트워크 효과와 결합되면 더 많은 활동이 더 많은 데이터와 더 높은 가치 창출로 이어져 플랫폼의 예측력이 높아지고 경쟁우위가 더욱 강화된다. 마지막으로 플랫폼은 상품과 서비스 생태계를 구축해 경쟁자를 물리친다. 안드로이드 전용 앱, 페이스북 전용 서비스가 그것이다. 이러한 수단으로 플랫폼 기업은 독점기업이 된다. 미국에서 페이스북과 구글이 온라인 광

고수익의 75%를 점유하고, 페이스북, 구글, 알리바바가 전 세계 디지털 광고의 절반가량을 차지한다는 사실이 이러한 현상을 대변한다. 이러한 플랫폼의 등장은 기존 산업의 독점구조를 무너뜨리고 그 자리에서 스스로가 독점기업으로 변신한다. 하지만 플랫폼 기업의 독점은 일시적이다. 거대 금융기관과 통화정책은 새로운 디지털 플랫폼 기업의 등장을 가속화하기 때문이다.

플랫폼 기업 간 경쟁

기존 플랫폼 기업과 새로운 기업 간의 경쟁은 몇 가지 경향으로 요약할 수 있다. 데이터 확보의 강화가 대표적이다. 경쟁력과 수익성의 원천이 데이터인 플랫폼 기업은 경쟁우위를 확보하기 위해 데이터 확보 능력을 강화한다. 2008년부터 2013년 사이 빅데이터 관련 합병이 두 배로 증가한 이유다. 사물인터넷 전략이 생겨나고, 트로이목마에 비유되는 스마트스피커의 등장도 같은 맥락에서 해석할 수 있다. 또한 플랫폼 기업은 게이트키퍼로서의 역할도 강화한다. 적당한 길목을 확보해 이용자가 다른 플랫폼으로 빠져나가지 못하도록 막는 것이다. 우버는 구글맵 대신 자체 지도를 활용하려 하고, 애플과 페이스북은 자체 지불시스템을 개발한다. 모두 데이터가 발생하는 기초 지점을 점유해 다른 플랫폼과 데이터를 공유하지 않고 독점해 경쟁력을 확보하려는 전략이다. 이런저런 방법으로도 경쟁우위의 확보가 쉽지 않으면 최종적으로 플랫폼을 폐쇄적으로 운영하는 전략을 펼친다. 애플이 대표적이다. 애

플은 제품과 서비스 사이에 의존도를 높이는 동시에 대체재를 허용하지 않는다. 우버 역시 폐쇄적 속성이 나타난다. 많은 기사들이 우버 서비스에 가입하면 택시 수요는 점차 줄어들고, 생존을 위해 택시기사들은 우버에 가입할 것이다. 승객들도 마찬가지다. 우버의 확장으로 택시를 잡기 어려워지면 우버 플랫폼을 활용해 택시를 호출해야 한다. 플랫폼 간의 경쟁으로 폐쇄전략이 출현하게 되면 많은 생태계가 플랫폼 안에 가둬지는 결과가 발생할 수도 있다.

플랫폼에 대한 이해가 필요한 시점

물론 현실에는 제도와 정치적 활동으로 인해 이러한 독점화가 아무런 제약 없이 이뤄지지는 않는다. 또한 아무리 플랫폼 자본주의 시대라 하더라도 '수익성' 기준에서 벗어날 수 없기 때문에 독점화가 저절로 형성되지는 않는다. 많은 플랫폼 기업이 시장점유율 확보를 위해 이윤보다 성장이라는 모델을 취하지만, 수익성 없는 기업 간의 경쟁은 파산과 심각한 손실을 경험할 뿐이다. 결국 수익이 낮은 서비스는 사업을 철수하거나, 비용을 줄이고 가격을 올리는 방식이 될 것이다. 거의 무료에 가까운 가격에 누리던 많은 서비스들이 사라지고, 그 자리를 유료의 고급 서비스가 대신할 수 있다는 것이다. 게다가 플랫폼 서비스가 무료로 제공되던 이유가 광고수입에 있다는 점을 생각해본다면 플랫폼 기업 간 경쟁은 플랫폼 서비스의 유료화는 물론 플랫폼 기업들이 하던 다양한 사치성 투자의 위축으로 이어져 플랫폼 기업 전반의 서비스가 핵심역량 위주로 재편될 수 있다. 플랫폼에 내재된 독점모델이 훨씬 더 전통적인 사업모델로 회귀할 수 있다는 것이다.

플랫폼은 경제 전체로 확산되고, 경쟁은 플랫폼의 폐쇄성을 강화할 것이다. 광고수익에 의존했던 플랫폼은 많은 부분 유료화로 돌아설 것이다. 이 과정에서 국가는 플랫폼을 통세할 수 있다. 독점금지법, 디지털세 등이 대표적이다. 하지만 플랫폼이 1970년대 이후 발생한 과잉공급으로 인한 수익성 저하, 즉 장기침체에 대응하기 위해 등장한 새로운 모델이라는 점을 고려한다면 규제는 플랫폼을 활용하는 최소한의 조치일 뿐이다. 특정 기업의 사적 독점을 방지하고 플랫폼의 장점을 활용하기 위해서 모든 사람이 소유하고 통제하는 공적 시설로서의 공공플랫폼 구축도 고민해야 할 것이다. 분명 플랫폼은 사회 전반의 디지털 인프라 구조에 영향을 미치고, 사회는 플랫폼에 점점 더 의존하게 될 것이다. 규제와 입법을 통한 플랫폼 통제도 중요하지만, 디지털 전환 시대에 더 나은 미래를 위해서는 플랫폼이 어떻게 작동하는지, 무엇을 할 수 있는지에 대한 철저한 인식을 바탕으로 해야 할 것이다.

포인트

플랫폼의 사적 독점을 방지하고 바람직한 효과를 얻기 위해서는 플랫폼 이해를 바탕으로 설계 필요

한국경제(2020.07.06.)

토의문제

01 기업이 수행하는 사회적 기능을 설명하시오.

02 개인회사의 특징을 설명하시오.

03 공동기업의 유형과 특징을 설명하시오.

04 주식회사의 특징을 설명하시오.

05 주식회사 형태의 기업이 다른 형태의 기업보다 대규모의 자본조달이 용이한 이유를 설명하시오.

06 주주 자본주의에서 주주 이익의 극대화를 기업가치 극대화와 동일하게 취급하는 이유를 설명하시오.

07 주주 자본주의와 이해관계자 자본주의를 비교하여 설명하시오.

08 제4차 산업혁명의 특징을 이전의 산업혁명과 비교하여 설명하시오.

09 제4차 산업혁명과 관련하여 나타나고 있는 기업경영의 주요 변화를 서술하시오.

10 지속가능경영의 의의, 세 가지 축, 필요성에 대해 설명하시오.

CHAPTER

02

경영과
경영자

이 장에서는 우선 광의의 경영과 협의의 경영에 대해 살펴본다. 광의의 경영은 영리조직뿐 아니라 비영리조직에 대한 경영도 포괄하는 개념이다. 협의의 경영은 영리조직인 기업의 경영을 의미한다. 이어 협의의 경영을 의미하는 기업경영의 관점에서 경영의 의의, 목적, 활동 및 관점 등에 대해 고찰한다. 마지막으로 경영의 수행주체인 경영자의 의의와 역할, 경영자가 수행하는 구체적인 업무, 경영자가 갖추어야 할 자질들에 대해 살펴본다.

빠른 결정·피드백 … '애자일 경영' 꽂힌 기업들

소프트웨어 개발에서 널리 활용돼왔던 '애자일(Agile·민첩한)' 방식이 4차 산업혁명에 걸 맞는 혁신에 목마른 국내 대기업들의 주목을 받고 있다.

27일 LS그룹에 따르면 LS그룹은 지난해 도입한 애자일 경영방식이 적용된 계열사 사업들의 성과를 측정해 올해 그룹 전반으로 확대해나갈 계획이다. '날렵한', '민첩한'이라는 뜻의 애자일은 소프트웨어 개발 시, 문서 작업이나 설계에 집중하던 기존방식에서 벗어나 짧은 주기를 두고 끊임없이 시제품을 만들어 사용자 검증을 통한 수정과 개발을 반복하는 방식을 이른다. 미국을 움직이는 5대 IT기업 'FAANG(페이스북·아마존·애플·넷플릭스·구글)'의 성공 기반으로 알려지며 유명세를 탔다.

LS는 국내 대기업들 가운데 그룹 차원에서 애자일 경영 도입에 가장 적극적이다. 구자은 LS엠트론 회장이 LS 그룹 내 '디지털 전환'을 위한 '미래 혁신단'을 이끌며 애자일 방식을 계열사에서 테스트하고 있다. LS산전(010120)에서는 스마트 공장 플랫폼과 스마트 배전 솔루션 분야를, LS엠트론에서는 사물인터넷을 도입한 트랙터 서비스에 해당 방식을 적용해 성과를 측정하고 있다. 가시적 성과를 내고 있는 '애자일 2팀'은 지난해 대표이사 직속 기구로 신설된 디지털사업추진단 소속으로 말단 사원부터 부장급이 수평적인 의사결정과정을 통해 구자균 LS산전 회장에게 직접 보고하는 체제를 갖추고 있다. 이 팀은 LS산전의 스마트 공장 운영 플랫폼 '테크 스퀘어'를

현실화하는 성과를 내기도 했다.

LG그룹은 최근 LG포럼에 최원식 맥킨지 한국사무소 대표를 초청해 '디지털 시대의 애자일 혁신'을 주제로 한 강연을 하는 등 그룹 문화에 애자일을 도입하기 위해 적극적으로 나서고 있다. 정호영 LG디스플레이 사장은 최근 CES 직후 임원 회의서 올해 사업 기조로 "민첩함"을 강조한 것으로 알려졌다. 허태수 GS 회장도 신년사서 애자일 경영을 강조하는 등 애자일에 주목하는 기업들은 늘고 있는 추세다.

삼성SDS는 5년 전부터 애자일 경영방식을 도입해 이미 일정수준 궤도에 올랐다는 평가를 받는다. 애자일 방식으로 일하는 ACT(Agile Core Team) 그룹은 처음 6명에서 시작해 현재 100명 이상의 전문가들이 일하고 있다. 일하는 문화의 수평적 전파를 선도하는 개발역량사무국과 클린 코드 기반의 개발을 주도하는 코드품질그룹으로 이뤄진 ACT는 전사의 품질, 디자인, 사업, 개발 조직들과 협업하며 일하는 문화를 개선해나가고 있다. ACT 내 PM(프로젝트 매니저), 디자이너, 개발자가 한 팀을 이뤄 파티션 없는 한 공간에서 상품 개발 초기 단계부터 끝까지 전 과정을 함께 고민한다. 상품 개발 전 공정에서 고객 검증을 거쳐 진행하기 때문에 불필요한 기능 개발에 시간을 쫓기지 않아도 되고 온전히 상품 중심으로 몰입할 수 있는 환경을 조성했다. 삼성 SDS는 솔루션 사업을 시작으로 다양한 사업에 해당 방식을 순차 적용하고 있다. 고객 요구 사항에 대해 빠른 피드백을 제공할 수 있었고 성과를 확인한 임직

원들에게 동기부여도 되면서 사내 만족도도 높아지고 있다고 회사 측은 설명했다.

소규모 조직에 적합한 애자일 방식을 조직 문화에 전면적으로 적용하기 앞서 기업들은 직급 파괴와 보수 체계 개편, 유연근무제 등을 도입하고 있다. '애자일 조직'으로의 변화를 선언한 현대차(005380)는 지난해 3월 직원 직급 체계를 전면 개편해 총 5단계로 간소화했고 LS는 임원 이하 직급을 3단계로 줄였다. 이미 직급을 간소화한 SK(034730)그룹은 올해부터 보수 체계를 직책과 성과 위주로 개편한다.

서울경제(2020.01.28.)

경영과 경영자

제1절   경 영

경영의 정의

경영(management)이란 "주어진 자원을 활용하여 조직(organization)의 목적을 달성하는 데 필요한 여러 가지 활동들을 계획(plan), 실행(do), 평가(see)하는 일련의 과정"으로 볼 수 있다. 여기서 조직은 "공동의 목적달성을 위해 둘 이상의 사람이 인위적으로 결성하여 상호 협력하는 유기체"로 정의할 수 있다. 조직에는 영리추구를 주된 목적으로 하는 조직도 있지만, 정부, 종교단체, 교육기관 등 영리를 목적으로 하지 않는 조직들도 있다. 넓은 의미에서 경영은 영리목적의 조직인 기업의 경영뿐 아니라 특정 서비스를 사회에 제공하기 위해 만들어진 비영리조직의 경영도 포괄하는 개념이다. 반면 좁은 의미에서 경영은 금전적 이익을 추구하는 영리목적의 조직인 기업의 경영, 즉 기업경영을 의미한다.

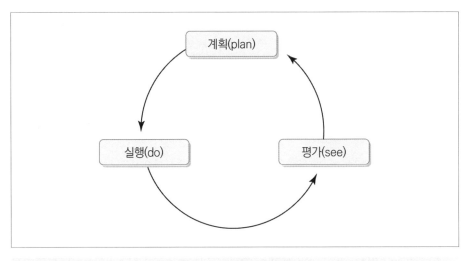

그림 2-1 경영의 주요활동

조직의 목적이 무엇인지에 상관없이, 경영을 어떻게 하느냐에 따라 각 조직의 성과는 달라질 수 있다. 조직의 성과는 주어진 경영자원을 얼마나 효율적(efficient)이고 효과적(effective)으로 사용하여 목적을 달성했는지로 측정하는데, 여기서 효율적이란 일정한 산출물을 만들어내기 위해 얼마나 적은 자원을 투입하는지를, 효과적이란 적절한 목적을 설정하고 이를 얼마나 잘 달성하였는지를 의미한다. 성공적인 경영은 조직의 효율성과 효과성 향상을 통해 조직의 성과를 높이는 데 기여한다.

경영의 목적

기업은 경영활동을 통해 최종적으로 달성하고자 하는 소기의 목적을 갖는다. 기업경영의 목적은 기업이 가장 우선하는 가치를 나타내며, 구성원들에게 경영활동의 방향을 제시해주고, 기업의 의사결정과 성과평가에 대한 기준으로 작용한다. 가장 대표적인 기업경영의 목적으로는 이윤추구, 주주 부의 극대화, 사회적 책임완수 등을 들 수 있다.

이윤추구란 기업이 재화 또는 서비스를 공급함으로써 얻는 수익에서 비용을 차감한 금액인 이익을 창출하려는 목적이다. 이윤추구의 목적은 기업의 지속적인 존립을 위해 반드시 필요하다. 만약 기업이 이익을 창출하지 못하면 생산에 필요한 자금을 확보하지 못하고, 종업원들에게 임금을 제대로 지급하지 못하게 되어, 결국 더 이상 재화나 서비스를 생산하는 활동을 하지 못하게 된다. 또한 기업이 이익을 창출하지 못한다는 것은 이익을 창출할 수 있는 기업에 배분되어야 할 자원이 이익을 창출하지 못하는 기업에 배분되고 있음을 의미하기 때문에 사회 전체적으로는 자원의 낭비가 초래되고 있음을 나타낸다.

주주 부의 극대화(maximization of shareholders' wealth)는 주식회사의 소유주인 주주의 부를 극대화하려는 목적이다. 주주의 부는 주식시장에서 평가된 해당 기업의 가치, 즉 시가총액(발행주식 수×주식의 시장가격)으로 평가된다. 이에 따라 주주 부의 극대화는 기업가치 극대화와 일맥상통하며, 주주 부의 극대화는 해당 기업 주식의 시장가격을 극대화함으로써 달성할 수 있다. 하지만 주주 부의 극대화 목적은 주주의 이익을 위해 고객의 희생을 강요하여야 함을 의미하지는 않는다. 피터 드러커는 "기업의 유일한 목적은 고객을 창조하는 것"이라고 말하였다(Drucker, 1954). 기업이 생산하는 제품이나 서비스를 고객이 원하지 않으면 아무런 의미가 없으므로 기업이 창조하는 가치는 모두 고객으로부터 나온다. 이에 따라 고객을 만족시키는 행위 자체가 기업의 성장과 발전을 가져온다고 해도 과언이 아니다. 주주 부의 극대화가 기업경영의 목적이라면, 고객만족(customer satisfaction)은 이러한 목적을 달성하기 위한 효과적인 수단이라고 할 수 있는 것이다.

사회적 책임(social responsibility) 완수란 사회가 기업에게 요구 또는 기대하는 책임을 완수하는 목적을 말한다. 대표적인 기업의 사회적 책임으로는 경제적 책임, 법적 책임, 윤리적 책임, 자선적 책임이 있다. 경제적 책임은 지속적인 이익창출을 의미하며, 기업의 사회적 책임 중 가장 기본이 되는 책임이다. 법적 책임은 기업의 경제적 책임 완수가 사회가 정한 법률을 준수하면서 이루어져야 한다는 것을 의미한다. 윤리적 책임은 기업의 경제적 책임 완수가 사회의 윤리규범 내에서 이루어져야 한다는 것을 말한다. 자선적 책임은 기업이 사회 구성원으로서 사회에 공헌하기 위해 사회적 기부, 사회복지 시설의 운영 등을 수행하여야 함을 의미한다. 다른 책임들과 달리 자선적 책임은 사회가 기업에 제시하는 명시적인 가이드라인이 없이 기업이 자발적으로 이행하는 책임이다. 기업의 자선적 책임 완수는 기업 이미지를 제고하고 기업에 대한 사회적 저항을 줄여 기업의 장기적인 성장에 도움이 된다는 견해도 있다. 이와 같은 관점에서 자선적 책임의 완수는 기업의 생존을 위한 장기적인 투자로도 볼 수 있는데, 그 이유는 사회가 피폐해지면 기업 자체의 존속도 위태로워지기 때문이다. 기업의 사회적 책임에 대한 보다 구체적인 내용은 이 책의 제11장에서 다루어진다.

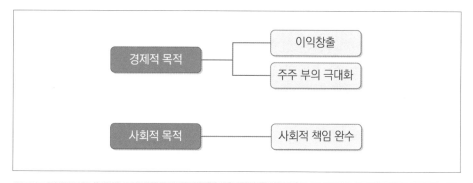

그림 2-2 경영의 목적

앞서 기술한 기업경영의 목적들은 크게 경제적 목적과 사회적 목적으로 구분될 수 있다. 이 같은 분류기준에 따르면 이익창출, 주주 부의 극대화는 경제적 목적에, 사회적 책임 완수는 사회적 목적에 해당된다. 경제적 목적과 사회적 목적은 일견 상호 대립적인 것으로 보이지만, 상호 보완적인 측면이 더 강하다. 그 이유는 현대 사회에서는 수단과 방법을 가리지 않고 이익추구에만 몰두하거나 사회가 요구하는 책임을 제대로 완수하지 못하는 기업이 지속가능한 기업으로 생존하기 어렵기 때문이다. 그 대표적인 사례가 2001년 12월 엔론(Enron)의 파산 사태이다. 엔론은 에너지 산업부문의 거대 기업이었지만, 회계장부를 조작하는 비윤리적 행위를 한 것이 발각되어 결국 파산까지 이르게 되었다. 엔론의 사례가 보여주듯이, 현대사회의 기업은 경제적 목적과 사회적 목적을 균형 있게 추구하는 것이 필요하고 할 수 있다.

경영자원

　기업경영은 기업이 보유하고 있는 여러 가지 자원이나 요소들인 경영자
원을 활용하여 이루어진다. 따라서 경영자원은 기업의 목적달성을 위한 수단
인 동시에 관리의 대상이다. 경영자원의 유형으로는 물적자원, 재무자원, 인
적자원, 기술자원, 정보자원 등을 들 수 있다. 물적자원은 기업이 제품과 서
비스의 생산을 위해 사용되는 유형의 자원들로서 원재료, 토지, 설비 등이
해당된다. 재무자원은 기업을 창업하고 운영하는 데 필요한 자본 또는 자금
을 의미한다. 인적자원은 경영자의 능력과 종업원들의 노동력을 의미한다.
기업이 보유한 기술, 특허권 등은 기술자원인 반면 기업이 보유한 지식, 정
보 등은 정보자원에 각각 해당된다.

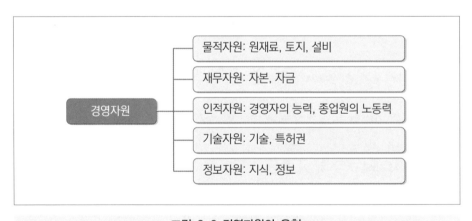

그림 2-3 경영자원의 유형

　필요한 경영자원을 제대로 확보하지 못한 기업은 경영의 영속성을 보장
받을 수 없다. 이러한 이유로 인하여 기업경영에 있어서 경영자원의 확보는
중요한 과제 중 하나이다. 기업이 보유하는 경영자원은 유한성의 속성을 갖
는다. 이러한 속성은 기업으로 하여금 경영자원의 효율적인 활용과 개발의

필요성을 갖게 한다. 자원 활용의 효율성은 노동생산성, 자본생산성 지표를 통해 측정될 수 있다. 노동생산성 지표는 투하한 노동력의 한 단위당 성과로서 자본생산성 지표는 투하한 자본의 한 단위당 성과로서 각각 측정된다. 아울러 경영자원의 효율적인 활용을 위해서는 자원의 최적배분이 이루어져야 한다. 이를 위해서는 한정된 경영자원을 어떤 사업에 투입하는 것이 가장 유리한가를 분석하고, 그 결과에 따라 각 사업기회에 우선순위를 정하여 경영자원을 배분해야 한다.

경영활동

기업은 조직의 목표달성을 위해 여러 가지 활동들을 수행한다. 대표적인 기업의 경영활동으로는 영업활동, 투자활동, 자금조달활동이 있다. 이하에서는 각 활동에 대해 보다 구체적으로 살펴보고자 한다.

영업활동은 기업이 주어진 자원을 효율적으로 이용하여 제품이나 서비스를 생산하고 판매하는 활동이다. 기업은 영업활동을 통해 고객의 욕구를 충족하는 한편, 이익을 획득한다. 따라서 영업활동은 기업의 경영활동 중 가장 핵심적인 활동이라고 할 수 있다. 영업활동과 관련된 주요 의사결정으로는 생산방식의 결정, 시장선택, 가격결정 등이 있다.

투자활동은 기업이 고정자산을 취득하는 활동을 말한다. 투자활동은 기업가치창출 능력과 밀접하게 관련되어 있다. 어떤 기업의 기업가치란 미래에 그 기업이 창출하는 현금흐름에 의해 결정되고, 미래 현금흐름의 크기를 결정하는 요소가 바로 투자활동이기 때문이다. 투자활동은 자금조달활동의 영향을 받고 영업활동에 영향을 준다. 이에 따라 투자활동에 대한 의사결정 시에는 국내 및 세계 경제상황, 산업 내의 경쟁정도, 자금시장의 상황 등에 대한 면밀한 검토가 필요하다. 투자활동에 대한 의사결정은 새로운 투자로 인해 발생하는 현금흐름을 추정한 후, 추정된 현금흐름에 기초하여 투자의 경제성을 평가하는 방식으로 이루어진다. 투자로 인한 현금유입이 현금유출보다 크다고 추정된다면, 그 투자는 경제성이 있다고 판단한다.

그림 2-4 경영활동의 종류

　　자금조달활동은 영업활동과 투자활동에 필요한 자금을 조달하는 활동이다. 자금조달활동과 관련되는 의사결정에는 자본구조결정과 배당 의사결정 등이 있다. 먼저 자본구조결정은 기업이 조달한 전체 자금에서 자기자본과 타인자본이 각각 차지하는 비중을 결정하는 의사결정이다. 타인자본은 회사채 발행, 금융기관 차입 등을 통해 기업외부로부터 조달한 자금을 지칭한다. 반면 자기자본은 신주 발행, 이익잉여금 활용 등을 통해 기업내부에서 조달한 자금을 말한다.

　　두 자금조달의 방식은 다음과 같은 특성이 있다. 첫째, 타인자본에 대해서는 이자를 지급하는데, 이때 지급한 이자를 비용으로 공제하게 되면 기업의 이익이 축소되어 법인세가 감세되는 효과가 발생된다. 둘째, 자기자본에 대해서는 배당을 지급하는데, 지급한 배당은 이자와 달리 기업에게 법인세 감세효과를 가져오지 않고, 주주에게는 이중과세의 문제를 발생시킨다. 주식회사의 법인세 산정 시에는 주주배당을 하지 않은 소득을 과세표준으로 하여 법인세를 부과한다. 그리고 주주가 해당 소득을 배당으로 지급받게 될 때는, 배당소득에 대한 소득세를 공제받은 뒤 지급받게 된다. 즉, 법인이 1차적 소득으로 법인세를 납부하고 주주가 2차적으로 배당소득세를 납부하는 이중과세의 문제가 발생되는 것이다. 셋째, 기업이 지나치게 타인자본에 의존하게 되면 그 기업은 재무적인 곤경에 빠질 가능성이 높아진다. 재무적 곤경이란 따라서 자금조달 결정은 기업가치에 영향을 미치는 것은 물론이고 기업의 존립 자체에도 영향을 미칠 수 있는 매우 중요한 의사결정이라고 할 수 있다.

한편, 배당 의사결정은 기업이 창출한 이익 중 얼마만큼을 어떤 방식으로 주주에게 배당으로 지급할 것인가를 결정하는 의사결정이다.[11] 기업이 창출한 이익 중 일부는 이익잉여금의 형태로 기업내부에 적립되고, 그 나머지는 주주에게 배당의 형태로 지급한다. 전체 이익 중에서 주주에게 지급하는 배당이 차지하는 비중을 배당성향이라고 한다. 기업의 배당 의사결정은 다음 두 가지 경향을 갖는다. 첫째, 일반적으로 기업들은 주당 배당금을 일정하게 유지하려는 경향이 있다. 이러한 경향은 배당평탄화(dividend smoothing)라고 불린다. 일반적으로 경영자는 회사의 미래 이익이 장기간 지속적으로 증가할 것으로 예상하는 경우에만 주당 배당금을 늘리고, 어쩔 수 없는 최후의 순간에만 마지못해 주당 배당금을 줄이는 경향이 있다. Lintner(1956)는 기업경영자에 대한 설문조사를 통해 이러한 경향이 투자자가 안정적인 배당을 선호할 것이라는 경영자의 믿음과 장기적인 목표 주당 배당금을 유지하고자 하는 경영자의 욕구에서 비롯된다고 주장하였다. 둘째, 배당성향이 기업의 성장 단계에 따라 달라지는 경향이 있다. 즉, 신생 및 성장 단계에 있는 기업들의 배당성향은 낮고, 성숙단계에 있는 기업들의 배당성향은 높은 경향이 있다. 신생 및 성장 단계에 있는 기업들은 미래의 성장 및 투자 기회가 많아 자금조달의 필요성이 높다. 이러한 기업들은 필요한 자금을 신주나 회사채 발행 등을 통해 외부에서 조달할 수도 있다. 하지만 이러한 기업들은 외부 자본조달이 어렵거나 이익잉여금을 통한 내부 자본조달이 외부 자본조달보다 더 적은 비용이 소요된다. 따라서 이러한 기업들은 주주 부의 증가를 위해 배당의 비중을 줄이고 이익잉여금의 비중을 늘려 필요한 자금을 내부에서 조달하려고 한다. 반면, 성숙단계에 있는 기업들은 수익성 높은 미래의 투자기회가 별로 없고 자금조달의 필요성이 많지 않다. 이러한 상황에서는 기업이 이익잉여금의 비중을 줄이고 배당의 비중을 늘려서 주주가 배당금을 더 수익성 높은 곳에 투자하도록 하는 것이 주주의 부를 증가시키는 데 도움이 된다.

영업활동, 투자활동, 자금조달활동 등 기업경영활동들은 밀접한 상호 연

---

11) 미국에서는 이사회가 배당을 결정하지만 한국에서는 주주총회가 배당을 결정한다.

계성을 가지고 있다. 예를 들면, 공격적인 영업활동을 하려면 공격적인 투자활동과 자금조달활동이 뒷받침되어야 한다. 기업의 경영활동들이 상호 연계성을 가짐에 따라 경영자는 이를 잘 이해하고 의사결정을 해야 한다. 즉, 수립한 경영전략에 근거하여 영업, 투자 및 자금조달 활동에 대한 의사결정이 이루어져야 하며, 의사결정과정에서 이들 활동들 간의 유기적인 연계성에 대한 고려가 이루어져야 한다.

경영의 세 가지 관점

경영은 과정 측면에서 보는 관점, 업무 측면에서 보는 관점, 의사결정 측면에서 보는 관점에 따라 각각 차별적으로 정의되고 구분될 수 있다(그림 2-5).

먼저, 과정 측면에서의 관점에 따르면 경영활동은 프로세스별로 구분될 수 있다. 구체적으로 이 관점에서는 기업의 목표달성을 위해 이루어지는 여

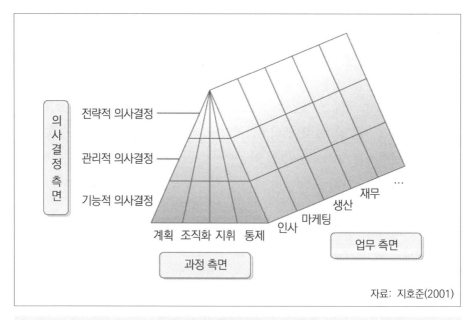

자료: 지호준(2001)

그림 2-5 경영의 세 가지 관점

러 가지 경영활동들을 계획(planning), 조직화(organizing), 지휘(leading), 통제(controlling)의 단계들로 구분한다. 계획은 기업의 경영목표를 설정하고 이를 달성하기 위해 가장 좋은 방안을 찾는 단계이다. 조직화는 설정한 경영목표 달성을 위해 조직을 구성하고 경영자원을 배분하는 단계이다. 지휘는 설정한 경영목표의 달성에 필요한 업무를 잘 수행할 수 있도록 종업원들의 동기를 유발하고 이끄는 단계이다. 마지막으로 통제는 종업원들이 수행하는 업무가 제대로 추진되고 있는지를 확인하고 문제가 있을 경우 수정하는 단계이다.

한편, 업무 관점에서의 관점에서는 경영활동을 세부 기능에 따라 운영관리, 인사, 재무관리, 마케팅관리 등으로 분류한다. 운영관리는 필요한 자원을 활용하여 고객이 원하는 제품이나 서비스를 창출하고 조직운영의 효율성을 높이는 활동들을 말한다. 인사는 인적자원의 효율적 관리와 관련된 채용, 교육훈련, 노사관계관리 등의 활동들로 구성된다. 재무관리는 투자 의사결정, 자금조달, 이익배분 등 기업의 재무 의사결정과 관련된 활동들을 의미한다. 마케팅관리는 고객의 욕구를 파악하여 이를 충족시켜줄 수 있는 제품과 서비스를 생산하고, 판매하고, 유통시키는 것과 관련된 일련의 활동들을 지칭한다.

마지막으로 의사결정의 측면의 관점에서는 경영활동을 전략적, 관리적, 기능적 의사결정으로 구분한다. 전략적 의사결정은 기업의 장기목표나 자원배분과 관련되어 기업 전체에 영향을 미치는 활동으로서 주로 최상층경영자에 의해 이루어지는 의사결정이다. 관리적 의사결정은 기업의 목표를 달성하기 위한 자원의 획득 및 효율적 사용과 관련된 활동으로서 주로 중간경영자에 의해 이루어지는 의사결정이다. 기능적 의사결정은 특정업무의 효율적이고 효과적인 수행과 관련된 활동으로서 주로 일선경영자에 의해 이루어지는 의사결정이다.

제2절 경영자

경영자의 의의

기업의 경영활동을 수행하는 주체인 경영자는 "기업의 경영활동을 수행하는 과정에서 중요한 의사결정을 하고, 기업 또는 기업 구성원들의 활동을 지휘하고 조정하는 권한과 책임을 가진 사람"이다. 이러한 정의에 따르면, 한 기업의 경영 전반에 대한 책임과 권한을 가진 최고경영자는 물론 일개 부서의 통솔권을 가진 부서장도 경영자로 볼 수 있다.

경영자가 자신의 책무를 잘 수행할 때 기업의 목표달성 가능성은 높아진다. 경영자가 수행해야 하는 대표적인 책무로는 우선 기업의 구성원들에게 비전을 제시하고 동기를 부여하는 것을 꼽을 수 있다. 경영자에 의한 비전 제시와 동기부여는 기업 구성원들로 하여금 기업이 처한 상황을 잘 이해하고 당면한 문제에 효과적으로 대처할 수 있는 준비를 하도록 해준다. 또한 경영자는 기술, 품질, 서비스, 생산성 등을 향상시킬 수 있는 방안을 모색함과 동시에 혁신을 주도하기 위한 지속적인 노력을 해야 한다. 이러한 노력은 기업의 장기적인 존속과 발전을 위해 반드시 필요하기 때문이다. 특히 외부 환경이 급격히 변화하는 시기와 기업의 변혁기에 이러한 노력을 게을리한다면 기업은 발전은 고사하고 존립 자체도 위태로울 수 있다.

경영자의 분류

1. 계층에 따른 경영자의 분류

그림 2-6에서 볼 수 있는 바와 같이 경영자는 기업 내의 계층에 따라 최상층경영자(top manager), 중간관리자(middle manager), 일선경영자(first-line manager)로 분류될 수 있다. 경영자는 자신이 속한 계층에 따라 역할과 책임이 달라지는데, 이하에서는 각 계층의 경영자들의 역할과 책임에 대해 구체

적으로 살펴본다.

▌ 최상층경영자

최상층경영자의 대표적 유형으로는 한 기업의 경영 전반에 관한 책임과 권한을 가진 최고경영자(CEO: chief executives officer, 이하 CEO)를 들 수 있다. CEO는 기업의 중장기 목표 및 전략 수립, 의사결정, 지휘, 통제, 혁신 기능을 주되게 수행하는 경영자이다. CEO 외에 최고운영책임자(COO: chief operating officer), 최고재무책임자(CFO: chief financial officer), 최고정보책임자(CIO: chief information officer) 등도 최상층경영자에 속한다. COO는 기업 내의 사업을 총괄하며, 일상 업무를 원활하게 추진하기 위한 의사결정을 행하는 경영자를 지칭한다. CFO는 기업의 현금흐름과 투자관리 등을 총괄하는 경영자로서 재무제표의 작성 및 결산, 자본조달, 투자 의사결정 등의 업무를 수행한다. CIO는 기업의 정보기술과 컴퓨터 시스템부문을 책임지는 경영자이다. 정보기술과 정보시스템이 기업의 경쟁력을 좌우하는 핵심요소로 부각되면서 경영전략에 따른 정보전략이나 IT투자 계획 책정 등의 임무를 수행한다.

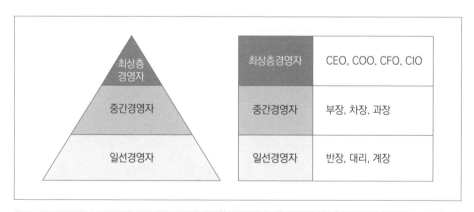

그림 2-6 계층에 따른 경영자의 분류

▌ 중간경영자

중간경영자는 최상층경영자와 현장경영자의 중간에 위치하는 경영자이다. 주로 구매, 인사, 재무 등 기업의 세부 기능부문에 대한 관리책임을 맡는 부장, 차장, 과장들이 이에 포함된다.

중간경영자는 최상층경영자가 설정한 경영방침이나 전략을 실행으로 옮기기 위한 여러 가지 활동들을 수행한다. 구체적으로, 중간경영자는 최상층경영자의 경영방침이나 전략을 자신이 관리하는 세부부문에 대한 구체적인 목표나 계획으로 전환시키고, 다른 세부부문들과의 업무 조정을 하는 활동들을 수행한다.

▌ 일선경영자

일선경영자는 중간관리자의 명령과 지시에 따라 업무의 현장에서 생산직 또는 사무직 직원을 지휘 감독하는 관리자를 지칭한다. 일선경영자는 주로 실무에 종사하는 직원들의 업무 수행을 감독하고 업무 현장에서 발생하는 일상적인 문제 해결에 대한 책임을 지고 있다. 반장, 대리, 계장 등이 일선경영자에 속한다.

2. 지배구조에 따른 경영자의 분류

경영자는 기업지배구조에 따라 소유경영자(owner manager), 고용경영자(employed manager), 전문경영자(expert or professional manager)의 세 가지 유형으로 분류될 수 있다.

▌ 소유경영자

소유경영자는 자본조달, 위험부담, 의사결정, 지휘, 통제, 혁신 등의 모든 기능을 직접 담당하는 경영자를 지칭한다. 대주주이면서 동시에 최고경영자로서 기업경영에 직접 참여하는 중소기업의 경영자가 소유경영자의 대표적인 예이다.

▌고용경영자

고용경영자는 소유경영자가 혼자서 수행하기 어려운 일부 기능을 맡기기 위해 고용한 경영자이다. 예로 자본조달과 경영 전반에 대한 책임은 소유경영자가 부담하고 일부 기능만을 고용경영자가 책임지도록 할 수 있는데, 이 경우 고용경영자는 유급경영자(salaried manager)로 간주될 수 있다.

▌전문경영자

전문경영자는 전문적인 지식을 가지고 자본조달을 제외한 경영자의 대부분의 기능을 수행하는 경영자이다. 전문경영자는 기업의 소유와는 무관하다는 점에서 소유경영자와 구분된다. 또한 소유와 경영이 분리된 상태에서 자율성을 가지고 자신의 전문적인 능력을 활용하여 경영자의 기능 대부분을 수행한다는 점에서 고용경영자와 차별화된다.

일반적으로 기업의 최고경영자 유형은 발전단계(또는 규모)에 따라 소유경영자, 고용경영자, 전문경영자의 순으로 바뀌는 경향이 있다.

경영자의 역할

경영자가 수행해야 하는 대표적인 역할로는 대인관계 역할(interpersonal roles), 의사결정 역할(decision roles), 정보관리 역할(informational roles)이 있다(Mintzberg, 1975).

1. 대인관계 역할

대인관계 역할은 경영자라는 공식적인 직위 때문에 수행해야 하는 대표자(figurehead), 리더(leader), 연결자(liaison)로서의 역할을 의미한다. 대표자로서의 역할은 상징적인 의미에서 기업을 대표하는 경영자의 역할이다. 예를 들어, 경영이념 및 비전의 선포식, 창립기념일 행사 등 공식적인 행사에서 기업을 대표하는 경영자의 역할은 대표자로서의 역할에 해당된다.

리더로서의 역할은 기업의 목표달성을 위하여 부하직원들에게 동기를 부여하고, 업무지침을 제시하며, 갈등을 조정하는 등 부하직원들을 통솔하고 조정하는 경영자의 역할을 의미한다. 모든 계층의 경영자는 자신의 위치에 맞는 리더로서의 역할을 수행해야 한다.

연결자로서의 역할은 기업 내부와 외부의 연결자 또는 기업내부의 집단 간 연결자로서의 경영자의 역할을 의미한다. 최상층경영자는 정부, 경쟁기업, 소비자 등 기업외부와 기업을 연결하는 외부연결자(external liaison)로서의 역할을 주로 수행한다. 반면, 중간경영자와 일선경영자는 내부집단 간을 연결하는 내부연결자(internal liaison)로서의 역할을 주되게 수행한다.

2. 의사결정 역할

경영자는 기업의 중요한 의사결정을 내리는 역할을 수행하는데, 의사결정의 역할은 모든 계층의 경영자들이 공통적으로 수행하는 역할이다. 기업성과에 영향을 미칠 수 있는 경영자의 의사결정 역할로는 기업가(entrepreneur), 자원배분자(resource allocator), 갈등해결자(disturbance handler), 협상자(negotiator)로서의 역할이 있다.

기업가로서 경영자는 기업의 새로운 성장 동력을 발굴하고, 창의적이고 혁신적인 경영활동을 주도해야 한다. 자원배분자로서 경영자는 기업가치를 가장 높일 수 있는 부분에 우선순위를 두고 주어진 경영자원을 적절히 배분하는 역할을 수행해야 한다. 분쟁해결자로서 경영자는 거래하는 기업의 파산, 고객의 계약 파기, 노조의 파업 등 돌발 상황이 발생했을 때 이를 해결하는 역할을 수행해야 한다. 협상자로서 경영자는 기업을 대표하여 다양한 이해관계자들과의 교섭, 다른 기업과의 계약 체결 등에 필요한 협상을 진행해야 한다.

3. 정보관리 역할

정보관리 역할은 경영자가 기업경영을 위하여 필요한 정보를 수집하고, 이를 활용하는 역할을 의미한다. 기업운영에 필요한 정보를 보유한 경영자들은 적절한 의사결정과 행동을 통해 기업의 성과향상을 도모할 수 있기 때문에, 정보관리 역할은 중요한 경영자의 역할 중의 하나라고 할 수 있다. 경영자의 정보관리 역할에는 정보수집자(monitor), 정보전달자(disseminator), 대변인(spokes person)으로서의 역할이 포함된다. 경영자는 정보수집자로서 기업경영에 필요한 정보를 지속적으로 탐색하는 역할을 수행해야 한다. 또한 정보전달자로서 수집한 정보를 기업 구성원들에게 전달하고 공유하는 역할을 수행해야 한다. 마지막으로 경영자는 대변인으로서 언론을 비롯한 기업외부에 기업의 공식입장을 발표하고 전달하는 역할을 수행해야 한다.

경영자의 업무

경영자가 수행하는 구체적인 업무로는 경영이념의 설정, 경영전략의 수립, 조직의 설계, 의사결정 등이 있다.

1. 경영이념의 설정

경영자는 기업의 경영이념을 설정한다. 경영이념이란 기업이 무엇을 추구하며 어떤 시장과 고객을 대상으로 하는지, 그리고 현재와 미래에 어떤 활동들을 지향하는지를 제시한다. 경영자는 설정한 경영이념이 모든 구성원들에 의해 공유되어 기업문화로까지 정착될 수 있도록 노력해야 한다.

2. 경영전략의 수립

경영자는 경영전략을 수립한다. 경영전략은 경영이념을 실현하기 위해 수립한 구체적인 실행방법을 말한다. 경영전략은 주어진 경영자원과 수립할 당시의 환경 분석 및 예측에 근거하여 수립되므로 가변성과 일시성의 속성을 갖는다. 따라서 경영자는 경영환경 변화에 기업이 적절히 대응할 수 있도록 소속 업종과 해당 기업의 상황에 대한 면밀한 분석 후에 경영전략을 수립하여야 한다.

3. 조직설계

경영자는 조직을 설계한다. 조직설계는 기업의 구조를 결정하는 업무이다. 기업의 구조는 기업의 전략에 따라 달라진다. 예를 들어, 지역 분산에 의한 확대전략을 선택한 기업의 경우, 수많은 현장 일선조직을 관리하기 위한 부서를 신설할 필요가 있다. 조직설계 업무에는 핵심적인 역할을 담당할 경영자에 대한 인사도 포함된다. 즉, 조직을 설계하는 과정에서 각 직무를 담당할 경영자를 선발, 훈련, 배치하고 더 이상 역할이 없는 사람들과는 고용관계를 종료하는 작업이 수행된다.

4. 의사결정

의사결정은 경영자의 가장 중요한 업무 중에 하나이다. 경영자는 현재 기업이 직면하고 있는 문제를 해결하기 위한 여러 가지 의사결정을 한다. 또한 미래에 기업이 직면하게 될 잠재적인 문제를 예측하고 사전에 방지할 수 있도록 여러 가지 의사결정을 한다. 경영자의 의사결정은 의사결정의 상대적인 반복성에 따라 일상적인 의사결정과 비일상적인 의사결정으로 구분할 수 있다.

일상적인 의사결정은 단순 반복적으로 발생하고 그 해결책이 이미 정해져 있는 경우가 일반적이다. 일상적인 의사결정의 대표적인 예로는 생산에 필요한 원자재 주문시점의 결정을 들 수 있다. 기업들은 일상적인 의사결정을 위해 규정, 방침, 절차 등을 정해놓고 있는데, 이는 기업이 일상적인 의사결정을 일관되고, 신속하며 효율적으로 할 수 있도록 해준다. 규정, 방침, 절차를 이용한 이러한 방식은 비슷한 상황이 발생할 때 대안의 설정, 평가 및 실행에 대한 과정의 생략을 통해 시간과 비용을 절약할 수 있도록 해준다. 또한 경영자가 일상적인 의사결정보다 비일상적인 의사결정에 더 많은 시간을 할애할 수 있도록 해준다.

비일상적인 의사결정은 비주기적이고 간헐적으로 발생하는 문제에 대한 의사결정을 지칭한다. 비일상적인 의사결정은 신규사업 부문에의 진출 여부,

다른 기업의 인수합병 등 대개 복잡하고 중요한 의사결정인 경우가 많다. 비일상적인 의사결정은 기업 내에서 선례가 드물고, 설사 선례가 있다고 하더라도 상황에 따라 의사결정의 결과가 달라질 수 있으므로, 대안의 설정, 평가 및 실행이 쉽지 않은 의사결정이다. 따라서 유능한 경영자는 일상적인 의사결정보다 비일상적인 의사결정을 잘 처리하는 경영자라고 할 수 있다.

경영자의 자질

경영자가 맡은 바 직무를 충실히 수행하기 위해서는 그림 2−7에서 보는 바와 같이 개념적 능력(conceptual skills), 인간적 능력(human relation skills), 기술적 능력(technical skills)이 필요하다(Katz, 1974).

개념적 능력은 거시적 안목에서 조직을 바라보고 조직의 상호 연관성을 파악하는 능력이다. 즉, 기업이 당면한 환경이나 문제를 전사적이고 장기적인 관점에서 파악하고, 기업의 목표와 일치하는 방향으로 의사결정할 수 있는 능력을 말한다. 이 능력은 기업 전체에 대한 포괄적인 의사결정을 하는

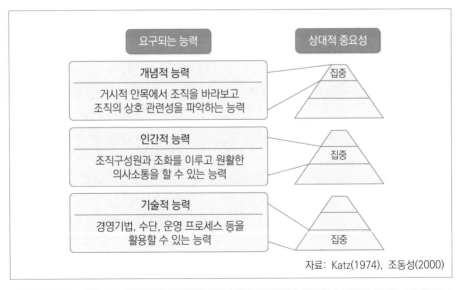

자료: Katz(1974), 조동성(2000)

그림 2-7 경영자에게 요구되는 능력

최상층 경영자에게 상대적으로 더욱 강조되는 능력이다.

인간적 능력은 조직 구성원들과 조화를 이루고 원활한 의사소통을 할 수 있는 능력이다. 이 능력은 모든 계층의 경영자들이 기본적으로 갖추어야 할 능력이지만, 특히 부하직원을 관리하고 업무조정을 해야 하는 책임을 맡고 있는 중간경영지에게 상대적으로 더욱 강조되는 능력이다.

기술적 능력은 경영기법, 수단, 운영프로세스와 같은 전문적인 지식, 기술 및 경험을 업무와 관련된 문제 해결에 활용할 수 있는 능력을 의미한다. 이 능력은 실무에 종사하는 직원들의 업무 수행을 감독하는 일선관리자에게 상대적으로 더욱 중요한 능력이다.

Closing Case

[4차 산업혁명 이야기] 조직 형태는 기술의 발전으로 갈수록 유연해지죠

조직은 사회변화와 모습을 같이하는 사회적 발명품이다. 근대로 넘어오면서 전통과 관습에 얽매여 있던 개인들은 조직을 만들어 원하는 바를 얻기 시작했다. 현대로 접어들어 사회경제적 그리고 기술적 환경이 달라지면서 조직도 변화해 왔다. 조직이 처음 등장할 무렵 대부분의 구조는 관료제였지만, 점차 유연하고 수직적인 격차를 줄인 구조로 바뀌어 나갔다.

거래비용과 불확실성이 변화시킨 조직의 모습

조직은 거래비용과 불확실성에 의해 모습을 바꿔왔다. 복잡하게 변화하는 환경에 적응하지 못하면 목표한 바를 이루기 어려웠기 때문이다. 20세기 중반 기업들의 성공방정식은 대량생산방식의 도입이었다. 규모의 경제와 범위의 경제를 얼마나 크게 실현하느냐가 기업의 성패를 갈랐다. 미국의 포드와 GM, GE, 일본의 도요타와 닛산, 소니 등이 대표적이다. 이들 기업은 대량생산에 필요한 원료와 부품의 안정적 확보가 중요했기 때문에 엄격한 규칙과 위계에 의한 내부생산을 실시했고, 통제할 수 없는 부분은 외부에서 조달했다. 또한 안정적인 생산을 유지하기 위해 인력은 내부승진과 교육을 통해 장기적으로 관리했다. 평생직장이 가능했던 이유이다. 한편, 기업의 규모가 보다 커지자 개발이나 생산, 판매, 인사 등이 업무 영역이 지나치게 넓어져 관리가 어려워졌다. 그 결과 조직의 수직적 증가는 멈추고 수평적 확대가 시작됐다.

20세기 후반이 되자 기업의 규모는 오히려 축소됐다. 정보통신기술(ICT)의 발달로 상품과 지식의 이동비용이 낮아지자 기업의 시선은 전 세계 시장으로 향하게 됐고, 생산설비를 저렴한 노동력을 갖춘 해외로 이전하기 시작했기 때문이다. 경쟁의 심화로 비용절감을 위한 노력이 시작된 점도 하나의 요인이다. 안정적인 생산을 위해 자원을 모두 내부화했던 과거와 달리 핵심인력과 자원만을 내부에 남겨두고 모두 외부로 내보냈다. 기업마다 외주화가 활발해졌다.

기술의 발전으로 경계가 사라지는 조직

기술은 조직 형태에 영향을 미치는 중요한 요인이다. 기술의 발전으로 혁신의 속도와 범위가 급격히 커지자, 기업은 독자적인 대응이 어려워졌다. 이는 여러 조직 간의 협력을 낳았다. 과거에는 자신의 기술과 지식이 경쟁우위를 유지하고 경쟁자의 추격을 막기 위해 감춰야 할 자산이었지만, 기업환경의 급격한 변화는 자신의 기술만으로는 혁신을 리드하기 어려워졌음을 깨달은 것이다. 결국 생존을 위해, 협력과 공유를 위해 조직 형태를 변화시키기 시작했다. 기술혁신 컨소시엄이나 전략적 제휴 등의 새로운 형태가 등장했다. 과거에 조직이 기업과 기업, 조직과 조직을 구분짓는 '벽'이었다면 이제는 외부 환경과의 소통을 위한 '문'으로 변모한 것이다.

생산뿐만 아니라 ICT의 발전도 조직 구조 변화에 영향을 미쳤다. 정보기술은 서로 상호작용하는 부서나 역할 간에 소통을 활성화하고, 업무와 일정 조정을 수월하게 해줌으로써 상호 의존

문제를 해결해준다. 이뿐만 아니라 환경변화에 대한 정보를 빠르게 얻을 수 있어 의사결정의 비효율을 줄여준다. 조직 내외부에서 발생하는 거래비용을 줄일 수 있게 되자 조직 경계 안으로 자원을 내부화할 필요성은 더욱더 줄어들게 됐다. 조직활동에 아무리 필수적인 요소라 하더라도 정보기술의 도움으로 적절한 시기에, 합리적인 비용으로 확보할 수 있게 됐기 때문이다.

유연하고 개방적인 조직의 필요성

문제는 오늘날 기술 발전의 속도가 너무 빠르다는 점이다. 전후의 흐름이 분명한 연속적인 기술 변화의 경우 예측이 가능해 이를 조직구조 변화로 대응할 수 있다. 하지만 디지털 전환이 가속화되는 오늘날의 기술 발전은 그 속도가 과거와 비교할 수 없을 정도로 빠르다. 인공지능과 데이터의 결합을 통한 혁신적인 자동화 시스템, 물질계와 정보계가 결합한 CPS(디지털 쌍둥이) 등이 대표적이다. 가속적이고 단절적인 기술 발전은 예측할 수 없으니 대응도 효과적이지 못하다. 유연함과 개방성의 확장이 대안으로 제시될 수밖

에 없는 이유이다.

하지만 기존 조직이 급격한 환경변화를 받아들이기는 쉽지 않다. 2차 산업혁명 당시 생산성을 획기적으로 높일 수 있는 전기를 활용한 대량생산 기술이 등장했지만 오히려 기업들의 생산성을 악화시켰다. 증기를 활용해 성공가도를 달리던 기업들은 생산방식 자체의 변화를 받아들이기 어려워 증기 중심의 생산과정에 전기를 억지로 끼워넣었기 때문이다. 전기가 증기를 '대체'했을 뿐 '전환'하지 못한 것이다. 생산방식에 전기가 활용되기 시작한 것은 그로부터 약 20년이 지난 후의 일이다. 오늘날의 기술 발전은 과거와 달리 기다려주지 않는다. 그리고 단절적인 혁신으로 예측하기도, 여유 있게 대응하기도 어렵다. 조직구조와 경계를 유연화하고 개방화의 정도를 높여야 하는 이유다. 사회경제적, 기술적 변화에 따라 달라지는 조직구조를 얼마나 액체에 가깝게 만드는지 여부가 디지털 전환의 성공 여부를 결정지을 것이다.

한국경제(2020.06.01.)

토의문제

01 협의의 경영과 광의의 경영을 구분하여 설명하시오.

02 기업경영의 사회적 목적과 경제적 목적을 각각 설명하시오.

03 영업활동, 자금조달활동, 투자활동의 의의와 각 경영활동 간의 연계성에 대해 설명하시오.

04 기업 내의 계층에 따라 경영자를 구분하고 각 유형에 속하는 경영자를 예시하시오.

05 고용경영자와 전문경영자의 차이를 비교 설명하시오.

06 경영자가 갖추어야 할 세 가지 능력을 설명하시오.

07 경영자의 대인관계 역할에 대해 설명하시오.

08 경영자의 의사결정 역할에 대해 설명하시오.

09 경영자의 정보관리자 역할에 대해 설명하시오.

10 경영자가 수행하는 업무를 간략히 설명하시오.

03

기업가와
창업

4차 산업혁명 시대를 맞이하여 민간부문은 물론 정부차원에서도 성장잠재력 확충과 일자리 확대를 위한 창업의 중요성이 강조되고 있다. 특별히 위험과 불확실성을 무릅쓰고 이윤추구와 사회발전을 동시에 도모하는 기업가 정신에 기초한 창업의 중요성이 강조되고 있는데, 이는 한국을 포함한 혁신주도형 경제발전을 추구해온 많은 국가들에게 기업가들의 모험적이고 창의적인 활동이 국가경제와 사회를 발전시키는 원동력이 되어왔기 때문이다.

식물성 고기로 대박 낸 '비욘드미트'의 이선 브라운 창업자의 위대한 목표

[글로벌 CEO열전-116] 지난 5월 상장된 비욘드미트가 이달 1일 한 번 더 주식을 대량으로 방출했다. 주식 가격은 상장가의 6배인 주당 160 달러였다. 시세를 반영해 책정한 가격이다. 이로써 초기에 이 회사에 투자한 개인과 벤처캐피털들은 큰돈을 벌게 됐다. 비욘드미트는 회사명에 사업 내용이 잘 반영돼 있다. '고기를 넘어'라는 뜻에 부합하게 콩과 쌀, 녹두 등 식물성 재료로 육류를 대체하는 고기를 만든다. 언뜻 보면 이 회사가 공략하는 곳이 채식주의자를 겨냥한 틈새시장처럼 보이지만 창업자인 이선 브라운의 생각은 다르다. 비욘드미트 홈페이지에 그가 직접 쓴 다음 글을 보면 알 수 있다.

"우리는 지구를 먹여 살릴 더 나은 방법이 있다고 믿는다. 우리의 임무는 '미래의 단백질'을 창조하는 데 있다. 식물을 가지고 맛있는 버거와 소시지 등을 만든다는 것이다. 육류에서 식물성 고기로 바꾸면 우리는 당면한 4가지 문제를 아주 현명하게 해결할 수 있다. 인간의 건강과 기후변화 같은 환경문제, 천연자원 보존, 동물복지가 그것이다. 비욘드미트가 우리 사회에 던지는 메시지는 고기에 대한 재해석이다. 누가 고기를 동물에서만 얻을 수 있다고 하는가? 고기는 단백질, 지방, 미네랄, 물 등으로 구성된 식품 덩어리다. 비욘드미트는 우리가 지금 먹고 있는 육류 고기의 맛과 식감을 그대로 유지하면서 식물의 왕국에서 고기를 만들려고 한다. 동물이 아닌 식물에서 나온 고기는 자원을 덜 쓰면서도 효율적이며 지속가능한 세상을 만들 것이다. 이것이 바로 비욘드미트가 지향하는 목표다."

브라운 창업자는 어린 시절부터 사회문제에 관심이 많았다. 미국 컬럼비아대에서 경영학 석사 학위를 취득하고 나서 메릴랜드대에서 다시 공공정책으로 학위를 받은 것에서 그의 성향을 엿볼 수 있다. 그는 대학 시절 기후변화가 몰고올 재앙을 걱정했다. 첫 직장으로 연료전지를 만드는 '발라드 파워 시스템'을 선택한 이유다. 기후변화에 대응하기 위해서는 전력 구조를 바꿔야 하는데 이 과정에서 연료전지가 결정적인 역할을 할 것으로 그는 판단했다. 이런 생각으로 이 회사에서 10년 동안 근무하며 연료전지를 통한 기후변화 문제 해결에 매달렸다.

그는 직장생활을 하면서 동물복지와 환경, 천연자원 보존에 대한 생각도 발전시켰다. 이 과정에서 우리 식생활을 바꾸면 문제를 해결할 수 있다는 아이디어가 떠올랐다. 오랜 궁리 끝에 그가 얻은 결론은 사람들이 육류 고기 섭취를 줄이면 건강과 환경, 동물보호 등 여러 측면에서 장점이 있다는 것이었다. 그는 언론 인터뷰에서 창업 스토리를 언급하며 이런 의문이 사업을 하게 된 계기가 됐다고 밝혔다. "접시에서 고기를 4~5온스 줄이면 모든 문제를 해결할 수 있지 않을까?" 이 질문이 2009년 비욘드미트 설립으로 이어졌다.

그가 처음으로 선보인 제품은 닭고기 대체품이었다. 기대 이상의 호응을 얻자 햄버거 패티로 종류를 늘렸다. 비욘드미트가 만든 식물성 고기는 맛과 식감이 육류 고기와 차이가 없다는 입소문이 퍼지면서 외형이 급속히 커졌다. 지구촌과

인간을 위해 새로운 가치를 창출하고 있다는 호평까지 받으며 벤처캐피털뿐만 아니라 개인들까지 투자가 줄을 이었다. 빌 게이츠와 배우 리어나도 디카프리오 등 유명 인사들이 투자에 합류하면서 비욘드미트의 명성은 더욱 높아졌다. 영리 기업과 사회적 기업의 경계를 허물었다는 점에서 많은 이들이 비욘드미트에 높은 점수를 줬다.

비욘드미트는 최근 완두콩과 쌀, 녹두를 재료로 '다진 쇠고기'를 선보였다. 코코넛오일 등을 재료로 육류 고기에 버금가는 식감의 패티를 개발하고 있다는 소식도 전했다. 상장 이후 사람들은 비욘드미트 주가에 관심이 높지만 브라운 창업자의 시선은 더 먼 곳에 가 있다. 육류를 밀어내고 식물성 고기가 시장의 주류가 되는 세상이다. "제대로 된 맛을 구현하기 위해 지속적인 연구개발을 하고 있다. 신제품 개발 속도가 너무 빨라 팔리지 않은 기존상품을 어떻게 처리할지 걱정할 정도도. 맛이 좋아지면 채식주의자는 물론 일반 사람들도 식물성 고기를 즐길 수 있을 것이다. 이는 소비자 선택의 폭을 넓히는 일이기도 하다."

비욘드미트는 얼마 전 올해 2분기 실적을 발표했다. 매출은 6,730만 달러로 지난해 같은 기간에 비해 4배로 뛰었다. 물론 아직은 적자 상태다. 신제품 개발에 많은 자금을 투자하고 있는 탓이다. 올해 2분기 손실은 1년 전에 비해 200만 달러 늘어 940만 달러에 달했다. 급등하던 주가도 주춤하고 있다. 그러나 브라운 창업자는 별로 걱정하지 않는다. 잠재 고객이 무궁무진하기 때문이다. 비욘드미트의 제품은 건강과 다이어트를 갈망하는 소비자 요구에 딱 들어맞는 데다 사회적 가치를 높이는 명분도 갖추고 있기 때문이다. 전문가들도 식물성 고기 시장이 계속 커질 것으로 전망한다. 문제는 수요가 증가하는 만큼 경쟁 업체들도 많아질 것이라는 점이다. 다가오는 도전에 브라운 창업자가 어떻게 응전할지 벌써부터 궁금해진다.

매일경제 매경프리미엄(2019.08.12.)

CHAPTER

03

기업가와 창업

제1절　기업가와 기업가 정신

기업가의 정의와 특성

　　1800년경 프랑스의 경제학자 세이(J. B. Say, 1767~1832)는 기업가 (entrepreneur)를 "경제적 자원을 생산성과 수익성이 낮은 곳에서 높은 곳으로 이동시키는 주체"로 정의했다. 그러나 이후 기업가에 대한 정의와 관련해서는 많은 주장과 논쟁들이 이어져왔다. 예를 들어 미국을 비롯한 대부분의 영어권 국가에서는 기업가를 "새롭고 규모가 작은 사업을 시작하는 경제주체"의 의미로서 사용하고 있다. 하지만 소규모의 모든 창업이 기업가적 행위에 해당된다고 할 수는 없을 것이다. 식당을 운영하던 경영자가 다른 지역에서 동일한 메뉴를 제공하는 식당을 추가로 개업하고 기존 식당의 운영방식과 동일한 방식으로 운영하는 경우, 이 경영자는 분명 위험부담을 안고 창업을 하는 것이다. 하지만 소비자의 새로운 만족이나 수요를 만들거나 혁신적인 새로운 기업운영방식을 활용하고 있지 않다는 측면에서 해당 경영자를 기업가로 보기는 어렵다.

　　반면 새로운 제품이나 서비스를 개발하지 않았더라도 자원의 생산성을 급격하게 향상시키는 행위는 기업가적인 행위에 해당된다. 예를 들어 맥도널드사의 창업의 경우 비록 새로운 제품을 고객에게 제공해준 것은 아니었지만, 많은 사람들에 의해 기업가적 행위로서 간주되고 있다. 맥도널드의 최종

제품인 햄버거는 미국의 많은 레스토랑에서 제공하던 동일한 제품이었다. 하지만 맥도널드는 고객이 바라는 가치에 대한 분석에 기초하여 새로운 경영기법을 적용하고, 제품과 서비스를 표준화하여 자원의 생산성을 급격하게 향상시켰을 뿐만 아니라, 새로운 시장과 고객을 창출하였다. 이와 같은 관점에서 현재 경영학에서는 기업가(entrepreneur)를 미래의 환경변화를 예측하여 회사의 경영방식을 개혁하거나, 새로운 사업을 구상하여 시작하고, 시작한 사업을 운영·지휘·통제하는 경제주체로 정의하고 있다. 기업가들은 기존의 것을 좀 더 잘하는 것보다 뭔가 다른 새로운 것을 시도하는 것을 사회적으로, 특별히 경제적으로 자신이 해야 하는 가장 중요한 역할로서 인식한다. 또한 환경변화에 창조적으로 적응하며 기회를 활용하기 위해 노력한다.

일상적으로 우리는 기업가와 사업가를 동일한 개념으로 혼용하여 사용하기도 하지만 사실 두 개념에는 다음과 같은 차이가 존재한다. 먼저 개인의 경제적인 이익추구를 도모하는 사업가의 경우 공공이익에 반하는 비윤리적이고 개인적인 일들을 추진하는 주체들까지도 모두 포함하는 개념으로 사용된다. 반면, 기업가는 사회와 공공의 이익을 위해 법적·윤리적으로 공감되는 일만을 수행하며, 뚜렷한 미래상을 제시하고 올바른 사회변화와 성장에 도움이 될 수 있는 사회환경 속의 기회를 추구하는 주체를 의미한다. 따라서 사업가와 비교할 때 기업가는 상대적인 협의의 개념으로 이해될 수 있다. 성공하는 기업가의 대표적인 특성들은 다음과 같다.

- 기업구성원들이 공감할 수 있는 명확한 비전을 제시한다.
- 새로운 가치창조와 유지에 대한 강한 몰입과 집중력을 나타낸다.
- 직면한 어려움을 극복하기 위한 대응역량을 소유한다.
- 사업추진뿐만 아니라 포기와 관련해서도 신속하고 과감한 의사결정력을 나타낸다.

기업가 정신의 정의

강한 성취욕구, 위험감수 및 혁신추구 성향, 창의성 등으로 특징되는 기업가들의 행위는 기업가 정신(entrepreneurship)에 기초한다. 기업가 정신에 대한 체계적인 최초의 접근은 경영학자인 슘페터(Joseph A. Schumpeter)에 의해 실행되었다. 슘페터는 이윤추구를 위한 신상품의 개발, 새로운 생산방식의 도입, 신시장의 개척, 새로운 원료나 부품의 공급원 개발, 신규 조직의 형성 등을 기술혁신으로 규정하였다. 그리고 기술혁신을 통해 '창조적 파괴(creative destruction)'에 앞장서는 기업가의 노력이나 의욕을 기업가 정신으로 정의했으며, 기업가 정신이 투철한 기업가에 의한 기술혁신이 경제발전을 이끄는 원동력임을 주장하였다. 이후 현대 경영학의 아버지로 불리는 드러커(P. Drucker)는 저서 '이노베이션과 기업가 정신'에서 기업가 정신을 위험을 무릅쓰고 포착한 기회를 사업화하려는 모험과 도전 정신이라고 설명하였고, 기업가 정신의 핵심요소로서 혁신(innovation)을 강조하였다. 또한 드러커는 기업의 규모가 커지면서 창조적인 기업의 창업활동보다 기존기업의 효율적 관리의 중요성이 더욱 강조될 수 있고, 이에 따라 기업가 정신이 약화되는 현상이 나타날 수 있음을 우려하였다. 그리고 기업과 사회의 지속적인 성장을 위해 혁신은 필수 불가결하며, 창업뿐만 아니라 경영관리의 과정에서도 기업가 정신에 기초한 지속적인 혁신이 이루어져야 함을 주장하였다.

기업가의 역할과 영향

기업가의 역할과 관련하여 세이(Say)는 혁신적 기술의 개발자와 기술의 실행자 사이를 조정하는 조정자로서의 기업가의 역할을 강조하였다. 반면 슘페터(Schumpeter)는 혁신(innovation)이라는 창조적 파괴과정을 통해 경제발전을 주도하는 혁신자로서의 기업가의 역할을 강조하였다. 또한 돌링어(Dollinger)는 위험과 불확실성이 존재하는 환경하에서 성장과 발전을 위한 혁신적인 조직을 형성하는 기업가의 위험감수자(risk taker)로서의 역할을 강조하였다. 그리고 커츠너(Kirzner)는 경제적 불균형 상태에서 기회를 발견하고 이익을 창출하여 불균형한 시장경제를 균형상태로 변화시키는 중개자로서의 역할을 강조하였다. 이와 같은 견해와 주장들을 종합해볼 때 기업가들은 기업의 창업 및 운영과 관련하여 조정자(coordinator), 혁신자(innovator), 위험감수자(risk taker), 중개자(arbitrager)로서의 역할을 수행한다는 것이 일반적인 견해이다.

　　기업가에 의해 창업된 기업들은 경제발전과 고용창출의 측면에서 사회전반에 중대한 영향을 미친다. 일찍이 슘페터는 혁신적인 기업가에 의해 초래되는 역동적 불균형과 창조적 파괴로 인한 '동태적 불균형(dynamic disequilibrium)' 상태가 건강한 경제의 규범이고, 경제이론에 발전과 실천에 있어 중심적인 현실이 되어야 함을 주장한 바 있다. 즉 창조적 파괴자로서 기업가는 새로운 아이디어와 기술을 사용하여 소비자들에게 혁신적인 제품 및 서비스를 제공하는데, 이 같은 기업가의 혁신적 창조활동은 국가경제 발전에 중대한 영향을 미치게 된다는 것이다. 구체적으로 기업가는 위험을 감수하고 새로운 상품 및 서비스를 개발하거나 혁신적인 경영방식을 도입하여 국가 경제발전에 기여하는 역할을 수행한다. 더불어 창업으로 이어질 경우 고용을 창출하여 사회발전에도 기여한다.

혁신유형과 기업가 행동

　　기업가들의 행위는 서로 다른 형태의 기업가 정신을 필요로 하는 혁신 유형에 따라 구분되어 설명될 수 있다. 알버나디와 클락(Abernathy & Clark)은 혁신 유형이 크게 네 가지 형태로 구분될 수 있음을 주장하고, 혁신이 기술, 시장, 경영 전반에 미치는 광범위한 영향을 연구하였다. 구체적으로 혁신 유형을 기존의 생산·기술 체계와 시장·고객들과의 차이 정도에 따라 그림 3-1에서와 같은 네 가지 형태로 구분하여 설명하였다.

1. 창조적 혁신

　　창조적 혁신은 완전히 새로운 기술이나 생산체계를 도입하여 기존체계를 파괴하고 새로운 시장과 고객에 대한 접근을 실행하는 혁신을 의미한다. 많은 경우 창조적 혁신은 새로운 산업을 창조하거나 크게 성장시키는데, 대표적인 예로는 1908년 미국의 헨리포드가 주도했던 T형 자동차의 대량생산 시스템 도입이 있다. 포드는 숙련공에 의한 기존의 주문형 생산방식을 컨베이어 벨트 시스템을 이용한 대량생산방식으로 전환하여 자동차의 가격을 크게 낮추고 소비를 촉진하여 자동차의 생산 및 판매를 하나의 주요 산업으로 성장시키는 데 중요한 역할을 하였다. 창조적 혁신을 도모하는 기업가들의 대표적인 행동들은 다음과 같은 특성을 나타낸다. 첫째, 기회에 초점을 둔 전략적 성향을 나타낸다. 즉, 제한적인 보유 자원의 양과 종류에 국한되지 않고 변화되는 환경에서 기회를 포착하는 데 초점을 맞추는 전략적 성향을 나타낸다. 둘째, 포착한 기회에 대하여 신속하고 과감한 추진성향을 나타낸다. 셋째, 필요에 따라 임기응변적으로 자원을 활용한다. 즉, 모든 자원을 보유하려고 하기보다는 임차를 포함하는 활용을 중시한다. 넷째, 공식적인 조직의 위계질서에 지나치게 의존하지 않고 비공식 네트워크를 통해 전문가 그룹을 적극적으로 활용하는 등 수평적인 관리방식을 선호한다. 다섯째, 가치창조 중심의 보상체계를 선호한다.

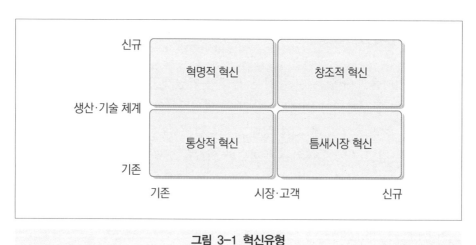

그림 3-1 혁신유형

2. 통상적 혁신

통상적 혁신은 기존의 기술이나 생산체계를 개선하여 기존 시장 및 고객과의 관계를 강화하는 방식의 혁신을 의미한다. 통상적 혁신에서는 기존 체계에 대한 본질적인 변화보다는 이미 존재하는 경쟁우위요소를 확고히 하여 가격우위나 차별화우위를 강화하는 혁신활동이 강조된다. 기업가는 생산공정 혁신, 보상체계 강화, 아웃소싱 확대 등을 통해 통상적 혁신활동을 강화할 수 있는데, 통상적 혁신을 추구하는 관리자형 기업가들의 행동은 다음과 같은 특성을 나타낸다. 첫째, 성장이 정체된 기업의 계속성을 유지·강화하기 위해 각 기능분야에서 점진적인 소규모 혁신을 추진한다. 둘째, 대량생산에 의한 규모의 경제효과 창출과 고품질 유지를 위한 노력을 병행한다. 셋째, 조직구성원들의 업무동기를 강화하여 자발적 혁신이 지속적으로 이루어질 수 있도록 조직관리를 강화한다.

3. 틈새시장 혁신

틈새시장 혁신은 기존기술이나 생산체계의 개선과 판매조직 강화 또는 기존 유통채널의 결합 등을 통해 충분한 가치를 제공해줄 수 있는 세분화된 새로운 시장을 창출하거나 선점하는 방식의 혁신을 의미한다. 틈새시장 혁신을 추진하는 기업가들의 행동은 다음과 같은 특성을 나타낸다. 첫째, 급진적인 변화추진에 대한 위험을 감수하기보다는 기존의 경영방식을 개선하여 새로운 제품과 서비스를 제공할 수 있는 능력을 강화하는 데 집중한다. 둘째, 세분화된 시장과 소비자의 독특한 요구에 신속하게 반응할 수 있는 역량 강화를 위해 마케팅 조직을 강화한다.

4. 혁명적 혁신

혁명적 혁신은 기존의 기술이나 생산체계를 대체하는 창조적 파괴를 실행하여 기존 시장 및 고객과의 관계를 강화하는 방식의 혁신을 의미한다. 혁명적 혁신이 창조적 파괴를 통해 기존산업의 경쟁방식을 크게 변화시킨 예로는 1940년 제너럴모터스(GM)에 의해 도입된 오토매틱 트랜스미션이 기존의 수동변속기를 대체한 경우가 있다. 혁명적 혁신을 추진하는 기업가들의 행동은 다음과 같은 특성을 나타낸다. 첫째, 단순한 기술의 응용에만 그치지 않고 기초과학에 대한 전반적인 이해를 도모한다. 둘째, 기술적인 창조능력에 비해 상대적으로 부족한 조직운영능력을 보완하기 위하여 전문적인 경영인과 협력한다.

기업가 정신과 사회발전

기업가들의 혁신활동들은 다양한 국가·사회 환경요소들의 영향을 받아 일정한 발전단계를 나타낸다. 특별히 기업가 정신에 기초한 많은 사회혁신 활동들은 주로 초기의 창조적 혁신이나 혁명적 혁신에서 통상적 혁신으로 발전되고, 통상적 혁신은 다시 틈새시장 혁신으로 발전된다고 알려져왔다. 또한 일부 혁명적 혁신들의 경우 창조적 혁신으로 발전되기도 하는데, 진공관의 대체물로 개발되었던 트랜지스터가 반도체와 컴퓨터를 포함한 이종 산업부분의 혁신에 중대한 영향을 미친 경우가 그 예에 해당한다.

미국과 일본을 비롯한 자본주의 사회의 발전역사는 기업가 정신과 밀접한 관계를 가지고 있다. 예로 현대사회 발전에 중대한 영향을 미친 기업가 정신의 대표적인 사례로는 마이크로소프트(MS)의 공동 창업자인 빌게이츠의 기업가 정신이 있다. 오늘날 거의 전 세계인이 편리하게 컴퓨터를 사용하고 인터넷을 통해 세상이 하나로 연결된 것은 빌게이츠의 기업가 정신이 없었다면 불가능했을 것이다. 회장직에서 물러난 이후 빌게이츠는 자선 기부단체인 '빌 앤 멜린다 게이츠 재단'을 설립하여 사업을 통해 축적해온 많은 재산을 사회에 환원하고, 또 다른 사업가들의 기부활동을 독려하는 등 훌륭한 기업가의 표상이 되고 있다. 또한 40대 중반의 젊은 나이에 거대기업인 제너럴 일렉트릭스(GE)의 수장이 되어 새로운 기업환경에 대한 전사적인 인식을 위한 워크아웃을 실행하고, 환경변화에 적응하기 위한 과감한 사업구조조정과 품질관리 프로그램인 6시그마 활동을 기획하고 실행했던 잭 웰치의 기업가 정신은 거대복합기업에 대한 새로운 경영방식 확산을 통해 현대사회 속의 기업발전에 중대한 영향을 미쳤다.

이 밖에도 일본에서는 혼다자동차를 설립한 혼다 소이치로와 마쓰시다 전기의 창업자 마쓰시다 고노스케 회장을 기업가 정신의 실천을 통해 사회 발전에 기여한 대표적인 인물들로 제시하고 있다. 1906년 일본 중부의 시즈오카현에서 대장장이의 맏아들로 태어나 1920년대 초등학교 졸업의 학력으로 세계적인 자동차 회사인 혼다의 창업자가 된 소이치로 회장은 소형 오토바이 개발생산 및 보급을 통해 종래의 대형이륜차 기술생산체계를 창조적으로 파괴하고, 경찰 및 일부 오토바이족으로 국한되어 있던 소비계층을 일반 대중으로 확산시킨 산업부문 개척의 선구자가 되었다. 반면 1894년 오사카 근처 작은 농촌에서 지주 집안의 8형제 중 막내로 태어났으나 부친의 사업 실패로 자전거포에서 점원 생활을 시작했던 마쓰시다전기의 창업자 마쓰시다 고노스케 회장은 전 직원이 믿고 따를 수 있는 기업사명과 경영이념을 제시하고 장래성이 높은 기술들을 과감하게 흡수하고 활용하는 관리자형의 기업가 정신을 발휘하였다. '기업은 사회적 공기(公器)'라는 인식에 바탕하여 '생활에 필요한 물건을 수돗물처럼 싸게 많이 공급하여 세상을 풍요롭게 해야 한다'는 경영철학을 실천한 마쓰시다의 기업가 정신은 이후 기업은 물론 사회를 발전시키는 원동력이 되었다.

피터 드러커는 2002년 저서 '넥스트 소사이어티(Managing in the Next Society)'에서 기업가 정신이 가장 높은 나라로 한국을 꼽은 바 있다. 일제 강점기와 6·25 전쟁으로 산업 기반이 거의 전무하다시피 했던 한국이 불과 50여 년 만에 세계 최고의 기업을 일궈낸 부분을 높이 평가한 것이다. 사실 한국에서 기업가 정신을 학문적으로 정립한 학자는 드물었지만, 이를 실천적으로 보여준 기업가는 이미 오래 전부터 존재해왔다. 예로 천재적인 사업수완을 발휘하여 청나라와의 국경지대에서 인삼무역권을 독점하여 부를 축적했던 조선 후기의 무역상 임상옥은 자신의 재산을 사회에 환원하고 수재민 등 가난한 사람들을 구제하는 데 사용한 훌륭한 기업가이다. 특별히 임상옥은 사람 간의 신용을 중요하게 여긴 상인으로 알려져 있는데, 그는 "장사란 이익을 남기기보다 사람을 남기기 위한 것이며, 사람이야말로 장사로 얻을 수 있는 최고의 이윤이고, 따라서 신용이야말로 장사로 얻을 수 있는 최대의 자산"이라는 말을 남기기도 했다. 이밖에도 1960~1970년대에 들어서면서 한국 사회에는 탁월한 기업가 정신으로 기업을 성장시키고 사회발전에 기여한 출중한 기업가들이 나타났는데, 현재까지 한국 경제를 주도하고 있는 현대, 삼성, LG그룹의 창업자인 정주영, 이병철, 구인회, 그리고 철강기업인 포스코의 창업자 박태준 등이 그 주인공들이다. 이들은 각자의 사업영역에서 창의적인 사고와 도전 및 개척정신으로 한국형 기업가 정신의 원형을 보여주었다.

제2절   창 업

창업의 정의

일반적으로 통용되는 협의의 개념으로서의 창업은 제품이나 서비스를 생산하고 판매하는 사업을 시작하기 위하여 개인 또는 집단이 새로운 조직을 설립하는 행위를 의미한다. 즉, 새로운 제품을 생산하거나 서비스를 제공하여 부가가치를 창출하려는 목적으로 자원을 조달하고, 건물과 설비를 포함하는 생산시스템을 구축하며, 필요 인원을 배치하는 행위들을 포함하는 것이다. 하지만 광의의 개념으로서의 창업은 이와 같은 협의의 개념은 물론 기존의 기업이 이제까지와 전혀 다른 새로운 종류의 제품을 생산하거나 판매하기 위해 사업을 다각화하거나 업종을 변경하는 행위들까지도 포함하고 있다.

한편 우리나라의 중소기업창업지원법에서는 창업을 '광업, 제조업, 건설업, 도·소매업, 통신업, 금융업 및 서비스업 등을 새로이 개시하여 중소기업을 설립하는 것'으로 정의하고 있다. 하지만 창업지원의 악용을 방지하기 위하여 시행령 제2조의 규정에서는 창업을 아래 내용들에 해당되지 않는 나머지 경우들로서 제한하여 정의하고 있다.

❚ 타인의 사업을 승계해서 승계 전 사업과 동종의 사업을 계속하는 포괄승계

- 상속에 의해 기존 사업과 동일한 사업을 계속하는 경우
- 폐업한 공장을 인수하여 동일한 사업을 계속하는 경우
- 사업의 일부 또는 전부를 양도받아 동일한 사업을 계속하는 경우
- 기존 공장을 임차하여 이전 사업과 동일한 사업을 계속하는 경우

❚ 개인사업자가 법인으로 전환하거나 법인 간 기업형태를 변경하는 형태 변경

- 합명회사에서 합자회사로, 유한회사에서 주식회사로 전환하는 등 법인형태를 변경하여 동일 사업을 계속하는 경우
- 기업을 합병한 후 동일 사업을 계속하는 경우

❚ 폐업 후 다시 폐업 전과 동일한 사업을 개시하는 폐업 후 동종 사업 재개

- 일시적으로 휴업한 후 사업을 다시 재개한 경우
- 새로운 장소로 이전하여 동일한 사업을 계속하는 경우

창업활동의 의미와 필요요소

기업을 수명이 있는 일종의 유기체로 인식할 때, 창업은 새로운 생명체의 탄생을 위한 파종행위에 비유될 수 있다. 즉, 결실을 얻기 위해서는 파종이라는 행위가 필요하듯이 제품과 서비스를 생산하여 이익이라는 결실을 얻기 위해서는 새로운 사업조직을 만드는 창업활동이 필요한 것이다. 창업활동을 기업의 여타 활동들과 비교해보면 다음과 같은 차별적인 특성이 있다.

첫째, 창업활동은 과거에 경험하지 못했던 새로운 사업을 시작하는 것이다. 따라서 결과를 예측하기 어려운 불확실성하에서의 의사결정이라는 특성을 갖는다.

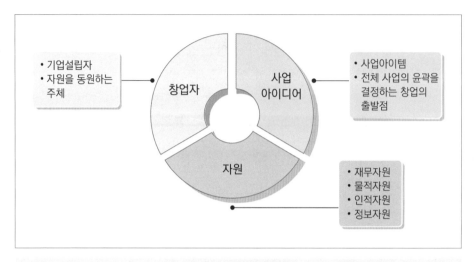

그림 3-2 창업의 3요소

둘째, 창업활동에는 다양한 자원들의 투입이 요구된다. 이러한 자원의 투입은 장기간에 걸쳐 점진적이고 지속적으로 요구되기 때문에 투자에 대한 높은 수준의 위험이 수반된다는 특성이 있다. 셋째, 창업활동은 본질적으로 창조적이고 모험적이다. 이는 창업활동에 잠재되어 있는 불확실성과 위험 때문이기도 하지만, 창업 기업가들이 가지고 있는 개인적인 자아성취 욕구, 명성과 경력에 대한 욕구, 새로운 사고나 개념 활용의 욕구, 인류와 사회에 대한 공헌 욕구가 창업결정과 활동의 비경제적인 동기로서 작용하기 때문이다.

창업을 위해서는 기본적으로 창업자, 사업 아이디어, 자원의 세 가지 요소들이 필요하다(그림 3-2). 여기서 창업자란 창업에 필요한 인적, 물적 요소들을 동원하는 기업의 설립자를 의미하는데 반드시 사업 아이디어의 발상자일 필요는 없다. 사업 아이디어의 발상자가 아니더라도 아이디어의 활용을 위해 자본을 조달하고 기업을 설립한 사람은 창업자로 간주될 수 있는 것이다. 성공적인 창업과 성장을 위해 창업자는 환경변화에 대한 통찰력과 이를 활용할 수 있는 경영감각, 위험과 희생을 감수하고 투자를 실행할 수 있는 기업가 정신을 갖추어야 한다. 창업자의 재능, 인격, 지식, 경험은 설립되는 기업의 효율성 및 성장에 영향을 미치는 매우 중요한 요소들이다.

아이디어 발상자가 실무경험 등에 기초하여 제시하는 새로운 사업 아이디어는 창업기업이 어떤 재화와 서비스를 제공할 것인지에 대한 사업동기로 작용하여 창업을 가능하게 하는 또 다른 중요요소가 된다. 체계적인 창업계획은 좋은 아이디어의 토대 위에서 수립될 수 있다. 따라서 창업자들은 최상의 결과를 가져올 것으로 기대되는 유망한 사업 아이디어를 개발해야 한다. 하지만 창업으로 이어지기 위한 사업 아이디어가 반드시 획기적이고 거창한 것이어야 하는 것은 아니다. 고객을 감동시킬 수 있는 작은 서비스를 개발하는 것만으로도 훌륭한 창업 아이디어가 될 수 있다. 그렇다고 모든 사업 아이디어들이 상품화될 수 있는 것은 아니다. 따라서 창업을 결정하기 이전에 제시된 사업 아이디어의 실현가능성과 소비자 요구와의 부합성을 판단하는 사업타당성에 대한 철저한 검증이 요구된다.

창업을 위한 또 다른 요소인 자원은 창업자의 목적달성을 위하여 제시된 아이디어를 구체적인 상품이나 서비스로 만드는 데 필요한 재무자원, 물적자원, 인적자원, 정보자원들을 의미한다.

- **재무자원**(financial resources): 임금과 인센티브 지급, 물적자원 구입, 기술개발 및 영업조직 구축 등 기업을 창업하고 운영하는 데 필요한 자금을 포함
- **물적자원**(material resources): 제품을 생산/제조하고 서비스를 창출하는 데 필요한 부지, 원부자재, 기계, 빌딩을 포함
- **인적자원**(human resources): 임금을 받기 위해 노동력을 기업에 제공하는 다양한 직종과 직급의 사람들을 포함
- **정보자원**(information resource): 다양한 자원들을 효과적으로 혼합하고 활용하는 데 필요한 자료, 정보, 기술, 지식을 포함

창업유형

1. 사업 아이디어 원천에 따른 구분

창업을 위한 사업 아이디어의 원천은 기술과 시장의 두 가지 측면에서 구분하여 설명할 수 있다. 먼저 사업과 관련한 전문적인 기술이나 지식을 사업 아이디어의 원천으로 활용하는 창업을 '기술형 창업'이라고 한다. 우리 사회에 존재하고 있는 많은 벤처 창업들이 이에 해당되는데, 기술형 창업은 많은 경우 자신이 소속되어 있는 기업에서 제공되는 자금과 시설을 활용하여 독특한 아이디어를 상품화하는 사내 기업가들에 의하여 계획되고 실행된다.

반면 사업 아이디어의 원천을 시장에 두고 소비자 수요에 부응하는 제품과 서비스 아이디어에 기초하여 창업하는 유형을 '시장형 창업'이라 한다. 혁신적인 기술이나 지식에 기반하지 않는 시장형 창업은 그 특성상 수요가 증명된 기존시장이나 다른 기업들이 간과하고 있는 틈새시장에 진출하여 경쟁자들이 파악하지 못한 잠재적인 시장수요를 탐색하고 선점함으로써 성공의 가능성을 높일 수 있는 창업방식이다.

2. 업종에 따른 구분

창업의 유형은 산업 분류 기준에 따라 제조업, 유통업 또는 서비스업 부문의 창업으로 구분할 수 있다. 먼저 제조업 부문의 창업은 공장을 설립하고 원부자재를 활용하여 제품을 생산하는 산업부문에서의 창업을 의미한다. 반면 유통업 부문에서의 창업은 도매 및 소매점을 창업하는 것을 의미한다. 유통업 부문에서의 창업은 제조업 부문에서의 창업과는 달리 공장설립이나 설비구입이 요구되지 않고, 많은 경우 법인형태보다 개인기업의 형태로 운영되기 때문에 창업절차가 상대적으로 간단하다는 특성이 있다. 마지막으로 서비스산업 부문의 창업은 금융업, 식음료업, 숙박업, 창고업, 통신업, 교육사업, 컨설팅사업과 같은 산업부문에서의 창업을 의미한다. 서비스산업 부문에서의 창업은 해당 분야에 따른 차이가 커서 공통적인 특성을 제시하기 어려우나, 산업사회의 고도화에 따라 그 영역과 비중이 빠르게 확대되고 있으며 중요성도 강화되고 있다.

3. 창업방법에 따른 구분

창업의 유형은 사업을 시작하는 방법에 따라 독립적인 사업체를 구성하여 창업하는 방식과 본사와의 계약체결을 통해 가맹사업을 시작하는 방식으로 구분될 수 있다. 또한 독립적인 사업체를 구성하여 창업하는 방식은 새로운 기업을 만들어 사업을 시작하는 신설 창업과 기존의 업체를 인수하는 기업인수 창업으로 구분될 수 있다. 기업인수 창업의 경우 피인수 기업이 이미 구축해놓은 입지와 고객기반, 조직구조, 기업운영에 필요한 경영방식 등을 활용하여 단기간 내에 사업에 착수할 수 있고 경영성과에 대한 보다 객관적인 예측결과를 제시하여 투자자를 유치하는 데 유리하다. 반면, 인력구성과 조직운영 방식에 있어 신설창업에 비해 많은 제약을 받게 되는 단점이 있다.

프랜차이즈 본부(franchiser)와의 계약체결을 통해 가맹점(franchisee)으로 가입하는 방식으로 창업하는 가맹점 창업에서는 로열티 지급에 대한 대가로 상표, 상호, 로고 및 기타 영업표지를 공동으로 이용할 수 있다. 본사로부터 제조 및 서비스 제공방법, 마케팅기법, 점포운영 방법 등을 제공받는 방식으로 사업을 시작하는 것이다. KFC, McDonald, 롯데리아, BBQ 등 식음료산업 부문에서 많이 활용되는 창업방식으로서 고객들이 이미 제품 및 서비스를 인식하고 있기 때문에 사업 개시에 따른 위험을 줄일 수 있는 장점이 있다. 반면, 본사의 간섭으로 인해 경영에 대한 자율권이 제한될 수 있고, 가맹료와 로열티가 수익성과 관계없이 고정적으로 발생되는 단점이 있다.

4. 변화 정도에 따른 구분

창업의 유형은 변화 정도에 따라 혁신적 창업과 모방적 창업으로 구분될 수 있다. 먼저 혁신적 창업이란 제품, 경영, 기술적인 면에서 기존사업과는 크게 다른 방식으로 사업을 시작하는 것을 의미한다. 혁신적 창업에는 획기적인 발명기술과 제품에 기초한 창업뿐만 아니라, 새로운 경영방식의 도입을 통한 효율성 향상에 기초한 창업들이 포함된다.

반면 우리 사회에서 발생되는 보다 많은 창업들이 해당되는 모방적 창업의 경우 기존 경쟁사들과 동일하거나 유사한 형태로 사업을 시작하는 것이다. 예를 들면 소규모의 소매점, 서비스 사업체, 음식점을 창업하는 경우들이 이에 해당된다. 변화 정도에 따른 창업유형들을 비교할 때 일반적으로 혁신적 창업이 모방적 창업에 비해 우수한 것으로 간주되기 쉬우나 이는 잘못된 판단이다. 창업의 성공 여부는 어떤 형태의 창업을 했느냐보다, 현재와 미래의 소비환경을 얼마나 잘 고려하여 창업방식이 선택되고 준비되었는지에 의해 보다 중대한 영향을 받게 된다.

이상에서 제시된 창업유형들을 분류 기준에 따라 구분하여 정리하면 그림 3-3과 같다.

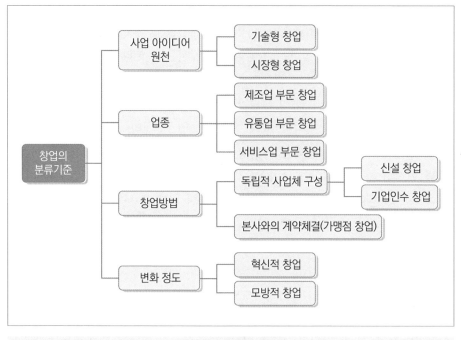

그림 3-3 창업유형

창업 절차와 전략

위험과 불확실성이 따르는 창업에는 자본을 비롯한 많은 자원의 투자가 요구되므로 치밀하고 체계적인 준비가 요구된다. 창업절차는 창업동기, 형태, 규모, 업종에 따라 차이를 나타내지만, 제조업 부문에서의 일반적인 창업절차는 그림 3-4 에서와 같이 5단계로 구분하여 설명할 수 있다.

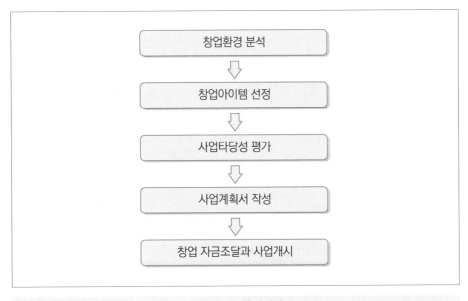

그림 3-4 창업절차

1. 창업환경 분석

창업을 계획하는 데 있어 가장 먼저 고려해야 하는 것은 경제, 정치, 법률, 기술, 사회문화 환경 등을 포괄하는 거시환경 분석을 통해 과연 어떤 산업이 미래에 유망한지를 파악하는 것이다. 또한 확보하고 있는 기술, 경험, 각종 자원을 포함하는 내부여건에 대한 분석을 통해 낮은 수준의 위험과 높은 수준의 수익이 기대되는 사업군을 선정하는 것이다. 내부여건과 외부환경에 대한 분석결과는 성공적인 창업이 가능한 후보 산업군들을 제시해주는데,

창업가는 이렇게 선정된 각 분야들의 상대적인 장점과 단점들을 비교 분석해야 한다.

2. 창업아이템 선정

외부환경과 내부여건의 분석을 통해 선정한 산업부문에서의 성공적인 창업을 위해서는 가장 적합한 창업아이템의 선정이 필요하다. 특별히 창업아이템의 선정과정에서는 기술의 상품화 가능성과 시장의 수용 여부에 대한 철저한 검토가 이루어져야 하는데, 이는 아무리 훌륭한 기술을 개발했더라도 상용화하기 어렵거나 소비자들이 수용할 준비가 되어 있지 않은 아이템이라면 실패할 가능성이 매우 높기 때문이다. 따라서 성공적인 창업아이템의 선정을 위해서는 창업의 핵심이 되는 상품의 특성과 시장과의 관계에 대한 충분한 고려가 필요하다.

3. 사업타당성 평가

선별된 창업아이템들 중 가장 성공가능성이 높다고 판단된 아이템에 대해서는 실행가능성과 사업성을 좀더 포괄적으로 진단하는 사업타당성(business feasibility)에 대한 평가가 필요하다. 사업타당성 평가에서는 선별된 아이템을 통해 창업을 할 것인지 아닌지를 최종적으로 결정하기 위한 시장성 분석, 기술성 분석, 경제성 분석을 실행한다.

┃ 시장성 분석

선정된 제품의 시장규모, 소비 잠재력, 경쟁 정도 등을 평가하여 판매가능한 매출액 규모를 추정하는 것이다. 특별히 창업아이템을 선정한 후의 시장분석에서는 통계자료나 보고서 등 문헌조사에 의존하는 일반환경 분석과 후보아이템 선정을 위한 환경조사에서와 달리, 해당 산업환경 부문에 대한 전문가 조사를 포함하는 직접적인 시장조사에 집중한다.

▮ 기술성 분석

새로운 제품개발과 생산에 필요한 기술획득과 보유가능성에 대한 평가, 원자재와 생산시설의 확보가능성 평가, 공장입지, 생산공정, 적정 원가수준 달성 및 유지 가능성 평가 등 전반적인 기술적 측면에서의 생산가능성을 평가하는 것이다.

▮ 경제성 분석

시장성 분석과 기술성 분석에서 나타난 결과와 자료들을 토대로 하여 특정 제품을 제조, 판매하였을 때 과연 수익성과 안정성이 있는 사업이 될 수 있는지를 평가하는 것이다. 사업타당성 평가를 위한 경제성 분석에서는 제품개발과 생산 및 판매에 필요한 비용과 예측되는 수요량의 추산을 통해 예상매출액을 산출하고 잠재적인 이익수준에 대한 평가를 수행한다.

4. 사업계획서 작성

사업타당성 평가를 통해 창업하고자 하는 사업아이템의 시장성, 기술성, 경제성이 확인되고 나면 기업가는 창업을 위해 추진할 구체적인 사업내용과 세부일정 계획들을 포괄하는 사업계획서를 작성해야 한다. 창업자의 창업계획을 체계적으로 정리하는 사업계획서에는 선정사업의 내용, 계획한 제품시장의 구조적 특성, 소비자의 특성, 시장확대 가능성과 마케팅전략, 계획상품의 기술적 특성, 생산시설, 입지조건, 생산계획과 더불어 선정아이템에 대한 향후 수익전망, 투자 경제성, 계획사업에 대한 소요자금 규모 및 조달 계획, 조직 및 인력 계획 등 창업과 관련한 모든 제반사항들이 자세하게 포함되어야 한다.

사업계획서는 창업에 도움을 줄 수 있는 동업자, 출자자, 금융기관, 매입처, 매출처를 포함하는 다양한 이해관계자들의 투자와 자원을 확보하기 위한 자료로 활용될 수 있으므로 사업타당성 분석결과에 기초하여 창업자가 직접 작성하는 것이 바람직하다. 또한 일반적으로 정형화된 형태가 없고 창업 동기, 형태, 규모, 업종 등에 따라 차이가 있는데 표 3−1은 사업계획서에 포함되는 일반적인 내용들을 요약하여 정리한 것이다.

사업계획서는 이를 활용하는 모든 이해관계자들에게 신뢰를 줄 수 있도록 충분한 근거자료에 기초하여 작성되어야 하며 전문성과 독창성을 확보해야 한다. 사업계획서 작성 시 충족되어야 하는 필수 조건들은 다음과 같다.

- **충분성**: 창업을 계획하고 있는 아이템의 성공가능성을 이해관계자들에게 설득력 있게 납득시키는 것을 가장 중요한 목적으로 하는 사업계획서에서는 실현가능성 부분에 대한 창업자의 자신감이 분명하게 드러날 수 있어야 한다. 따라서 계획 사업에 대한 내용을 구체적으로 충분하게 제시하는 충분성을 확보해야 한다.
- **신뢰성**: 자칫 자신감이 너무 지나쳐서 이해관계자들이 느끼기에 허황되고 실현가능성이 낮다고 판단할 때는 사업계획에 대한 신뢰에 큰 타격이 될 수 있다. 따라서 공공기관 또는 전문기관의 증빙자료를 근거로 시장수요를 조사하고 매출액과 수익률 추정에 대한 객관적인 근거를 제시하여 객관성에 기초한 신뢰성을 확보해야 한다.

▌표 3-1 사업계획서 내용

순서	내용
Ⅰ. 사업계획서 요약문	사업개념 및 사업배경, 기업 및 제품에 대한 개요, 틈새 및 기회, 경쟁우위, 수익성, 성장전망 및 비전, 사회공헌도(필요성 부여) 등을 간략히 서술
Ⅱ. 기업 및 산업 개요	1. 기업개요: 기업명, 기업이념, 목표, 성격 등 2. 사업개념: 사업부문과 제공상품에 대한 설명 3. 사업배경: 산업현황 및 전망, 성장추이, 기회 등
Ⅲ. 사업 및 제품 (서비스) 개요	1. 제품(서비스)의 특성 및 용도 2. 기술 인력 및 제품(서비스) 개발 계획 3. 경쟁 제품(서비스)과의 차별성
Ⅳ. 시장환경 분석	1. 목표시장 2. 시장규모 및 성장 추이 3. 경쟁우위전략 4. 시장진입 및 성장전략 5, 예상 매출규모 6. 수익잠재력

V. 마케팅계획	1. 주요 마케팅전략 2. 제품전략 3. 가격전략 4. 유통전략 5. 촉진전략
VI. 생산계획	1. 생산전략 2. 원자재 수급계획 3. 설비 및 필요 기자재 4. 운영주기 5. 공장입지 및 법적인 규제
VII. 재무계획	1. 채산성 분석 2. 추정 재무제표(3~5년) 3. 비용관리계획 4. 자금조달계획
VIII. 조직 및 인적 자원	1. 조직도 2. 핵심창업인력 3. 경영능력 4. 인사정책 및 계획 5. 외부자문 및 지원인력
IX. 위험요소 및 대책	
X. 사업추진일정	

자료: http://board.cgiworld.net/에서 수정 · 보완함

- **차별성**: 계획사업의 핵심사항을 부각시켜 이해관계자들의 투자와 관심을 이끌어낼 수 있는 차별성을 확보해야 한다. 이를 위하여 계획하고 있는 상품이 경쟁사들의 제품보다 소비자들의 기대를 더 잘 충족시켜 줄 수 있을 거라는 확신을 주기 위한 상품 특성에 대한 설명을 강조할 필요가 있다.
- **용이성**: 단순하고 보편적인 내용으로 구성하여 이해를 돕는 용이성을 확보해야 한다. 이를 위하여 제품 및 기술성 분석에 대한 설명에서는 전문적인 용어의 사용을 최소화하고, 상품생산 공정에 대한 구체적인 설명은 배제할 필요가 있다.

5. 창업자금 조달과 사업개시

계획단계에서 창업의 타당성을 투자자들로부터 인정받고 나면 창업가는 창업을 위한 자금조달 및 사업개시를 위한 준비를 시작해야 한다. 그림 3-5에서 보는 것처럼 창업기업들의 자금조달방법은 크게 내부자금과 외부자금 조달방법으로 구분될 수 있다.

내부자금에는 창업자의 자본금, 동업자 또는 투자자의 출자금과 유보현금과 같은 현금자산은 물론 사업장, 사무기기, 차량 등 창업관계자가 제공하는 현물들이 포함된다. 반면, 외부자금에는 외부로부터 조달하는 모든 차입금들이 포함된다. 외부자금조달에 대한 대가로 창업기업은 재산권을 나타내는 증서인 유가증권을 발행할 수 있는데, 기업에서 자본을 조달하기 위해서 가장 빈번하게 발행하는 유가증권이 바로 주식이다. 주식은 주식회사의 형태를 취한 기업이 발행하는 출자증권으로서, 창업기업은 증권시장에 기업을 공개하고 주식을 발행하여 대규모 자금을 조달할 수 있다.

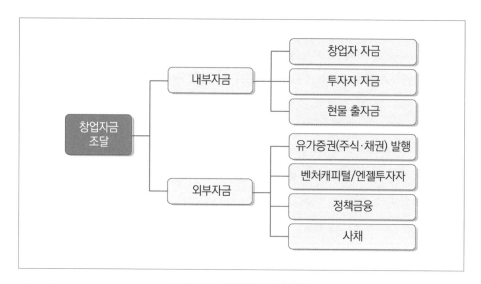

그림 3-5 창업자금 조달방법

창업기업이 자본조달을 위해 발행할 수 있는 또 다른 형태의 유가증권은 채권이다. 채권은 정부, 공공기관, 특수법인이나 주식회사 형태를 갖춘 기업이 일반 대중 투자자들로부터 비교적 장기의 자금을 조달받기 위하여 부담하는 채무를 표시하는 유가증권으로서 일종의 차용증서이다. 즉, 채권발행인이 소지인에게 만기일까지 이자를 지급하고 만기일에 원금을 상환하기로 약정한 채무증서로서 발행당시에 만기와 금리가 확정되어 발행된다. 채권은 정부나 정부투자기관에서 발행하는 국공채, 금융기관에서 발행하는 금융채, 주식회사가 발행하는 회사채로 구분될 수 있다. 표 3-2는 주식과 채권 발행을 통한 자금조달방식의 차이를 비교하여 설명하고 있다.

창업자금을 외부로부터 직접 조달하기 위한 또 다른 방법으로 기업은 벤처캐피털이나 엔젤투자자를 활용할 수 있다. 두 가지 모두 기술력과 장래성은 있으나 경험이 일천하고 경영기반이 취약하여 일반 금융기관에서는 융자를 받기 어려운 중소기업들을 대상으로 자금을 공급하고 경영을 지원한다는 공통점이 있다. 그리고 투자기업의 기술력과 성장성을 평가하여 무담보 투자를 실행하는 자금지원방식이라는 측면에서 유형의 담보를 요구하는 일반적인 금융기관들과 차별화되는 공통적인 특징이 있다.

▌표 3-2 주식과 채권의 비교

구분	채권	주식
발행기관	정부, 공공기관, 금융기관, 주식회사	주식회사
증권소유자의 지위	채권자	주주
증권만기일	유	무
보수유형	확정이자 수령	이익발생 시 배당금 수령
원금환수방법	만기 시 원금상환	상환의무 없음(거래를 통해 환수)
경영권 참여	불가능	가능
재산분배권 순위	선순위	후순위
상대적 위험수준	낮음	높음

하지만 벤처캐피털은 창업 후 이미 완성제품을 시장에 판매한 기업들을 대상으로 투자를 실행하는 중소기업창업투자사(창투사), 신기술금융사들과 같은 자본투자기관 또는 투자자 그룹인 반면, 엔젤투자자는 아이디어만 갖고 제품이 없는 창업초기의 기업에게 투자하는 사업가 또는 기술기업임원 등의 개인투자가(자산가)라는 차이점이 있다. 표 3-3은 벤처캐피털과 엔젤투자자의 차이를 비교하여 설명하고 있다.

이 밖에도 창업기업의 자금조달을 위해 타인자금을 활용하는 방식으로는 정부 부처의 정책금융을 활용하는 방법과 은행과 같은 일반 금융기관으로부터 시설자금 또는 기술개발 융자 등의 지원을 대출 형식으로 받는 방법, 친·인척, 동료, 개인금융으로부터 사채를 조달받는 방법 등이 있다. 특별히 중소·벤처기업 창업자금 지원, 중소기업 경영안정자금, 특별경영안정자금, 중소기업 기술혁신개발사업, 중소기업 기술개발 및 특허기술 사업화 자금, 수출금융지원자금 등과 같이 중소기업의 육성을 위한 정부의 정책금융들은 많은 경우 차입 및 상환조건과 이자 측면에서 시중 금융기관보다 좀 더 유리한 조건으로 자금을 빌려주기 때문에 적극적인 검토와 활용이 필요하다. 창업자금을 조달한 창업자는 회사를 설립하고 사업장을 계약하여 본격적인 생산 및 영업 활동을 개시할 수 있다.

▌표 3-3 벤처캐피털과 엔젤투자자의 비교

구분	벤처캐피털	엔젤투자자
투자시기	제품완성 후 후기성장단계	제품완성 전 초기성장단계
투자동기	고수익성	고수익성/개인적 친분
지원내용	자금지원 중심	자금지원 및 노하우
투자재원	투자가들의 펀드	개인자산
상대적 위험허용도	낮음	높음
상대적 투자수익성	낮음	높음
재산분배권 순위	선순위	후순위
상대적 위험수준	낮음	높음

자료: 정보통신부(http://mic.go.kr), 서울엔젤클럽

성공창업의 주요요소

창업기업의 성공은 다양한 요소들의 복합적인 작용에 의해 결정되는데, 대표적인 몇 가지 주요요소들을 살펴보면 다음과 같다.

1. 환경변화에 부합하는 창업분야의 선정

시대의 환경변화 흐름에 맞는 업종 선택은 창업기업의 성공 여부에 중대한 영향을 미칠 수 있는 가장 대표적인 요소이다. 창업의 성공가능성을 높이기 위해서는 현재와 미래의 기술적, 경제적, 정치적, 사회문화적 환경변화들을 고려하고, 이에 부합하는 창업분야를 선정하는 노력이 필요하다.

2. 창업자의 자질에 부합하는 창업분야의 선정

아무리 유망한 사업분야라고 하더라도 이를 수행하기 위한 창업가의 자질이 부족할 경우 실패가능성은 높아질 수밖에 없다. 특별히 유망 사업분야에서 쉽게 목격되는 경쟁심화는 이 같은 실패의 가능성을 높인다. 성공적인 창업을 위해서는 창업분야에 대한 창업자의 전문적인 지식과 경험은 물론 신용, 도덕성, 의지력, 모험심, 리더십 등의 기본자질이 필요하다.

3. 적절한 창업시기의 선정

창업시기와 관련해서는 일반적으로 경기가 불황일 때는 창업을 미루는 것이 바람직하다는 생각이 지배적일 수 있다. 하지만 불황기에는 오히려 창업에 필요한 부동산 구입 가격과 인건비가 저렴하고, 인수를 통한 창업을 할 경우에도 인수대상 기업의 시장가치가 상대적으로 낮게 평가되기 때문에 오히려 적은 비용으로 창업을 할 수 있다는 장점이 있다. 따라서 창업시기는 경기상황보다 창업절차에 대한 기업의 준비 정도에 따라 결정하는 것이 바람직하다.

4. 철저한 사업타당성 분석에 기초한 사업계획 수립

사업타당성 분석은 창업자를 실패로부터 보호해줄 수 있는 가장 중요한 보조 장치이다. 또한 사업타당성 분석결과에 기초하여 작성되는 사업계획은 목표를 결정하고 성과를 예측하는 중요한 도구가 된다. 따라서 성공적인 창업을 위해서는 철저한 사업타당성 분석에 기초한 사업계획의 수립이 중요하다.

5. 최적의 사업규모 결정 및 사업자금 조달

최적의 사업규모를 결정하고 사업자금을 조달할 수 있는 능력을 충분히 고려하지 않는 창업은 실패하기 쉽기 때문에 주의해야 한다. 또한 창업기업의 성공가능성을 높이기 위해서는 타인으로부터 조달하는 자금의 비중을 최소화하는 대신 자기자본과 신용에 의한 금융기관 차입 비중을 높이는 것이 바람직하다.

4차 산업혁명 시대의 기업가 정신

기술적 변화에 대한 전문가들의 의견은 엇갈리지만 4차 산업혁명에서 거론되는 기술이 어떤 방향으로든 사회경제에 큰 변화를 가져올 것이라는 데는 이견이 없다. 4차 산업혁명이 단순히 기술적 진보가 아니라 정치적, 사회적 변화이자 인류의 도전으로 논의되는 이유는 장기화되는 경기불황을 극복할 기제로 받아들여지기 때문이다.

4차 산업혁명은 인간과 기계의 융합, 가상과 현실의 융합, 스마트 · 네트워크 · 자율성과 같은 특징을 바탕으로 개인의 삶, 직업, 일하는 방식, 기업의 형태 등에 큰 변화를 주고 있다. 생산의 주체는 과거 기업(corporation)에서 최근 개인(individual)으로 바뀌고 있다. 기업의 목표가 과거 생산활동의 효율성 극대화였다면 이제는 사용자 만족, 가치, 재미 등이 더욱 중요한 가치가 되었고, 대량생산방식에서 니치(niche) 발굴 및 해결하는 방식으로 변화하였다. 또한 '일자리'가 중요하던 시대에서 '일'이 중요한 시대로 변화되어 고정된 일터의 종말이라는 전환점에 도달했다.

그렇다면 기업가 정신은 어떻게 달라졌는가. 과거 성공의 개념은 창업을 해서 중견 · 대기업으로 성장시키는 것으로 이해되어졌으나 이제는 개인이 강조되고 있다. 즉, 기업에 중요한 것은 지식(knowledge)인데 결국 지식을 보유한 것이 '개인'이고 '개인성'을 강조하는 스타트업이 최근 급성장하는 이유이기도 하다. 린 스타트업(lean startup)은 기업(corporation)으로의 진입장벽을 낮추고 있는 기제로, 액셀러레이터(accelerator)는 개인을 키워 기업을 만드는 기제로 작용하고 있다.

4차 산업혁명 시대 기업가 정신의 발현을 위한 과제는 무엇인가. 우선 개인은 구직하는 시대의 패러다임의 변화를 인식, '창직'을 준비해야 한다. 「The 100-Year Life」의 저자 린다 그래튼은 은퇴 혹은 정년이라는 개념은 사라질 것이고 앞으로 사람들은 더 오래 일해야 한다고 말한다. 100년을 사는 동안 우리는 2~3개 이상의 직업을 경험하게 될 것이며, 개인이 새로운 기술과 새로운 전문성을 습득하는 것이 평생의 과제가 된다고 말한다. 향후 10년 내에 세상은 모바일 시대에서 인공지능의 시대로 전환될 것이므로 더 빠르고, 더 정확한 인공지능 시대의 사람의 역할에 대한 논의가 가속될 것이다. 그러한 측면에서 인문중심, 가치중심의 감성 자본을 축적해가야 한다. 또한 개인주의와 경쟁보다는 상호연결과 협업, 네트워크를 활용할 수 있는 사회적 자본을 쌓아가야 한다.

기업은 혁신의 다양성을 갖추어야 한다. 즉, 익숙한 기술, 스스로 강점이 있는 기술 이외에도 기존 지식 범위 밖의 향후 잠재력이 있어 보이는 기술, 융합이 가능해보이는 기술에 대한 지식을 갖추어야 한다. 혁신의 다양성을 높일 수 있는 방법으로 인수합병(M&A)과 기업주도형 벤처캐피탈(CVC)을 통한 외부 자원의 획득이 있다. 대기업은 스타트업에 대한 투자 · 인수에 보다 적극적일 필요가 있으며 전통 산업부문의 기업들도 이러한 흐름에 참여해야 한다. 그리고 고객의 니즈를 실시간으로 파악하는 경영이 이루어져야 한다. 신제품의 성공은 고객의 민감성에 기반하지 않으면 어려울 것이다.

정부는 다양한 주체가 혁신을 만드는 역할을 수행하고 이를 육성하는 것이 국가의 번영으로 이어질 수 있는 혁신생태계를 구축해야 한다. 이를 기업가적 국가(entrepreneurial state)라 표현할 수 있는데, 이는 기업가 정신을 근간으로 혁신 생태계가 선순환 성장을 지속할 수 있는 국가이다. 여러 주체가 더 많은 혁신을 만들 수 있도록, 혁신의 주체들이 쉽게 혁신할 수 있는 장을 마련한다면 4차 산업혁명 시대에 우리는 국가의 번영을 이어갈 수 있을 것이다.

Entrepreneurship Korea, 2017, Vol.5.

토의문제

01 기업가와 기업가 정신을 정의하시오.

02 기업가의 특성과 유형을 설명하시오.

03 기업가의 역할과 사회에 대한 영향을 논하시오.

04 알버나디와 클락(Abernathy & Clark)이 제시한 네 가지 혁신유형을 설명하시오.

05 창의적 사고와 도전 및 개척정신으로 한국형 기업가 정신의 원형을 보여준 대표적 인물들을 논하시오.

06 국내 중소기업창업지원법에서 제시하고 있는 창업의 정의와 예외 사항들에 대해 설명하시오.

07 창업활동의 의미와 주요 3요소를 설명하시오.

08 창업의 분류 기준을 정의하고 각 분류 기준별 유형들을 비교하여 설명하시오.

09 창업의 과정을 5단계로 구분하여 설명하시오.

10 성공적인 창업을 위한 주요요소들을 설명하시오.

part 02

4차 산업혁명
시대의 기업성장

04

소비자 관점에서의 경영

창업기업이 지속적으로 성장하고 발전하기 위해서는 소비자 관점에서의 경영체계를 구축하여 활용해야 한다. 특별히 탁월한 기술력과 신제품 개발에 기초하여 창업한 기업은 기술 중심적이거나 생산 중심적인 사고에 빠져들기 쉬운데, 이를 탈피하고 지속적으로 성장하기 위해서는 소비자들의 의사결정과정과 행동에 대한 정확한 이해에 기초한 마케팅 계획을 수립하고 실행해야 한다.

포화된 도넛 시장 타개책은? … 크리스피 크림의 디지털 마케팅 성공담

16년 전 크리스피 크림(Krispy Kreme)이 호주 시장에 진출했다. 곧 곳곳에서 이 도넛 매장을 찾을 수 있을 정도로 인기를 끌었다. 그러다 나중에는 80개 매장을 열면서 호주 시장에 포화 현상이 나타났다. 크리스피 크림은 더 나은 비즈니스 모델이 필요했고, 유통과 세일즈, 마케팅을 능률화하고 혁신해야 할 필요가 있었다.

크리스피 크림이 시도한 전략 중 하나는 매출 대신 브랜드에 대한 애착에 초점을 맞추는 것이었다. 이를 위해 디지털 마케팅과 혁신에 집중했고, '향수'를 불러일으키는 데 초점을 맞춘 인스타그램 캠페인을 실행했다. 크리스피 크림 호주 법인의 러셀 슐먼은 인터뷰를 통해 다음과 같이 말했다. "16년 전 호주에 진출한 후 크리스피 크림은 역동적인 여정을 밟았다. 인기를 너무 오래 누렸고, 더 나은 비즈니스 모델이 필요했다"라며 "그래서 2011년에 세븐일레븐, 다른 소매점과 파트너십을 체결했고, 소매 비즈니스에 대한 경험 창조에 초점을 맞췄다. 약 5년 전에는 전자상거래와 배달도 시작했다. 또한, 디지털 브랜드가 강화된다는 사실을 발견했다"라고 말했다.

TV와 신문에 대한 소비자들의 의존도가 낮아짐에 따라 크리스피 크림은 디지털에 초점을 맞췄다. 이는 예산 절감 노력에도 더 잘 들어맞는 방향이었다. 새로 임명된 글로벌 CEO는 비즈니스가 브랜드 애착에 초점을 맞추도록 도움을 줬다. 슐먼은 "우리 목표를 가장 큰 브랜드가 아닌, 가장 사랑받는 브랜드가 되는 것으로 설정했다. 지금도 트렌드를 포착해 활용하고, 이를 메인스트림으로 가져가는 데 전념하고 있다"라고 설명했다.

향수는 꽤 오래전부터 중요한 트렌드 중 하나였으며, 현재 크리스피 크림의 주요 마케팅 영역이 됐다. 슐먼은 "사람들은 크리스피 크림을 처음 접했을 때를 기억하고 있다. 그러나 우리는 새로운 고객이 필요했다"라고 말했다. 이와 같이 크리스피 크림은 명확한 도전과제를 갖고 있었다. 재미있는 쌍방향 소통방식으로 밀레니얼 세대와 접촉하고, 적은 비용으로 새로 출시한 드로백 파티(Throwback Party) 도넛 제품군을 즐기게 만드는 것이었다.

이 과제를 해결하기 위해, 크리스피 크림은 인스타그램을 드로백 파티 도넛 제품군 출시를 축하하는 가상 아케이드(게임)로 탈바꿈시켰다. 크리스피 크림 인스타그램에서 강조된 4개 인스타그램 스토리는 1990년 고전 비디오 게임에 영감을 받아서 만든 새로운 맛의 도너츠 출시를 축하하는 미니 게임들이었다. 회사는 리더보드를 통해 높은 점수를 올린 게임 플레이어들을 소개했다. 그리고 가장 높은 점수를 얻은 플레이어에게 크리스피 크림 도너츠를 선물했다.

이 켐페인은 큰 성공을 거뒀고, 원래 의도는 아니었지만 브랜드 매출을 견인하는 효과도 있었다. 광고 리콜(기억)은 24.8 포인트가 증가했고, 사이트의 순 방문자 수는 32.8%가 증가했으며, 전자상거래 매출은 연간 대비 기준 30%, 오프라인 소매 매출은 연간 대비 기준 6.3%가 증가했다. 크리스피 크림의 혁신은 현재진행형이다.

'핥아 먹을 수 있는' 광고, 3D VR 도너츠 영화를 만들어 공개했고, 영화를 좋아하는 사람들을 위한 팝콘과 콜라 맛 도너츠를 출시했다. 현재 크리스피 크림은 성과 측정 및 평가와 관련해 6개월마다 순추천지수(NPS: Net Promoter Score)를 분석하고 있으며, 지속적으로 디지털 채널을 모니터링한다. 또 특정 고객 부문과 특정 매장을 중심으로 지역 타겟팅을 실시하고 있다.

또한 전자상거래 규모가 특히 큰 날이 있음에 주목하고 있으며, 이에 따라 배달부문이 크리스피 크림 비즈니스에서 차지하는 비중이 커지고 있다. 슐먼에 따르면, "오프라인 매장과 비교했을 때 온라인 거래액이 3배 증가했다. 특히 특별한 날을 위한 온라인 매출이 많다. 최근에는 아침 회의를 위한 포장 상품을 만들었다. 이런 식으로 타겟팅을 하고, 능률적으로 조정해 개인화시키고 있다"라고 말했다.

여전히 가장 많이 팔리는 상품은 오리지널 글레이즈이다. 그러나 크리스피 크림은 소비자들이 새로운 맛도 시도해보기 원한다. 그는 "새 맛과 관련, 매일 도너츠를 만들어야 하기 때문에 물류에 대한 균형을 잡아야 한다. 사람들이 원하는 것, 행동하는 방식이 다르기 때문이다"라고 말했다.

한편 크리스피 크림은 데이터 전략과 파트너십 확대 방침을 세워두고 있다. 또 고객들이 도넛을 만드는 과정을 직접 볼 수 있는 플래그십 매장을 열 계획이다. 또한 디지털 관점에서 기능을 단순화해야 한다는 교훈을 실천하고 있다. 슐먼은 "고객들에게 프로모션을 제공할 때 양식을 입력하게 하면 안된다. 책략을 부리지 않으면 나중에 우리가 보상을 받는다는 사실을 발견했다. 고객이 우리를 신뢰하기 때문이다"라고 말했다. 그는 "앞으로 우리는 데이터를 더 전체적으로 만들고, 소비자들을 디지털 생태계로 유인할 계획이다. 대부분의 거래가 매장이 아닌 디지털 생태계에서 발생하기 때문이다"라고 밝혔다.

CIO Korea(2019.11.05.)

CHAPTER

04

소비자 관점에서의 경영

제1절 시장 지향적 기업경영과 마케팅

시장 지향적 기업경영

고객 중심의 경영방침 또는 철학을 의미하는 시장 지향적 경영은 현대 사회에서 기업을 장기적으로 존속시키고 발전시키기 위한 중요한 특징이다. 여기서 시장 지향적(market oriented)이란, 시장의 정보를 조직적인 차원에서 수집하고, 이를 모든 부서로 전파시키며, 정보에 대해 전사적으로 반응하는 활동을 의미한다. 즉 경영을 계획함에 앞서 고객이 원하는 바를 먼저 살피고 고객이 지시하는 방향으로 움직인다는 뜻에서 시장 주도(market‒driven)라는 표현과 일맥상통하는 것이다.

사실 시장 지향적 경영은 경영방법상의 한 가지 경향으로서 창업기업에서 빈번하게 나타나는 '기술 주도적 경영' 및 '생산 지향적 경영'과 대조되는 개념이다. 생산 지향적 기업은 제품을 생산하기만 하면 판매할 수 있다는 사고방식에 기초하여 우수한 생산기술직 인력을 확보하고 생산성을 향상하는 데 주력한다. 기술 주도적 경영을 실행하는 기업은 제품화 가능성을 높이기 위한 기술적 난관을 극복하는 데 주력한다. 반면, 시장 지향적 경영을 실천하는 기업은 고객의 니즈를 먼저 파악하여 이에 맞는 제품을 만들고 분배하는 일에 주력한다.

고객은 기업이 그들의 니즈를 충족시켜줄 수 있는 제품과 서비스를 개발하여 제공하면 그에 상응하는 보상을 한다. 이때 기업이 고객이 지불하는 가격 이상의 가치를 제공하면 고객은 충성스러운 단골고객이 되고, 구전을 통해 새로운 고객을 만드는 데 도움을 준다. 결국 기업은 확장되어진 고객들을 대상으로 '규모의 경제 효과'를 창출하여 우수한 품질의 제품과 서비스를 저렴한 가격에 제공할 수 있게 되는 것이다. 이와 같이 기업과 고객은 서로에게 만족스러운 관계를 유지하기 위해 항상 노력해야 한다. 완전 경쟁 시장에서는 쌍방적 불만족은 물론 일방적 만족 혹은 불만족의 경우에도 교환관계가 단절될 수 있으므로, 쌍방적 만족이 이루어지는 최적의 조건을 모색해야 한다. 결국 기업과 고객이 서로 합리적 만족을 추구해야 하는 것이다.

시장 지향적인 소비자 관점의 경영체계를 구축하기 위해서는 두 가지 조건이 충족되어야 한다. 첫째, 기업조직에 대한 대혁신이 이루어져야 한다. 즉 고객에게 만족을 줄 수 있는 제품을 개발하고, 적정한 가격으로 제품을 제공하며, 고객이 편리한 장소에서 구매할 수 있게 해야 할 뿐만 아니라, 이를 고객에게 효과적으로 알려주기 위해서는 판매부서와 영업부서를 포함하는 전사적인 차원의 통합된 노력이 요구되는 것이다. 둘째, 고객 중심적인 사고에 기초한 조직통합을 통해 조직이 추구하는 궁극적인 목표를 고객의 만족과 일치시켜야 한다. 즉, 이익의 관점에서 보면 당장에는 고객목표와 조직목표가 동시에 추구될 수 없는 상충관계에 있는 것처럼 보일 수 있으나, 경쟁이 있는 시장에서는 고객만족이 매출의 결정조건이고 매출을 통해 조직의 목표가 달성된다는 확고한 의지가 기초되어야 하는 것이다.

결국 종합해보면 시장 지향적인 소비자 관점에서의 기업경영은 고객 중심적인 사고에 기초하여 전체적인 조직구조를 혁신하고, 기업경영의 가장 궁극적인 목표로서 고객만족을 달성하고자 하는 경영체계를 구축하는 것이라고 할 수 있다.

사회 지향적 기업경영

기업경영에서는 다양한 요소들이 초점이 될 수 있다. 시장이 초점이 될 수도 있지만 상황에 따라서는 생산, 기술 혹은 정보가 초점이 될 수도 있다. 이 가운데 시장을 제외한 나머지 초점들은 기업의 효율성이나 생산성, 이익 목표달성 등과 같은 내부목표 추구와 관련되어 있고, 대외적인 가치 지향과는 거리가 있다. 반면에 시장 초점에는 기업 내부적 가치와 기업 외부의 사회적 가치추구라는 두 가지 지향점이 동시에 연결되어 있다. 즉, 고객 관점의 시장 중심 경영은 고객을 포함하는 사회 지향적인 경영 패러다임으로 인식되어야 하는 것이다. 사실 시장 지향적인 기업운영은 사회 지향적인 기업운영과 서로 다르거나 상충되는 개념이 아니라 상호 보완적인 개념이다. 소비자시장을 중시하지 않는 사회 지향적 경영이 어려운 것처럼, 소비자가 속해 있는 사회이익을 소홀히 하는 시장 지향적 경영도 성립되기 힘든 것이다.

사회 지향적 기업경영은 기업을 포함하는 광범위한 기업환경으로서의 사회의 중요성과 이에 대한 기업의 의존적인 관계를 이해하는 것에 기초하고 있다. 사회는 윤리, 도덕, 가치관, 관습 등 기업활동의 기준이 되는 다양한 사회규범들을 제시한다. 또한 기업활동에 필요한 노동력과 자본을 제공해 줄 뿐만 아니라, 기업이 만든 제품과 서비스를 구매해주는 소비시장으로서의 역할을 수행한다. 즉, 생존과 기능수행을 위해 기업은 사회에 크게 의존할 수밖에 없는 것이다. 반대로 과거에 비해 대형화된 기업은 사회에 막대한 영향력을 행사할 수 있는데, 이 같은 영향이 사회 불이익을 초래하는 방향으로 잘못 사용될 경우에는 사회와 그 구성원들에게 치명적인 위험이 될 수도 있다. 즉, 현대사회의 기업은 기업 본연의 기능을 수행하는 과정에서 사회에 전적으로 의존하고 있을 뿐만 아니라, 사회에 대한 영향력이 강화되었기 때문에 이를 의식하는 사회 지향적인 기업경영을 해야 한다는 당위에서 벗어날 수 없는 것이다.

결국 기업입장에서는 시장 지향적인 소비자 관점에서의 경영을 통해 사회발전에 기여할 수 있는 당위성을 더 논리적으로 체계화하고 현실성 있는 실천방안들을 도출해야 할 것이다. 현실을 도외시하여 사회적 가치기준만을 강조할 경우 고객은 만족하지만 기업은 도산할 수도 있는데, 그것은 결국 또 다른 경제적, 사회적 손실이 될 수 있다. 반대로 기업이 고객만족의 당위성을 논리적으로 이해한다고 하더라도 눈앞의 이익에 급급하여 사회발전에 저해되는 경영을 한다면, 결국 고객들로부터 외면당해 시장에서의 기반을 상실하게 될 것이다.

마케팅 활동계획의 수립

마케팅(Marketing)은 제품의 개념화, 촉진, 교환, 물적 유통을 통해 경제적 재화와 서비스에 대한 수요구조를 예상하고, 확대하며, 만족시키는 과정이다. 마케팅 활동에 대한 계획을 수립하기 위해서는 마케팅 조사를 통한 수요예측과 시장세분화에 기초한 표적시장의 선택이 필요하다.

1. 마케팅 조사와 수요예측

마케팅 조사의 목적은 의사결정을 위한 체계적이고 객관적인 정보를 제공하는 것이다. 따라서 단순한 자료수집에 그치지 않는 진정한 마케팅 조사가 되기 위해서는 정보를 제공하고자 하는 의사결정과 직접적으로 연계된 상세한 조사과정이 개발되어야 한다. 마케팅 조사과정에서는 관리자와 조사자가 함께 참여하는 여러 단계의 과정들이 연속적으로 진행된다(그림 4-1).

조사과정의 첫 번째 단계인 '문제 정의'에서는 당면과제를 정의하고 과제의 발생원인, 실행가능한 대응방안, 대안선택을 위한 조사결과의 활용방안을 탐색해야 한다. 두 번째 단계에서는 조사의 목표와 필요한 정보를 구체적으로 결정해야 한다. 예로 대체연료 발전 사업을 검토 중인 기업은 대체연료 난방기구의 잠재시장 측정이라는 조사목표를 설정하고, 에너지 시장규모와 사용실태, 대체연료 난방의 시장점유율, 제조원가, 에너지 산업부문 세부시장 특성 등의 필요 정보들을 결정할 수 있을 것이다.

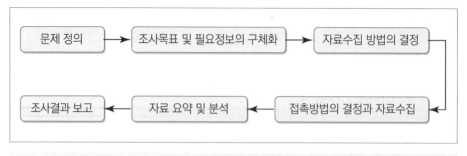

그림 4-1 마케팅 조사과정

　세 번째 단계에서는 구체적인 자료수집방법을 결정해야 한다. 자료의 정보원은 크게 1차 자료와 2차 자료로 분류될 수 있다. 2차 자료는 이미 공개된 자료들로서 주요 원천으로는 기업내부자료, 정부자료, 민간조직자료 등이 있다. 대다수의 경우 다른 목적으로 수집된 2차 자료는 관리자의 당면과제에 정확하게 부합하는 자료가 아니기 때문에 주로 예비조사에 이용된다. 반면 1차 자료는 당면한 조사의 필요성에 맞춰 설계한 설문조사, 실험, 관찰 등을 통해 수집한 자료를 말한다. 1차 자료를 수집할 때는 전체집단인 모집단의 특성을 파악하기 위해서 누구로부터 자료를 수집할 것이지를 결정해야 하는데 이것을 표본설계라고 한다. 예로 대학생들의 스마트폰 사용성향을 조사하고자 할 경우, 모든 대학생들을 조사하는 것은 매우 어렵기 때문에 추출된 집단에 대한 조사를 실행한다. 이때 추출된 집단을 표본이라고 하고 표본을 어떻게 선택할지를 결정하는 것을 표본설계라고 한다.

　자료수집방법이 결정되고 나면 네 번째 단계로서 조사대상에 대한 구체적인 접촉방법을 결정하고 실제적인 자료수집활동을 시작한다. 자료수집을 위한 조사대상 접촉방법으로는 대인면담, 전화면담, 우편조사가 있는데, 접촉방법을 선택할 때에는 의사소통의 비용과 소요시간, 표본 통제의 용이성, 응답의 조작가능성을 고려해야 한다. 조사현장으로부터 자료수집이 완료된 다음에는 다섯 번째 단계로서 수집한 자료들을 컴퓨터로 처리할 수 있도록 정리한 후 통계기법을 활용하여 요약하고 분석하는 작업을 진행한다. 마지막으로 분석한 결과는 구두와 보고서로 경영자에게 보고해야 한다. 이때 내용을 최대한 간단명료하게 표현하는 것이 중요하며, 이를 위해 기술적인 세부사항들은 부록에 포함하는 것이 바람직하다.

마케팅 조사는 다양한 목적을 위해 사용될 수 있는데, 그중에서도 특별히 수요예측 부문에서 중요하게 활용된다. 기업의 수요예측 조사는 일반적으로 시장잠재수요, 판매가능액, 판매예상액 등에 대한 조사와 분석을 포함한다. 먼저 시장잠재수요란 일정기간 동안에 해당 상품의 판매자들이 소비자에게 판매할 수 있는 최대매출액의 합계이다. 반면 판매가능액은 해당 상품에 대해 경쟁기업들과의 경쟁 속에서 한 기업이 판매할 수 있는 최대매출액을 의미한다. 시장잠재수요와 판매가능액 모두 환경변화에 영향을 받게 되는데, 예로 휘발유값이 상승하고 경기가 둔화되면 자동차시장의 잠재수요와 판매가능액은 감소될 것이다. 마지막으로 판매예상액은 일정한 환경조건하에서 일정기간 동안에 계획된 수준의 마케팅 활동을 전개할 때 예상되는 해당 상품의 매출액을 의미한다. 판매예상액은 마케팅, 재무, 생산계획의 기초자료로 사용된다.

2. 시장세분화와 표적시장 선택

▌ 정의와 유용성

고객은 매우 많고 널리 분포되어 있으며, 그들의 요구사항과 구매 관습이 다양하므로 한 기업이 모든 고객을 상대한다는 것은 상당히 어려운 일이다. 따라서 시장을 세분화하고 표적시장을 선택하는 작업은 시장 지향적인 소비자관점에서의 경영, 특별히 마케팅 활동계획 수립을 위한 필수적인 과정이다. 여기서 시장세분화(market segmentation)란 보다 효과적인 경영활동의 계획수립을 위해서 전체시장을 상품에 대한 욕구가 비슷한 혹은 영업활동에 의미 있는 동질적 부분시장으로 나누는 작업으로 정의할 수 있다. 그리고 이렇게 나누어진 동질적인 부분시장을 세분시장이라고 하며, 세분시장들 중에서 기업이 목표로 하는 시장을 표적시장(target market)이라고 한다.

시장 지향적인 소비자 관점에서의 경영을 위한 필수적인 마케팅 기법으로서 시장세분화는 다음과 같은 측면에서 유용하다. 첫째, 시장기회를 보다 쉽게 찾아낼 수 있게 해준다. 즉, 각 세분시장의 욕구와 이들을 표적으로 하는 기존상품들을 대응시켜보면 세분시장의 욕구는 존재하지만 적절한 상품이 없는 경우를 발견할 수 있는데, 이것이 바로 시장기회가 될 수 있는 것이다. 눌째, 시장수요의 변화에 보다 신속하게 대처할 수 있게 해준다. 즉, 다양한 고객의 욕구가 존재하는 전체 시장 대신에 욕구가 비교적 동질적인 소수의 세분시장에 주목함으로써, 수요의 변화를 쉽게 파악하고 신속하게 대처할 수 있는 것이다.

▌ 시장세분화의 기준

세분화 변수의 선택은 기업이 처한 상황에 따라 달라질 수 있다. 일반적으로 가장 많이 사용되는 세분화 변수로는 지리적 변수, 인구통계적 변수, 심리분석적 변수, 행동분석적 변수가 있다.

- **지리적 변수**: 지역, 기후, 인구밀도, 도시규모 등이 사용된다. 지역별로는 동부지방과 서부지방으로 혹은 중부지방과 남부지방 등으로 구분할 수 있고, 기후별로는 온난지역과 한냉지역 등으로 구분할 수 있다. 또한 인구밀도에 따라 농촌지역, 교외지역, 도시 등으로 분류가 가능하고, 도시규모에 따르면 인구수를 기준으로 분류할 수 있을 것이다.
- **인구통계적 변수**: 나이, 성별, 가족규모, 소득, 직업, 교육수준, 종교 등이 사용된다. 예로 어린이들은 나이에 따라 흥미를 느끼는 대상과 놀이방법이 다르다. 따라서 장난감 제조업체는 아동의 나이를 기준으로 시장을 세분화해볼 필요가 있다. 반면 소득은 자동차와 같은 상품에서 소비자들의 필요와 구매력을 구분하기 위해 활용할 수 있는 시장세분화 변수이다. 인구통계적 변수들은 고객의 요구 및 구매행동과 밀접하게 관련되어 있고, 비교적 측정이 용이하기 때문에 시장세분화 기준으로서 매우 폭넓게 사용되고 있다.
- **심리분석적 변수**: 심리분석적 변수에 기초한 세분화 기준 중 가장 대표적인 것은 생활스타일에 따른 세분화이다. 이 기준은 주로 시장을 소

비자들의 활동(Activity), 관심(Interest), 의견(Opinion)에 따라 몇 개의 집단으로 구분하기 위해 활용되는데, 영문표기의 머리글자들을 조합하여 AIO분석이라고도 한다. 여기서 활동(A)은 일, 취미, 휴가, 오락, 쇼핑 등 소비자들이 어떤 방법으로 시간을 보내는가와 관련한 세분화 기준들이며, 관심(I)은 가족, 직업, 지역사회, 여가활동, 음식, 업적달성과 같이 가까운 주변 환경 중에서 어떤 일에 중요성을 부여하는지에 대한 세분화 기준들이다. 마지막으로 의견(O)은 자신의 문제 또는 정치, 경제, 교육, 문화 등을 포함하는 외부이슈들에 대한 견해와 관련한 세분화의 기준들이다.

- **행동분석적 변수**: 지리적, 인구통계적, 심리분석적 기준들은 모두 고객의 특징에 초점을 두고 있는 세분화 변수들이다. 반면 기존상품에 대한 반응을 분석대상에서 제외하고 있는데, 이는 소비자의 구매행동이 시판되는 상품과 밀접한 관계를 갖는다는 점을 고려한다면 보완되어야 할 필요가 있다. 이와 같은 관점에서 소비자와 판매 중인 상품과의 관계에 초점을 맞춘 시장세분화가 실행될 수 있는데, 이때 세분화의 기준으로는 소비자가 상품에 대해 나타내는 반응을 토대로 추구하는 편익, 사용량, 상표충성도 등이 사용된다. 먼저 편익에 의한 세분화란 고객이 상품으로부터 얻고자 하는 이익(benefit)을 기준으로 시장을 세분화하는 것이다. 예를 들어 자동차를 구입할 때 어떤 사람은 저렴한 가격을 원하는 반면, 다른 사람은 높은 수준의 품질과 자신의 부와 지위를 상징해줄 수 있는 고급스러운 제품을 선호할 수 있다. 다음으로 시장을 소비자들의 제품 사용량에 따라 대량소비자, 소량소비자, 비소비자로 세분화하거나, 특정 상표를 일관성 있게 선호하는 정도를 기준으로도 시장을 세분화할 수 있다.

▌ 표적시장의 선정

표적시장을 결정하는 방법으로는 '비세분화전략'과 '세분화전략'이 있고, 세분화전략은 '복수 세분시장전략'과 '집중전략'으로 구분할 수 있다.

비세분화전략은 소수의 다양한 욕구보다 다수의 공통 욕구에 주목하여 표준화된 마케팅 전략을 수립하고 전체 시장을 상대하는 방법이다. 비세분화 전략의 장점은 마케팅 활동에 대한 비용이 낮다는 것이다. 우선 시장세분화가 필요 없으므로 시장조사 및 세분화 작업에 따른 비용을 절감할 수 있다. 또한 다수의 세분화된 복수시장을 대상으로 하지 않기 때문에 연구개발 및 생산관리비가 절약되고, 판촉 프로그램도 표준화하여 비용을 절감할 수 있다. 반면 단점은 적용할 수 있는 분야가 제한되어 있다는 점인데, 이는 고객의 욕구가 매우 다양하여 사실상 표준화된 한 가지 마케팅 활동계획만으로 모든 고객을 상대할 수 있는 경우는 매우 드물기 때문이다.

세분화전략에서는 시장이 다양한 욕구를 가진 소비자들로 구성되어 있음을 가정한다. 따라서 욕구가 비슷한 소비자들을 구분하고, 이들 중 매력적인 소비자 집단을 선택해서 그들의 욕구에 가장 잘 부응할 수 있는 마케팅 활동계획을 개발하는 데 초점을 맞춘다. 이때 두 개 이상의 세분시장을 표적으로 하는 경우를 복수 세분시장전략이라고 하는 반면, 하나의 세분시장만을 선택하는 것은 집중전략이라고 한다.

복수 세분시장전략의 장점은 다양한 소비자의 욕구에 맞춰 여러 가지 상품을 다양한 가격으로 제공하고, 복수의 유통경로를 사용하며, 다양한 촉진방법들을 실행하여 보다 많은 소비자들을 고객으로 유인할 수 있다는 점이다. 그러나 추진과정에서 상대적으로 높은 비용이 초래된다는 단점이 있다. 반면 집중전략은 하나의 세분시장만을 표적으로 하여 마케팅 활동계획을 수립하기 때문에 표적시장 고객의 욕구와 성격을 보다 정밀하게 분석하여 전문화할 수 있고, 마케팅 비용을 최소화할 수 있다는 장점이 있다. 하지만 모든 마케팅 활동을 하나의 세분시장에만 집중하고 모든 영업성과를 그 시장에 의존하게 되므로, 해당 시장에 급격한 환경변화가 발생될 경우 심각한 타격을 입을 수 있다는 단점이 있다. 시장세분화를 실행한 기업이 표적시장의 결정과정에서 고려해야 하는 주요요소들은 다음과 같다.

• **상품의 동질성**: 가솔린, 철강 등과 같이 차별화나 신제품개발이 어려운 상품에는 비세분화전략이 적합하다. 반면, 전자제품, 자동차와 같이 차별화의 여지가 많은 상품에 대해서는 복수 세분시장전략 혹은 집중

전략이 적합하다.

- **시장의 동질성**: 고객의 취향이 유사할 경우 시장을 세분화할 필요가 적어진다. 따라서 비세분화전략이 적합하다.
- **제품생명주기**: 일반적으로 신상품의 도입시기에는 소비자의 욕구가 다양하지 않다. 따라서 비세분화전략이 적합하다. 반면 성장기로 접어들게 되면 시장의 규모가 확대되고, 소비자의 욕구도 다양해지며, 경쟁기업도 많아지게 되므로 세분화전략이 선호된다.
- **경쟁사의 전략**: 경쟁기업이 적극적인 세분화전략을 실행할 경우 비세분화전략으로는 대응이 어려워진다. 반면 경쟁기업이 비세분화전략을 실행할 때는 동일한 전략을 실행하거나, 경우에 따라서는 세분화전략을 통해 경쟁우위를 달성할 수도 있다.

제2절 소비자 행동의 이해

소비자 행동 모형

소비자 행동이란 소비자가 상품을 구매하고 사용하는 것과 관련된 모든 의사결정 과정과 행위들을 포괄한다. 소비자 행동을 설명하는 모형들은 요인의 수와 요인 간 관계의 구체성에 따라 '간이 모형'과 '종합 모형'으로 구분될 수 있다.

1. 간이 모형

소비자 행동의 간이 모형이란 환경, 육체 및 심리적 요인으로 구성된 소비자 행동의 유발과정을 설명하는 단순한 모형이다. 대표적인 간이 모형으로는 S−R, S−R−C, S−O−R, S↔O→B→C 모형이 있다. 먼저 'S−R 모형'에서는 외부자극(Stimulus)에 대해 소비자가 보이는 반응(Response)으로서 소비자 행동을 설명한다. 예로 기업광고에 반복적으로 노출된 반응으로서 소비자가 상품을 구매하는 경우가 해당된다.

다음으로 'S–R–C 모형'은 소비자가 외부 자극(S)에 대해 어떤 반응(R)을 나타냈을 때는 반드시 그 반응을 보인 것에 대한 결과(Consequence)가 있게 마련이고, 그 결과에 따라 미래에는 동일한 자극에 대해 동일한 행동이 되풀이될 수도 있고 중단될 수도 있음을 설명한다. 예로 반복적인 기업광고에 대한 반응으로서 특정 제품을 구입한 소비자는 제품의 사용결과에 따라 동일 제품을 반복하여 구매할 것인지 아닌지를 결정하게 된다는 것이다. 'S–R–C 모형'에서는 'S–R 모형'에 기초한 소비자 행동은 예외적이고, 이보다는 S–R–C의 패턴에 따라 소비자들의 행동이 이루어지는 경우가 더욱 더 보편적임을 주장하고 있다.

'S–O–R 모형'은 소비자 행동의 결정과정에서 행동주체인 사람의 동기, 경험, 지식, 개성, 태도를 포함하는 심리적 기능이 중대한 영향을 미칠 수 있음을 설명한다. 'S–O–R 모형'에서 'O'는 심리적 실체인 유기체(Organism)를 의미하는데, 이는 소비자의 행동을 이해하려면 주어진 자극이나 반응의 결과도 중요하지만 외부자극을 소비자가 어떻게 심리적으로 처리하는지를 살펴보아야 함을 강조하는 것이다.

소비자 행동의 주요요소로서 자극(Stimulus)을 강조하는 위 세 가지 모형에서와 달리 'S↔O→B→C 모형'에서 S는 상황(Situation)을 의미하며, B는 행동(Behavior)을 의미하고, S와 O는 쌍방향의 관계로 설명되고 있다. 즉 'S↔O→B→C 모형'에 의하면 소비자는 단편적인 자극이 아니라, 전체적인 상황과 행동주체의 심리적 기능 간의 상호작용관계에 기초하여 특정 행동을 연출하게 되며, 행동결과에 따라 동일한 환경에서 동일한 행동을 되풀이할 수도 있고 중단할 수도 있다.

간이 모형들은 모두 소비자의 행동을 이해하고 예측하는 데 사용할 수 있는 간편한 프레임들이다. 이 중 'S↔O→B→C 모형'이 가장 포괄적이긴 하지만, 이 역시도 모든 소비자들의 행동들을 설명하기에는 한계가 있다. 따라서 소비자들의 다양한 행동들을 보다 명확하게 설명하기 위해선 종합 모형에 대한 이해와 활용이 필요하다.

2. 종합 모형

종합 모형에 의하면 소비자는 외적·환경적 요인과 내적·심리적 요인들의 영향을 받아 특정한 상품을 구매하겠다는 의사결정을 내리고, 상품을 구매하는 행동을 실행한다(그림 4-2).

┃ 외적·환경적 요인

소비자 행동에 영향을 미치는 외적·환경적 요인에는 문화, 사회계층, 준거집단을 포함하는 사회문화적 요인들이 포함된다. 이들은 외부로부터 전달되는 하나의 자극으로서 소비자의 두뇌 안으로 들어온 후 지각되어 학습되기도 하고, 잠재되어 있는 욕구를 불러일으켜 동기로 전환시키는 역할을 수행하기도 한다. 그리고 장기적으로는 태도, 개성, 자아형성에 영향을 미치기도 한다.

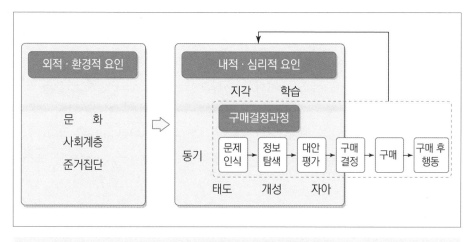

그림 4-2 소비자 의사결정 종합 모형

문화(culture)는 사회의 구성원들이 공통적으로 가지고 있는 가치관, 태도, 관행으로서 사회로부터 학습된 행동의 패턴을 의미한다. 사회 구성원들은 중요한 것과 중요하지 않은 것에 대한 가치관, 좋아하는 것과 싫어하는 것에 대한 태도, 그리고 특정 상황에서 어떻게 행동해야 하는지에 대한 관행을 문화적 요인으로 습득하게 된다. 그리고 이러한 문화적 요인들은 사회 구성원이 제품 및 서비스를 선택하는 행동에 영향을 미치게 되는 것이다.

사회계층(social class)은 유사한 수준의 사회적 신망과 재정적인 능력을 보유하고 있는 사람들의 집합으로서, 동일한 계층에 속한 사람들은 신념, 태도, 가치관 등이 유사하여 사고방식과 행동에 있어서도 많은 공통점을 나타낸다. 또한 소득 및 교육 수준이 비슷하고 가까운 주거지에서 생활할 가능성이 크므로 이들 간의 사회적인 교류가 상대적으로 더 빈번할 수 있다. 따라서 동일 사회계층에 속한 구성원들은 유사한 상품을 구매하고 사용하는 빈도가 높아질 수 있는데, 사회계층을 구분하는 기준으로는 직업, 소득원, 주거형태, 주거지역 등이 사용될 수 있다.

하지만 동일한 사회계층에 속한다 하더라도 구성원들의 수가 방대하고 교류가 적을 경우에는 이를 소비자 행동의 예측을 위한 요인으로 활용하기 어렵다. 따라서 이를 대신하여 사회 구성원들이 일상생활에서 보다 직접적이고 빈번하게 대면하는 준거집단(reference group)을 고려할 수 있다. 사회에는 학교, 직장, 가족, 회원제 집단과 같은 다양한 유형의 준거집단이 존재하며, 이들은 구성원들에게 규제적 역할과 정보적 역할을 수행한다. 즉, 구성원의 생각과 행동에 대한 기준을 제시하고 규제하는 동시에 구성원들 간의 교류를 통해 각종 정보를 공유하는 정보적 기능을 수행한다. 이 두 가지 역할은 구성원이 어떤 상품을 언제 어디서 구매하느냐에 중대한 영향을 미치기 때문에 준거집단에 대한 이해는 소비자 행동을 예측하기 위한 중요한 요소가 되는 것이다.

▌ 내적 · 심리적 요인

종합 모형에서는 특정 구매행동들이 이미 형성되어 있는 자아, 개성, 태도, 지각, 학습, 동기에 의해 통제될 수 있음을 강조하고 있다. 이들의 통제를 받으면서 특정 상품을 구매하는 의사결정과정이 진행되는데, 이 과정은 만족되지 않은 욕구를 문제로 인식하는 것으로부터 시작된다. 문제가 인식되면 소비자는 문제 해결을 위한 정보탐색과 대안평가를 실행하고, 평가결과에 기초하여 하나의 대안을 선택하는 구매 결정과 행동에 이르게 된다. 그리고 이후에는 구매행동에 대한 결과를 평가하여 이를 다시 내면화하는 과정을 진행한다.

지각(perception)은 외부의 자극을 받아들여 해석하고 의미를 추출해내는 심리적인 과정을 의미한다. 일반적으로 소비자의 지각현상에는 두 가지의 중요한 특징이 있다. 첫째, '지각의 선별성'이다. 이는 많은 자극 중에서 일부에 대해서만 선별적으로 주의를 기울인다는 것이다. 예로 소비자들은 많은 광고에 노출되지만 그중에서도 소수만을 선별적으로 지각하는 경향을 나타낸다. 둘째, '지각의 주관성'이다. 이는 소비자는 스스로 지각하고자 하는 대상을 선별하는 것뿐만 아니라, 외부로부터의 자극을 이해하는 데 있어서도 상당부분 주관적이라는 것이다. 이 같은 지각의 특징들은 동일한 외부자극에 대해서도 소비자들이 상이한 행동을 나타내는 원인이 될 수 있다.

소비자 행동에 영향에 미치는 또 다른 내적·심리적 요인으로는 정보취득과 경험을 통해 축적된 학습(learning)과 개인적인 욕구에 기초한 동기(motive)가 있다. 이 밖에도 사람 또는 사물에 대해 일관성 있게 지각하고 행동하려는 심리적인 경향을 나타내는 태도(attitude) 또한 소비자 행동에 영향을 미칠 수 있는 중요한 내적·심리적 요인이다. 태도는 대상물에 대한 정보를 바탕으로 형성되는데 일단 형성되면 대상물에 대한 좋거나 싫다는 느낌으로 작용하여 구매 의사결정에 중대한 영향을 미칠 수 있다.

개성(personality)은 외부환경의 자극에 특징적으로 대처하도록 만드는 심리적 요인으로서 보유하고 있는 개성이 다르면 동일한 외부환경 자극에 대한 소비자로서의 행동이 달라질 수 있다. 예로 타인에 의해 수용되기를 바라는 성향이 강한 개성을 가진 사람은 남을 의식한 구매, 즉 모방 구매의 성향을 나타낸다. 반면에 비경쟁적이고 개인 중심적인 소비자는 자기의 소비생활에 대한 주변의 평가에 무관심하기 때문에 독자적인 구매결정을 내릴 가능성이 높다. 따라서 전자에 대한 마케팅을 위해서는 준거집단이나 의견 선도자를 이용하는 것이 효과적이지만, 후자에 대해서는 설득력 있는 정부를 제공하여 스스로 판단하도록 유도하는 것이 바람직할 것이다.

자아(self-concept)란 소비자가 스스로 느끼는 자신의 모습이다. 기업의 마케팅 활동과 관련하여 소비자들은 자아와 제품 이미지를 일치시키려는 경향을 나타낸다. 따라서 기업은 목표시장의 고객 사이에 존재하는 동질적인 자아 이미지를 파악하고, 이에 부합하는 자사 제품의 이미지를 창출하기 위한 노력을 기울인다. P&G사의 아이보리(Ivory) 비누가 청결하고 깨끗한 이미지를 조성하여 여성고객들에게 성공적으로 접근할 수 있었던 것은 자아를 활용한 마케팅 활동의 사례이다.

구매 의사결정과정

1. 합리적 구매 의사결정과 비합리적 구매 의사결정

합리적인 소비자의 구매 의사결정은 정보단계, 태도단계, 행동단계를 포함하는 세 가지 기초단계를 거쳐 이루어진다. 즉, 모든 대체상품에 대한 정보를 수집하고, 수집된 정보들을 토대로 대체상품을 평가하며, 평가결과에 따라 각각의 제품에 대한 긍정적이거나 부정적인 태도를 형성하는 것이다. 그리고 최종적으로 소비자는 긍정적인 태도가 형성된 상품을 구입하는 행동을 하게 된다.

하지만 모든 구매 의사결정이 상기와 같은 합리적인 과정으로 진행되는 것은 아니다. 앞서 기술된 세 단계 중 첫 번째인 정보단계와 세 번째인 행동단계는 모든 구매 의사결정과정에서 예외 없이 진행되지만, 두 번째인 태도단계는 생략되거나 구매당사자가 아닌 제3자의 영향에 의해 형성되는 경우를 흔히 볼 수 있는데, 이 같은 유형의 구매 의사결정을 비합리적 구매 의사결정이라고 한다.

여기서 태도형성이 완전히 생략되는 구매과정이란 상품에 대한 소수의 정보만을 얻어 미처 태도가 형성되지 않은 상태에서 구매행동으로 옮겨가는 것을 말하는데, 이른바 '충동구매(impulse purchase)'가 바로 그것이다. 그리고 태도형성과정이 완전히 생략되는 것은 아니지만 구매를 결정하는 주체가 스스로 대안을 평가하여 태도를 형성하지 않고 다른 사람이 평가한 결과에 영향을 받아 상품을 구매하는 경우도 있는데, 이는 '모방구매(imitative purchase)'에 해당된다.

2. 합리적 구매 의사결정의 과정

소비자가 합리적인 구매 의사결정을 하는 경우에는 그림 4-2에서 볼 수 있는 것처럼 문제인식, 정보탐색, 대안평가, 구매결정, 구매, 구매 후 행동을 포함하는 의사결정의 단계를 거치게 된다. 첫 번째 단계인 문제인식은 소비자가 사물의 이상적인 상태와 현실적인 상태 사이에 수용하기 어려운 정도의 큰 차이가 있다고 느끼는 것을 의미한다. 소비자들의 문제인식은 일상생활에서 흔히 경험할 수 있는 평범한 일이다.

합리적인 구매 의사결정과정의 두 번째 단계는 인식된 문제를 해소하기 위한 각종 정보에 대한 탐색활동이다. 구체적으로 내적 탐색(internal search)과 외적 탐색(external search) 활동이 진행될 수 있는데, 내적 탐색이란 이미 기억되어 있는 정보 중 당면한 문제를 해결하기 위해 활용할 수 있는 것을 가려내는 활동을 말한다. 반면 외부환경으로부터 추가적으로 필요한 정보를 입수하는 것은 외적 탐색에 해당되는데, 만약 내적 탐색의 결과로 얻어진 정보가 양과 질적인 측면에서 모두 만족스러운 수준일 경우 외적 탐색은 생략될 수 있다. 정보탐색과정에서 소비자는 문제 해결을 위한 대안상품들을 선정하고 각 상품의 특징에 대한 정보를 수집한다.

세 번째인 대안평가 단계에서는 수집한 정보들에 기초하여 대안상품 중에서 어느 하나를 선택하기 위한 평가를 실시한다. 이때 고려되는 대안들에 대한 평가 기준은 구매결정을 하는 소비자, 상품성격, 구매상황에 따라 달라질 수 있다. 예를 들어, 경제적으로 여유가 있는 소비자는 품질과 스타일이 보다 중요한 평가 기준이 될 수 있는 반면, 그렇지 못한 소비자의 경우에는 가격이 더욱 중요한 평가 기준이 될 수 있다. 또한 사무용 가구처럼 실용적인 측면이 강조되는 상품은 가격과 내구성이 강조되는 반면, 방문객 접대에 필요한 가정용 가구의 경우에는 색상과 스타일이 보다 중요한 평가 기준이 될 것이다.

다음으로 소비자는 가장 우수한 평가를 받은 대안을 선택하여 이를 구매하는 결정을 내린다. 하지만 이러한 결정이 반드시 구매로 이어지지는 않는데, 이는 구매하기로 한 상품이 상점에 없을 수도 있고, 있다 해도 색상이나 사이즈가 맞지 않을 수 있기 때문이다. 이와 같은 경우 결정을 바꿔 다른 브랜드의 상품을 구매할 수도 있으므로 최초의 구매결정은 잠정적인 성격이 강하다.

　　정보탐색을 제외한 모든 구매결정의 과정들은 심리적이고 내적인 과정들이기 때문에 좀처럼 겉으로 표출되지 않는다. 그러나 합리적인 구매 의사 결정과정의 다섯 번째 단계인 구매는 내적 과정들의 결과로서 발생하는 구체적인 행위로서 겉으로 표출되어 관찰이 가능한 소비자 행동의 일부분이다. 특정 브랜드의 상품이 실제 구매되느냐의 여부는 상품의 특징뿐만 아니라 점포의 위치, 외관 및 출입구, 구조, 진열방식 등을 포함한 점포의 특징에도 중대한 영향을 받을 수 있다.

　　소비자의 구매와 관련한 심리적 과정은 구매 이후에도 계속된다. 또한 심리적 과정으로만 끝나는 것이 아니라 여러 가지 행동으로도 나타나는데, 특정 상품을 구매한 후 소비자가 경험하는 모든 심리적 과정 및 육체적 행위를 구매 후 행동(post-purchase behavior)이라고 한다. 상품의 구매 후 소비자가 보일 수 있는 대표적인 행동은 만족(satisfaction) 또는 불만족(dissatisfaction)이다. 상품을 구매한 후 만족한 고객은 해당 상품을 재구매하고 상품에 대한 호의적인 구전(word-of-mouth)을 전파할 가능성이 높다. 반면 만족하지 못한 고객에게는 재구매는 물론 유리한 구전도 기대하기 어렵다.

제3절   마케팅 믹스관리

마케팅에서는 네 가지 하부 기능들인 ① 제품(Product)관리, ② 가격 (Price)관리, ③ 촉진(Promotion)관리, ④ 유통(Place)관리를 마케팅 활동의 대표적인 전략수단들로서 제시하고 있다. 이들 네 가지 하부 기능들은 영문 명칭이 모두 'P'로 시작되기 때문에 4P라고도 하며, 목표시장에서 마케팅 활동의 목표를 달성하기 위해서는 이들을 최적으로 조합해야 한다는 의미에서 '마케팅 믹스(marketing mix)'라고도 한다.

제품관리

마케팅의 네 가지 하부 기능 가운데 가장 기초가 되는 것은 제품을 관리하는 것이다. 협의의 개념으로서 제품은 구매자에게 제공되는 재화의 물리적이고 기능적인 실체로서 정의된다. 그러나 광의의 의미에서는 판매되는 실체는 물론, 상표, 포장, 서비스 등 고객에게 제공되는 모든 편익을 포괄하는 개념으로 정의된다.

1. 상 표

상표(brand)란 제품에 붙여진 이름으로서 특정 판매자의 제품이나 서비스를 경쟁자의 제품으로부터 식별하기 위해 부여한 명칭, 상징, 도안 등을 의미한다. 상표를 통해서 자사의 제품을 경쟁제품과 구분할 수 있도록 하는 것은 제조업체, 중간상, 소비자 모두에게 편익을 주기 위함이다. 우선 제조업체는 소비자나 중간상이 자사 제품을 다른 제품과 혼동하지 않게 하여, 자사 제품을 원하는 고객들이 계속해서 구매할 수 있도록 하는 것이 가능해진다. 또한 중간상도 소비자들의 충성도가 높은 제품을 더 많이 취급함으로써 방문 고객의 수를 증가시킬 수 있다. 더불어 상표는 중간상으로 하여금 재고관리 등 제품의 취급을 용이하게 해준다. 소비자도 상표로부터 편익을 누릴 수 있는데, 우선 상표는 자기가 원하는 제품을 찾아내는 데 있어 도움이 된다.
또한 특정 제품에 대한 직·간접적인 경험과 평가를 통해 같은 상표가 부착
된 제품을 구매할 때 불확실성을 줄일 수 있다.

2. 포 장

포장(package)은 제품을 담는 용기를 말한다. 또한 동사로 쓰일 경우에
는 제품을 담을 용기를 디자인하고 생산하며, 이를 본래의 목적에 맞춰 사용
하는 것을 의미한다. 포장은 그림 4-3에서 볼 수 있는 것처럼 제품 기능,
의사전달 기능, 가격 기능을 수행한다.

먼저 포장의 '제품 기능(product functions)'은 제품 자체가 가지고 있는
한계를 극복하는 데 도움이 된다. 제품 기능에는 액체나 가루와 같이 용기에
담지 않고는 취급 자체가 불가능한 '제품을 담는 기능', 제품의 훼손과 변질
을 막아주는 '제품을 보호하는 기능', 고리를 당겨 여는 음료수 캔과 분사가
가능하도록 만들어진 모기약 통에서와 같은 '제품사용을 편리하게 하는 기
능'이 포함된다.

다음으로 포장이 수행하는 구체적인 '의사전달 기능(communication
functions)'으로는 포장의 형태, 색상, 재질의 적절한 선택과 조화로 제품을 식
별하는 '제품 식별 기능'과 원하는 이미지를 형성하는 '제품 이미지 형성 기능'
이 있다. 이 밖에도 넓은 겉면적을 가진 포장에는 제품 구매와 올바른 사용을
유도하기 위한 각종 정보들을 제공하는 '정보 제시 기능'이 있다.

그림 4-3 포장의 기능

마지막으로 포장에는 '대형포장 구매유도 기능'과 '다량 구매유도 기능'과 같은 가격 기능(price functions)이 있다. 예로 설탕 500g을 10,000원에 판매하고 있는 회사가 1,000g 대용량 포장을 개발하여 18,000원에 판매한다면, 이를 구매하는 소비자는 상품을 보다 저렴하게 구입하고 기업은 보다 많은 양을 판매하는 '대형포장 구매유도 기능'에 해당된다. 그리고 낱개로 포장되던 상품을 다량으로 포장하여 판매할 경우에는 생산과 운반의 이점을 활용하여 가격을 낮추고 고객이 다량의 제품을 구매하도록 유도하는 '다량 구매유도 기능'이 가능하다.

3. 서비스

제품을 구매하는 고객은 제품만을 구매하지 않고 제품에 수반되는 각종 서비스들을 함께 구매한다. 따라서 서비스 역시 제품의 일부로서 소비자의 선택을 받기 위해 활용될 수 있는데, 서비스에는 외상과 할부판매와 같은

'재무적인 서비스', 설치와 정비 같은 '제품적인 서비스', 고객요구에 대한 신
속한 대응과 같은 '대인적인 서비스'가 포함된다. 기업이 고객만족을 위해 서
비스를 제공할 때 주의해야 할 것은 고객이 보다 중요하게 생각하는 서비스
가 저마다 다를 수 있다는 점이다. 따라서 정기적으로 소비자가 원하는 서비
스의 종류와 상대석인 중요성을 조사하고, 자사가 제공하는 서비스에 대한
소비자의 만족도를 평가하여 소비자 관점에서의 최상의 서비스를 제공하기
위한 노력을 기울여야 한다.

가격관리

소비자들이 제공받는 제품의 가치에 대해 지불하는 대가를 의미하는 가
격은 기업의 제조원가를 보상하고 이윤이 발생하도록 하는 한편, 구매자의
지불능력과 구매의욕에 따라 결정되어야 한다.

1. 가격결정의 주요 변수

가격결정 시에 고려해야 할 주요 변수로는 마케팅 목표, 가격정책, 수요
형태, 원가구조, 경쟁상황이 있다(그림 4-4).

첫째, 수익성 목표와 시장점유율 목표로 구분될 수 있는 마케팅 목표는
가격수준을 포함한 전체적인 마케팅 믹스 결정에 중대한 영향을 미친다. 시
장점유율 목표를 중요시하는 기업은 저가격전략을 선호하는 경향이 있지만,
수익성 목표를 중요시하는 기업은 고가격전략이 선호되는 경향이 있다.

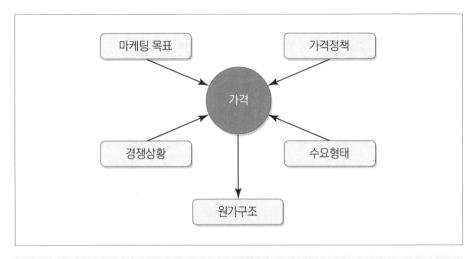

그림 4-4 가격결정의 주요 변수

둘째, 마케팅 목표에 기초하여 가격목표가 결정되면 장기적인 가격결정 지침인 가격정책을 결정하는데, 가격정책에는 가격 수준과 구조가 포함된다. 가격수준은 시장가격에 대비하여 결정하는데, 시장가격보다 높게, 동일하게, 또는 낮게 책정하는 세 가지 방식이 있다. 예로 고급 제품의 이미지 유지가 필요한 자동차, 고급양주와 같은 제품은 시장가격보다 높은 가격을 유지할 필요가 있다. 반면 상표가 없는 무상표 제품에 대해서는 시장가격보다 낮게 가격을 책정해야 할 필요가 있다. 다음으로 리베이트, 할인, 운임부담 등을 고려하여 가격결정의 기준을 정하는 가격구조 또한 가격정책의 주요 구성요소이다.

셋째, 가격결정에 앞서 가격이 수요에 미치는 영향을 파악할 필요가 있는데, 이를 위해서는 가격변화에 따른 수요량의 변화율을 나타내는 가격탄력성을 고려해야 한다. 예를 들어 의료서비스, 휘발유와 같이 대체재가 적은 필수품들에 대한 수요는 가격변화에 따른 수요량 변화가 상대적으로 적은 비탄력적인 제품이므로 가격을 낮출 경우 총 수익에 부정적인 영향을 미칠 수 있다. 반면 게임기와 같이 가격탄력적인 상품의 경우에는 가격을 낮춰 총 수익의 증가를 도모할 수 있다.

넷째, 제품의 수요는 매출로 연결되고 매출의 일부가 기업의 이익이 되지만, 이익을 얻기까지는 비용이 들게 된다. 따라서 비용은 적정 가격의 책정을 통해 보전되어야 하며, 가격결정과정에서는 고정비용과 변동비용을 포함하는 원가구조에 대한 분석결과가 반영되어야 한다.

다섯째, 가격결정과정에서 수요와 원가에 대한 평가 이외에도 산업의 경쟁구조와 같은 경쟁상황에 대한 평가가 필요하다. 예로 완전경쟁하에서는 기업이 가격에 영향을 미치는 것이 어렵기 때문에 가격은 시장의 수요와 공급에 따라 결정하고, 기타 마케팅 활동을 통해 상품차별화에 노력하는 것이 바람직하다. 반면 과점상태에서는 경쟁기업이 설정한 가격에 대응하여 가격을 결정하는 것이 중요한데, 경쟁자들의 가격을 평가할 때는 다음과 같은 구체적인 사항들을 고려해야 한다.

- 산업 내에 얼마나 많은 경쟁자가 있는가?
- 경쟁사들의 시장점유율은?
- 경쟁사들의 자금동원능력 및 경영능력은?
- 경쟁하고 있는 제품이 경쟁사의 주력 제품인가?
- 자사와 비교할 때 경쟁사들의 원가구조는?
- 경쟁 제품에 대한 소비자들의 반응은?

2. 가격결정방법

가격결정방법에는 기업이 제품을 생산하는 데 들어간 원가를 기준으로 가격을 결정하는 '원가 중심적 접근방법', 소비자가 인식하는 제품의 가치를 기준으로 가격을 결정하는 '수요 중심적 접근방법', 경쟁환경의 특성을 기준으로 가격을 결정하는 '경쟁 중심적 접근방법'이 있다. 가격결정을 위한 세 가지 방법들은 서로 다른 상황에서 적용되거나 동시에 적용될 수 있는 보완적인 방법들이다. 즉, 기업들이 실제로 가격을 결정하는 과정을 보면 상황에 따라 가장 적합한 방법을 채택하게 되므로, 마케팅 관리자들이 사용하는 가격의 결정방법을 이해하기 위해서는 상황별 가격결정전략을 살펴볼 필요가 있다.

예로 신제품의 가격결정전략과 관련하여 기업은 제품에 고가격을 책정하여 높은 가격을 지불할 의사를 가진 소비자로부터 높은 수준의 이익을 흡수한 뒤 제품 시장의 성장에 따라 가격을 조정해가는 '신제품 고가정책(market skimming pricing)'을 채택할 수 있다. 신제품 고가정책은 제품 가격이 품질수준을 암시한다는 소비자들의 인식을 활용하여 신제품에 대한 신뢰와 심리적 위안을 제공해주기 위한 목적으로 활용될 수 있다. 반대로 시장선점이나 점유율 확대를 우선적인 목표로 하는 경우에는 박리다매 방식으로 알려진 '신제품 침투가격정책(market penetration pricing)'이 활용될 수 있다.

촉진관리

촉진관리란 고객에게 제품 효능에 대한 정보를 제공하여 구매를 자극하는 활동을 의미한다. 기업들이 활용할 수 있는 주요 촉진관리방법으로는 광고(advertising), 판매 촉진(sales promoting), 인적 판매(personal selling), 홍보(publicity)가 있다.

1. 광 고

광고는 TV, 라디오, 신문, 잡지와 같은 다중매체를 통해 소비자들에게 특정 제품에 대한 정보를 제공하고 구매 동기를 자극하는 것이다. 광고는 짧은 시간 안에 많은 사람들이 볼 수 있기 때문에 촉진의 속도가 빠르고, 절대 비용은 높지만 인당 비용은 저렴하다는 장점이 있다. 따라서 신제품의 제품 출시와 간략한 특징에 대한 정보를 전달하는 수단으로서 적절하다.

하지만 광고는 고객에게 전달할 수 있는 정보의 양이 제한된다는 단점이 있다. 또한 광고 문안을 고객에 따라 개별화할 수 없다는 단점이 있다. 따라서 광고를 통해서 전달하는 정보는 고객 모두를 정보의 양과 질적인 측면에서 만족시켜주기 어렵고 설득력에 한계가 있을 수 있다.

2. 판매촉진

판매촉진은 제품이나 서비스의 즉각적인 구매를 자극하기 위해 단기적으로 추가적인 인센티브를 제공하는 촉진방법이다. 기업의 판매촉진전략들은 대상에 따라 '풀전략(pull strategy)'과 '푸시전략(push strategy)'으로 구분될 수 있다. 먼저 풀전략은 기업이 소비자를 상대로 직접 판촉활동을 펼쳐 소비자가 자사 제품을 구입하도록 하는 촉진전략이다. 반면, 푸시전략은 유통업자와 판매점이 자사 제품에 대한 판매 촉진활동을 하도록 만드는 촉진전략이다. 예로 제조업체는 푸시전략을 위해 판매점의 마진폭을 올려주거나, 상품 진열 전문가를 파견하여 자사 제품의 취급을 유리하게 할 수 있다.

또한 신속하고 강력한 시장의 반응을 이끌어내기 위하여 기업은 소비자 촉진(consumer promotion), 거래 촉진(trade promotion), 판매원 촉진(sales-face promotion)과 같은 방법들을 사용할 수 있다. 구체적으로 소비자 촉진을 위해서는 샘플, 쿠폰, 리베이트, 콘테스트, 시음 및 시식 등이 활용될 수 있다. 거래 촉진을 위해서는 구매할인, 상품할인, 협력광고 등이 활용될 수 있으며, 판매원 촉진을 위해서는 보너스나 콘테스트 등이 활용될 수 있다.

3. 인적판매

인적 판매는 판매원이 예상고객과 직접 대면하여 제품이나 서비스의 구매 행동을 일으키도록 설득하는 커뮤니케이션 활동이다. 인적 판매를 촉진수단으로 채택할 경우 판매원이 고객을 일일이 만나 정보를 전달하고 설득하기 때문에 고객이 원하는 종류의 정보를 필요한 만큼 제공할 수 있는 장점이 있다. 또한 판매원이 고객의 표정과 같은 반응을 보아가며 즉석에서 대응할 수 있기 때문에 고객의 마음을 움직이는 데 보다 더 효과적일 수 있다.

하지만 인적 판매는 장기적이고 지속적인 유대관계를 통해 이루어지기 때문에 촉진의 속도가 느리고 인당 비용이 높다는 단점이 있다. 따라서 소수의 고객으로부터 달성할 수 있는 매출 규모가 큰 경우에 한해서 사용하는 것이 바람직하다.

4. 홍 보

기업은 자사에 대한 호의적인 이미지를 구축하기 위한 촉진활동의 일환으로 홍보를 통한 대중관계(PR: public relations) 개선을 도모할 수 있다. 기업에 대한 좋은 이미지를 형성하고, 장기적인 판매량을 증가시키기 위한 활동에는 자사의 활동을 알리기 위한 각종 간행물의 발간 및 언론 보도자료의 제공, 교육기관 또는 자선단체 지원, 정부기관에 대한 재정적·기술적 지원이 포함된다.

유통관리

유통경로에는 제품과 서비스가 생산업자로부터 최종 소비자에게 이전되는 과정에 참여하는 모든 개인 및 회사들이 포함된다. 제조업자들은 유통과정에서 중간상을 이용할 경우 마케팅 활동에 대한 통제력이 약해지고 비용이 증가할 수 있다. 그럼에도 불구하고 많은 경우 중간상을 활용하게 되는데, 이는 중간상을 이용하여 얻는 혜택이 발생되는 비용보다 크기 때문이다. 구체적으로 제조업자는 중간상을 이용함으로써 총 거래수를 줄일 수 있고 직접 소비자와 거래할 때보다 더 빠른 시간에, 더 가까운 장소에서 거래를 할 수 있게 된다.

1. 유통경로의 유형

소비재의 제조업체가 선택할 수 있는 유통경로의 유형은 크게 4가지로 분류할 수 있다(그림4-5). 유형1은 제조업자가 중간상을 거치지 않고 직접 소비자에게 제품을 판매하는 형태로서 직접마케팅이라고 한다. 한국야쿠르트, 학습지 회사인 대교 등의 유통방식이 이에 해당된다. 유형2는 제조업자와 소비자 사이에 소매상이 개입되는 유형이다. 예로는 제조업자가 대리점을 통해 자사 제품을 판매하는 가구나 가전제품들이 있다. 유형3은 제조업자와 소비자 사이에 도매상과 소매상이 참여하는 형태로서 식품, 약품 등 소비용품 분야에서 많이 활용되고 있는 유통경로의 유형이다. 마지막으로 유형4는 도매상과 소매상 사이에 중간도매상이 개입되는 형태로서 곡물, 야채, 과일과 같은 농산물의 거래에서 많이 이용되는 유형이다.

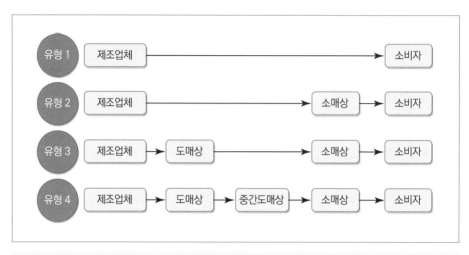

그림 4-5 유통경로의 유형

2. 유통경로의 선택

마케팅 관리자는 효율적이고 적절한 유통경로를 선택하기 위하여 시장, 고객, 상품, 회사의 특성을 고려해야 한다.

• **시장특성**: 유통경로의 결정과 관련하여 고려되어야 할 시장특성으로는 시장규모와 지리적 집중도가 있다. 시장의 규모가 크고 지리적으로 집중되어 있을수록 제조업자는 직접 유통방식을 선호할 수 있다. 반면 시장규모가 작고 지리적으로 분산되어 있을 때는 중간상에 의뢰하는 유통경로의 유형을 선호하게 된다.
• **고객특성**: 기업은 고객의 다양한 욕구와 필요에 따라 다양한 형태의 유통경로를 개발하여 활용할 수 있어야 한다. 특별히 고객특성과 관련하여 고객의 구매습성에 관한 구체적인 정보를 가지고 있어야만 어떤 경로를 통해 판매할 것인가에 대한 최적의 의사결정을 내릴 수 있다.

- **상품특성**: 유통경로의 결정과 관련하여 고려되어야 할 제품특성으로는 신선도를 유지해야 하는 부패가능성과 판매를 위한 전문적인 지식과 기술이 요구되는 복잡성이 있다. 제품의 부패가능성이 높을 경우에는 신속한 제품공급이 이루어져야 하므로 짧은 유통경로로 특징되는 직접 유통방식이 선호된다. 또한 제품의 복잡성이 높은 경우에도 제품에 대한 설명과 사용방법의 교육을 위한 직접 유통방식이 선호된다.
- **회사특성**: 충분한 자금력과 강력한 마케팅 수행능력, 중간상과의 거래 경험, 유통과정에 대한 통제욕구와 같은 기업특성들은 유통경로 선택에 중대한 영향을 미친다. 예로 기업이 마케팅 기능을 수행할 수 있는 충분한 능력이 있고, 유통경로에 대한 통제욕구가 강하며, 재무적 능력이 있는 경우에는 유통경로의 길이를 단축하는 직접 마케팅이 선호된다.

Closing Case

한 소비자가 원하는 상품을 사기 위해 스마트폰 애플리케이션(앱)으로 이동형 무인 마트를 자신이 있는 곳으로 부른다. 그러면 그 사람 앞에 무인 마트가 나타난다. 그는 매장 안으로 들어가 제품을 고르고 나온다. 요금은 그의 스마트폰으로 자동 청구된다. 영화의 한 장면이 아니다. 현실에서 벌어지고 있는 일이다. 스웨덴 기업 휠리스와 스웨덴 리테일 컨설팅업체 히말라피, 중국 허페이대가 공동으로 개발한 무인 자율주행 편의점인 '모비 마트' 이야기다. 2017년 공개된 모비 마트는 현재 중국 상하이에서 베타테스트 중이다.

모바일 결제가 실현된 지 얼마 지나지 않아 이제는 '움직이는 매장'까지 나타났다. 이렇듯 소매 산업은 계속 진화하고 있다. 이에 맞춰 기업 역시 계속 변화해야 한다. 앞으로 리테일(소매) 산업은 어떻게 바뀔 것이며 기업이 주의 깊게 봐야 할 부분은 무엇일까. 현재 리테일 테크(retail tech·리테일 산업과 기술의 결합)는 '5.0시대'를 향해 나아가고 있다. 화폐가 발달하고 인간의 기본적 욕구를 만족시킨 리테일 1.0시대를 시작으로 기본적 욕구를 넘어 감각적 경험을 제공한 리테일 2.0시대와 인터넷과 모바일을 기반으로 성장한 리테일 3.0시대 그리고 인공지능이 도입된 리테일 4.0시대를 지나왔다. 이제 '자아실현, 창조, 사랑 등 인간의 최상위 욕구를 충족시키는 상품과 서비스가 개발'될 리테일 5.0시대가 펼쳐진다는 것이다.

그럼 리테일 5.0시대로 향하는 과정에서 우리는 어떠한 리테일 테크의 변화를 경험하고 있을까. 노스캐롤라이나 주립대 마케팅 전공 황지영 교수는 그의 저서에서 구체적으로 10가지를 제시했다. 바로 △인공지능 쇼핑비서 △소비(정보에 대한) 빅데이터 △미래형 오프라인 매장과 언택트(untact·기업이 사람과 직접 대면하지 않고 서비스하는 방식) 리테일 △더 섬세하게 연결되는 옴니채널(한 가지 채널에서 상품 구매부터 배송까지 연결된 쇼핑환경) △증강현실(AR)과 가상현실(VR)로 구현한 가상 리테일 △캐시리스(현금 없는) 리테일 △솔루션을 제공하는 챗봇 △경쟁력을 높이는 초저가 자체 브랜드(PB) △스마트 물류 △블록체인을 통한 결제와 공급망 관리다.

리테일 테크가 변화하면서 기업들이 펼치는 리테일 마케팅 '4P(상품·가격·프로모션·입지)' 전략도 달라지고 있다. 우선 뉴리테일 시대의 상품은 PB(Private brand), 맞춤형, 편리한 제품, 고객 경험의 제품화 등을 중심으로 진화하고 있다. 기존 소매 매장에서 판매하는 상품은 제조사가 공급하는 상품인 NB(national brand)였다. 하지만 이제는 기술 진화로 누구나 쉽게 온라인에서 제품을 비교하며 어떤 매장에서 최저가로 제품을 살 수 있는지 알 수 있다. 최저가 제품이 아니면 구매할 마음이 들지 않는 소비자들 '입맛'과 리테일러들이 마진을 확보하는 방법으로 떠오른 것이 바로 리테일러들의 자가 브랜드 PB다.

그리고 이렇게 PB 제품을 구매하는 소비자가 많아질수록 PB 패키징(디자인)의 중요성도 함께 커질 것이다. 가성비(가격 대비 성능) 때문에

NB보다 PB 제품을 선택하는 사람들은 많아졌지만, 아직까지는 대부분 PB 제품의 패키징은 매력적이지 않다. 한 업계 관계자에 따르면 '저렴해 보이는' PB 제품을 선택한 것을 다른 사람들에게 들키고 싶어 하지 않기에 리테일 매장에서 PB 제품을 고른 후 이를 카트 아래에 숨겨두는 사람들도 있다.

리테일 5.0시대로 접어들수록 기존 NB에 기반한 가격 정책보단 알고리즘을 기반으로 하는 가격전략이 펼쳐질 것이다. 가성비를 따지는 소비자들을 겨냥한 알고리즘 기반의 가격책정방법은 두 가지다. 첫째, 인공지능을 활용한 가격설정이다. 실시간 수요에 따라 서비스 이용 가격이 변하는 차량 공유 서비스의 다이내믹 프라이싱처럼 알고리즘을 접목한 가격전략을 세우는 방법이다. 두 번째로는 개개인의 소비구매이력을 바탕으로 개인마다 다른 가격을 제시하는 고객 맞춤형 가격전략이 있다. 고객의 과거 상품 구매 정보를 종합적으로 분석해 해당 사람이 관심 있어 할 만한 제품을 다른 소비자와 차별화해 할인 혜택을 줘서 소비자의 가성비 만족도를 더 높이도록 하는 것이다.

과거 기업들이 고객의 구매를 유도하기 위해 펼치는 프로모션은 가격중심으로 진행됐다. 하지만 미래에는 고객과의 소통에 맞춰진 프로모션이 강화될 것이다. 이를 위해 기업들이 사용하고 있는 기술에는 비콘(블루투스 기반의 근거리 무선통신 장치) 기술이 있다. 메이시스백화점은 2014년 비콘 기술을 도입해 고객 대상 프로모션을 펼치고 있다. 이전에 앱 쇼핑 리스트에 시리얼을 담은 기록이 있는 고객이 백화점 안에서 메이시스 앱에 접속하면, 비콘 기술을 사용하는 메이시스가 해당 고객이 유제품 코너를 지나갈 때 '우유가 필요하지 않으신가요?'라고 적힌 타깃 메시지를 보내는 형태다. 그러면 해당 메시지를 받은 고객이 우유를 구매할 확률은 높아진다.

스마트폰으로 터치 몇 번만 하면 제품을 살 수 있는 시대에서 입지에 대한 마케팅적 시각은 어떻게 변했을까. 황 교수는 "입지에 대한 개념이 확대되고 구분이 모호해지면서 물리적인 입지의 중요성은 줄어들 것"이라고 전망했다. "입지 자체보다는 리테일 구매가 이뤄지는 장소에서 고객들과 어떤 '교감'이 오가는지가 더욱 중요해진다"고 강조했다. 또한 "기업들이 미래의 리테일 브랜딩 전략을 세울 때 보이스 쇼핑에 주목해야 한다"고 강조했다. 올해 아마존 알렉사와 같은 스마트 스피커를 쓸 것으로 예상되는 중국 가구 수는 8,550만가구, 미국은 7,420만 가구다. 여기에 기업들은 주목해야 할 점이 있다. 바로 한 가구당 한 개 이상 스마트 스피커를 보유할 것이라는 점이다. 거실, 방, 주방마다 스마트 스피커를 두고 쇼핑하는 상황이 펼쳐지게 될 것이란 의미다.

리테일의 미래 / 황지영 지음 /
인플루엔셜 펴냄
매일경제 (2019.08.29.)

토의문제

01   시장 지향적 기업경영과 사회 지향적 기업경영 간의 관계를 설명하시오.

02   마케팅 조사의 정의와 단계를 설명하시오.

03   수요예측 조사의 시장잠재수요, 판매가능액, 판매예상액을 설명하시오.

04   기업이 표적시장의 결정과정에서 고려해야 하는 요소들을 설명하시오.

05   소비자들의 의사결정과정에 영향을 미칠 수 있는 내·외부요인들 간의 관계를 구체화한 소비자 의사결정 종합 모형을 설명하시오.

06   소비자들의 합리적 의사결정과 비합리적 의사결정 과정을 비교하여 설명하시오.

07   마케팅 믹스(4P)의 구성요소들과 목적을 설명하시오.

08   가격결정과정에 영향을 미치는 주요 변수들을 설명하시오.

09   마케팅 믹스의 촉진관리방법들을 설명하시오.

10   유통경로 설계 시 고려해야 하는 주요요소들을 설명하시오.

05

재무적 관점에서의 경영

창업기업이 지속적으로 성장하고 발전하기 위해서는 신규투자 또는 다른 기업의 인수가 필요하며, 이를 위해서는 신규투자안 또는 다른 기업 인수의 가치를 평가하고, 필요한 자금을 조달해야 한다. 그리고 기업의 소유주인 주주와 대리인인 경영자 간의 대리인문제가 체계적으로 관리되어야한다. 재무적 관점에서의 경영은 기업의 성장과 발전에 필수적인 이와 같은 의사결정들을 다루고 있으므로, 이에 대한 이해와 활용은 창업기업의지속적인 성장을 위한 필수적인 요소라고 할 수 있다.

4차 산업혁명 스타트업 투자 늘리는 대기업 … 5년간 12조 원

국내 대기업들이 이른바 '4차 산업혁명' 관련 스타트업에 대한 투자를 빠르게 늘리고 있는 것으로 조사됐다.

17일 기업 경영성과 평가 사이트 CEO스코어에 따르면 매출 기준 500대 기업 가운데 2014년부터 올 1분기까지 타법인 출자 내용이 있는 186곳을 조사한 결과 5년여간 출자 법인은 1,412개, 출자금액은 13조 6,866억 원으로 각각 집계됐다.

이들 출자 법인 가운데 중소벤처기업부의 분류 기준에 따른 4차 산업혁명 관련 스타트업은 251곳이었고, 이들에 대한 투자액은 1조 1,968억원이었다. 중기부가 분류한 4차 산업혁명 분야는 인공지능(AI)·빅데이터, 미래형자동차, 증강현실(AR)·가상현실(VR), 로봇, 스마트가전, 스마트공장, 스마트홈, 에너지, 정보보호, 지능형 센서, 플랫폼(O2O) 등이다.

이번 조사는 인수합병(M&A)을 비롯한 경영 참여 목적의 투자를 제외한 단순 투자를 대상으로 했으며, 해외법인과 펀드를 활용한 투자의 경우 관련 명세가 공시되지 않아 역시 제외했다.

연도별로는 2014년과 2015년에 각각 171억 원과 712억 원에 불과했으나 2016년 2,253억 원으로 급증한 뒤 2017년 3,164억 원에 이어 지난해에는 4,580억 원에 달한 것으로 집계됐다. 전체 타법인 출자액에서 차지하는 비중도 2014년 1.3%에서 2015년 3.3%, 2016년 7.8%,

2017년 13.2%, 2018년 10.0% 등으로 대체로 상승 추세를 보였고, 올 1분기에는 33.3%까지 치솟았다.

최근 5년여간 4차 산업혁명 관련 스타트업에 가장 많이 투자한 기업은 네이버였다. 모두 64개사에 투자했으며, 절반 이상인 37곳이 플랫폼(O2O) 관련 스타트업이었고, AI·빅데이터 관련이 13곳으로 뒤를 이었다.

현대차가 26곳에 투자했고, GS홈쇼핑(19곳)과 삼성전자·LG전자(각 13곳), SK텔레콤(12곳), SK㈜(11곳) 등도 10곳 이상에 투자한 것으로 나타났다.

투자액 기준으로도 네이버가 2,307억 원으로 가장 많았으며, SK㈜(2,295억 원)와 현대차(1,221억 원)가 뒤를 이었다. 재계 1위인 삼성전자는 13개 스타트업에 433억 원을 투자해 비교적 적었는데, 이는 경영권 인수를 포함한 M&A나 미국 실리콘밸리 법인·펀드 조성을 활용한 투자가 주를 이뤘기 때문으로 분석됐다.

CEO스코어는 "국내 대기업의 4차 산업혁명 관련 스타트업 투자는 2016년부터 큰 폭으로 늘어났다"며 "같은 해 다보스포럼에서 클라우스 슈바프 박사가 '4차 산업혁명은 이미 도래했다'고 밝히며 이 용어를 언급한 뒤 관심이 뜨거워진 데 따른 것으로 보인다"고 설명했다.

디지털타임즈(2019.07.17.)

재무적 관점에서의 경영

제1절   주식회사와 주주

주주의 의의

주식회사는 현대기업의 가장 일반적인 형태이다. 주식회사는 주식 발행을 통해 자본금을 마련한다. 주식회사가 발행한 주식을 매입하여 주식회사의 법적 소유자가 된 법인 또는 개인을 주주라고 부른다. 주주들이 주식을 보유하는 목적은 크게 경제적 목적, 사회적 목적, 혼합적 목적으로 나눌 수 있다. 경제적 목적은 주식 보유를 통해 배당소득, 자본이득과 같은 수익을 얻기 위한 목적이다. 반면, 사회적 목적은 주식 보유를 통해 기업의 사회적 책임 완수, 윤리경영 등을 달성하기 위한 목적이다. 혼합적 목적은 주식 보유를 통해 경제적 목적과 함께 사회적 목적의 달성을 동시에 추구하는 목적이다. 김창수(2009), 국찬표·강윤식 등(2011) 일부 학자들은 사회적 책임을 완수하는 기업이 기업가치가 더 높다고 주장한다. 그 이유는 사회적 책임을 성실히 수행하는 기업이 지속가능하고 장기적으로 더 나은 성과를 거둘 수 있기 때문이라고 주장한다.

주주의 의무와 권리

1. 주주의 의무

주주는 출자 의무가 있다. 출자 의무란 인수한 주식에 대한 대금을 납입해야 하는 의무이다. 주식회사의 정관 변경이나 주주총회의 의결을 통해서도 출자 의무 이외의 의무를 주주에게 부과할 수 없다. 주주는 출자한 금액 내에서 유한책임을 진다. 개인기업의 출자자는 회사의 채무나 회사가 끼친 손해에 대해 무한책임을 지지만, 주식회사의 주주는 자신이 출자한 금액 내에서만 유한한 책임을 진다.

2. 주주의 권리

주주가 갖는 권리는 다음과 같다. 첫째, 주주는 주식회사의 경영에 참가할 수 있는 권리를 갖는다. 이 권리는 경영에 직접적으로 참여하는 것을 의미하기보다는 주주총회에 참석하여 중요한 의사결정에 대한 의결권을 행사하는 것을 의미한다. 둘째, 주주는 보유한 주식 수에 따라 배당을 받을 권한이 있다. 매 회계 연도의 주식회사 매출액에서 경영활동에 드는 비용을 차감한 금액인 당기순이익은 주주의 몫이다. 당기순이익 중 일부는 이익잉여금의 형태로 기업내부에 적립되고, 나머지는 주주에게 배당으로 분배된다. 셋째, 주주는 출자한 주식회사가 파산한 경우, 출자 비중에 따라 잔여재산을 분배받을 권리가 있다. 여기서 잔여재산이란 주식회사의 채권자의 채무, 종업원의 급여 등에 대한 지급의무를 모두 이행하고 남는 금액을 의미한다. 넷째, 주주는 신주를 받을 수 있는 권한이 있다. 주식회사는 신규투자 등으로 추가적인 자금을 필요로 할 때 신주를 발행하여 자금을 조달할 수 있다. 이때 발행되는 신주의 일부는 주주에게 할당된다. 신주는 시장가격보다 낮은 가격에 발행되는 것이 일반적이며, 이 경우 주주는 신주인수를 통해 발행가격과 시장가격과의 차액을 이익으로 얻을 수 있다. 주식은 크게 보통주와 우선주로 구분할 수 있다. 우선주를 보유한 주주는 배당 및 잔여재산 분배에서 보통주를 보유한 주주보다 우선권을 갖지만, 경영에 참가할 수 있는 권리를 갖지 못한다.

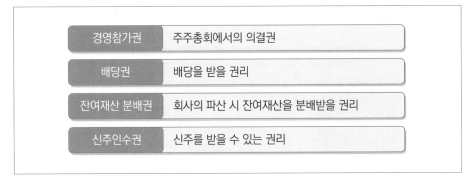

경영참가권	주주총회에서의 의결권
배당권	배당을 받을 권리
잔여재산 분배권	회사의 파산 시 잔여재산을 분배받을 권리
신주인수권	신주를 받을 수 있는 권리

그림 5-1 주주의 권리

기업공시와 주주관계활동

기업공시란 기업이 주주나 잠재적인 투자자에게 기업에 대한 주요한 정보를 제공하는 것을 말한다. 기업공시의 목적은 주식을 발행한 기업의 중요한 정보가 모든 투자자들에게 차별 없이 제공되도록 하는 데 있다. 하지만 일부 기업들에서는 경영자나 대주주가 미래의 주가에 영향을 미칠 수 있는 중요한 정보를 독점한 가운데, 일반 주주와 잠재적인 투자자에게 불성실하게 정보를 제공하는 경우가 있다. 일반 주주나 잠재적인 투자자보다 미래의 주식 가격을 예측하는 데 유리한 정보를 경영자나 대주주 등 소수가 갖게 되면, 이들은 이 정보를 이용하여 부당한 이득을 취할 수 있게 된다.

금융감독원은 공정한 기업공시를 위해 한국거래소(Korea Exchange)에 상장된 기업들이 "금융감독원 기업공시시스템 사이트(http://dart.fss.or.kr)"에 기업공시를 하도록 하고 있다. 투자자들은 이 인터넷 사이트에서 상장기업들의 재무상황, 영업실적, 지배권의 변동, 유가증권의 발행 등 미래의 주가에 영향을 미칠 수 있는 중요한 정보들을 실시간으로 확인할 수 있다.

주주관계활동(IR: investor relations, 이하 IR)이란 기업이 주주 또는 잠재적인 투자자와 우호적인 관계를 형성하기 위해 벌이는 체계적인 활동을 말한다. IR은 기업의 실적과 장래성을 평가할 수 있는 정보를 신속하고 정확하게 제공함으로써 주주 또는 잠재적 투자자가 기업에 대한 신뢰를 갖도록 하는 데 주된 목적이 있다.

그림 5-2　IR의 기대효과

　　기업에 대한 주주 또는 잠재적 투자자의 신뢰가 형성되면, 기업은 여러 가지 혜택을 누릴 수 있다. 첫째, IR을 통해 기업가치가 상승할 수 있다. 기업가치는 주주 또는 잠재적인 투자자가 평가하는 기업의 장래 수익성에 의존한다. IR은 주주 또는 잠재적인 투자자에게 기업의 장래성에 대한 적절한 정보를 제공함으로써 주가가 적정 수준에서 형성될 수 있도록 하는 데 도움이 된다. 둘째, IR은 기업의 경영권 확보에 도움이 될 수 있다. 기업이 IR을 통해 주주들과의 소통을 실행하면 우호적이고 안정적인 주주 층을 많이 확보하여 경영권 확보에 도움이 될 수 있다. 셋째, IR은 기업의 원활한 자금조달에 도움이 될 수 있다. 기업은 주식 발행을 통해 자기자본을 조달한다. 유상증자는 기업이 추가자본이 필요할 때 새로운 주식의 발행을 통해 자금을 조달하는 방식이다. 적정 주가와 유상증자를 통해 신규 발행되는 주식 가격의 차이가 곧 자본비용이며, 이 차이가 작을수록 자본비용이 낮아진다고 할 수 있다. 기업의 주가가 적절히 평가된 가운데 투자자들의 기업에 대한 신뢰가 구축되면, 기업은 신규 발행되는 주식을 적정 가격에 판매할 수 있어 자본비용을 낮출 수 있다.

　　IR의 수단으로는 투자설명회(road show), 통신매체를 활용한 IR활동 등이 있다. 투자설명회는 국내외 기관투자자들에게 기업의 경영현황과 장기비전 등을 설명함으로써 자본을 유치하는 방법이다. 반면 인터넷 등 통신매체를 활용한 IR은 불특정 다수의 투자자들에게 쉽게 접근하여 보다 많은 정보를 제공할 수 있는 방법이다.

통신매체를 활용한 IR은 투자설명회에 비해 적은 비용으로 잠재적인 투자자들을 유치할 수 있는 장점이 있다.

제2절   대리인문제와 해결방안

대리인문제와 주주 권리의 침해

주식회사는 "소유와 경영의 분리(separation of ownership and control)"라는 특징을 갖고 있다. 주식회사의 소유권은 많은 수의 주주들에게 광범위하게 분산되어 있는 것이 일반적이다. 이는 주주들이 경영에 직접 참여하는 것을 현실적으로 어렵게 만드는 요인으로 작용한다. 이에 따라 주식회사의 주인(principal)인 주주는 기업경영권을 대리인(agent)인 경영자에 위임하는 주인-대리인 관계를 형성한다. 즉, 주식회사의 법적 소유권은 주주에게 있지만, 경영은 경영자라는 대리인에 의해 이루어지는 것이다.

주식회사에서 소유와 경영의 분리는 여러 가지 장점들을 제공한다. 소유권과 경영권이 분리된 기업은 경영자가 바뀌어도 계속해서 기업활동을 영위해 나갈 수 있다. 또한 전문적인 경영능력을 갖춘 유능한 경영자에게 기업의 경영을 맡김으로써 기업의 경영성과를 한층 더 높일 수 있다.

하지만 소유와 경영의 분리는 주주와 경영자 간의 이해관계 상충의 문제인 대리인문제(agency problem)를 발생시키기도 한다(Jesen and Meckling, 1976). 대리인문제는 경영자에 의한 주식회사의 경영활동이 주인인 주주의 요구와 부합하지 않을 때 발생한다. 주식회사의 주인인 주주들은 일반적으로 기업가치가 높아지기를 기대한다. 하지만 주주의 대리인인 경영자는 기업가치를 높이는 것보다 자신의 개인적인 이익을 우선시할 수 있다. 경영자가 자신의 개인적인 이익을 지나치게 추구함에 따라 주주의 이익이 침해되는 경우를 주주-경영자의 대리인문제라고 한다.

대리인문제의 사례로 경영자의 특권적 소비(perquisite consumption), 단기주의(short-termism), 위험회피(risk aversion) 성향 등을 들 수 있다. 특권적 소비는 경영자가 기업의 자원을 경영자 자신의 사적인 이익을 위해 활용하는 행위를 말한다. 경영자에게 지나치게 높은 보수를 지급하고 경영자의 호화스러운 사무실을 유지하며 최고급 승용차를 구입하는 것은 특권적 소비의 대표적인 사례들이다. 단기주의란 경영자의 재임 기간이 짧기 때문에 기업의 장기적인 이익보다는 단기적인 이익에 치중한 의사결정을 하는 것을 지칭한다. 경영자가 단기성과에만 집착하면 장기적으로 기업가치 증가에 도움이 되는 투자 프로젝트를 기각할 수 있기 때문에 주주의 이익이 침해될 수 있다. 마지막으로 위험회피는 경영자가 자신의 직위를 유지하는 데 위험을 초래할 수 있는 투자 프로젝트를 기피하는 경향을 말한다.

대리인문제의 해결방안

대리인문제는 기업의 경영성과를 떨어뜨리고 기업가치를 감소시킨다. 대리인문제로 인해 발생하는 기업의 제반 비용을 대리인비용(agency costs)이라고 한다. 현대 사회의 주식회사에서 대리인문제에 대한 해결은 기업의 흥망성쇠를 좌우할 만큼 중요한 문제로 자리 잡고 있다.

기업지배구조는 대리인문제를 방지 또는 해결하기 위한 중요한 제도적인 장치이다. 이는 기업의 경영활동이 이뤄지는 전체적인 구조로 이해되기도 한다. 넓은 의미에서 기업지배구조는 기업의 경영진·이사회·주주 등 기업을 구성하는 내부 이해관계자뿐만 아니라, 정부나 금융기관 등과 같은 외부 이해관계자 간의 상호관계와 권한 및 책임에 관한 구조를 규정한다. 좁은 의미에서는 누가 기업의 지배권을 주도적으로 행사하고, 누가 이를 감시할 것인가와 관련한 경영자와 주주 간의 관계로 정의된다.

한편, 적대적 인수합병은 대리인비용을 유발하는 경영자로부터 경영권을 빼앗거나 그 발생 가능성만으로도 경영자를 견제하기 위한 수단으로서의 기능을 수행한다. 마지막으로 주주 행동주의는 대리인문제를 유발하는 경영자의 의사결정에 영향을 미쳐 대리인문제를 완화 또는 해소할 수 있는 수단을 제공한다.

1. 기업지배구조를 통한 감시

▌기업지배구조의 의의

기업지배구조란 기업의 다양한 이해관계자들 간의 이해상충 문제를 완화하기 위한 제반 장치를 말한다(Shleifer and Visney, 1997). 기업을 평가함에 있어 기업지배구조가 중요한 요인으로서 작용하는 데에는 몇 가지 이유가 있다. 첫째, 기업지배구조는 기업의 의사결정과정에 영향을 미쳐 결국 기업의 경영성과를 좌우할 수 있기 때문이다. 즉, 좋은 기업지배구조를 갖고 있는 기업은 효율적이고 투명한 내부 의사결정을 통해 경영성과가 개선될 가능성이 있다. 예를 들어, 이사회 내에 특정 분야만을 담당하는 위원회를 설치해 경영 의사결정의 전문성을 높일 수 있다. 또한 경영진 선발이나 경영성과에 대한 평가와 보상이 이사회에 의해 결정되기 때문에 경영진으로 하여금 경영성과를 높이고자 하는 동기를 유발시킬 수 있다. 따라서 좋은 기업지배구조를 갖추고 있는 경우 기업의 기초적 여건이 튼튼한 것으로 평가될 수 있다.

둘째, 기업지배구조는 투자자 보호의 장치로서의 기능을 수행하기 때문이다. 최근에는 기업지배구조가 경영진에 대한 감시기능을 통해 투자자보호 장치로서의 역할을 수행하고 있다는 점이 부각되고 있다. 좋은 기업지배구조를 결정하는 중요한 요인 중의 하나는 이사회 구성원의 독립성이다. 독립적인 사외이사가 경영 의사결정에 참여하는 것은 물론 경영진에 대한 감시활동을 수행한다면 경영진에 의한 회계부정이나 사적 이익추구행위 등과 같은 기업가치를 훼손할 수 있는 행위가 예방될 수 있을 것이다.

셋째, 기업내부의 경영자와 외무 투자자 간에 나타나는 정보 불균형이나 이해상충 문제의 효율적인 관리를 위해서도 건전한 지배구조가 필수적이다. 기업의 정보가 투명하게 공개되지 않는 기업에 대해서는 투자자 스스로 기업의 내용을 파악하고 경영자의 행동을 감시하기 위해 추가적인 비용이 필요하게 된다. 따라서 투자자들은 건전한 기업지배구조를 갖추지 못해 자신들의 투자에 대한 보호장치가 미흡한 기업에 대해서는 자본제공을 꺼리게 되고 자본을 제공하더라도 높은 자본비용을 요구하게 된다.

좋은 기업지배구조는 기업에 대한 신뢰를 높이고 투자위험을 낮추는 요인으로 작용하게 된다. 따라서 경영성과가 양호하더라도 투자자들이 원하는 기업지배구조를 갖추지 못한 기업은 투자자의 신뢰를 잃게 된다. 특히 금융불안이 확산되고 자금조달이 어려워지는 상황에서는 기업지배구조의 건전성 여부가 기업의 생사를 좌우할 수도 있다.

1997년 금융위기 이후, 기업지배구조의 중요성에 대한 인식이 확산되면서 우리나라도 선진국 못지않은 기업지배구조 관련 제도를 갖추게 되었다. 그 예로서 한국기업지배구조개선지원센터(Corporate Governance Service)는 '합리적인 기업지배구조의 구축을 위한 모범기업 선정기준'을 마련하고, 한국거래소(Korea Exchange)에 상장된 기업들을 대상으로 매년 지배구조를 평가분석하고 있다.

▌좋은 기업지배구조란?

좋은 기업지배구조가 되기 위해서는 아래와 같은 요건들을 충족해야 한다. 첫째, 이사회 구성과 운영에 있어서 독립성이 보장되어야 한다. 이사회는 사업의 이해와 전문적인 경험, 폭넓은 지식을 갖춘 능력 있는 인물들로 구성되어야 하며 기업가치 제고를 위해 노력하고 실천하는 조직이 되어야 한다. 또한 장기적인 관점에서 기업이 나아가는 방향과 큰 그림을 볼 수 있어야 하며, 전략적인 이슈에 관한 다각적인 논의가 이루어져야 한다. 이사회의 성과에 대해서는 지속적인 자기평가(self-assessment)를 통한 역할개선의 노력이 필요하다. 다양한 기능의 위원회를 조직, 운영하는 것은 이사회가 기업경영에 더욱 밀착될 수 있는 좋은 방법일 것이다. 미국의 경우, 감사 및 보상 등 전통적인 기능뿐만 아니라 전략기획, 위험관리, 인터넷 및 기술 등에 대해서도 위원회를 도입하여 이사회의 활동 영역을 확대하고 있다.

둘째, 사외이사로는 기업경영진과 이해관계가 없는 인물이 선임되어야 한다. 사외이사의 가장 중요한 역할은 최고경영자(CEO)의 기업경영에 대한 중립적인 시각에서의 감시와 견제이다. 업무상의 관계나 친분에 의해 의사결정이 영향을 받아서는 곤란하다. 특히 기업의 경영 및 지배구조에 관련되어 있는 대주주, 관계사 임직원 등은 사외이사의 선임에서 배제되어야 한다. 국내의 경우는 지배주주 등이 사외이사를 추천하는 경우가 빈번한 것으로 나타나 사외이사의 독립성이 부족한 실정이라고 할 수 있다. 기업지배구조의 모범 기업인 GE의 이사회는 19명 중 11명이 뉴욕증권거래소(NYSE)의 기준을 따르는 독립적인 사외이사로 구성되어 있다. GE의 경우 사외이사의 독립성을 강화하기 위해 현직 임원 및 이사의 친인척은 물론이고 매출 기준 1% 미만의 관계사 임직원들까지도 대상에서 제외시키고 있다.

셋째, 최고경영자의 급여 및 보상 규모는 기업의 장기적인 성과에 합리적으로 연계되어야 한다. 예를 들어 경쟁사 대비 상대적인 재무성과 또는 시장성과에 따라 인센티브 수준을 정하는 등의 합리적인 접근방식이 좋은 방법이 될 수 있을 것이다. 좋은 기업지배구조를 위해서는 경영의 투명성이 전제되어야 하며, 경영자의 보상방식에 있어서도 예외가 없어야 한다.

넷째, 엄격한 인센티브 규정을 마련해야 한다. 이는 스톡옵션의 부작용을 없애고 순기능을 제고하기 위한 것으로, 기업의 임직원 및 이사들이 보유하고 있는 주식의 매각이나 스톡옵션의 행사에 대해 엄격한 통제가 필요함을 의미한다. 화이자의 경우, 이사 및 주요 임원들의 주식 거래를 기업 웹사이트에 공시하도록 규정하여 인센티브 제도 및 내부자 거래로 인한 부작용을 최소화하기 위한 노력을 하고 있다.

다섯째, 재무 및 회계 감사는 독립성을 확보한 감사인에 의해 수행되어야 한다. 이는 감사인이 기업의 소유자, 경영자 및 기타 이해관계 집단의 영향을 받지 않고 객관적인 사실에 입각하여 감사를 수행할 수 있어야 함을 의미하는데, 국내의 경우 이러한 감사의 독립성이 매우 부족한 실정이다. 2003년 8월 연합뉴스의 보도에 의하면 동일한 회계법인에서 감사와 컨설팅을 함께 받는 상장기업이 해마다 증가하고 있으며, 2002년 기준으로 상장법인의 30% 정도가 동일한 회계법인에서 감사와 컨설팅을 받았다고 한다. 이에 반해 미국에서는 법안을 통해 회계 감사인의 독립성을 엄격하게 규제하고 있다.

여섯째, 기업전략 및 지배구조 등과 관련된 의사결정에 대해 신뢰할 수 있는 정보가 제공되어야 한다. 전 세계적인 기업 부정 스캔들 이후 주주 및 투자자들의 인식이 크게 바뀌었다. 단순한 실적 개선보다는 기업이 발표하는 정보의 신뢰성 여부에 많은 관심이 집중되고 있는 것이다. 국내에서도 상법 개정을 통해 대표소송, 위법행위소송, 회계장부열람 등 소수 주주들의 권리가 강화되면서 투명한 경영정보와 신뢰할 수 있는 커뮤니케이션의 중요성이 더욱 강조되고 있다.

▎이사회의 책무와 역할

주식회사의 주주들은 이사회(board of directors)라는 기구를 통해 경영자의 경영활동을 감시한다. 즉, 주주는 경영자에 대한 고용, 해고 및 보수의 결정과 경영자를 감시할 책무를 대리인 이사회에 부여하고 있다. 이사회의 구성원인 이사들이 주주총회에서 주주들에 의해 선출되므로 주주들은 이사회를 통해 주식회사를 통제한다고 볼 수 있으며, 주주와 이사회의 관계 또한 주인-대리인 관계로 볼 수 있다.

이사회가 효율적으로 운영되어 주주의 이익을 잘 대변할 경우 주주-경영자 간의 대리인문제는 크게 완화될 수 있다. 즉, 이사회가 경영자에 대한 효율적인 감시활동을 수행하면 경영자에 의한 회계부정이나 개인적인 이익 추구로 인하여 주주의 이익 훼손을 사전에 막을 수 있는 것이다.

주식회사는 주주-경영자 간의 대리인문제 완화를 위해 이사회(board of directors)라는 기구를 두고 있지만, 이사회 또한 대리인으로서의 책무를 다하지 못하는 상황이 발생할 수 있다. 이를 주주-이사회 간의 대리인문제라고 부른다. 우리는 일부 기업에서 이사회가 효율적으로 운영되지 못하여 주주의 이익을 대변하지 못하는 경우를 종종 볼 수 있다. 이사회가 제 기능을 하지 못하는 이유 중에 하나는 이사회의 독립성이 유지되지 못하기 때문이다. 이사회의 구성원들이 경영자 또는 대주주와 친분 있는 사람들로 채워질 경우, 이사회가 주주의 이익을 제대로 대변하지 못하고 오히려 경영자나 대주주의 의사결정을 정당화하는 역할에 머무를 수밖에 없다.

이사회는 주주들이 뽑은 이사들로 구성되어 주주의 이익을 위해 경영자들의 의사결정을 견제하고 감시하는 역할을 수행해야 한다. 이사회의 구성원인 이사 중에는 회사에서 일하는 사람도 있고, 회사 밖에서 온 사람도 있는데, 회사에서 일하는 사람을 사내이사, 회사 밖에서 온 사람들을 사외이사라고 한다. 사외이사를 두는 이유는 경영진의 의사결정을 견제하는 역할을 수행하기 위해서이다. 이런 역할을 하는 데는 회사 내부 사람인 사내이사들보다는 회사 외부에서 온 사외이사가 더 적합하다고 보는 것이다. 이 때문에 사외이사의 중요한 자격요건 중 하나로 경영진으로부터의 독립성을 꼽는 경우가 많다.

회사 밖에서 온 사람이라 하더라도 회사 경영진의 친척이라든지, 그 회사에서 최근에 근무했던 적이 있던 사람 등이 사외이사로 오면 아무래도 경영진을 제대로 견제하기가 어렵다. 이러한 사외이사의 독립성과 관련된 자격요건들은 대체로 법 규정에 명시돼 있다. 또 하나 사외이사의 중요한 자격요건은 전문성이다. 이는 회사 경영에 대한 전문적인 지식을 가지고 있어야 경영진의 의사결정을 제대로 견제할 수 있기 때문이다.

2. 시장을 통한 감시

주주－경영자 간의 대리인문제를 완화하고 주주의 권리를 보호하기 위한 시장을 통한 감시장치로는 적대적 인수합병과 주주 행동주의 등이 있다.

▌ 적대적 인수합병

적대적 인수합병은 인수대상 기업의 경영진(경영자와 이사회)과 주주가 반대하더라도 인수합병을 강행하는 것을 의미한다. 기업의 경영이 부실해지면 주가가 떨어지고, 주가가 떨어지면 적은 비용으로 주식을 매집할 수 있으므로 적대적 인수합병의 대상이 될 가능성이 높아진다. 경영진이 경영을 제대로 하지 못하면 적대적 인수합병이 이루어져서 경영권을 빼앗기는 상황이 발생할 수 있다. 따라서 적대적 인수합병의 가능성은 각 회사의 경영진이 회사의 가치를 높이기 위한 경영에 충실하게 하는 유인으로 작용한다. 적대적 인수합병에 대한 보다 자세한 내용은 제10장에 기술되어 있다.

▌주주 행동주의

주주 행동주의(shareholder activism)란 "현재의 경영진에 만족하지 못하는 주주들이 적극적인 의사표명이나 행동을 통해 기업경영에 영향력을 행사하려고 하는 일련의 활동"을 의미한다(Gillan and Starks, 1998). 외부 주주들이 기업경영에 만족하지 못할 경우 의사표현을 하기 위한 방법으로는 해당 기업의 소유 주식을 시장에 파는 소극적인 방법과 기업인수를 통하여 경영권을 인수하고 기본적인 지배구조를 바꾸는 적극적인 방법이 있을 수 있다. 주주 행동주의는 경영 의사결정에 영향을 미치려는 것으로 이 두 가지 방법의 중간적인 의사표현방법이라고 할 수 있다. 주주들이 주주 행동주의에 나서는 주된 목적은 경영진 감시, 기업지배구조 개선 등을 통해 주주-경영자 대리인문제를 해결함으로써 기업가치 또는 주식가치를 증대하려는 데 목적이 있다.

일반적으로 소액주주보다 연기금을 비롯한 기관투자자, 헤지펀드 등 거액주주(large shareholder)들이 주주 행동주의에 더 적극적으로 나서는 경향을 나타내는데, 그 이유는 다음과 같다. 첫째, 거액주주는 소액주주보다 기업 감시활동에 나설 유인이 더 크다. 일정수준 이상의 주식을 보유한 거액주주는 규모의 경제효과가 작용하여 기업 감시활동의 편익이 비용을 초과하지만, 소액주주는 그렇지 않기 때문이다. 둘째, 거액주주는 기업 내부정보에 접근이 용이하여 소액주주보다 정보우위에 있기 때문이다. 거액주주는 이러한 정보우위를 활용하여 기업의 감시기능을 보다 더 효율적으로 수행할 수 있다.

▌표 5-1 기관투자자와 헤지펀드의 주주 행동주의의 비교

	기관투자자	헤지펀드
목적	• 대리인문제의 해소 또는 완화 • 주주가치 증가	• 경영전략과 이사회 결정의 변경 • 이사회 의석 확보로 이사회 통제권 또는 정보 획득 • 기업지배구조 변화 • 주주에 대한 배당 증가 • 특정 사업부문의 매각이나 인수 등
대상기업	• 지배구조가 취약한 기업 • 경영성과가 나쁜 기업	• 동종기업 대비 시가총액이 적은 기업 • 주가가 저평가된 기업 • 현금 과다보유 기업 • 자산가치와 시가총액의 차이가 큰 기업 • 부채비율이 지나치게 낮은 기업

전략	• 주주제안
	  (shareholder proposals)
	• 경영진과의 직접 협상
	  (direct negotiations)
	• 언론매체 활용
	  (use of the media)
		• 주주제안(shareholder proposals)
		• 경영진과의 직접 협상(direct negotiations)
		• 언론매체 활용(use of the media)
		• 위임장 경쟁(proxy contests)
		• 인수 시도(takeover attempt)
		• 법적 소송(litigation)
		• 관계 투자(relationship investing) 등

자료: 선정훈(2008)

표 5-1에서 보는 바와 같이, 기관투자자에 의한 주주 행동주의와 헤지펀드에 의한 주주 행동주의는 그 목적, 대상기업, 그리고 취하는 전략에서 차이를 보인다. 우선 기관투자자의 주주 행동주의에 목적은 주로 기업지배구조 개선에 있는 반면, 헤지펀드의 주주 행동주의는 기업지배구조의 변화 이외에도 경영전략과 이사회 결정사항의 변경, 이사회 의석 확보, 주주에 대한 배당 증가, 특정 사업부문의 매각이나 인수 등 다양한 목적들을 추구한다. 또한 기관투자자의 주주 행동주의는 기업지배구조가 취약하거나 경영성과가 나쁜 기업을 주요 대상으로 하는 반면, 헤지펀드의 주주 행동주의는 비교적 단기간에 투자성과를 많이 낼 수 있는 기업을 대상기업으로 선정하는 경향이 있다. 마지막으로 방법적으로는 기관투자자의 경우 주주제안, 경영진과의

직접 협상 및 언론 캠페인 전략에 의존하지만, 헤지펀드의 경우에는 이들 전략 이외에도 위임장경쟁, 인수시도, 법적 소송, 관계투자 등 가능한 모든 전략을 최대한 구사하는 경향이 있다.

주주 행동주의의 성과에 대한 학술연구 결과를 요약한 표 5-2에 의하면, 미국 기관투자자의 주주 행동주의가 대상기업의 지배구조개선에 일부 긍정적인 영향을 준 것으로 나타난다. 하지만 기업지배구조 개선이 경영성과 향상과 기업가치 증가로 연결되는지에 대해서는 확실한 증거를 제시하는 연구결과와 그렇지 못한 연구결과가 혼재된 상황이다. 한편 헤지펀드의 주주 행동주의와 관련해서는 상대적으로 많은 연구가 이루어지지 않았지만, Brav, Jiang, Partnoy, and Thomas(2006), Klein and Zur(2006) 등의 연구결과는 헤지펀드 주주 행동주의가 대부분 소기의 목적을 달성하고, 이에 대한 주식시장의 단기적인 반응도 긍정적임을 제시하고 있다. 하지만 헤지펀드의 주주 행동주의가 대상기업의 장기적인 기업가치 증가에도 도움이 되는지는 아직 불분명하다.

표 5-2 주주 행동주의의 성과에 대한 학술연구 결과

연구	표본기간	대상기업/건수	주도주체/전략유형	지배구조개선	기업가치증가
Smith(1996)	1987~93	51기업	CalPERS,[12] 모든 유형	O	O
Strickland, Wiles and Zenner(1996)	1986~93	85기업, 216건	USA,[13] 주주제안 및 직접교섭	O	O
Karpoff, Malatesta and Walkling(1996)	1986~90	269기업, 522건	모든 유형의 투자자,[14] 주주제안	X	X
Wahal(1996)	1987~93	146기업, 256건	공적연금, 주주제안	X	X
Johnson and Shackell (1997)	1992~95	106기업, 169건	모든 유형의 투자자, 주주제안	X	X
Gillan and Starks(2000)	1987~94	452기업, 2042건	모든 유형의 투자자, 주주제안	X	X

Brav, Jiang, Partnoy and Thomas(2006)	2004~5	374기업	헤지펀드, 모든 유형	O	O
Klein and Zur(2006)	2003~5	194기업	헤지펀드, 모든 유형	O	O
Zenner, Shivdasani and Darius(2005)	2004~5	31기업	헤지펀드, 모든 유형	O	O

자료: 선정훈(2008)

3. 스톡옵션을 통한 유인 제공

스톡옵션은 기업의 설립, 경영 및 기술혁신에 기여했거나 기여할 능력을 갖춘 임원이나 종업원들에게 자사주를 일정기간 내에 미리 정한 가격으로 매입할 수 있는 권리를 부여하는 제도이다. 스톡옵션을 부여받은 임직원은 자사주가 상장되어 매입 가격보다 높은 가격에 주가가 형성될 경우 스톡옵션을 행사하여 주식을 매입한 후, 이를 다시 매각하여 차익을 얻을 수 있다. 스톡옵션은 주가가 상승할 때는 가치를 가지나, 주가가 하락할 때는 가치가 없어지는 특성을 가지고 있다. 따라서 스톡옵션을 부여받은 경영자는 기업의 주가를 높이려는 노력을 하게 되는 것이다.

기업은 스톡옵션 제도를 도입함으로써 다음과 같은 기대효과를 얻을 수 있다. 첫째, 적은 비용으로 유능한 인재를 확보할 수 있다. 일반적으로 스톡옵션 제도는 기술력과 아이디어는 뛰어나지만 자본이 부족한 벤처기업에서 유능한 인재를 확보하기 위한 수단으로 활용되고 있다. 둘째, 경영자와 주주의 이해관계를 일치시킴으로써 경영자가 주주가치 향상을 위해 일할 수 있도록 한다. 셋째, 성과에 대한 평가와 보상체계를 객관화시킬 수 있다. 스톡옵션 제도가 있으면 주식시장에서 결정되는 주가라는 객관적인 기준에 의해 평가와 보상이 이루어지므로 경영자에 대한 성과보상체계를 객관화시킬 수 있다.

---

12) 캘리포니아 공적연금기금인 California Public Employees Retirement System의 약칭
13) 주주 행동주의를 위한 개인투자자들의 연합인 United Shareholder Association의 약칭
14) 공적연기금, 노동조합펀드, 개인투자자연합, 개인투자자 등

제3절　기업의 재무 의사결정

기업의 자본조달

1. 자본의 의의와 종류

　　기업이 창업, 기존사업 확장, 신규분야 진출, 인수합병 등을 위해 조달하는 돈을 자본(capital)이라고 한다. 자본의 종류는 자기자본과 타인자본으로 나누어진다. 기업은 주식을 발행하거나 이익을 기업내부에 적립한 이익잉여금을 통해 돈을 마련할 수가 있는데, 이를 자기자본이라고 한다. 반면 자본을 조달하기 위해 금융기관으로부터 차입을 하거나 회사채를 발행하여 일반투자자들로부터 돈을 빌릴 수 있는데, 이를 타인자본이라고 한다. 기업이 자기자본 이외의 타인자본을 사용하는 행위를 일컬어 재무 레버리지(financial leverage)를 활용한다고 한다. 기업이 타인자본을 사용하면, 주주들이 투자한 자기자본의 이익률 또는 손실률이 더욱 확대되는 경향이 있는데, 이는 타인자본이 주주의 투자위험을 확대하는 지렛대의 역할을 한다는 측면이 있기 때문이다.

　　또한 기업이 자본을 조달하는 방법을 내부 자본조달과 외부 자본조달로 나눌 수 있다. 내부 자본조달은 자본을 기업내부에서 조달하는 방법이다. 유보이익을 통한 자본조달이 내부 자본조달방법에 해당된다. 잉여이익금은 기업이 창출한 이익을 주주에게 배당하지 않고 미래의 투자를 위해 기업내부에 적립해놓은 이익이다.[15] 반면 주식 발행, 회사채 발행, 금융기관 차입 등은 외부 자본조달방법에 속한다.

---

15) 기업이 이익잉여금을 주주가 개인적으로 투자할 수 있는 것보다 더 높은 수익률로 투자할 수 있다면, 이 투자로부터 미래의 순이익이 증가하고 이로 인해 미래의 주주의 부가 더 증가할 수 있다. 이 경우 주주 입장에서 이익잉여금의 적립이 배당보다 더 낫다고 할 수 있다.

▌표 5-3 기업의 자본조달

자본의 종류	조달방법	자본조달방법의 분류
자기자본	이익잉여금	내부 자본조달
	주식 발행	외부 자본조달
타인자본	회사채 발행	
	금융기관 차입	

이하에서는 자본조달의 방법에 대해 보다 구체적으로 살펴보기로 한다.

▌ 이익잉여금

특정 회계연도에 해당되는 기업의 순이익은 그 회계연도 동안 기업이 창출한 수익에서 수익을 창출하기 위해 들어간 여러 가지 비용을 차감한 값으로 정의된다. 기업의 순이익은 주주의 몫이다. 일반적으로 기업은 매 회계연도의 순이익을 전부 주주에게 배당하지 않는다. 미래의 투자나 채무의 상환 등을 위해 순이익의 일부를 기업내부에 적립하는데, 기업내부에 적립해놓은 이익을 이익잉여금이라고 한다. 이익잉여금은 자기자본에 해당되며, 자본조달방법으로는 내부 자본조달에 해당된다.

▌ 주식 발행

주식회사는 주식을 발행하여 주주들로부터 자금을 조달할 수 있다. 주식 발행을 통해 조달한 자금은 자기자본에 해당되며, 자본조달방법상으로는 외부 자본조달방식에 해당된다. 기업이 주식 발행을 통해 조달한 자금에 대해서는 이자지급이나 원금상환의 의무가 없다. 또한 배당금을 지불하지 못했다고 해서 기업이 부도처리되지 않는다. 투자자들은 미래의 배당수익이나 주가상승을 통한 자본이득이 기대될 때 기업이 발행한 주식에 투자하게 된다. 주식을 발행하는 방식에는 공모 발행(public offering)과 사모 발행(private offering)의 두 가지 방식이 있다. 공모 발행은 불특정 다수의 투자자를 대상으로 하는 발행을 의미하며, 사모 발행은 소수의 투자자들을 대상으로 하는 발행을 의미한다. 또한 기업이 처음으로 공모 발행 방식을 통해 주식을 발행하는 것을 기업공개(IPO: initial public offering)라고 한다. 기업공개에 대해서는 이 장의 다음 부분에서 구체적으로 다룬다. 그리고 기업공개 이후에 추가적인 주식 발행을 통해 자금을 조달하는 것을 유상증자(SEO: seasoned equityoffering)라고 한다.

▎ 회사채 발행

기업은 필요한 자금을 조달하기 위해 회사채를 발행할 수 있다. 회사채는 기업이 자금조달을 위해 직접 발행하는 채권으로서 주식과 달리 회사의 수익에 관계없이 일정률의 이자를 지급하는 것이 특징이다. 회사채를 통해 조달한 자금은 타인자본에 해당되며, 자본조달방법상으로는 외부 자본조달방식에 해당된다. 기업은 회사채 발행을 통해 조달한 자금에 대해서는 이자지급이나 원금상환의 의무가 있다. 또한 회사채 발행 시 약정한 이자와 원금을 제때에 지급하지 못하면, 발행 기업은 부도처리된다. 그리고 주식을 발행하는 방법에서처럼 채권을 발행하는 방식에도 공모 발행 방식과 사모 발행 방식이 있다.

▎ 금융기관 차입

금융기관 차입은 기업이 이자지급과 원금상환에 대한 조건을 합의하고 은행과 같은 금융기관으로부터 돈을 빌리는 것을 의미한다. 금융기관으로부터 차입한 기업이 합의한 조건을 제대로 이행하지 못하면 부도처리될 수 있다. 기업이 금융기관으로부터 차입한 자금은 타인자본에 해당되며, 자본조달방법상으로는 외부 자본조달방법에 해당된다.

2. 기업공개

기업공개(IPO)는 일반인을 포함한 다양한 투자자에게 기업의 주식을 공개적으로 판매하는 것을 말한다. 기업들은 기업공개와 함께 주식을 거래소에 상장하는 것이 일반적인데, 이 경우 투자자들은 주식을 해당기업이 상장한 거래소에서 자유롭게 사고팔 수 있게 된다.

기업이 기업공개를 하려면 일련의 절차를 거쳐야 하는데, 이를 기업공개

절차라고 한다. 규모가 큰 기업들은 직접 기업공개 절차를 이행하기보다 기업공개 절차에 대해 조언을 해주고 일부 절차를 대행해주는 투자은행의 도움을 받는 경우가 일반적이다. 기업공개의 방식에는 총액인수(firm commitment), 위탁모집(best effort), 경매 기업공개(auction IPO) 등이 있다.

총액인수방식은 기업공개 기업이 발행 주식의 전량을 주관사(underwriter)에게 매각하고, 주관사는 이를 다시 기관투자자들에게 판매하는 방식이다. 일반적으로 주관사는 기관투자자들에게 판매하는 가격인 공모가보다 낮은 가격으로 주식을 인수하게 된다. 따라서 주관사는 공모가격과 인수가격의 차이를 수익으로 얻는데, 이 수익은 주관사가 기업공개 기업에게 제공하는 서비스와 주관사가 부담하는 위험에 대한 보상이다. 주관사가 일단 주식을 인수하면, 주식 판매에 대한 책임은 모두 주관사에게 전가된다. 만약 공모가에 주식을 전부 팔 수 없으면, 주관사는 더 낮은 가격에 팔아야 하고, 이 경우 주관사의 수익은 줄어들게 된다. 주관사는 인수에 따른 위험부담을 줄이기 위해 인수단(syndicate)을 구성하기도 한다.

위탁모집방식에서는 주관사가 주식이 공모가에 팔릴 수 있도록 최대한 노력해야 하는 책임이 있다. 하지만, 총액인수방식에서와 달리 주관사는 팔지 못한 주식에 대해서 재무적 책임을 지지 않고 공개기업에 되돌려줄 수 있다. 위탁모집방식에 의한 기업공개는 점차 사라지고 있는 추세이다.

경매 기업공개는 투자자들을 대상으로 한 경매를 통해 기업공개가 이루어지는 방식이다. 경매 기업공개에서는 투자자들이 경쟁적으로 제시한 입찰가에 의해 공모가가 결정되는데, 대표적인 사례로는 구글의 기업공개가 있다. 구글은 2004년 8월 18일 경매를 통해 공모가를 $85로 결정했으며, 그 다음 날 구글의 주식은 나스닥시장에서 시초가 $100로 첫 거래를 시작하였다.

사실 대부분의 기업공개는 총액인수방식으로 이루어지고 있다. 대표적인 기업공개방식인 총액인수 기업공개의 절차는 다음과 같다. 첫째, 기업공개를 준비하는 기업은 투자은행과 기업공개 주관업무 계약을 맺는다. 이 계약을 맺은 투자은행은 기업공개의 주관사가 된다. 주관사는 기업을 방문해 실사를 하고, 실사 결과를 토대로 기업이 작성한 사업 보고서와 유가증권 발행신고서를 검토한다. 둘째, 기업은 사업 보고서와 유가증권 발행신고서를 금융감독원에 제출하여 기업공개 신청을 한다.

셋째, 주관사는 로드쇼(Road show)라는 기업설명회를 열어 기관투자자들에게 기업을 알리는 활동을 한다. 넷째, 주관사는 수요예측과정(bookbuilding process)을 통해서 기관투자자들이 희망하는 주가와 수량을 파악한다. 이 과정에서 주관사는 기관투자자들이 희망하는 주가와 수량을 왜곡해 제출하지 않도록 관리를 한다. 주관사는 기관투자자가 주가를 낮게 제출할 경우 주식 배정을 하지 않거나 적은 양의 주식을 배정한다. 그리고 기관투자자들이 예상했던 것보다 높은 주가를 제출하면 공모가를 좀 더 높게 조정한다.

다섯째, 주관사는 기업 실사를 통해 파악한 정보와 수요예측과정을 통해 수집한 정보를 종합하여 기업가치에 대한 평가를 하고 기업과 협의를 거쳐 공모가를 결정한다. 이때 공모가(IPO price)는 기업에 대한 시장가치에 매우 가까운 적정 가격으로 결정하는 것이 원칙이다. 주관사는 투자자에게 주식을 적정 가격에 매입할 수 있도록 해야 하며, 기업에게는 주식을 적정 가격에 발행하도록 함으로써 적은 비용으로 기업공개를 할 수 있도록 해야 하기 때문이다.

공모가가 주식의 시장가치와 일치할 때, 주식 투자자가 미래의 배당과 자본이득 등을 통해 주식 투자에서 얻을 것으로 기대할 수 있는 수익률을 정상수익률이라고 한다. 정상수익률은 해당 주식과 동일한 위험을 갖는 투자들에서도 기대되는 수익률이다. 공모가가 주식의 시장가치와 일치하는 값을 가지면, 투자자들은 공모주식에 대한 투자를 통해 정상수익률을 얻고, 기존 주주들은 기업공개를 통해 불특정 다수의 투자자에게 자신들의 지분을 팔아 현금을 확보할 수 있게 된다. 한편, 주관사가 공개기업 주식의 시장가치를 정확히 알기는 어려우나, 기업 실사와 수요예측과정을 통해 얻은 정보를 종합하여 해당 주식의 시장가치를 추론할 수 있다.

만약 공개기업의 주식이 저가발행되면, 시장가치보다 낮은 가격에 비공개기업의 주식을 보유하고 있었던 기존 주주들이 주식을 팔아 손해를 보고, 기업공개를 통해 주식을 매입한 사람은 이익을 보게 된다. 반면 공개기업의 주식이 고가발행되면 시장가치보다 높은 가격에 주식을 팔아 기존 주주들은 이익을 보게 되고, 기업공개를 통해 주식을 매입한 사람은 손해를 보게 된다.

현실에서는 공모가가 주식시장에서 결정되는 기업의 시장가치와 괴리되어 결정되는 경우가 종종 발생한다. IPO 저가발행 현상에 대해 많은 학술적인 연구들이 이루어졌으며, 이 연구들은 다양한 원인들을 IPO 저가발행(IPO underpricing)의 원인으로 지적하고 있다. 그중 대표적인 견해가 저가발행을 승자의 저주(winner's curse) 관점과 주관사를 위한 보험의 관점에서 파악하는 것이다(Ross et al., 2010).

승자의 저주 관점에 따르면 정보비대칭이 있는 상황에서 공모가가 적정 가격에 결정된다면 정보 열위에 있는 보통 투자자들만 IPO에 응하고, 정보 우위에 있는 투자자들은 응하지 않게 된다. IPO에 참여한 보통 투자자들은 이익을 볼 수 없게 되는 것이다. 따라서 주관사의 입장에서 승자의 저주[16]가 발생하지 않도록 공모가를 결정하려면(즉 기업공개를 통해 주식을 매입한 사람이 손해보지 않도록 하려면), 저가발행을 할 수밖에 없다는 것이다.

▌표 5-4 주요국 기업공개 기업의 상장 직후 첫 거래일 평균 수익률

국가	표본 수	대상 기간	첫 거래일 평균 수익률
미국	13,308	1960-96	15.8%
영국	2,133	1959-90	12.0%
일본	975	1970-96	24.0%
홍콩	334	1980-96	15.9%
싱가포르	128	1973-92	31.4%
한국	347	1980-90	78.1%

자료: Loughran et al.(1994)

또 다른 견해는 저가발행을 주관사를 위한 보험으로 파악하는 관점이다. 주관사가 공모가를 높게 책정하면 시장가치보다 높은 가격에 주식을 샀다가 나중에 손해를 보게 될 고객들로부터 소송을 당할 수 있지만, 저가발행을 하면 최소한 고객들로부터 소송을 당하는 일이 없기 때문이다.

---

16) 여기서 승자는 IPO에서 주식을 매입하는 데 성공한 투자자를, 저주는 실제 가치보다 높은 가격에 주식을 매입한 것을 각각 의미한다.

기업공개가 이루어진 기업의 시장가치는 상장된 주식이 1~2일간 주식시장에서 거래된 이후에 형성되는데, 시장가치가 공모가보다도 훨씬 높은 수준에서 형성되는 경우가 자주 발생한다. 표 5-4는 상장 직후 첫 거래일 종가의 공모가 대비 증가율(이하 첫 거래일 평균 수익률)을 나타내고 있다. 이 표는 1960~1996년 기간 중 미국에서 기업공개가 이루어신 기업들은 상상된 직후 첫 거래일에 형성된 종가가 공모가보다 평균적으로 15.8%가 높았음을 보여주고 있다(Loughran et al., 1994). 그리고 이러한 현상이 미국에서뿐만 아니라 여러 나라에서 공통적으로 발생되었음을 보여주고 있는데, 우리나라에서도 1980~1990년 기간 중 상장된 첫 거래일의 종가가 공모가보다 78.1% 높았음을 확인할 수 있다.

한편, 시장가치가 공모가보다도 훨씬 낮게 형성되는 사례도 있다. 이 경우 기업공개에 참여했던 투자자는 공모가보다 떨어진 시장가치로 인해 손실을 입게 되고, 기존 주주들은 시장가치보다 높은 가격에 주식을 팔아 이득을 보게 된다. 대표적인 사례가 최근 기업공개가 이루어진 페이스북이다. 페이스북은 2012년 5월 18일 기업공개와 함께 나스닥에 상장했다. 공모가 38달러로 나스닥에 상장했던 페이스북의 주가는 2012년 6월 13일 27.27달러를 기록했다. 즉, 페이스북의 기업공개에 참여했던 투자자들은 한 달도 되지 않아 약 28.2%의 손실을 입게 된 것이다.

투자 의사결정과 자본예산

▌자본예산과 자본예산 수립

기업이 유형자산(예: 공장, 기계, 설비 등)의 취득 여부를 결정하는 것이 투자 의사결정이다. 자본예산(capital budget)은 기업이 미래에 실행할 투자의 목록이다. 기업이 자본예산이라는 투자 목록을 작성하기 위해서는 자본예산 수립(capital budgeting)과정을 거쳐야 하는데, 이는 여러 투자기회들을 비교하여 그중에서 어떤 프로젝트를 수행할 것인지를 결정하는 과정이다. 자본예산 수립과정은 먼저 투자기회의 선정에서 시작된다. 그 다음으로는 선정된

투자기회에 대해 기대 현금흐름을 추정하고 경제성을 분석한다. 마지막으로 경제성 분석결과에 기초하여 가장 경제성이 높은 투자기회가 최적 투자기회로 선정된다(그림 5-3).

이하에서는 자본예산 수립을 위한 개별적인 과정에 대해 구체적으로 살펴보기로 한다.

1. 투자기회의 선정

자본예산 수립과정의 첫 번째 단계인 투자기회의 선정은 기업가치를 증가시킬 수 있는 투자기회를 찾는 것이다. 투자 프로젝트는 신규투자와 대체투자로 분류할 수 있다. 신규투자는 기존의 설비를 확장하거나 새로운 제품을 생산하기 위한 설비를 추가하는 것이다. 대체투자는 노후화되거나 기술혁신으로 진부화된 생산설비를 새로운 설비로 대체하는 것을 말한다.

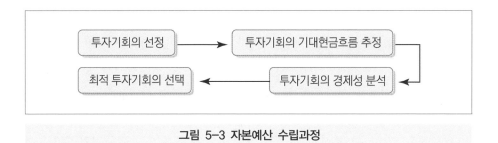

그림 5-3 자본예산 수립과정

2. 투자기회의 기대 현금흐름 추정

투자로 인해 발생할 것으로 기대되는 현금흐름(cash flow)을 추정하는 단계이다. 자본예산에 있어서의 현금흐름은 증분 현금흐름(incremental cash flow)의 개념이다. 즉, 새로운 투자로 인해 추가적으로 증가하거나 감소할 것으로 기대되는 현금흐름을 의미한다. 또한 자본예산상의 현금흐름은 회계적 이익(accounting profit)과 구분된다. 이는 회계적 이익에는 현금유출이 발생하지 않는 비용(예: 감가상각비)과 현금유입이 발생하지 않는 수익(예: 유가증권 평가이익)이 존재하기 때문이다. 따라서 자본예산상의 현금흐름을 계산하기 위해서는 회계적인 이익을 구하기 위해 빼주었던(더해주었던) 현금유출(현금유입)이 발생하지 않는 비용(수익)을 다시 더해주어야(빼주어야) 한다.

3. 투자기회의 경제성 분석

투자기회의 경제성 분석은 추정된 현금흐름을 가지고 해당 투자기회의 경제성을 분석하는 단계이다. 이 단계에서 해당 투자기회가 기업가치의 증가를 가져올 것으로 기대되면, 경제성이 있는 것으로 판단한다. 투자기회의 경제성을 판단하는 기법으로는 NPV(net present value)법과 내부수익률(internal rate of return)법이 있다.

NPV는 투자로 인해 미래에 발생할 것으로 기대되는 현금유입의 현재가치에서 투자로 인해 현재 발생하는 비용을 차감한 값으로 정의된다. NPV법에서는 NPV가 0보다 큰 투자기회를 채택하고, 그렇지 못한 투자기회는 기각된다. 이 기법에서 NPV가 0보다 큰 투자기회를 채택하는 이유는 NPV가 0보다 큰 투자기회만이 증분 현금흐름이 0보다 커서 기업가치를 증가시키는 데 기여하기 때문이다. 기업가치는 기업이 채택한 투자안들의 NPV의 합계로 볼 수 있으므로, 해당 투자안의 NPV가 양수이어야만 기업가치가 증가한다.

내부수익률은 투자로 인해 발생하는 현금유입과 현금유출의 현재가치를 일치시키는 할인율이다. 즉, 내부수익률은 투자기회의 NPV를 0으로 만드는 할인율을 의미하며 투자기간 동안 기대되는 해당 투자의 평균적인 수익률이라고 할 수 있다. 내부수익률법은 투자의 평균적인 수익률인 내부수익률을 투자에 소요되는 자본의 조달비용인 요구수익률과 비교하는 기법이다. 내부수익률법에서는 내부수익률이 요구수익률보다 높으면(낮으면), 투자의 평균수익률이 조달비용을 상회(하회)하므로 그 투자기회를 채택(기각)한다.

4. 최적 투자기회의 선택

최적 투자기회의 선택단계는 투자기회의 경제성 분석결과를 근거로 어떤 투자기회를 선택할 것인지를 선택하는 단계이다. 투자기회에는 독립적인 투자기회와 상호배타적인 투자기회가 있다. 독립적인 투자기회는 한 투자기회의 선택이 다른 투자기회의 선택과는 무관한 투자기회이다. 독립적인 투자기회에 대한 투자 의사결정에서는 NPV가 0보다 크고 내부수익률이 요구수익률을 초과하는 투자기회를 선택한다.

한편, 상호 배타적인 투자기회는 한 투자기회를 선택하면 다른 투자기회를 선택할 수 없는 투자기회이다. 상호 배타적인 투자기회들 사이에서의 선택은 NPV가 가장 높은 투자기회를 선택하여야 한다. 그 이유는 NPV가 가장 높은 투자기회가 기업가치를 가장 많이 증가시켜줄 수 있기 때문이다. 대개 NPV가 0보다 크면 내부수익률도 요구수익률을 초과하지만, 그렇지 않는 경우도 발생할 수 있다. 이 경우 NPV법에 의한 결론과 내부수익률법에 의한 결론이 서로 상충되는데, 이 경우 내부수익률법보다 NPV법을 따르는 것이 일반적이다. 이는 내부수익률법의 경우 한 가지를 선택하면 나머지를 포기해야 할 상호배타적인 투자기회에 대한 의사결정에서 더 많은 기업가치의 증가를 가져오는 투자기회를 기각하는 경우가 간혹 발생하기 때문이다. 투자의 규모가 다르거나 현금흐름의 발생기간이 다른 상호 배타적인 투자안들의 경우, 내부수익률이 상대적으로 높은 투자안이 NPV가 상대적으로 낮은 경우가 발생할 수 있다. 이 경우 내부수익률이 더 높은 투자안을 선택함으로써 NPV가 더 높은 투자안은 포기해야 한다.[17]

운전자본관리

1. 운전자본의 의의

운전자본(working capital)은 기업의 유동자산과 유동부채를 지칭하는 용어이다. 유동자산은 기업이 1년 이내의 기간 동안 보유하는 자산(예: 매출채권, 재고자산)이고, 유동부채는 기업이 1년 이내에 갚아야 하는 부채(예: 매입채무)이다. 순운전자본(net working capital)은 유동자산에서 유동부채를 뺀 값으로 정의하는데, 일반적으로 운전자본이 이와 같은 순운전자본의 의미로 통

---

17) 이에 대한 보다 자세한 내용은 선정훈외 2인(2019) pp.293-301을 참조하길 바란다.

용되기도 한다.

순운전자본은 기업의 단기적인 유동성을 측정하는 지표로 사용된다. 순운전자본이 양(+)의 값을 가지면 기업이 보유하는 단기자산이 단기간에 갚아야 할 부채보다 많아 단기적인 유동성이 양호하다는 것을 의미한다. 반대로 순운전자본이 음(−)의 값을 가지면 기업의 단기부채가 기업의 단기자산을 초과하여 단기적인 유동성이 악화되었음을 의미한다.

2. 운전자본관리의 의의와 목표

기업이 순운전자본을 너무 적게 보유하면 지급불능사태에 빠질 수 있다. 아무리 기업의 수익성이 뛰어나도 단기부채를 갚지 못하면 부도처리되어 흑자도산할 수도 있기 때문이다. 흑자도산이란 회계적 이익을 내는 기업이 자금회전이 잘 되지 않아 지급불능사태에 빠져 도산하는 것을 말한다. 예를 들어 어떤 기업이 외상으로 구입한 원재료 대금은 한 달 이내에 지급해야 하지만, 외상으로 판매한 제품의 대금이 6개월이 넘도록 결제되지 않는다면 자금회전상에 문제가 발생하여 흑자도산할 수도 있다. 하지만 기업이 양(+)의 값을 가진 순운전자본을 무조건 많이 보유한다고 해서 좋은 것은 아니다. 이는 순운전자본을 많이 보유하면 유동성은 양호해지나, 보유한 자본의 수익성이 저하되기 때문이다.

운전자본관리는 기업이 적절한 유동성을 유지하는 동시에 수익성도 향상시킬 수 있도록 순운전자본을 적정 수준으로 유지하도록 관리하는 것을 말한다. 운전자본관리는 크게 유동자산관리와 유동부채관리로 나누어볼 수 있다. 유동자산관리에는 현금관리, 유가증권관리, 매출채권관리 등이 포함된다.

현금관리는 적절한 현금보유를 통해 현금보유의 기회비용을 최소화하는 데 목적이 있다. 현금을 보유하면 수익이 발생하지 않아 기회비용이 발생한다. 반면 현금유입을 촉진하고 현금유출을 통제하면 적은 현금보유로도 경영활동에 필요한 충분한 유동성을 확보할 수 있어 이러한 기회비용을 줄일 수 있다.

기업은 수익이 나지 않는 현금의 대체수단으로 유가증권에 투자할 수 있다. 즉, 잉여현금이 발생하면 유가증권에 투자하여 수익을 얻고, 현금이 부족하면 유가증권을 매도하여 현금을 확보할 수 있는 것이다. 유가증권관리는 현금 대신 쉽게 현금화할 수 있는 유가증권에 투자하여 수익성을 얻는 데 목적이 있다.

매출채권은 매출액 중에서 아직 회수하지 못한 금액을 지칭한다. 신용판매의 경우, 판매와 수금 사이에 시차, 즉 신용기간이 발생하게 되고, 매출채권은 이 같은 신용판매의 신용기간 때문에 발생한다. 매출채권의 크기는 신용판매액이 많을수록, 회수기간이 길수록 증가한다. 매출채권관리는 신용기준, 신용기간, 현금할인정책 등을 잘 설정하여 매출채권이 잘 회수되도록 관리하는 것을 말한다.

유동부채관리는 매입채무, 기업어음, 은행 단기대출 등 기업의 단기부채를 관리하는 것을 의미한다. 매입채무는 기업이 원재료나 제품을 외상으로 구입하였을 경우 발생하는 거래신용(trade credit)이다. 기업어음은 기업이 미리 정한 날짜에 지급하기로 약속한 어음을 발행하여 단기자금을 융통하는 수단이다. 은행 단기대출은 기업이 은행으로부터 단기자금을 대출받는 형태이다. 일반적으로 단기부채는 장기부채보다 이자율이 낮고, 쉽게 빌릴 수 있다. 하지만 단기부채에 지나치게 의존하면 차입과 상환을 너무 자주 해야 하는 단점이 있다. 따라서 기업은 적절한 단기부채 수준의 유지가 필요하다.

크라우드펀딩 → P2P금융 → 데이터 금융 … IT대기업 주도권 잡는다

크라우드펀딩·P2P금융 등 스타트업이 주도했던 핀테크 시장에서 IT대기업들이 주도권을 잡아가고 있다. 간편 송금에서 시작해 결제, 대출까지 영역을 넓히고 있는 IT대기업들은 인터넷은행을 통해 직접 중금리 대출시장을 장악해가거나 금융권과 제휴해 비금융데이터를 활용한 금융서비스를 선보이고 있다.

8월부터 시행될 '데이터 3법'에 따른 마이데이터 사업은 또 다른 판도 변화를 불러올 전망이다. 고객의 모든 금융정보와 비금융정보를 결합해 종합 자산관리를 제공할 수 있을 것으로 기대되는 만큼 데이터 확보에서 앞선 IT대기업들이 유리한 고지를 점할 수 있을 것으로 보인다.

크라우드펀딩·P2P대출 성장 정체 …
투자피해 속출에 한계 드러내

24일 금융위원회에 따르면 지난해 증권형 크라우드펀딩을 통해 창업·벤처기업이 조달한 자금은 370억 원이다. 2016년 도입된 이후 174억 원에서 2017년 280억 원, 2018년 301억 원으로 꾸준히 증가하고 있으나, 성장은 정체된 느낌이다. 1위 업체인 와디즈가 80% 이상을 장악하고 있고, 나머지 14개 업체의 성과는 미미하다. 크라우드펀딩을 악용한 사기 사건이나 투자자 피해사례가 속출하면서 중개 업체 검증을 강화해야 한다는 지적도 있다. 투자를 받는 벤처기업 업계에서도 크라우드펀딩 업체들에 대한 한계를 절감하며 불만이 나온다. 와디즈를 통해 자금

을 조달받았던 스타트업 대표는 "첫 투자 유치에만 신경쓰고, 사후 관리가 잘 이뤄지지 않고 있다"며 "담당 직원이 자주 바뀌면서 추가 자금조달을 위한 선순환이 이뤄지지 않는다. 크라우드펀딩을 통해 조달받은 자금을 빨리 털어버리려는 입장"이라고 전했다.

대출형 크라우드펀딩인 P2P금융도 성장 한계에 부딪혔다. 당초 중금리 대출 등을 표방하고 도입됐던 취지에서 벗어나 부동산 대출에 쏠린 점은 꾸준히 문제점으로 지적됐다. 한국P2P금융협회에 따르면 지난 4월 말 기준 총 누적대출액 6조 7,255억 원 중 68% 이상이 부동산 프로젝트 파이낸싱(PF) 등 부동산 대출에 몰렸다. 최근에는 일부 업체들의 연체율이 90%가 넘는 등 원금 손실 우려도 커지고 있다.

중금리대출 집중하는 인터넷은행 …
개정안 통과로 날개 달아

크라우드펀딩과 P2P금융이 주춤한 사이 대출시장에는 IT·통신 기업들이 깃발을 꽂고 있다. 수요자와 공급자 간의 정확한 데이터 분석을 통한 매칭이 필요한 시장에서 스타트업들이 주먹구구식의 중개로 한계를 드러낸 반면, 대기업들은 고객의 금융 정보부터 일상 정보까지 다양한 분야의 빅데이터를 기반으로 맞춤형 대출부터 자산관리 서비스까지 제공하겠다고 나섰다.

카카오뱅크는 연초 중금리 대출 공급 총액 1조 원을 돌파했다. 지난해 1월 평균금리 6%에 육박하는 '사잇돌대출'을 출시한 지 1년여 만에

9,000억 원 넘게 공급했고, 중신용대출도 취급하고 있다. 카카오뱅크는 올해에도 1조 원가량의 중금리 대출을 공급할 계획이다. 케이뱅크도 지난해 8월까지 총 7,600억 원 규모의 중금리 대출을 공급했다. 인터넷은행법에 발목이 잡혀 증자하지 못하면서 개점휴업이 1년째 이어졌지만, 지난달 인터넷은행법 개정안이 국회에서 통과되면서 걸림돌이 사라지게 됐다. 케이뱅크는 지난달 6,000억 원 규모의 유상증자를 결의했고, 오는 6월 증자 대금이 납입되면 총 1조 1,000억 원 규모의 자본을 가지고 중신용자에게 보다 낮은 금리 혜택을 제공하는 중금리 대출을 적극 추진할 방침이다.

내년 하반기 출범을 준비하고 있는 토스뱅크도 중금리대출, 월급 가불대출, 신용카드를 소지하지 않은 고객을 위한 할부서비스 성격의 대출, 게임성 예금 등 혁신을 가미한 틈새 상품을 내놓겠다는 계획을 밝혔다. 토스는 현재 금융규제 샌드박스를 통해 대출비교 서비스를 16개 은행과 제휴, 추진하고 있다. 누적 대출신청 건수는 960만 건, 대출 실행금액은 4,600억 원이 넘는다.

신용평가 시장도 진출 …
금융권 판도 뒤흔들 마이데이터 사업 주목

직접 금융사를 세우지 않더라도 기존 금융권과 제휴해 대출 등 금융서비스 진출을 노리는 기업도 있다. SK텔레콤은 비금융 데이터를 활용한 신용평가업을 위해 금융규제 샌드박스를 신청했고, 이를 통해 최근 11번가·현대캐피탈과 협력해 소상공인 대상 대출상품을 지난 20일 내놨다. SK텔레콤은 우리은행, 현대카드 등으로 제휴 금융사를 늘려갈 계획이다.

카카오페이·NHN페이코·핀크 등은 마이데이터 사업에 주목하고 있다. 마이데이터는 공공기관과 금융권 등지에 흩어진 개인정보의 주권을 개인에게 돌려주는 것으로, 마이데이터 사업자는 개인에게 위임받아 신용정보를 통합 조회·관리하고 신용평점 재무관리까지 지원한다. 기존 대출비교 서비스에 그치고 있는 핀테크 업체들은 마이데이터 사업이 도입되면 직접 개인의 예적금, 카드, 보험 등의 정보를 분석해 가장 적정한 대출 상품을 추천해줄 수 있다. 결국 고객의 금융 데이터를 누가 가장 많이 확보하고 있고, 고객 동의를 얼마나 빠른 시간 내에 최대한 끌어낼 수 있느냐의 경쟁으로 예상되는 만큼 IT대기업들이 유리한 고지를 차지하고 있다는 평가다.

핀테크 업계 관계자는 "정부의 정책적인 뒷받침 속에서 핀테크 산업의 성장 속도가 빨라지고 있다"며 "고객과의 접점이 많은 플랫폼을 가지고 있는 IT기업이 국내 금융시장의 주도권을 가져갈 것"이라고 내다봤다.

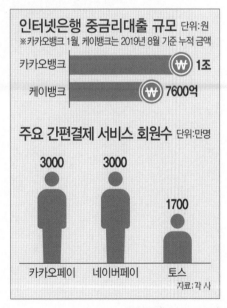

이데일리(2020.05.24.)

토의문제

01 주주의 주식보유 목적에 대해 설명하시오.

02 주주의 권리와 의무를 설명하시오.

03 주주의 권리가 침해되는 사례를 설명하시오.

04 주주-경영자의 대리인문제를 설명하시오.

05 주주-이사회의 대리인문제를 설명하시오.

06 적대적 인수합병이 주주권리의 보호장치가 되는 이유를 설명하시오.

07 주주 행동주의(shareholder activism)의 목적을 설명하시오.

08 스톡옵션 제도의 목적과 기대 효과를 설명하시오.

09 기업의 자본조달 방식을 설명하시오.

10 기업공개 방식들을 비교 설명하시오.

06

전략적
관점에서의
경영

혁신적인 기업가 정신과 아이디어에 기초하여 창업한 기업이 지속가능한 기업으로 성장하기 위해서는 기업운영을 체계화하는 전략적 관점에서의 경영이 필요하다. 즉 비전과 목표를 결정하고, 이들을 어떤 방법으로 달성할 것인지에 대한 구체적인 전략과 전술들을 수립하여 실행해야 하는 것이다.

월마트 vs. 아마존, 온·오프라인 용호상박 大혈투
'가상현실' 무장한 '오프라인 공룡', '공룡의 땅' 침입한 Amazon Go

리테일 산업이 하이테크로 변모하면서 두 거인이 충돌한다. 온·오프라인 최강자 월마트와 아마존이 허물어진 경계를 넘어 상대의 시장을 빼앗고자 대결을 벌이는 것이다.

4차 산업혁명 이전의 경우 오프라인과 온라인으로 시장이 나뉘었기에 월마트와 아마존이 경쟁할 필요가 없었으나 4차 산업혁명 도래와 함께 경계가 허물어지면서 아마존이 월마트의 오프라인 시장으로 사업 영역을 넓혔다. 투자의 대가 워런 버핏은 오프라인 리테일 중심의 월마트의 성장성이 낮다고 판단해 2016년 4분기 1조 원 규모의 월마트 지분을 팔기도 했다. 월마트로서는 더욱 더 분발해야 할 상황이 된 것이다. 월마트는 현재 아마존의 공세를 방어하면서 거꾸로 아마존의 영역에 진출하는 공격 태세를 갖춰나가고 있다.

월마트와 아마존은 어떤 전략으로 상대와 경쟁할까. 아마존은 오프라인 리테일 시장으로 나아가려고 혈안이다. 이는 오프라인 시장이 그만큼 크기 때문이다. 시장조사 전문기관 리서치 앤드 마켓(Research and Markets)에 따르면 2012년부터 2019년까지 온라인 리테일 시장의 성장은 연평균 23%나 된다. 하지만 오프라인 리테일 시장이 차지하는 비중은 여전히 높다. 미국을 예로 들면 전체 리테일 시장 매출의 35%가 오프라인 형태로 판매하는 '마트 매출'에서 나온다. 따라서 아마존은 시장확장을 위해 오프라인 시장을 노리지 않을 수 없다.

아마존은 오프라인 진출전략으로 식료품 산업에 집중하고 있다. 식료품이 오프라인 리테일 시장에서 차지하는 비중이 워낙 높아서다. 소비자의 70%가 오프라인 매장에서 식료품을 구매한다. 이는 품질을 중요시하기 때문인 것으로 보인다. 식료품은 같은 가격이더라도 어떤 것을 고르냐에 따라 품질이 다르므로 소비자 대부분이 식료품을 직접 고르기 원하는 것이다.

아마존은 2007년 아마존 프레시(Amazon Fresh)를 선보였다. 식료품의 신선도를 유지하고자 냉장 기능을 가진 트럭을 이용해 소비자에게 배달한다. 아마존 프레시는 아마존 본사가 위치한 미국 워싱턴주 시애틀에서 시범 사업을 6년간 거친 후 2013년부터 애틀랜타, 보스턴, 시카고, 휴스턴, 로스앤젤레스, 런던 등 6개 도시로 사업을 확장했으나 성과는 좋지 않았다. 시애틀타임스(Seattle Times)는 2017년 3월 "아마존이 '아마존 프레시'만으로는 오프라인 식료품 시장에 진출하기 어렵다"고 보도했다.

아마존 프레시가 가진 한계 탓인지 지난해 9월 아마존은 유기농 소매상 홀 푸드(Whole Food)를 137억 달러(15조 원)에 인수했으며 다양한 서비스를 새로 도입해 식료품 분야 사업 확대에 박차를 가하고 있다. 지난해 5월 아마존 프레시는 픽업 서비스를 시작했다. 소비자가 온라인으로 식품을 구매한 후 자동차를 갖고 방문해 구매 식품을 찾아가는 형태의 서비스다. 자동차에서 내리지 않고 바로 가져갈 수 있어 편리하다.

2016년 12월엔 혁신적인 서비스라고 평가할 만한 아마존 고(Amazon Go) 매장이 아마존 본사 건물 1층에 개설됐다. 아마존 고는 계산대 직원이 없는 매장으로 '저스트 워크아웃 기술(Jast Walk Out Technology)'이 적용됐다. 매장 이용 방법도 매우 간편하다. 아마존 고 앱을 스마트폰에 설치한 후 매장 진입 시 본인 인증을 한 후 물품을 구매하고 그냥 걸어나가면 된다. 아마존 고에는 각종 첨단기술이 적용됐다. 소비자의 행동을 관찰하기 위한 카메라 센서 등 수백여 대의 각종 센서가 매장에 설치돼 있다. 누가 얼마만큼 구매했는지 판단하기 위해 인공지능도 활용된다. 아마존 고의 인공지능은 자율주행차의 영상 분석에 활용되는 인공지능과 유사한 것으로 알려졌다.

월마트는 거꾸로 온라인 리테일 시장을 넘본다. 아마존에 맞대응하는 전략이다. 자본력을 이용해 온라인 리테일 기업을 인수하는 전략을 펼친다. 온라인 쇼핑몰을 인수해 온라인 영역에서 몸집을 키우는 것이다. 월마트는 2016년 8월 온라인 쇼핑몰 제트닷컴(Jet.com)을 33억 달러(36조 3,000억 원)에 인수했으며, 지난해 1월 온라인 신발 쇼핑몰 슈바이닷컴(Shoebuy.com)을 7,000만 달러에 확보했다. 지난해 2월과 7월 온라인 아웃도어 쇼핑몰 무스조(Moosejaw), 의류 쇼핑몰 보노보스(Bonobos)를 각각 인수했다. 월마트의 온라인 쇼핑몰 인수전략이 가진 이점은 인수 대상 기업이 가진 고객을 확보할 수 있어 시장진출이 쉽다는 것이다. 인재 영입이 가능하다

는 장점도 있는데, 이는 온라인 리테일에 전문성이 없는 월마트의 약점을 보완해준다.

그렇다고 월마트가 기업인수만 하는 건 아니다. 기술 연구에도 상당한 투자를 한다. 2012년 월마트는 고객의 얼굴을 인식해 서비스 만족도를 측정하는 시스템을 특허로 출원한 바 있다. 또한 4차 산업혁명의 첨단기술을 마트에 적용하고자 '스토어 넘버 에이트(Store No.8)'이라는 조직을 만들었다. 스토어 넘버 에이트는 월마트 내의 '실리콘밸리'로서 오프라인 매장에 적용할 혁신 기술 개발 및 스타트업을 양성하는 역할을 한다.

스토어 넘버 에이트는 케플러(Kepler)라는 명칭의 과제도 진행한다. 케플러는 영상 분석 기술을 활용해 아마존 고처럼 계산대를 거치지 않고 자동으로 계산이 이뤄지는 시스템이다. 월마트는 2월 가상현실 프로그램을 개발하는 스타트업 스페이셜랜드(Spatialand)도 인수했다. 스토어 넘버 에이트는 그간 매장에 직접 가지 않고 가상현실 공간에서 쇼핑할 수 있는 서비스를 구현하려고 노력해왔다. 스페이셜랜드가 이 같은 시도에 화룡점정이 될 것으로 보인다.

아마존과 월마트의 경쟁은 기업 간 경쟁 수준을 넘어 리테일 생태계의 변화까지 일으킬 전망이다. 4차 산업혁명 덕분에 로테크(Low-Tech)로 인식되던 리테일 산업이 하이테크(High-Tech)로 변모하고 있다.

신동아(2018년 6월호)

전략적 관점에서의 경영

전략적 경영과정

기업의 전략적 경영과정(strategic management process)은 사명과 비전을 정의하는 것으로부터 시작된다(그림 6-1). 사명이란 기업이 사회 속에 존재해야 하는 궁극적인 이유를 나타낸다. 반면 비전은 중장기적 관점에서 기업이 이루고자 하는 미래상을 나타낸다. 더불어 기업은 사명과 비전을 달성하기 위한 구체적인 목표를 전략적 경영과정의 초기단계에서 결정하여 제시해야 한다. 미래의 발전된 모습(To-be image)에 해당되는 사명, 비전, 목표를 결정한 기업은 목표를 달성하기 위한 방법으로서 전략(strategy)을 수립하여 제시해야 하는데, 이때 전략수립의 선행단계로서 내·외부 환경에 대한 분석을 실행한다. 즉 다양한 외부환경요소들 중에서 기업의 활동과 성과에 영향을 미칠 수 있는 기회(opportunity)요소와 위협(threat)요소들을 조사하고, 해당 산업분야에서의 경쟁우위 달성에 중대한 영향을 미치는 핵심성공요소(KSF: key success factor)들을 파악하는 것이다. 더불어 내부경영자원에 대한 분석(internal environment analysis)을 통해 자사의 강점(strength)과 약점(weakness)을 조사하고, 타사와의 경쟁에 있어 상대적인 우위를 제공해줄 수 있는 핵심역량(core competencies)을 파악해야 한다. 기업 내·외부의 다양한 정보를 수집하는 것은 기업의 현재 모습과 상황에 대한 현황분석(As-is analysis)으로서 앞서 수립한 미래에 발전된 모습과 현황 간의 차이를 진단하는 데 활용할 수 있다.

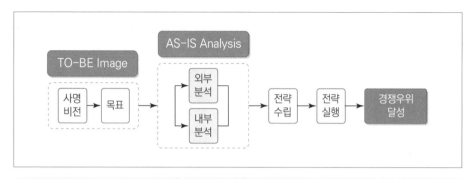

그림 6-1 전략적 경영과정

핵심역량의 활용을 통해 환경변화에 적절하게 대응할 수 있는 최적의 경쟁방법을 결정하는 전략수립(strategy formulation)과정에서는 전략뿐만 아니라, 수립된 전략의 구체적인 추진방안인 전술(tactic)들을 결정한다. 전술은 각 부서별 실행지침으로서, 기능수준의 전략과 동일시되기도 한다. 전략적 경영과정의 마지막 단계는 전략실행(strategy implementation)이다. 전략실행과정에는 조직구조와 경영관리 시스템 구축, 인적자원관리, 조직구성원 교육, 기업문화 형성 등의 매우 포괄적인 기업행위들이 포함되는데, 최고경영자들이 주도하는 전략수립과정과는 달리 중간 또는 하위 경영자들에 의해 주도된다.

사명, 비전, 목표

기업의 존재이유와 가치, 사회에서의 정체성(identity)을 나타내는 사명(mission)은 기업이 영속하는 한 쉽게 변하지 않는 최고의 목적을 나타낸다. 기업은 사명을 명확하게 정립하여 타사와의 차별성을 구축할 수 있을 뿐만 아니라, 보유 사업부문들을 일관성 있게 관리할 수 있다. 기업의 사명에서는 궁극적인 목적과 함께 자사가 주력하는 업(業)의 개념을 정의하는데, 예로 포드의 사명에서는 자동차 사업을, IBM의 사명에서는 컴퓨터 하드웨어, 소프트웨어, 서비스 사업을 주력사업으로 명시하고 있다(표 6-1).

┃표 6-1 기업 사명의 사례

기업명	사 명
포드자동차	포드는 전 세계의 사람들에게 자동차를 제공하기 위해 열정적으로 일하는 자랑스러운 유산을 소유한 기업으로서 구매자의 요구를 예측하고 삶을 개선시키는 훌륭한 제품과 서비스를 제공한다.
IBM	IBM은 컴퓨터 시스템, 소프트웨어, 저장장치, 초소형 전자장치를 포함한 산업의 첨단정보기술을 발명하고 개발하며 제조하는 것을 주도하는 일에 주력한다. 그리고 이러한 첨단기술들을 범세계적인 전문적 기술지원, 서비스, 컨설팅 사업을 통해 구매자의 가치로 전환시킨다.
썬마이크로시스템	정부, 기업, 서비스 제공업체들의 복잡한 네트워크 컴퓨팅 문제를 해결한다.
3M	• 앞서가는 품질과 가치로 우리의 고객을 만족시킨다. • 지속적인 양질의 성장을 통해 투자자들에게 높은 수익을 돌려준다. • 우리의 사회적 · 물리적 환경을 존중한다. • 종업원이 자랑스러워하는 기업이 된다.

또한 기업들은 사명을 통해 자사의 존재 이유와 목적을 주주, 소비자, 원료 공급자, 지역사회, 정부, 종업원을 포함하는 다양한 내·외부 이해관계자들과의 관계에 기초하여 표현한다. 예로 네트워크 컴퓨팅 환경을 구축하고 유지하는 데 필요한 하드웨어와 소프트웨어 공급에 주력하고 있는 썬마이크로시스템사는 사명에서 주요 이해관계자들인 정부, 기업, 서비스 제공업체들에 대한 자사의 역할을 기술하고 있다. 또한 스카치테이프와 포스트잇(post-it)으로 유명한 3M의 경우에도 각각의 주요 이해관계자들에 대한 역할을 구분하여 기술하고 있다.

반면 기업이 구현하고자 하는 미래상을 나타내는 비전에서는 중장기적으로 기업이 달성하고자 하는 모습을 추상적인 광의의 개념으로 표현한다. 예로 포드사의 비전은 '자동차 관련 제품과 서비스를 제공하는 세계 선두기업이 된다'이고, 썬마이크로시스템사의 비전은 '모든 사람들을 모든 것과 네트워크로 연결한다'이다. 또한 테마파크와 캐릭터, 영화 산업들을 포함한 엔터테인먼트 사업부문에 주력하는 디즈니사의 경우 '모든 사람들을 행복하게 한다'는 비전을 제시하고 있다. 명확하게 정립된 비전은 사명과 같이 회사의 포괄적인 발전 방향에 대한 이해관계자들의 이해도를 향상시키고, 추진 사업들을 일관성 있게 지휘하고 관리하는 데 도움이 된다. 하지만 기업의 존립이유를 나타내는 미션과는 달리 기업의 장기적인 성장방향이 수정될 경우 변화될 수 있다는 차이점이 있다.

전략의 실행결과로서 달성하고자 하는 목표는 비전, 사명과는 달리 구체적인 지표형태로 수립하는데, 향후 1년 이내에 2개 이상의 글로벌 top브랜드 창출, 매출액 1조 원 달성, 글로벌 500대 기업 진입과 같이 무엇을 언제까지 달성할 것인지를 명확하게 표현한다. 일반적으로 기업들은 수익률, 시장점유율, 성장률, 주식배당률과 같은 수치화된 지표를 목표로서 설정한다.

외부환경 분석

기업들은 전략수립을 위한 선행단계로서 외부환경 분석을 실행하는데, 이때 분석의 대상이 되는 환경요소들은 크게 일반환경(general environment)과 산업환경(industry environment)요소로 구분될 수 있다. 하지만 일반환경과 산업환경의 요소들이 상관성이 없는 별개의 요소들이 아니며, 특별히 일반환경요소의 변화는 많은 경우 산업환경요소의 변화를 유발한다. 더불어 환경요소들은 다양한 조합을 통해 기업활동에 대한 기회와 위협 요인으로 작용한다.

1. 일반환경 분석

일반환경은 기업의 경영방식과 성과에 영향을 미칠 수 있는 거시적인 환경단위로서 개별기업들이 변화시킬 수 없는 요소들로 구성되어 있다. 일반환경은 경제적 환경, 사회·문화적 환경, 인구통계학적 환경, 정치·법률적 환경, 기술적 환경, 글로벌 환경 요소들로 구분될 수 있다(그림 6-2).

국가의 경제활동과 직접적으로 관련된 모든 환경요소들인 경제적 환경에는 경제체계, 국민총생산(GDP), 경제성장률, 이자율, 무역수지와 같은 경제 현황과 추세를 나타내는 요소들이 포함된다. 반면 사회·문화적 환경에는 사회 구성원들의 행동에 영향을 미칠 수 있는 사회적 제도, 규범, 습관, 전통, 생활양식과 사회 구성원들의 특성, 가치, 문화, 관습과 관련한 요소들이 포함된다. 현대사회를 대표하는 사회·문화적 환경요소로는 도시화, 노동에 대한 가치관 변화, 소비행태 변화, 건강 및 환경에 대한 관심 증가 등이 있다. 다음으로 인구통계학적 환경은 인구성장률, 연령별 인구, 인종구성변화, 소득분포와 같이 연령, 성별, 소득과 직접적으로 연관된 환경요소들을 포함한다. 현대사회를 대표하는 인구통계학적 환경요소들로는 노령화, 소득양극화, 저출산 등이 있다.

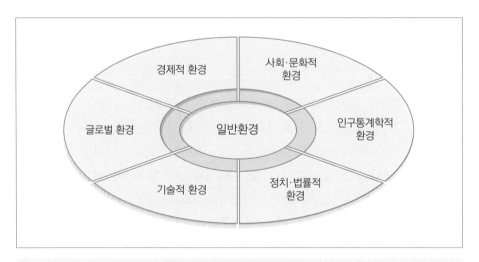

그림 6-2 일반환경의 구성요소

정치·법률적 환경은 사회 구성원들을 하나의 실행가능한 조직으로 통합하기 위한 국가의 정치시스템 및 각종 법률과 관련된 요소들로 구성되는데, 예로는 정치체계, 정부 안정성, 독점규제법, 세법, 관세 및 비관세 조항을 사용한 무역규제 등이 있다. 즉 사회는 공통된 관념에 따라 정책을 수립, 실행, 조정하는 일련의 과정을 반복하는데, 이러한 과정이 사회에서 활동하는 모든 경제주체들의 의사결정과정에 영향을 미치게 되는 것이다. 기술적 환경은 기업의 경제활동에 필요한 과학 기술 및 경영 노하우의 집합체이다. 주로 신기술의 출현과 같은 기술적 변화와 관련된 요소들로서 기술 및 제품 혁신, 연구개발비 증가, 특허권 등이 포함된다. 마지막으로 글로벌 환경은 기업이 자국의 국경을 넘어 경영활동을 실행할 때 직면할 수 있는 타 국가의 모든 환경요소들을 포함한다. 글로벌 환경을 대표하는 요소로는 외국의 대선을 포함한 정치적인 사건, 신흥국가들의 발전과 영향력 강화, 경제공동체의 형성 및 진화 등이 있다.

2. 산업환경 분석

산업은 유사한 제품 또는 서비스를 생산하여 공급하는 기업집단을 의미한다. 산업환경 분석에서는 관련업종의 장기적인 성장전망과 핵심적인 성공요인들을 진단하는 데 주된 목적을 두고, 산업 내 기업집단의 경영활동 및 성과에 영향을 미치는 주요 이해관계자들에 대한 조사와 분석을 실행한다. 산업환경의 구성요소들은 일반환경요소들에 비해 기업활동과 성과에 더 중대하고 직접적인 영향을 미치며, 영향력 있는 개별기업들의 주도하에 변화될 수 있다는 특징이 있다.

▌Five Forces 모델

마이클 포터(Michael Porter) 교수가 제안한 Five Forces 모델은 산업내부 기업 간 경쟁, 신규기업 진입위협, 공급자 교섭력, 구매자 교섭력, 대체품의 위협 정도를 기준으로 해당 산업부문의 매력도를 평가하는 대표적인 산업환경 분석기법이다(그림 6-3).

산업내부 기업들의 성과는 상호 의존적인데, 특별히 동일 산업 내 기업들 간의 높은 경쟁 정도는 산업전반의 잠재적인 수익률과 성장가능성에 부정적인 영향을 미친다. 산업내부의 기업 간 경쟁은 비슷한 규모의 많은 경쟁기업들이 존재하는 경우, 산업성장률이 낮은 경우, 제품차별화 정도가 낮아

소비자가 현재 사용하고 있는 브랜드나 특정 상품을 다른 브랜드나 상품으로 바꿀 때 발생하는 전환비용(switching cost)이 낮은 경우, 높은 고정비용, 사업단위 간 상호 연관성, 정부규제 등으로 인해 높은 수준의 철수장벽(exit barriers)이 존재하는 경우에 더욱더 치열해진다.

그림 6-3 Five Forces 모델

신규기업의 진입위협이 높은 산업부문일수록 기존기업이 초과이익을 달성할 수 있는 가능성은 낮아지게 된다. 이때 잠재적 경쟁자의 진입가능성은 신규기업이 산업부문에 진입하는 것을 제한하는 각종 요인들로 구성되는 진입장벽(entry barriers)의 높이에 의해 결정된다. 진입장벽은 총 생산량이 증가할 때 제품단위당 생산원가가 하락하는 규모의 경제(economies of scale) 효과가 높은 경우, 기존기업 제품과 서비스의 차별화 정도가 높은 경우, 사업개시에 필요한 높은 초기투자자본이 요구되는 경우, 고객의 물질적이고 심리적인 전환비용이 높은 경우, 유통채널에 대한 접근성이 낮은 경우, 독점적 생산기술, 원료획득의 용이성, 유리한 입지조건, 학습 및 경험효과 등으로 인해 기존기업들이 비용측면의 탁월한 우위를 가지고 있는 경우, 정부정책에 의해 신규진입이 어려운 경우, 신규진출 시 기존기업들의 보복 수준이 높을 것으로 예상되는 경우에 높아진다. 그리고 이 같은 요소들로 인해 진입장벽이 높아질 경우 신규경쟁자의 진입위협은 감소된다.

대부분의 기업들은 투입물과 산출물의 두 요소가 상존하는 시장환경에 직면하게 된다. 투입물 시장에서는 생산요소 공급자로부터 원재료, 부품, 노동, 금융서비스 등을 구입하고, 산출물 시장에서는 고객(소비자, 유통업자, 최종제품 제조업자)에게 생산한 제품과 서비스를 판매한다. 따라서 산업부문 기업들의 수익성은 투입물과 산출물 시장에서의 협상력에 영향을 받는다. 즉, 산출물시장의 고객과 투입물시장의 생산요소 공급자들이 높은 협상력을 갖는 산업부문에서 경쟁하고 있는 기업의 경우 높은 수익을 달성하기 어렵다.

산출물시장 구매자의 협상력은 구매자의 집중도가 높고 구입규모가 큰 경우, 제품의 차별화 정도가 낮아 구매자의 전환비용이 낮은 경우, 구매제품이 구매자가 만드는 최종제품의 품질이나 가격에 중대한 영향을 미치지 않는 경우, 구매자가 후방통합(backward integration)을 통해 부품을 직접 생산할 수 있는 능력을 보유하고 있는 경우에 강화된다. 반면, 투입물시장 공급자의 협상력은 공급자가 소수이지만 구매자는 다수인 경우, 공급제품이 구매자 사업운영에 중대한 요소인 경우, 대체품이 존재하지 않는 경우, 제품차별화의 정도가 높아 구매자의 전환비용이 높은 경우, 공급자가 전방통합(forward integration)을 통해 구매자가 제공하는 제품을 직접 생산하거나 서비스할 수 있는 능력을 보유하고 있는 경우에 강화된다.

기업수익률은 고객이 자사 제품의 구입 대가로 지불하고자 하는 가격수준에 영향을 받는데, 이와 같은 제품의 가격수준은 해당 제품에 대한 대체재의 존재 여부에 중대한 영향을 받게 된다. 여기서 대체재란 타 제품과 동일하거나 유사한 용도로 사용될 수 있는 제품을 의미한다. 만일 특정 산업부문 제품에 대한 대체재가 존재하지 않는다면 고객은 높은 가격을 지불하더라도 해당 제품을 구입하려 할 것이다. 따라서 해당 산업부문의 기업들은 보다 용이하게 높은 수익을 달성할 수 있다. 반면 대체재가 존재하는 산업부문의 경우

특정 수준 이상으로 가격을 인상하면 고객은 대체재로 수요를 전환할 것이다. 일반적으로 대체재가 가격결정에 위협이 되는 정도는 고객의 대체성향이 높은 경우와 대체품의 가격대비 품질수준이 높은 경우에 강화된다.

산업환경요소들은 궁극적으로 산업부문의 매력도와 잠재수익률에 중대한 영향을 미친다. 따라서 기업이 산업 내 경쟁에서 우위를 확보하고 성장해 나아가기 위해서는 이들의 변화를 지속적으로 관찰하고 선제적으로 대처해야 한다. 그림 6-4는 각각의 산업요소들과 해당 산업부문의 잠재수익률 간의 관계를 나타내고 있다.

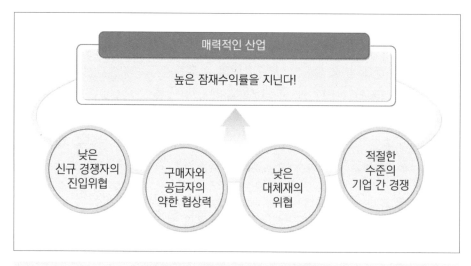

그림 6-4 산업 매력도와 잠재수익률

▌경쟁자 분석

전략적인 경영을 실행하기 위하여 기업은 직면한 거시적인 환경요소들을 관찰하고 조사해야 할 뿐만 아니라, 현존하는 주요 경쟁기업들과 잠재적인 경쟁기업들에 대한 정보를 수집하고 분석해야 한다. 기업들은 경쟁기업들의 현재전략(current strategy), 역량(capabilities), 미래목표(future goals), 가정(assumptions)의 네 가지 요소들을 중심으로 정보를 수집하여 진단하는데, 기업이 필요로 하는 경쟁기업에 관한 주요 정보들을 '경쟁자 정보(competitor intelligence)'라고 한다.

경쟁기업의 현재전략은 그 기업이 종사하는 사업부문에서의 운영방안들에 대한 구체적인 내용들을 포함한다. 따라서 경쟁기업의 현재전략에 대한 정보 수집과 분석은 경쟁사가 어떤 방법으로 경쟁할지를 예측하고, 이에 대응하기 위한 최적의 방법을 결정하는 데 도움이 된다. 다음으로 경쟁사의 역량분석은 경쟁사의 강점과 약점에 대한 정보를 제공해준다. 전략적인 경영을 위해서는 자사의 강점과 약점들에 대한 비교평가를 통해 강점의 효과를 극대화하고 약점의 효과를 최소화해야 하는데, 이를 위해서는 비교평가의 기준으로 활용할 주요 경쟁사들의 역량에 대한 정보가 필요하다.

경쟁기업의 미래목표는 현재의 지위와 재무적 상태에 대한 경쟁기업의 만족 수준에 대한 정보를 제공하여 전략적 변화의 가능성에 대한 예측을 가능하게 해준다. 또한 얼마나 적극적으로 외부사건이나 타 기업 움직임에 반응할지에 대한 정보를 제공하고, 어떤 방식으로 발전을 도모할지에 대한 예측을 가능하게 한다. 예로 매출액 성장에 중점을 두는 기업은 시장점유율 관리에 집중하지만, 투자수익률에 중점을 두는 기업은 사업전망이나 수익률 관리에 더 집중하고 있음을 나타낸다. 마지막으로 모든 기업은 사업을 영위함에 있어 자사를 평가하는 주요 기준이 되는 자사에 대한 가정과 산업의 구조적인 특성들에 대한 가정을 두고 있다. 이와 같은 가정들은 해당 기업의 전략이나 행동방식에 중대한 영향을 미칠 수 있으므로, 경쟁기업을 분석하는 데 있어 가정에 대한 정보를 수집하고 분석하는 것은 매우 중요한 의미를 갖는다.

내부환경 분석

전략적 관점의 경영을 위한 최적의 전략수립을 위해서는 외부환경에 대한 이해와 함께 내부역량에 대한 파악이 중요하다. 특별히 최근 기업의 자원(resource) 및 능력(capability)이 외부환경요소들보다도 기업들의 성과에 더 중대한 영향을 미친다는 주장이 제기되면서, 내부환경 분석의 중요성은 한층 더 강조되고 있다.

1. 자원, 능력, 핵심역량

기업은 각종 자원들을 활용하여 능력과 핵심역량을 개발하고, 장기적으로 지속될 수 있는 경쟁우위를 확보해야 한다. 그리고 이를 위하여 자원과 능력, 그리고 이들에 기초하여 개발되는 핵심역량과 지속가능한 경쟁우위요소들로 구성되는 내부환경에 대한 분석을 실행해야 한다(그림 6-5).

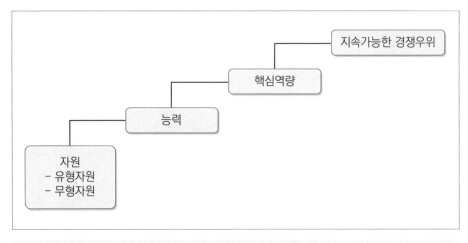

그림 6-5 내부환경요소의 단계적 분석

▌표 6-2 기업자원의 종류

유형자원	• 물적자원: 공장의 위치와 규모, 생산설비, 기계, 건물
	• 재무자원: 내부보유자금, 자금차입능력
	• 조직자원: 조직구조, 계획 및 통제 시스템
	• 기술자원: 축적된 기술, 특허권, 저작권, 상표권
무형자원	• 혁신자원: 조직구성원들의 창조적 아이디어, 혁신수행능력
	• 명성자원: 브랜드파워, 대고객관계, 이해관계자들의 신뢰
	• 인적자원: 조직구성원 간의 신뢰, 지식자산, 경영자의 능력

'자원'은 전략을 수립하고 실행하기 위해 활용할 수 있는 기업을 구성하는 최소단위의 자산이다. 기업자원들은 유형자원(tangible resource)과 무형자원(intangible resource)으로 구분될 수 있는데, 유형자원에는 물적자원, 재무

자원, 조직자원, 기술자원이 포함되고, 무형자원에는 혁신자원, 명성자원, 인적자원이 포함된다(표 6-2).

'능력'은 기업으로 하여금 통제하에 있는 자원을 최대한 이용할 수 있게 해주는 자산이다. 능력은 다양한 유·무형 자원들을 복합적으로 오랜 기간에 걸쳐 반복적으로 사용하는 과정에서 형성되며, 마케팅, 연구개발, 생산과 같은 특정 기능부문을 중심으로 발전된다. '핵심역량'은 경쟁기업에 비해 상대적인 비교우위를 갖는 자원이나 능력을 의미한다. 많은 경우 핵심역량은 유형자원보다는 무형자원, 특별히 지식자산을 포함하는 인적자원과 다른 자원들과의 복합적이고 반복적인 사용을 통해 생성된다. 기업은 도출된 핵심역량을 최대한 활용할 수 있는 전략을 수립하고 실행할 때 경쟁우위를 달성할 수 있다.

2. 지속가능한 경쟁우위

자원과 능력은 기업이 경쟁사들보다 더 우수한 성과를 창출하는 데 필요한 토대를 제공해준다. 하지만 모든 자원과 능력이 장기적인 성장과 이익 창출에 도움이 되는 핵심역량과 '지속가능한 경쟁우위(sustainable competitive advantage)'의 토대를 제공해주는 것은 아니며, 이를 위해서는 가치제공, 희소성, 불완전한 모방성, 비대체성의 네 가지 조건을 충족해야만 한다(그림 6-6).

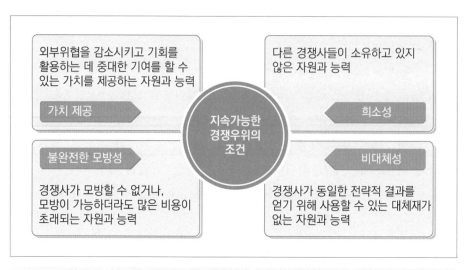

그림 6-6 지속가능한 경쟁우위 조건

자원과 능력이 지속가능한 경쟁우위의 기반이 되기 위해 갖추어야 하는 각 조건들에 대한 충족 여부와 기업의 경쟁우위 간의 관계는 그림 6-7과 같다. 먼저 희소성이 부족하고 모방이 어렵지 않으며 대체재가 존재하지만 기업에게 가치를 제공해주는 자원이나 능력은 타사와 동등하게 경쟁할 수 있게 해주는 경쟁동등(competitive parity)을 가능하게 해준다. 반면, 장기적 관점에서 경쟁사의 모방이 가능하며 대체가능성이 있지만 희소한 가치를 제공해주는 자원이나 능력은 일시적인 경쟁우위(temporary competitive advantage) 달성을 가능하게 해준다. 마지막으로 대체재가 없고 충분한 가치를 제공해주며, 희소성이 있고 모방이 어려운 자원이나 능력은 지속가능한 경쟁우위의 달성을 가능하게 해준다. 지속가능한 경쟁우위는 산업부문의 평균보다 높은 수준의 성과(above-average return)를 창출할 수 있도록 해준다.

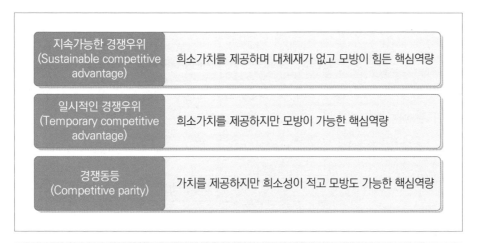

지속가능한 경쟁우위 (Sustainable competitive advantage)	희소가치를 제공하며 대체재가 없고 모방이 힘든 핵심역량
일시적인 경쟁우위 (Temporary competitive advantage)	희소가치를 제공하지만 모방이 가능한 핵심역량
경쟁동등 (Competitive parity)	가치를 제공하지만 희소성이 적고 모방도 가능한 핵심역량

그림 6-7 핵심역량의 특성과 경쟁우위와의 관계

3. 가치사슬 분석

가치사슬(value chain)은 기업이 제품과 서비스를 개발, 제조, 판매하기 위해 행하는 일련의 기업활동들이다. 따라서 상이한 가치사슬활동을 선택하는 기업들은 선택한 가치사슬 단계에서 요구되는 상이한 자원과 능력을 개발해야 한다. 예를 들어 석유산업의 경우 원유탐사, 시추, 채굴, 운송, 정제, 도매유통, 소매유통, 판매 등의 가치사슬활동들을 포함하는데, 기업들은 이러한 단계들 중에서 수행하고자 하는 단계에 대한 상이한 선택을 할 수 있고, 해당 활동에 필요한 상이한 자원과 능력을 개발해야 한다. 즉 원유탐사를 하는 기업들은 정제된 석유를 최종 소비자에게 판매하는 기업들과는 다른 자원과 능력을 확보해야 하는 것이다.

기능부문들에 대한 세부적인 분석을 통해 기업은 자사가 소유한 잠재적인 경쟁우위의 원천을 발견할 수 있다. 이러한 장점 때문에 기업활동의 전 과정을 각각의 기능들을 중심으로 구분하여 평가하는 내부역량의 분석기법으로서 가치사슬 분석이 활용되고 있는 것이다. 그림 6-8은 주활동(primary activity)과 보조활동(support activity)으로 구성되는 가치사슬 모형의 일반적인 형태를 보여준다. 여기서 주활동이란 기업의 본질적 활동에 해당되는 제품

생산 및 판매와 직접적으로 관련된 활동들을 의미한다. 즉, 원자재 조달관리, 제품과 서비스의 생산, 마케팅, 판매 및 판매 후 서비스 활동 등이 포함된다. 반면 보조활동은 주활동이 지속적으로 수행될 수 있도록 지원하는 기획, 재무, 경영정보시스템의 구축 및 활용, 법률서비스, 기술개발, 인적자원관리 등의 활동들을 포함한다.

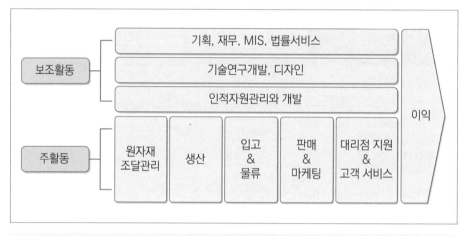

그림 6-8 가치사슬 모형

가치사슬 분석은 경쟁기업과 비교할 때 자사가 보유하고 있는 상대적인 강점 및 약점을 파악하고, 파악된 정보에 기초하여 비교우위에 있는 부문들을 적극적으로 활용하며, 비교열위 부문들에 대해서는 내·외부적으로 보완하기 위한 전략들을 수립하는 데 활용될 수 있다. 또한 가치활동의 각 부문에서 핵심역량 구축을 위한 구체적인 방안을 수립하기 위해서도 활용될 수 있는데, 예로 표 6-3은 가치사슬 각 부문에 있어서의 차별화 우위 수립을 위한 방안들을 제시하고 있다.

표 6-3 가치사슬과 차별화 우위 수립방안

	구 매	생 산	물 류	마케팅	서비스
차별화 우위 수립방안	• 양질의 부품과 원재료의 안정적인 조달	• 제품기능 향상 • 불량률 최소화 • 유연성 있는 생산시스템 구축	• 적시운송 • 주문처리 시스템 강화	• 판매원의 질적 개선 • 고객관계관리 • 판촉활동 • 신용거래 확대	• 서비스 수준 강화와 범위 확대 • 구매자 교육

제2절 경쟁전략

전략유형

사명, 비전, 목표달성을 위해 기업이 활용할 수 있는 다양한 형태의 전략들은 기업 수준의 전략(기업전략: corporate-level strategy), 사업부 수준의 전략(사업전략: business-level strategy), 기능 수준의 전략(기능전략: functional-level strategy)으로 구분될 수 있다. 그리고 이 같은 서로 다른 수준의 전략들은 그림 6-9에서 보는 것처럼 기업의 전략체계(hierarchy of strategy)를 구성한다.

경쟁전략

전략체계를 구성하는 세 가지 수준의 전략 중 특정 사업부의 경쟁방법과 관련한 사업부 수준과 기능 수준의 전략은 경쟁전략(competitive strategy)에 해당된다. 산업이나 사업부 단위의 경쟁방법을 다루는 경쟁전략의 결정과정에서는 경쟁사들보다 우수한 경쟁우위를 창출하고 활용하기 위해 다음과 같은 주요 이슈들에 대한 의사결정을 내린다.

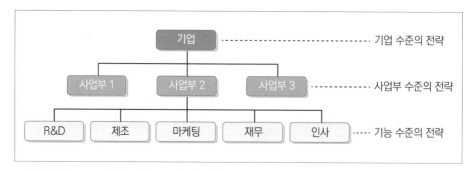

그림 6-9 전략체계

- 구체적으로 어떤 제품과 서비스를 공급할 것인가?
- 제공하고자 하는 제품과 서비스를 어떤 방식으로 생산할 것인가?
- 생산한 제품과 서비스를 고객에게 어떤 방식으로 전달할 것인가?

사업부의 경쟁방식을 결정하는 경쟁전략 수립과정에서 강조되어야 할 사항은 모든 의사결정에서 소비자 중심적인 판단과 선택이 이루어져야 한다는 것이며, 특히 가장 먼저 결정되어야 할 사항은 산업부문에서 어떤 시장을 표적시장으로 할 것인지에 대한 결정이다. 이와 관련하여 기업은 산업부문의 전체 고객들과 시장을 일정 기준에 따라 분류하는 '시장세분화(market segmentation)'를 실행할 수 있다.

시장세분화를 통해 표적시장과 목표고객을 결정한 기업은 해당 고객들이 가지고 있는 구체적인 니즈를 파악하기 위한 노력에 집중해야 한다. 이는 동일 산업부문의 고객들이라고 할지라도 특성에 따라 차별화될 수 있는 독특한 니즈를 가질 수 있기 때문인데, 예를 들어 가구를 소비하는 고객들 중 20~40대의 고객들과 40~60대의 고객들이 가지는 제품 디자인 및 색상에 대한 선호도와 가격에 대한 민감성은 상당히 큰 차이가 있다. 마지막으로 기업은 선택한 목표고객 집단의 니즈를 충족시키기 위한 구체적인 방법을 결정해야 한다. 즉 자사가 보유하고 있는 핵심역량의 활용을 통해 목표고객들의 니즈를 어떻게 가장 효과적으로 충족시킬 수 있는지에 대한 구체적인 방법들을 결정해야 하는 것이다.

사업부 수준의 전략

1. 정 의

사업부 수준의 전략은 표적시장 내의 경쟁사들과의 경쟁에서 기업이 경쟁우위(competitive advantage)를 달성하기 위해 수립하고 실행하는 전략이다. 따라서 경쟁사들과 어떤 방식으로 경쟁할 때 기업이 가장 높은 성장과 수익을 달성할 수 있는지에 초점을 둔다.

2. 유 형

가장 널리 알려져 있는 사업부 수준의 전략유형으로는 마이클 포터(M. Porter)가 제시한 본원적 전략(generic strategy)이 있다. 포터는 산업부문 내에서의 경쟁우위 확보를 위한 방안으로 원가우위(cost leadership)와 차별화(differentiation)를 제시하고, 이를 사업전략 수립에 있어 기업이 선택해야 하는 첫 번째 결정요소로서 제시하였다.

여기서, 원가우위란 동일한 수준의 제품이나 서비스를 경쟁업체들보다 더 효율적으로 생산하여 판매할 수 있는 기업의 능력이다. 원가우위를 달성한 기업은 유사한 제품과 서비스 품질을 유지할 경우 경쟁기업들에 비해 상대적으로 더 높은 수익을 얻을 수 있다. 원가우위 달성을 위해 기업은 가치사슬 전부문에 대한 원가경쟁력을 확보해야 한다. 반면, 차별화 우위는 독특한 특성과 우월한 품질을 가진 제품을 공급하고 우수한 판매 후 서비스를 제공하여 자사 제품과 서비스에 대한 구매자들의 충성심을 강화하는 능력이다. 차별화 우위를 달성한 기업은 경쟁업체들보다 높은 가격을 책정할 수 있기 때문에 상대적인 원가수준이 지나치게 높지 않은 한 높은 수익을 보장받을 수 있다.

사실 기업의 경쟁우위 창출방식 선택은 기업의 특성뿐만 아니라, 산업의 특성에도 중대한 영향을 받게 된다. 예로 산업수명주기의 초기단계에서는 많은 기업들이 원가우위보다는 소비자의 특징적인 욕구를 만족시킬 수 있는 차별화 우위를 달성하는 데 주력하는 반면, 성장기 이후에는 비용절감을 통한 원가우위 달성에 주력하는 경향을 나타낸다.

두 가지 유형의 경쟁우위 달성을 위해 요구되는 기능 영역에서의 역할들은 많은 부문에서 상충된다. 따라서 포터는 기업이 두 가지 유형의 경쟁우위 달성을 동시에 추진할 경우 '중간고착(stuck in the middle)' 상태에 빠질 수 있다고 경고하였다. 즉, 제한된 자원을 소유하고 있는 기업들로서는 두 가지 경쟁우위를 동시에 추진하는 것이 바람직하지 않다는 것이다. 하지만 이 같은 주장이 한 가지 경쟁우위 달성에 주력할 경우 나머지 한 부분을 소홀히 해도 된다는 것을 의미하지는 않는다. 실제적으로도 산업부문에서 1위를 차지하고 있는 기업들을 보면 하나의 경쟁우위 달성방식에서 탁월한 1위이면서 동시에 다른 경쟁우위 달성방식에서도 높은 수준의 경쟁력을 확보하고 있는 경우가 대다수이다.

본원적 전략 결정에 있어 기업이 고려해야 하는 또 다른 요소로서 포터는 경쟁영역, 즉 기업이 목표로 하는 시장범위(market scope)의 결정을 제시하였다. 사실 하나의 산업부문에도 여러 가지 다양한 고객니즈가 존재할 수 있다. 따라서 동일 산업부문 내에서도 성공을 위한 주요요소들이 세분화된 시장별로 상이한 경우가 많은데, 이는 결국 기업들이 각각의 세분화된 시장에 맞는 전략을 수립하고 실행해야 하는 필요성을 제기한다. 따라서 기업들은 산업의 전 영역을 포괄하는 광범위한 시장이 아닌 세분화된 시장에서의 경쟁우위 달성을 위한 전략을 수립할 수 있는데, 이것을 집중전략(focused strategy)이라고 한다.

결국, 본원적 전략은 기업이 선택하는 경쟁우위 달성방식과 경쟁영역 범위에 따라 전체 시장을 대상으로 원가우위를 도모하는 원가우위전략(cost leadership strategy), 전체 시장을 대상으로 차별화 우위를 도모하는 차별화전략(differentiation strategy), 세분화된 시장을 대상으로 원가우위를 도모하는 집중 원가우위전략(focused cost leadership strategy), 세분화된 시장을 대상으로 차별화 우위를 도모하는 집중 차별화전략(focused differentiation strategy), 원가우위와 차별화 우위를 동시에 도모하는 통합전략(integrated cost leadership/ differentiation strategy)의 다섯 가지 유형으로 구분될 수 있는데, 각각의 본원적 전략들은 서로 다른 유형의 경쟁방법들을 필요로 하기 때문에 상이한 기능전략들이 요구된다(그림 6-10).

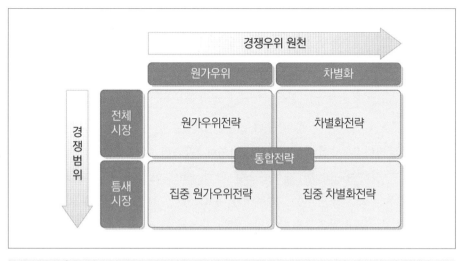

그림 6-10 본원적 전략의 유형

기능 수준의 전략

기능 수준의 전략(functional strategy)은 기업내부의 다양한 기능부서들이 주도하며, 사업부 수준 전략의 구체적이고 실천적인 추진 방안이라는 측면에서 전술(tactic)과 동일시되기도 한다. 각 기능부서의 자원생산성을 극대화하여 사업단위의 경쟁역량을 높이는 데 목적을 두고 실행되는데, 많은 기업들에게 보편적으로 적용되는 기능 수준의 전략들을 살펴보면 다음과 같다.

1. 마케팅전략

마케팅전략은 자사 제품과 서비스에 대한 소비자들의 인지도를 높이고 소비를 촉진시키기 위하여 계획되고 실행되는 기능 수준의 전략으로서 제품개발, 가격, 유통, 촉진 방법과 관련한 의사결정들을 포함한다. 사업부 수준의 경쟁전략은 기업의 마케팅전략 방향에 중대한 영향을 미지는데, 구체적으로 원가우위전략을 실행하는 경우에는 단위당 비용을 낮추기 위해 회사명이나 기업 이미지 중심의 촉진전략, 개방적인 경로전략, 박리다매 가격전략에 치중한다. 반면, 차별화전략을 실행하는 경우에는 독자적인 이미지 구축 및 관리를 위한 개별상표전략과 직영매장 중심의 유통전략, 가치 기준의 가격전략에 치중하게 된다.

2. 재무전략

재무전략은 사업부 수준 전략실행에 필요한 자금조달 및 활용에 대한 계획을 수립하여 적절한 재무구조를 확립하고, 목표달성에 소요되는 자금을 가장 효율적으로 조달하는 데 목적을 두고 있다. 경쟁우위를 확보하는 데 도움이 될 수 있는 자본조달방식의 결정, 자본금 배분 및 할당, 자금운영 관리 방법을 결정하는 재무전략은 사업부 수준의 경쟁전략뿐만 아니라, 기업 전체의 기능전략 실행을 지원하는 중요한 역할을 수행한다.

3. 연구개발전략

연구개발전략에는 제품연구개발과 공정연구개발에 대한 투자 비율 조정, 자체개발과 외부조달방식 간의 결정, 리더전략과 추종자전략 간의 결정 등이 포함된다. 사업부 수준의 경쟁전략으로서 차별화전략을 실행하는 기업의 경우에는 제품연구개발과 시장개척 및 선도적 시장진입을 위한 리더전략에 치중한다. 반면, 원가우위전략을 실행하는 경우에는 비용절감을 위한 공정연구개발과 추종자전략에 치중하는 경향을 나타낸다.

4. 생산전략

제품이나 서비스의 생산방법 및 입지, 수직적 통합의 정도, 물적자원의 배치, 공급업자와의 관계구축 등과 관련한 생산전략 역시 사업부 수준의 경쟁전략을 지원할 수 있는 방향으로 계획되고 실행되어야 한다. 구체적으로 원가우위전략을 실행하는 경우에는 엄격한 노동생산성 통제와 재고관리에 역점을 두고 제품을 규격화하며 생산흐름을 정형화해야 한다. 반면, 차별화 전략을 실행하고자 하는 경우에는 제품의 다양성을 도모하기 위한 생산흐름과 일정의 유연성 확보가 상대적으로 더 강조된다.

5. 인적자원관리 전략

적합한 인력을 시장에서 조달하고, 업무수행을 위한 사내외 교육을 실행하며, 실행한 업무에 대한 평가와 보상방식을 결정하는 인적자원관리 전략 역시 사업부 수준의 경쟁전략 유형에 따라 중대한 영향을 받는다. 구체적으로 원가우위전략에서는 생산효율성에 초점을 맞춘 정형화되고 세분화된 직무중심의 교육과 업무평가 및 보상방식이 강조되지만, 차별화전략에서는 창의성과 혁신을 강조하는 포괄적인 직무설계와 교육 및 평가방식이 강조된다.

[이장우의 성공경제] <23> 제4차 산업혁명은 기업경영을 어떻게 변화시키는가

이세돌 사범과 알파고의 대결은 제4차 산업혁명이 가시화되고 있음을 보여준다. 디지털 정보통신혁명이라 부르는 제3차 산업혁명의 기반 위에서 디지털, 바이오, 나노 등 기술의 급속한 융합에 의해 창조되고 있는 제4차 산업혁명은 인간의 삶에 방식을 송두리째 바꿀 것이다. 인공지능(AI), 소프트웨어(SW), ICBM(사물인터넷, 클라우드 컴퓨팅, 빅데이터, 모바일) 등의 핵심기술이 촉발하는 새로운 산업혁명은 기업경영의 총체적인 변화를 예고하고 있다.

제3차 산업혁명이 개별 기업·산업·국가 단위로 이뤄진 반면에 제4차 산업혁명은 기존의 컴퓨터 및 통신 기술이 로봇, AI, 센서, 빅데이터, 사물인터넷(IoT) 등 새로운 과학기술의 눈부신 발전과 결합해 높은 수준의 통합된 형태로 전개된다. 높은 수준의 통합이란 물리학에서 나오는 창발(emerging) 현상에 해당한다. 이에 따라서 새로운 비즈니스 기회와 거대 산업이 사전 예측이 어렵게 갑자기 등장하면서 드라마틱하게 기업의 흥망성쇠를 연출할 것이다.

새로운 경제구조에서는 특정 산업 안에서 지속되는 경쟁우위는 더 이상 존재하기 어려워진다. 그동안 기업이 추구해온 지속가능한 경쟁우위가 신기루가 될 수 있는 것이다. 이에 따라 코닥, 소니, 필립스, 노키아 등의 사례에서 보듯 특정 산업 안에서 세계 최고의 기술 역량을 보유하고도 갑자기 떠오르는 비즈니스 기회를 놓침으로써 하루아침에 시장을 빼앗기는 것이 다반사가 됐다.

이렇듯 세계 최고의 역량도 한순간에 무가치하게 만들어버리는 '역량 파괴적' 환경에 대응하기 위해 기업은 새로운 혁신 패러다임을 추구해야 한다.

첫째, 기회추구전략을 수행해야 한다. 특정 산업 안에서 선택과 집중으로 역량을 축적해나가는 전략만으로는 생존하기 어렵게 됐다. 즉 새로운 경영환경에서는 지속가능한 경쟁우위가 존재하기 어렵기 때문에 이제는 일시성 우위를 찾아 끊임없이 기회를 추구해야 한다.

둘째, 산업(industry) 개념보다 기술과 형태가 다양한 기업들이 각축하는 장(area)의 개념이 더 중요하다. 기존의 비즈니스 모델이 특정 산업 내에서 공장 및 사무 자동화, 금융 및 물류 시스템 혁신 등에 집중한 반면에 미래에는 한 지역과 한 산업에 머물지 말고 국가 간 경계와 산업별 장벽을 넘어서서 전 세계를 기반으로 한 비즈니스 모델을 개발해야 한다.

셋째, 산업 내 경쟁 시대가 지나갔기 때문에 산업 분석이나 경쟁 분석을 넘어서는 새로운 전략 틀을 짜야 한다. 즉 안 보이는 새로운 기회를 향해 조직 자원과 문화를 끊임없이 재구성하고, 아무리 캐시카우 사업이라 하더라도 미래 기회라는 관점에서 부정적이면 과감히 해체하면서 새로운 우위(advantage)를 획득해나가는 접근법이 필요하다.

넷째, 선발주자가 되기 위한 혁신 생태계를 구축해야 한다. 선발형 기회추구를 위한 혁신 생태계란 공급자와 고객뿐만 아니라 잠재된 제3의

공급자, 때로는 경쟁자까지 포함해야 한다. 그리고 이 생태계 안에서 개방형 혁신과 협업이 왕성하게 이루어지게 함으로써 아이디어를 획득하고 새로운 기회를 추구해야 한다. 이를 위해서는 다양성을 인정하는 창의 조직 문화로 변화해야 하며, 새로운 리더십 구축이 반드시 필요하다.

제4차 산업혁명이 가져오는 과학기술 간 융합 현상으로 인해 새로운 시장 기회와 거대한 비즈니스 모델이 사전 예측이 어려운 창발 형태로 등장하고 있다. 이에 따라 창의형 인재와 소규모 혁신 벤처기업으로부터 아이디어와 활력을 확보하는 것이 경쟁우위 획득에 필수가 됐다.

지금까지 우리 기업이 추구해온 후발형 기회는 추격(following)이 키워드였다. 반면에 선발주자가 추구해야 할 혁신은 창발(emerging)이 키워드라고 할 수 있다. 왜냐하면 선발형 기회란 급속한 기술융합으로 기존과는 전혀 다른 차원에서 예측할 수 없을 정도로 등장하기 때문이다.

결론적으로 새로운 산업혁명은 산업 및 업종 간 무경계성, 시장 예측의 어려움, 급변하는 상황의 상시화 등으로 기업들로 하여금 극한의 불확실성(extreme uncertainty)을 경험하게 할 것이다. 이러한 극한의 불확실성에 대응해 최근 삼성전자가 추진하기 시작한 실용주의 리더십, 기술 획득을 위한 인수합병(M&A)전략, 수평적 조직문화, 상하 간의 격의 없는 소통, 자발적 몰입 강화 등은 올바른 방향의 혁신 대안이라고 평가된다.

전자뉴스(2016.03.28.)

토의문제

01 창업기업의 장기적인 성장과 발전을 위한 전략적 경영과정을 설명하시오.

02 사명, 비전, 목표, 전략을 비교하여 설명하시오.

03 일반환경요소 사례들과 이들이 전략수립에 미칠 수 있는 영향을 실제적인 기업사례를 통해 설명하시오.

04 산업환경 분석을 위한 Five Forces 모델을 설명하시오.

05 자원, 능력, 핵심역량, 지속가능한 경쟁우위를 정의하시오.

06 가치사슬 분석의 목적과 활용방안에 대해 설명하시오.

07 기업의 전략체계에 속하는 전략유형들을 비교하여 설명하시오.

08 본원적 전략의 유형과 특징들을 비교하여 설명하시오.

09 마이클포터의 '중간고착(stuck in the middle)' 상태에 대한 주장을 설명하고 평가하시오.

10 원가우위전략과 차별화전략을 실행하기 위한 기능 수준 전략들의 특성을 설명하시오.

07

기업성장과
해외진출

재무적 관점과 전략적 관점에서의 운영체계를 구축하고 소비자 중심적인 경영을 실천하여 경쟁우위를 달성한 기업은 축적한 자원을 활용하여 성장을 도모할 수 있다. 그리고 이를 위해서는 핵심사업 부분의 시장점유율을 강화하는 방법 이외에도 제품군 또는 고객 확대를 추진할 수 있다. 다양한 성장방식 중에서 자사에게 가장 적합한 성장방식을 선택하고 추진하기 위해서는 전략적인 분석기법의 활용이 필요하다.

Opening Case

마윈 떠난 20살 알리바바가 성장한 3번의 순간

중국 최대 전자상거래 업체이자 인터넷 업계 거목인 마윈 알리바바 회장이 10일 공식 은퇴했다. 이날은 그가 알리바바를 창업한 지 20주년이 된 날이자 55번째 생일이다.

마윈은 이날 자신의 고향이자 알리바바 본사가 위치한 항저우 대형 스타디움에서 알리바바 창립 20년 행사 겸 공식 퇴임식을 진행했다. 그는 "오늘은 마윈이 은퇴하는 날이 아니라 제도화된 승계가 시작되는 날이다"라며 "오늘의 우리가 있게 해준 알리바바와 여러분들의 노력에 감사한다"고 전했다.

마윈은 알리바바 회장직을 내려놓은 뒤 자선사업에 전념할 계획이다. 차기 알리바바 회장직은 현 CEO인 다니엘 장(Daniel Zhang)이 맡게 될 예정이다.

마 회장은 앞서 2018년 자신의 생일에 공개서한을 보내 올해 퇴진을 예정했다. 중국에선 기업 총수가 자진 사퇴해 후계자에게 자리를 넘긴 사례가 없었다. 이를 이유로 당시 다양한 추측을 낳았다. 일각에서는 중국 공산당과의 갈등을 꼽았다. 중국 내 기업 총수들이 필수 참석하는 당 관련 활동에 참석하지 않는 모습을 보였기 때문이다. 또 알리바바는 중국 정부와 당에 비판적 입장을 취하는 홍콩 언론 사우스차이나 모닝포스트를 소유하고 있기도 하다.

그의 공백이 알리바바 미래에 먹구름을 드리우게 하는 계기가 될 것이라는 불안한 시선도 있다. 5G 시대와 사물인터넷(IoT) 등 차세대 IT기술을 놓고 중국이 미국과 전쟁을 선포한 국면이다.

월스트리트저널은 "그의 면선에 필적할 만한 인물은 보이지 않는다"고 평가했다. 다만 마윈은 IT업계를 완전히 떠나지 않는다. 알리바바 이사회에 계속 참여하며 앤트파이낸셜 지배주주직도 유지한다. 마윈은 여전히 알리바바의 지분 6%를 갖고 있다.

다니엘 장 알리바바 차기 회장은 10일 열린 20주년 기념행사에서 차기 알리바바 성장전략으로 빅데이터와 클라우드 컴퓨팅을 꼽았다. 홍콩 사우스차이나모닝포스트에 따르면 장 회장은 "모든 서비스를 빅데이터에 기반해 고객의 새로운 수요를 충족하겠다"고 전했다.

알리바바는 1999년 전자상거래 회사로 출발했다. 대학 영어강사 출신이었던 마윈 회장은 고향인 항저우 작은 아파트에서 알리바바를 창업했다. 자본금은 8,300만 원이었다. 공동 창업자는 그를 제외하고 17명이었다. 월급이 12달러에 불과하고 평범한 월급쟁이였던 그가 알리바바를 만든 이유는 중국 정부 대외무역부에서 근무하면서 얻은 깨달음 덕분이었다. 그는 인터넷과 상거래의 결합이 가져올 파급력을 내다봤다. 중국 중소기업이 판로를 개척할 인터넷 공간을 만들고자 했다. 꿈은 컸지만 초기 실적은 지지부진했다.

알리바바의 성장 동력을 만들어준 대표적인 인물로는 손정의 소프트뱅크 회장과 제리 양 야후 창업주가 꼽힌다. 알리바바 창업 전 중국 정부기관 관광가이드였던 마윈은 관광객으로 중국을 방문했던 제리 양 창업자를 만나 인연을 맺었다. 신규 투자처를 찾던 손정의 회장은 2000년 제리 양을 통해 마윈을 소개받았다. 손 회장이 그의 아이디어를 듣고 6분 만에 200억 원의 투자를 결정한 사건은 유명한 일화로 남아 있다. 손 회장의 투자는 알리바바가 중국 최대 IT기업으로 성장할 수 있는 날개를 달아준 결정적 계기였다.

여기에 2003년 온라인 오픈마켓 타오바오 출범도 알리바바가 폭발적인 성장을 이룬 계기 중 하나로 꼽힌다. 여전히 타오바오는 알리바바 전자상거래 매출의 중심으로 2019년 기준 3조 1,100억 위안(521조 원) 규모를 기록하고 있다. 알리바바는 현재 물류부터 식품배달, 인공지능(AI), 온라인 금융, 클라우드 컴퓨팅 사업까지 진행하는 중국 최대 IT기업으로 성장했다. 올해 기준 알리바바의 시가총액은 4,600억 달러(550조 원)다. 참고로 삼성전자의 시가총액은 281조 원이다.

알리바바는 이미 10년 전부터 클라우드 컴퓨팅 사업에 매진해왔는데, 이는 현재 알리바바 사업 영역 중 가장 빠른 성장세를 보이는 분야이기도 하다. 차기 알리바바 회장인 다니엘 장은 2018년 CNBC와의 인터뷰에서 "클라우드 컴퓨팅은 알리바바의 중요한 사업 영역이 될 것이다"라고 밝혔다.

알리바바는 핀테크 혁신 대표주자로도 꼽힌다. 알리바바는 2004년 QR코드 기반 결제 서비스인 알리페이를 내놨다. 전자 상거래의 핵심인 결제 서비스를 개선하기 위해서였다. 이후 위챗페이와 알리페이가 양분한 중국 간편결제 시장은 거래금액 기준으로 2018년 기준 98조 7,000억 위안(약 1경 5,800조 원)의 폭발적인 성장세를 보였다. 알리바바는 알리페이를 기반으로 핀테크 분야로 영역을 확장했고, 2014년에는 앤트파이낸셜을 설립했다. 앤트파이낸셜은 중국 최대의 핀테크 회사로 자리 잡았으며, 중국이 핀테크 강국으로 도약할 수 있는 배경이 되었다.

조선일보(2019.09.11.)

기업성장과 해외진출

제품-시장 성장 매트릭스

앤스오프(Ansoff)는 기업이 성장을 위해 어떤 전략대안을 선택할 수 있는지를 설명하기 위한 '제품－시장 성장 매트릭스(productmarket growth matrix)'에서 네 가지 유형의 성장방법을 제시하고 있다(그림 7－1).

1. 시장침투 성장

시장침투(market penetration) 성장은 기존시장에서 기존제품의 경쟁력을 강화하여 시장점유율을 높이는 성장방법이다. 즉, 제품의 품질을 향상시키고, 경쟁력 있는 가격으로 판매하며, 광고를 통해 자사 제품과 서비스에 대한 고객의 인지도를 향상시켜 시장점유율을 높여가는 성장방법이다. 시장침투 성장전략은 제품－시장 성장 매트릭스에서 제시하는 네 가지의 성장방법 중 가장 위험 부담이 적고, 단기간에 추진할 수 있다는 장점이 있다. 하지만 산업부문의 전체적인 성장이 침체될 경우 더 이상 성장하기 어려운 한계에 봉착할 수 있다는 단점이 있다.

그림 7-1 앤스오프의 제품·시장 성장 매트릭스

2. 시장개발 성장

시장개발(market development) 성장은 상품에 대한 새로운 소비자군의 니즈를 발굴하거나 상품을 제공하는 시장의 확장을 도모하여 기존상품으로 새로운 국내외 신규시장에 진출하는 성장방법이다. 예로 소니의 플레이스테이션은 초기에는 어린이용 오락기시장에 출시되었으나, 점차적으로 소비자군을 청소년과 성인까지 확장하였다. 또한 지역적으로는 초기 일본과 미국 등의 한정적인 시장에서만 판매하다가 전 세계 거의 모든 곳에서 판매되는 상품으로 판매시장을 확대하였다.

3. 제품개발 성장

제품개발(product development) 성장은 기존시장에 신상품을 출시하여 성장을 도모하는 방법이다. 예로 의류업체가 기존고객들을 대상으로 액세서리나 신발과 같은 다른 종류의 상품들을 판매하여 성장을 도모하는 경우가 이에 해당된다. 제품개발 성장은 충성 고객을 확보하고 있는 기업들에게 매우 효과적인 성장방법이다. 즉, 고객들과의 지속적인 의사소통을 통해 충성스러운 고객들을 많이 확보하고 있는 기업은 고객요구와 시장추이를 파악하는 데 강점이 있기 때문에 고객들의 새로운 요구를 충족시켜줄 수 있는 새로운 제품을 빠르게 제공하여 성장을 도모할 수 있는 것이다.

4. 다각화 성장

다각화(diversification) 성장은 잠재적인 성장가능성이 높은 새로운 사업부문에 진출하여 신상품을 판매하는 방식으로 성장을 도모하는 방법이다. 다각화 성장방법은 성장가능성이 높은 시장의 기회요소를 활용하여 변화를 추진한다는 측면에서 기업의 빠른 성장에 도움이 될 수 있다. 하지만 기존 주력상품에 대한 기득권 없이 새로운 시장에서 경쟁하는 위험을 감수해야 하기 때문에, 제품–시장 성장 매트릭스에서 제시하는 네 가지의 성장방법 중 가장 실패의 위험이 높다.

기업 수준의 전략

전략체계를 구성하는 세 가지 차원의 전략 중 전사적 차원의 경영계획을 수립하는 기업 수준의 전략(corporate–level strategy)은 사업영역의 확장, 축소, 철수를 포함하는 사업포트폴리오(business portfolio)의 구성과 관련한 성장전략이다. 기업이 보유하고 있는 제한된 자원을 가장 효과적으로 활용하기 위한 성장전략의 추진과정에서는 다음과 같은 주요 이슈들에 대한 의사결정을 내린다.

- 어떤 사업부문에서 경쟁할 것인가?
- 어떤 사업부문에 얼마만큼의 자원을 투자할 것인가?
- 사업부문 간의 시너지를 어떤 방식으로 창출할 것인가?

전사적인 차원의 사업구조 결정과 관련한 기업 수준 전략에는 사업규모 확대를 위한 다각화전략과 규모 축소를 위한 구조조정전략이 포함된다.

1. 다각화

기업들이 실행하는 다양한 유형의 사업 다각화들은 기본적으로 다각화된 사업 단위들 간의 상호 연관성에 따라 관련다각화(related diversification)와 비관련다각화(unrelated diversification)로 구분될 수 있다.

▮ 유형: 관련다각화 vs. 비관련다각화

관련다각화는 기존 사업부문에서 축적한 지식, 핵심기술, 인적자원, 생산능력, 유통채널, 마케팅 역량 등을 활용할 수 있는 관련성이 높은 부문으로 사업 범위를 확장하는 전략이다. 기업은 관련다각화를 통해 여러 제품을 함께 생산함으로써 각각의 제품을 따로 생산하는 경쟁사들보다 낮은 비용으로 제품을 생산할 수 있는 범위의 경제(economies of scope) 효과를 창출할 수 있고, 시장 영향력(market power)을 강화할 수도 있다.

관련다각화를 추진하는 기업들은 수평적 통합(horizontal integration)전략 또는 수직적 통합(vertical integration)전략을 실행할 수 있다. 수평적 통합전략은 보유하고 있는 자원이나 역량을 활용하여 고객 기반이나 제품군을 확대하는 것으로, 예로는 식품업체가 마케팅 부문의 역량과 경험을 이용하여 음료수 사업에 진출하는 경우와, 전자상거래 업체가 보유하고 있는 정보통신 인프라를 활용하여 물류대행업에 진출하는 경우가 포함된다.

수직적 통합전략은 원자재와 부품의 효율적이고 안정적인 조달을 위하여 공급자의 기능을 직접 수행하는 후방통합(backward integration)이나, 유통채널의 확보 등을 통해 수요자의 기능을 직접 수행하는 전방통합(forward integration)을 의미한다. 기업들은 수직적 통합을 통해 생산비 절감, 시장거래 비용감소, 품질관리개선, 독점기술 보호를 통한 사업의 경쟁적 지위강화를 도모할 수 있다. 즉 공급과 수급의 단계를 내부화(internalize)하여 비용을 절감하고 기업의 시장지배력을 강화할 수 있는 것이다. 하지만 수직적 통합전략은 다음과 같은 잠재적인 문제점을 가지고 있다. 첫째, 급변하는 외부환경 변화에 능동적으로 대처하는 데 필요한 기업의 유연성이 감소될 수 있다. 둘째, 통합된 내부 공급업자들은 수주를 위한 경쟁을 할 필요가 없기 때문에 효율성이 떨어지고 원가상의 불이익을 초래할 수 있다. 셋째, 수요가 불안정하거나 예측하기 힘든 경우 수직적으로 통합된 활동들 간의 조정이 어려워져 관리비용이 높아질 수 있다.

한편, 비관련다각화는 보유하고 있는 사업과 관련성이 전혀 없는 신규업종을 사업 범위에 추가시키는 전략이다. 예를 들이 식품제조업체기 컴퓨터나 금융 산업으로 사업을 확장시키는 경우가 해당되는데, 기존 사업부문의 매력도가 낮고 경쟁력이 뛰어나지 못한 기업들이 많이 채택한다. 비관련사업으로의 다각화를 도모하는 기업은 사업부문 간 시너지 창출을 목적으로 하지 않는다. 반면, 보다 효율적인 내부자원의 활용을 통한 전사적 차원의 수익성 향상, 안정적인 현금흐름 확보, 위험분산, 성장업종 참여를 목적으로 한다. 비관련다각화를 통한 성장추진의 경우 익숙하지 못한 산업부문으로 사업을 확장한다는 측면에서 높은 수준의 위험이 수반될 수 있다. 따라서 충분한 사전검토와 필요인력의 확보가 반드시 선행되어야 한다.

▌ 방법: 내부성장방식 vs. 외부성장방식

사업범위의 확대를 위한 다각화의 추진방법으로는 신설투자를 통한 내부성장방식과 인수합병이나 전략적 제휴를 통한 외부성장방식이 활용될 수 있다. 내부성장방식을 통한 다각화를 추진하는 기업은 신설투자(greenfield investment)를 통해 새로운 제품군이나 시장으로 사업영역을 확대한다. 신설투자를 통한 다각화는 투자규모에 맞게 설비와 인력 규모를 조정할 수 있고, 생산라인을 배치할 때 생산품목을 자유롭게 선택할 수 있다는 장점이 있다. 하지만 사업을 개시하기까지 소요되는 기간이 오래 걸린다는 상대적인 단점이 있다.

한편 다각화를 추진하는 기업들은 전략적 제휴(strategic alliance)와 인수합병(M&A: merge and acquisition)과 같은 외부성장방식을 취할 수도 있다. 외부성장방식은 내부성장방식에 비해 산업 진입장벽을 회피하는 데 도움이 되고, 자체적인 신제품 개발에 필요한 과다한 비용지출과 불확실성을 줄일 수 있으며, 제휴 또는 인수 기업으로부터의 신기술 획득이 가능하다는 장점이 있다. 반면, 인수 또는 제휴 기업과의 통합 및 협력 과정에서의 어려움, 높은 수준의 인수비용 초래가능성 등 잠재적인 단점들을 내포하고 있다.

2. 구조조정

구조조정(restructuring)은 실적이 저조한 사업부문의 축소 또는 폐쇄를 통해 비용절감과 수익성 향상을 도모하는 전략이다. 기업의 전체적인 자원을 보다 효율적으로 활용하기 위한 구조조정전략에는 다운사이징(downsizing)과 다운스코핑(downscoping)이 포함된다.

다운사이징은 효율성 극대화와 생산성 향상을 위해 인력규모를 감축하고 비용구조 및 업무흐름을 변화시키는 일련의 조치이다. 일반적으로 전체조직에 대한 전반적인 감원을 의미하는 다운사이징은 즉각적인 비용절감이라는 단기적인 효과가 탁월하지만, 장기적 관점에서는 경쟁우위의 토대가 될 수 있는 우수한 인적자원들을 잃는 결과를 초래할 수 있다.

반면 여러 사업단위들 중 특정 사업단위의 성과가 열악하여 문제가 되거나 나머지 사업단위들과의 시너지효과 창출이 이루어지지 않는 경우에는 해당 사업부문을 매각 또는 처분하는 다운스코핑을 실행할 수 있다. 다운스코핑은 매각자금을 활용하여 경쟁우위 사업부문에 대한 투자를 강화할 수 있도록 해주기 때문에 선택과 집중을 통한 기업자원의 효율적인 활용을 가능하게 해준다.

제2절 전략적 분석기법

기업의 목적달성을 위한 최적의 전략 수립과 실행을 위해서는 기업이 직면하고 있는 내·외부 상황에 대한 체계적인 분석이 필요하다. 이와 관련하여 본 절에서는 상황분석 자료에 기초한 전략수립을 위해 가장 폭넓게 활용되고 있는 SWOT 분석과, 최적의 사업포트폴리오 구축을 위한 분석방법인 BCG 매트릭스와 GE 매트릭스를 살펴보도록 한다.

SWOT 분석

경영자는 전략적 분석에 기초한 전략대안 도출을 위해 SWOT 분석을 활용할 수 있다. 그림 7-2는 내부역량 분석을 통해 도출한 강점(Strength)과 약점(Weakness) 요소들과, 외부환경 분석을 통해 도출한 기회(Opportunity)와 위협(Threat) 요소들을 제시하는 SWOT 매트릭스의 구성요소들에 대한 설명과 예제들을 보여주고 있다.

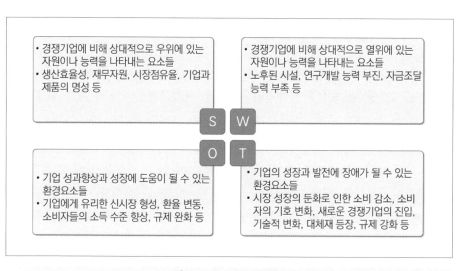

• 경쟁기업에 비해 상대적으로 우위에 있는 자원이나 능력을 나타내는 요소들
• 생산효율성, 재무자원, 시장점유율, 기업과 제품의 명성 등

• 경쟁기업에 비해 상대적으로 열위에 있는 자원이나 능력을 나타내는 요소들
• 노후된 시설, 연구개발 능력 부진, 자금조달 능력 부족 등

• 기업 성과향상과 성장에 도움이 될 수 있는 환경요소들
• 기업에게 유리한 신시장 형성, 환율 변동, 소비자들의 소득 수준 향상, 규제 완화 등

• 기업의 성장과 발전에 장애가 될 수 있는 환경요소들
• 시장 성장의 둔화로 인한 소비 감소, 소비자의 기호 변화, 새로운 경쟁기업의 진입, 기술적 변화, 대체재 등장, 규제 강화 등

그림 7-2 SWOT 매트릭스

효과적인 전략은 기업의 강점과 기회요소들의 효과를 극대화하는 동시에 약점과 위협요소들의 효과를 최소화해줄 수 있어야 한다. 이 같은 목적에 따라 SWOT 매트릭스는 기업이 직면하고 있는 외부환경의 기회와 위협요소들을 기업이 보유한 강점 및 약점 요소들과 조화시켰을 때 실행가능한 전략대안들을 도출하기 위해 활용된다. 표 7-1은 1994년 온라인 서점을 창업했던 아마존이 신규 경쟁자들의 시장진입으로 인한 경쟁 심화와 수익성 악화에 직면하게 되었을 때 실행한 SWOT 매트릭스 분석내용이다.

SWOT 매트릭스에서는 기업의 내·외부 요소들 간의 조합에 기초한 네 가지 유형의 전략대안들을 제시한다. 첫째, '강점-기회(SO) 전략'은 외부환경의 기회요소를 활용하기 위해 강점을 활용하는 전략이다. 이는 내·외부적으로 기업에게 유리한 환경요소들을 활용하는 방안으로서 일반적으로 성장 위주의 공격적인 전략대안들이 많이 도출된다. 둘째, '강점-위협(ST) 전략'은 기업이 당면한 위협의 효과를 줄이면서 자사의 강점을 최대한 활용할 수 있게 해주는 전략이다. 예로는 현재 주력하고 있는 시장의 심화되는 경쟁을 피하기 위해 신시장을 개척하는 전략대안을 들 수 있다. 셋째, '약점-기회 (WO) 전략'은 기업의 약점을 보완함으로써 기회를 활용하는 전략이다. 예로는 약점을 보완하여 보다 효과적으로 시장기회를 추구하는 아웃소싱 (outsourcing)이나 전략적 제휴를 들 수 있다. 마지막으로 '약점-위협(WT) 전략'은 기업의 약점을 최소화시켜 위협을 극복하기 위한 전략이다. 예로는 내·외부적으로 불리한 상황을 극복하기 위해 사업을 축소하거나 기존시장으로부터 철수하는 방어적인 전략대안들이 있다.

▮표 7-1 아마존의 SWOT 분석사례

구 분		외부환경	
		기회(Opportunity) O1: 해외시장 확대 O2: 전자출판시장 확대	위협(Threat) T1: 전통 서점들의 온라인 판매시장 진입
내부 환경	강점(Strength) S1: 기업명성 S2: 소프트웨어의 우수성	강점-기회(SO) 전략 • 온라인서점사업 해외시장 진출(S1, S2, O1)	강점=위협(ST) 전략 • 서점 오픈(S1, T1)
	약점(Weakness) W1: 낮은 수익률 W2: 경험이 부족한 경영진	약점-기회(WO) 전략 • 확대 제품군 온라인 해외사업 진출(O1, W1) • 전략적 제휴(O2, W2)	약점-위협(WT) 전략 • 제품군 확대(W1, T1) • 기업 매각(W2, T1)

사업포트폴리오 분석

사업포트폴리오 분석은 복수의 제품과 사업단위를 가지고 있는 다각화된 기업이 기업수준의 전략수립을 위해 활용할 수 있는 전략적 분석기법이다. 사업포트폴리오 분석은 기업이 보유하고 있는 각각의 제품 또는 전략사업단위(SBU: strategic business unit)가 직면한 내·외부 환경여건에 따라 가장 효율적인 사업구조를 결정하고 예상수익에 따른 사업단위별 투자계획을 수립하는 데 주된 목적을 두고 있다.

1. BCG 매트릭스

BCG 매트릭스는 경영자문사인 보스턴컨설팅사(Boston Consulting Group)에서 개발한 사업포트폴리오 분석방법으로서 '성장 – 점유율 매트릭스'라고도 한다. 그림 7–3에서 볼 수 있는 것처럼 BCG 매트릭스는 기업의 내·외적 전략요소들을 포괄하는 두 가지 차원인 자사 제품의 상대적 시장점유율과 산업성장률을 평가하여 전사적인 차원의 가장 효율적인 자원배분방식을 결정하는 데 활용된다. BCG 매트릭스에서 평가되는 사업단위들은 평가결과에 따라 크게 네 가지 유형으로 분류되는데, 각 유형에 속하는 사업단위들은 기본적으로 상이한 자금흐름을 나타내기 때문에 각기 다른 방식으로 관리되어야 한다.

그림 7-3 BCG 매트릭스

- **물음표**(Question Mark): 빠르게 성장하는 산업부문에 속해 있지만 상대적으로 낮은 시장점유율을 나타내는 사업부문이다. 상대적인 열위에 있는 현재의 상황에서 좀 더 과감한 자금투입을 실행할 것인지 또는 사업 부문에서 철수할 것인지를 결정해야 하기 때문에 물음표 사업군이라고 한다. 일반적으로 물음표로 분류된 사업 부문의 제품들은 제품 수명주기상에서 도입기부터 성장기 초반에 해당된다. 또한 기존의 선도기업을 비롯한 경쟁기업들에 대항하기 위하여 많은 자금투자가 요구되는 반면, 경쟁적 지위가 약해 당장의 자금유입 규모가 작다는 특징이 있다. 분석결과 물음표에 해당되는 사업 부문이 여러 개일 경우에는 모든 사업 부문에 균등하게 투자하기보다는 소수의 사업부문을 전략적으로 선택하여 집중적으로 투자하고, 지속적인 시장점유율 확대를 통해 별 사업군으로 이동시키는 것이 효과적이다.

- **별**(Star): 빠르게 성장하는 산업에 속해 있으며 상대적으로 높은 시장점유율을 확보하고 있는 사업부문이다. 별로 분류된 사업부문의 제품들은 제품 수명주기상에서 성장기에 해당되는 경우가 많다. 지속적인 성장을 위해 많은 양의 자금투자가 요구되는 반면, 우월한 시장지위로 인해 높은 이윤을 창출하므로 자금흐름상의 균형상태를 나타낸다. 성장성이 높은 산업부문이므로 기업 간의 경쟁이 치열한데, 경쟁에서 승리할 경우 산업의 성장성이 저하된 이후에도 현금젖소에 해당되는 사업부문이 되어 자금조달자의 역할을 수행할 수 있다.

- **현금젖소**(Cash Cow): 성장이 정체된 산업분야에 속해 있지만 상대적으로 높은 시장점유율을 확보하고 있는 사업부문이다. 일반적으로 제품 수명주기상으로 보면 성숙기에 속하는 사업부문들이 많다. 요구되는 신규투자의 규모는 작지만, 규모의 경제효과 등을 통해 높은 수준의 자금유입이 가능하다는 특징이 있다. 현금젖소 사업부문에서 확보된 자금은 물음표 사업부문이나 별 사업부문에 투자된다

- **개**(Dog): 성장이 정체된 산업에 속해 있으며 상대적으로 낮은 시장점유율을 확보하고 있는 사업부문이다. 일반적으로 제품 수명주기상에서는 쇠퇴기에 해당되는 사업부문인 경우가 많다. 낮은 산업성장률 때문

에 많은 자금투자가 요구되지는 않지만, 사업활동을 통해 얻을 수 있는 이익도 매우 작다는 특징이 있다. 개 사업군으로 분류된 사업부문에 대해서는 시장성장률이 다시 회복될 가능성이 있는지 혹은 시장 내에서 자사의 지위나 점유율이 높아질 가능성이 있는지를 검토하여 사입부문을 계속 유지할 것인지 또는 철수할 것인지를 결정해야 한다.

BCG 매트릭스는 산업성장률과 시장점유율이라는 두 가지 요소만을 평가하여 사업단위의 상황을 진단하고 투자 및 운영방안을 결정하기 때문에 이해와 활용이 쉽다는 장점이 있다. 반면 결정요소들이 지나치게 단순하고 포괄적이어서 정확한 사업부 평가와 투자계획 수립을 위한 활용에는 한계가 있다. 또한 BCG 매트릭스에서는 사업단위의 경쟁적 지위를 결정하기 위한 요소로서 시장점유율을 사용하는데, 이는 높은 시장점유율이 대량생산으로 이어지고, 이것이 다시 원가절감과 고수익을 보장해준다는 가정에 기초하고 있다. 하지만 이 같은 가정은 가격경쟁력이 핵심성공요인이 되는 대량생산이 중요한 산업부문에서는 유효하지만, 차별화와 혁신역량이 보다 중요한 성공요인이 되는 산업부문에서는 적절치 않다.

2. GE 매트릭스

맥킨지(McKinsey)사와 GE가 함께 개발한 GE 매트릭스는 사업부가 진출한 시장의 매력도와 시장에서의 경쟁적 우위수준에 따라 사업단위들을 평가한다는 측면에서 BCG 매트릭스와 유사하다. 하지만 BCG 매트릭스가 산업성장률과 상대적 점유율만을 기준으로 사업단위들을 평가하는 것과 달리, GE 매트릭스에서는 주요 평가기준인 '시장매력도'와 '경쟁적 우위수준'의 평가를 위해 다양한 변수들을 포함하고 각 변수들의 중요도에 따라 가중치를 부여하여 측정한다는 차이가 있다. 구체적으로 GE 매트릭스에서는 시장규모, 시장성장률, 시장수익률, 경쟁강도, 진입장벽, 수요가변성, 유통구조, 정부정책 등을 고려하여 전체적인 시장매력도를 측정하고, 시장점유율, 수익률, 생산성, 가격 및 품질경쟁력, 시장지식, 기술력, 경영능력, 고객충성도 등에 기초하여 개별 사업단위의 포괄적인 경쟁적 우위수준을 결정한다.

그림 7-4에서 볼 수 있는 것처럼 GE 매트릭스는 총 아홉 개의 영역으로 구성되는데, 이는 다시 크게 세 가지 영역으로 구분하여 살펴볼 수 있다. 첫째로, 상위 왼쪽의 세 영역은 전반적인 매력도가 높게 분석된 사업부들로서 투자/성장 전략(invest/growth strategy)을 실행해야 하는 사업단위들을 나타낸다. 둘째, 하위 오른쪽의 세 영역은 전반적인 매력도가 낮은 사업부들로서 수확/철수 전략(harvest/divest strategy)을 신중히 고려해야 하는 사업단위들을 포함한다. 셋째, 대각선의 세 영역은 전반적인 매력도가 중간 수준으로 분석된 사업부들로서 기업은 경쟁력이 있을 것으로 판단되는 사업단위들에 대한 선택/획득 전략(select/earning strategy)을 고려해볼 필요가 있다. 각 영역에 해당되는 사업단위들에 대한 보다 구체적인 전략대안들은 그림 7-4에 포함되어 있다.

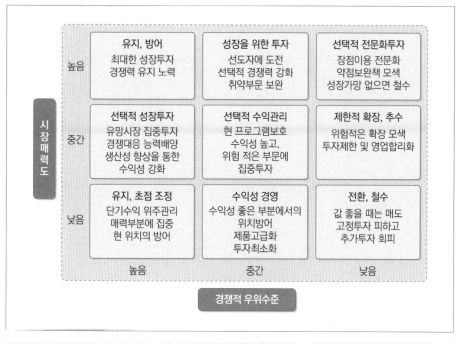

그림 7-4 GE 매트릭스

GE 매트릭스는 다양한 변수들에 대해 가중치를 부여하여 시장매력도와 경쟁적 우위수준을 평가함으로써 각 사업단위들의 현재 상황을 한층 더 정확하게 반영하는 보다 현실적이고 구체적인 전략대안들을 제시할 수 있도록 해준다는 장점이 있다. 하지만, 상이한 시장매력도와 경쟁적 우위수준 산정 방법으로 인해 표준화된 적용이 어렵고, 이들 요소들이 주관적 판단에 의해 평가될 수 있다는 한계가 있다.

제3절　국제경영

국제경영전략은 사업범위를 지역적으로 확대한다는 측면에서 성장전략으로 간주될 수 있다. 따라서 본 절에서는 기업성장의 또 다른 방법으로서 국제경영에 관해 살펴보도록 한다. 구체적으로 해외시장 진출동기, 주요 해외시장과 지역경제통합, 국제경영전략에 영향을 미칠 수 있는 기업 내·외부의 요인들을 소개한다.

해외시장 진출동기

기업은 새로운 시장개척을 통한 자사 제품의 수요확대, 저렴한 노동력과 천연자원 활용, 지역적 분산투자를 통한 위험분산을 포함하는 다양한 동기들에 의해 해외시장에 진출하게 된다.

첫째, 기업은 해외진출을 통해 자사 제품에 대한 수요를 획기적으로 확대할 수 있다. 즉, 제한된 국내시장에서만 경쟁하는 것보다 상대적으로 경쟁의 정도가 약하고 잠재적인 수요가 있는 해외시장에 진출할 경우 매출을 크게 향상시킬 수 있는 것이다. 국제경영학자인 버논(R. Vernon)은 선진국 시장에서 판매가 감소한 제품을 신흥국 시장에서 판매할 경우 기업은 해당 제품에 대한 생명주기를 확장할 수 있다는 '제품수명주기 확장이론'을 제시했는데, 예로 도로사정 개선과 자동차 보급 확대로 급격한 판매 감소에 직면한 국내 멀미약 제조업체들이 도로사정이 열악하고 자동차 보급률이 낮은 중국이나 베트남으로 진출한 사례가 있다.

둘째, 기업은 상대적으로 저렴하게 공급받을 수 있는 인적자원이나 천연자원들을 활용하기 위해 해외진출을 시도할 수 있는데, 이는 과거 많은 국내기업들이 노동력이 풍부하고 인건비가 저렴한 동남아 국가에 공장을 신설하거나 이전했던 주된 이유이기도 하다.

셋째, 제품 다각화를 통해 위험을 분산시킬 수 있는 것처럼, 기업은 여러 국가에서 동시에 사업을 수행하는 지역적인 다각화를 통해 투자에 대한 위험을 분산시킬 수 있다. 각 해외시장들은 지역별로 상이한 환경요소들의 영향을 받기 때문에 다양한 해외시장에서 동시에 영업을 수행할 경우 보다 효과적으로 기업의 전체적인 위험을 분산시킬 수 있는 것이다.

주요 해외시장과 지역경제통합

국내기업들의 국제경영활동과 가장 밀접한 관련을 갖는 대표적인 해외시장으로는 유럽, 북미, 아시아가 있다. 지역경제통합(regional economic integration)을 중심으로 이들 시장들의 특징적인 모습들을 살펴보면, 먼저 유럽 국가들은 유럽연합(EU: European Union)이라는 경제공동체를 형성하여 세계시장에서의 영향력을 확대해왔다. 1957년 프랑스, 독일, 룩셈부르크, 벨기에, 네델란드, 이탈리아의 공동시장으로 출발하여 현재 세계 최대의 경제공동체에 이른 유럽연합은 인구규모 면에서 미국을 능가한다. 또한 1999년 단일통화인 유로(Euro)를 도입하여 역내교역에 있어 환전비용과 환율변동에 따른 위험을 일소하였다. 하지만 이민자 유입과 일자리 감소 문제 등으로 인해 갈등을 겪어온 영국이 국민투표를 통해 유럽연합 탈퇴를 결정하였고, 영국 내부의 법안 통과와 EU 회원국들의 승인절차까지 완료하면서 2020년 1월 유럽연합을 탈퇴하는 브렉시트(Brexit)를 단행하였다.

유럽연합의 결성은 유럽연합 역내 국가의 기업들에게는 물론, 역외 국가의 기업에게도 기회를 제공하였다. 먼저 역내 기업들에게는 거대한 내부시장을 바탕으로 규모의 경제효과를 창출하여 역외 기업들과 보다 효율적인 경쟁을 할 수 있는 기회를 제공해주었다. 반면 역외 기업들에게는 임금이 저렴한 동유럽 국가에서 제품을 생산하여 서유럽 국가에서 판매하는 등 효율적인 해외직접투자(FDI: Foreign Direct Investment)를 통해 유럽시장에서의 수요를 확대해 나아길 수 있는 기회를 제공해주있다. 하지만 역외 지역에서 생산하여 수출할 경우 역내 기업들에 비해 가격경쟁력이 심각하게 저하될 수 있는 위협 또한 대두시켰다. 유럽연합 출범과 관련하여 한국 기업들이 많이 우려했던 점은 유럽이 하나의 국가처럼 통합되는 과정에서 내부의 장벽을 허무는 반면, 외부에 대해서는 거대한 장벽을 세우는 것이 아닌가 하는 우려였다. 그러나 이와 관련한 중대한 움직임은 포착되지 않았으며, 오히려 한국-유럽연합 간의 교역량은 꾸준한 증가세를 유지하고 있다. 특히 2011년에 발효된 한국과 유럽연합 간의 자유무역협정(FTA: Free Trade Agreement)은 교역량을 한층 더 증가시켰다.

　　미주시장에서 북미주의 미국, 캐나다, 멕시코는 1994년 북미자유무역협정(NAFTA: North American Free Trade Agreement)을 체결하여 해당 국가 간의 무역장벽을 제거하고 경제적 통합을 가속화하였다. 특히 협정의 발효로 미국의 자본과 기술, 캐나다의 자원, 멕시코의 노동력을 바탕으로 한 분업과 협력관계가 구축되었는데, 이는 북미시장을 개척하려는 기업들에게 유럽연합에서와 유사한 잠재적인 기회와 위협요소들로 작용하였고, 특별히 2012년 미국과의 자유무역협정이 발효된 한국 기업들에게는 더욱 그러하였다. 2017년 도널드 트럼프(Donald Trump) 미국 대통령은 북미자유무역협정이 자국민들의 일자리를 뺏는다고 비판하며 상대국들과 재협상을 시작하였고, 2018년 멕시코, 캐나다와 단계적인 합의에 이르면서 북미자유무역협정을 대체하는 새로운 무역협정인 미국·멕시코·캐나다 협정(USMCA: United States Mexico Canada Agreement)을 체결하였다.

　　한국을 포함한 아시아 국가들은 20세기 말의 외환위기 이후 다국적 기업들에게 매력적인 시장으로 급부상하였다. 특히 친디아(Chindia)로 불리는 중국과 인도의 급성장은 다국적 기업들에게 기회와 위협을 동시에 제공하였다. 아시아 지역의 대표적인 지역경제통합으로는 1967년 설립된 동남아시아 국가연합인 아세안(ASEAN: Association of South-East Asian Nations)이 있다. 아세안에는 천연자원이 풍부하고 국가경제에 있어 무역에 대한 의존도가 높은 인도네시아, 말레이시아, 필리핀, 싱가포르, 태국, 브루나이, 미얀마, 라오스, 캄보디아, 베트남을 포함하는 10개국이 참여하고 있다. 구성국가들 간의 자유무역을 추진해왔으며 관세인하는 물론 산업동맹, 금융협력 등으로 통합분야를 확대해왔고, 한국, 중국과 자유무역협정을 체결하는 등 통합을 위한 활발한 움직임을 보여주고 있다. 아세안과 함께 아시아 지역을 대표하는 또 다른 지역경제통합으로는 1990년 설립된 아시아태평양경제협력체(APEC: Asia Pacific Economic Cooperation)가 있다. APEC에는 한국, 일본, 중국, 미국, 캐나다, 오스트레일리아, 뉴질랜드 등을 포함하는 아세아 태평양연안 국가들이 참여하고 있다.

국제경영전략

해외사업을 위한 대표적인 국제경영전략에는 수출(exporting), 수입(importing), 계약(licensing), 해외직접투자(foreign direct investment)가 있다. 수출은 국내에서 생산한 제품이나 서비스를 해외에서 판매하는 것이다. 일반적으로 초기단계의 수출 기업들은 오퍼상이나 종합무역상사와 같은 중간거래상을 활용하는 간접수출(indirect exporting)방식으로 해외사업을 시작한다. 간접수출방식은 해외시장의 불확실성으로 인한 위험을 회피할 수 있는 장점이 있지만, 높은 수익을 달성하기 어렵다는 단점이 있다. 따라서 간접수출을 통해 해외시장에 대한 경험을 축적한 기업들은 현지의 판매 대리인이나 유통업자와 계약을 체결하거나 해외 마케팅과 판매를 직접 수행하는 직접수출(direct exporting)방식으로 전환하는 경향을 나타낸다.

반면 수입은 제품이나 서비스를 해외에서 구입하여 국내에 반입한 후 판매하는 것이다. 수입기업은 은행에서 환전을 하여 외국의 수출기업에 대금을 지급하고 제품을 인도받는데, 인도한 제품의 국내 반입과정에서 관세와 쿼터를 비롯한 정부규제의 적용대상이 된다. 수입제품에 부과되는 세금인 관

세의 부과는 수입제품에 대한 가격을 상승시켜 국내 생산제품의 가격경쟁력
을 높여주는 효과를 발생시킨다. 쿼터는 수입물량을 일정 한도로 제한하는
것으로서 관세와 마찬가지로 국내 생산자를 보호하는 효과를 발생시킨다. 예
로, 스크린쿼터는 수입영화와 국산영화의 상영비율에 대한 한도를 설정하여
국내 영화산업을 보호하기 위해 시행되고 있다.

다음으로 계약(licensing)에 의한 해외사업은 기업이 무형자산인 기술,
상표, 특허권, 저작권과 같은 지적소유권이나 컴퓨터 소프트웨어와 같은 기
술적 노하우 또는 경영관리와 같은 경영적 노하우 등의 자산을 일정한 계약
에 의해 현지기업에게 판매하는 것이다. 계약에 의한 해외사업 운영은 로열
티나 다른 형태의 대가에 상응하는 기술적 자산이 외국으로 이동하는 것으
로, 대체로 일회성 거래의 형태를 띠는 수출입에 비해 장기적인 거래관계를
형성하게 한다. 계약에 의한 해외사업 운영방법으로는 라이선스, 프랜차이
즈, 생산계약 등이 있다.

가장 적극적인 유형의 국제경영전략인 해외직접투자(FDI)는 전략적 제
휴(strategic alliance), 자회사 신설(greenfield investment) 또는 인수(acquisition)
등의 방식으로 현지에 생산시설을 확보하고 제품을 직접 생산·판매하는 것
이다. 해외직접투자는 수출 시에 발생되는 물류비용을 절감하고, 해당 국가
의 무역장벽을 회피할 수 있다는 장점이 있다. 더불어 임금이 저렴한 국가에
생산시설을 확보할 경우 생산원가를 낮출 수 있으며, 투자유치를 활발히 하
는 국가에 진출할 경우에는 해당 국가로부터 부지제공, 세금감면 등의 경제
적 혜택을 받을 수 있다는 장점이 있다. 하지만 수출, 계약 등 다른 유형의
국제경영 전략들에 비해 높은 수준의 비용과 위험이 수반되는 단점이 있다.

국제경영전략의 결정요인

최적의 국제경영전략을 결정하기 위해서는 그림 7-5에서 볼 수 있는
것처럼 기업내부요인과 함께 진출국의 외부환경요인들에 대한 충분한 고려
가 필요하다. 먼저 기업내부요인으로는 경영자원과 핵심역량으로서 기업이

보유하고 있는 기술, 브랜드, 진출대상국과 관련된 국제화 경험을 고려할 필요가 있다. 예를 들어, 기술력이 뛰어난 기업이나 우수한 브랜드를 보유하고 있는 기업은 합작투자나 라이선싱 계약체결보다 인수나 신설투자를 통해 모든 지분을 독자적으로 보유하는 직접투자를 수행하는 것이 효과적일 것이다.

또한 국제경영전략을 선택함에 있어 기업은 현지국의 투자환경을 충분히 고려해야 한다. 이와 관련한 대표적인 환경요소로는 진출 국가의 문화, 정치, 경제 환경이 포함된다. 먼저 취향, 습관, 관습 등에 반영되어 나타나는 문화환경은 현지국 소비자들의 소비성향과 직접적인 연관성이 있기 때문에, 국제경영전략의 결정과정에서 포괄적으로 평가되어야 한다. 특별히 해외에 진출하는 기업들은 현지기업들과의 경쟁에서 외국기업으로서 갖는 태생적인 불리함이라고 할 수 있는 '외국인 비용(liability of foreignness)'에 직면할 수 있는데, 외국인 비용 수준이 높은 국가에 진출할 때는 단독투자보다 현지기업과의 합작투자를 통해 적극적인 현지화(localization)를 추진하는 것이 유리하다.

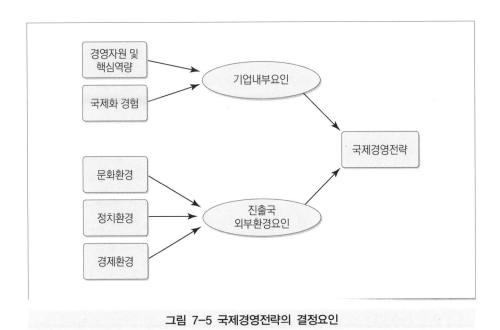

그림 7-5 국제경영전략의 결정요인

국제경영활동에 영향을 미칠 수 있는 정치환경에는 정부의 성향, 각종 규제, 장기적인 안정성 등이 포함된다. 예로 내전을 포함한 전쟁가능성은 현지국가에서의 경영활동에 대한 안정성을 저해하는 매우 중대한 요소이다. 더불어 급진적인 정부출현과 외국기업의 자산을 몰수하여 국유화하는 정책변화 역시 정치적 위험요소를 가중시키는 요소들에 해당된다. 따라서 해외사업을 준비하고 있는 기업들은 해당국의 정치상황과 잠재적 변화가 경영활동에 미칠 수 있는 영향들을 면밀히 검토하여 국제경영전략 결정에 반영해야 한다. 예로 전쟁과 외국기업 자산몰수와 같은 정치적인 불안정성이 높은 국가에 진출할 경우 직접투자보다는 수출이나 계약을 통해 잠재적인 위험을 최소화하는 것이 유리하다.

기업의 국제경영전략에 영향을 미칠 수 있는 경제환경은 경제시스템과 경제 상황으로 구분하여 설명할 수 있다. 먼저 세계 각국의 경제시스템은 기본적으로 자본주의, 공산주의, 사회주의로 구분될 수 있다. 자본주의는 사유재산을 허용하고 국가가 자원배분과정에 대한 규제를 최소화하는 경제시스템이다. 반면, 공산주의는 사유재산을 허용하지 않고 국가가 규제를 통하여 자원배분과정을 주도하는 경제시스템이다. 자본주의는 자원배분의 효율성을 극대화할 수 있는 장점이 있지만, 빈부격차와 같은 사회적 문제를 해소하기 어렵다는 단점이 있다. 반면 공산주의는 자원의 평등배분에 기초한 사회적 문제 해결에 적합하다는 장점이 있지만, 경제발전을 위한 효율성이 떨어지는 단점이 있다. 마지막으로 사회주의는 자본주의와 공산주의 장점을 취하고 단점을 최소화하기 위해 고안된 경제시스템으로서 노르웨이, 스웨덴, 핀란드를 포함하는 국가들에서 채택하고 있다. 자본주의에서와 같이 사유재산을 허용하지만 국가가 기간산업, 복지시스템, 공공시설 등의 투자 및 운영에 적극적으로 개입하여 주도적인 역할을 수행한다는 특성이 있다. 기업의 국제경영전략은 기업이 진출하고자 하는 국가의 경제시스템에 따라 중대한 영향을 받는데, 예로 공산주의나 사회주의 국가에 진출할 경우 경제시스템으로 인해 특정 산업부문에 대한 투자가능 여부와 방식에 제한을 받을 수 있다.

국제경영전략에 영향을 미칠 수 있는 또 다른 경제환경요소인 경제상황은 경제성장률, 인플레이션, 환율 등을 포함한다. 예로 현지국의 경제성장률이 낮은 경우 적극적인 해외직접투자보다는 수출이나 계약을 통한 국제경영전략이 선호된다. 또한 국가 간 통화의 교환비율을 나타내는 환율은 국제경영전략은 물론 세부적인 운영방식에도 영향을 미치는 중요한 요소이다. 예로 환율인상은 수출로부터 벌어들인 외화를 인상 전보다 더 많은 원화로 교환할 수 있게 해주기 때문에 수출업체에게는 수출을 늘리고자 하는 유인으로 작용할 수 있다. 반면, 수입을 위해 지급해야 하는 외화를 교환하기 위해 더 많은 원화를 지불해야 하는 이유가 되기 때문에 수입업체들이 수입을 줄이는 원인이 될 수 있다. 또한 환율변동은 국내시장과 해외시장에서의 경쟁에도 영향을 미칠 수 있다. 구체적으로 환율인상은 외국기업의 국내 수출 및 투자를 불리하게 하여 국내시장에서의 경쟁을 완화시키는 반면, 국내기업의 해외 수출 및 투자를 유리하게 하여 해외시장에서의 경쟁을 심화시킬 수 있다. 반대로 환율인하는 외국기업의 국내 수출 및 투자를 유리하게 하여 국내시장에서의 경쟁을 심화시킬 수 있다.

"4차 산업혁명 시대를 리드하라" 한국 기업들 또 한번 '퀀텀점프'

농업 → 경공업 → 중화학 → 전자산업 이어 이번엔…

2020년 경자년(庚子年)을 준비하는 국내기업의 고민이 깊다. 글로벌 경제 여건이 다소 호전되고는 있지만, 미·중 무역분쟁, 영국 브렉시트와 같은 불확실성이 해소되지 않고 있기 때문이다. 정부가 내년 경제 성장률을 2.4%로 제시했지만, 이는 한국은행과 한국개발연구원(KDI)이나 국제기구, 연구기관이 내놨던 수치보다 낙관적인 전망이다. 블룸버그가 42개 투자은행과 신용평가사로부터 집계한 내년 한국 성장률 전망 평균은 2.2%다. 국내기업은 내년에 어떻게 이와 같은 위기를 극복하고 새로운 성장 동력을 발굴할 수 있을까.

이병철 회장의 반도체 진출 도쿄선언(1983년), 한국 최초의 독자개발 승용차 포니(1976년), 포항제철 첫 쇳물 생산(1973년) 등은 불가능을 가능하게 한 '한국 기업 100년, 퀀텀점프(대도약)의 순간들'이다. 기업가 정신이 충만했던 국내 주요 기업 창업주들은 농업 한국을 경공업 한국, 중화학공업 한국, 첨단 전자산업 한국으로 퀀텀점프시켰다. 도전과 혁신을 지속한 결과 2000년 이후 글로벌 정상에 오른 한국 기업들도 속속 등장했다. 한국 경제를 이끌고 있는 주요 기업들은 성큼 다가온 4차 산업혁명 시대에 글로벌 선도기업이 되기 위한 또 한 번의 퀀텀점프를 준비하고 있다.

삼성은 인공지능(AI), 5세대(5G), 전장용 반도체 등을 미래 성장 사업으로 선정하고 약 25조 원을 투자해 집중 육성하고 있다. 삼성전자는 세계 각국에 AI 연구센터를 설립해 AI 관련 선행연구 기능을 강화하고 있다. 한국, 미국, 영국, 캐나다, 러시아 등 총 5개국에 7곳의 AI 연구센터를 운영 중이다. AI 선행 연구개발 인력도 올해 안에 1,000명 이상으로 확대할 계획이다.

지난해 4월 발표한 '반도체 비전 2030' 관련 실행도 착실히 해나가고 있다. 2030년까지 메모리반도체뿐 아니라 시스템반도체 분야에서 글로벌 1위를 달성하겠다는 목표를 달성하기 위해 연구개발 및 생산시설 확충에 133조 원을 투자하고 전문인력 1만 5,000명을 채용할 계획이다. 올해 설 연휴 기간에도 브라질 마나우스 삼성전자 사업장을 찾은 이재용 삼성전자 부회장은 "과감하게 도전하는 개척자 정신으로 100년 삼성 역사를 함께 써나가자"고 말했다.

현대자동차그룹은 시장의 판도를 주도해나가는 '게임 체인저'로의 도약을 목표로 삼고 대규모 투자와 혁신을 추진하고 있다. 현대차그룹은 수소산업 생태계 확장, 자율주행차 상용화, 모빌리티 서비스 사업의 단계적 확대를 통해 미래차 관련 사업을 주도해나갈 계획이다. 현대차그룹은 자동차를 넘어서 개인용 비행체(PAV)와 로봇 등 새로운 영역으로 진출하겠다는 계획도 발표했다. 정의선 현대차그룹 수석부회장은 "기술과 네트워크의 발달로 상상 속 미래가 현실이 되고 있으며 자동차 산업에서도 이러한 변화가 가속화되고 있다"며 "올해를 미래 시장에 대한 리더십 확보의 원년으로 삼겠다"고 밝혔다.

SK그룹은 급변하는 경영환경에서 지속가능한 성장을 위해 구성원들의 역량 강화에 힘쓰고 있다. 최태원 SK그룹 회장은 "사람에 대한 투자로 인적 자본을 강화하는 데에 SK그룹의 미래가 걸려 있다"며 사내 교육 프로그램의 중요성을 강조했다. 최 회장이 기획부터 출범까지 직접 주도한 새로운 사내 교육 플랫폼 '마이서니(mySUNI)'는 임직원들이 미래 산업을 전망하고 필요한 역량을 직접 탐색할 수 있도록 다양한 강의를 제공한다. SK그룹은 신사업에도 적극 투자하고 있다. 2017년 중국 물류센터 운영업체인 ESR 투자로 물류 시장에 뛰어든 SK㈜는 최근 미국 물류업체 '벨스타 슈퍼프리즈'에도 투자했다.

LG그룹은 계열사별로 강점에 집중하고 경쟁력을 극대화해 글로벌 시장에서 우위를 가지고 있는 사업영역을 더욱 공고히 할 계획이다. 프리미엄 가전과 차세대 디스플레이, 자동차 배터리와 5G 통신 등에서 구축한 기술을 바탕으로 글로벌 시장 확대에 나선다. AI, 빅데이터, 로봇 등의 투자도 지속한다. 구광모 LG그룹 회장은 올해 신년사에서 "앉아서 검토만 하기보다는 방향이 보이면 일단 도전하고 시도해야 한다"며 "안 되는 이유 백 가지를 찾는 데 시간을 보내기보다는 해야 되는 이유 한 가지를 위해 바로 나설 수 있어야 한다"고 강조했다.

롯데그룹은 "혁신을 주도하는 게임 체인저가 돼 달라"는 신동빈 회장의 주문처럼 새로운 방식으로 새 시장을 만들기 위한 조직 개편 및 사업혁신을 가속화하고 있다. 롯데그룹은 지난해 말 정기 임원 인사에서 젊은 리더들을 전진 배치했다. 의사결정단계를 줄여 빠른 실행력을 확보할 수 있도록 조직을 개편하고, 그룹 차원의 디지털 역량을 높이는 작업도 지속하고 있다. 신 회장은 15일 열린 사장단회의에서 "목표를 반드시 달성하겠다는 '위닝 컬처(Winning Culture)'가 조직 내에 자리 잡아야 한다"며 "변화에 빠르게 대응해 미래에 대비해야 한다"고 말했다.

▶ 삼성
AI − 5G − 전장용 반도체 등, 25조 원 투자해 시장 선점

▶ 현대차
수소산업 − 자율주행차 등, '게임 체인저'로 글로벌 도약

▶ SK
구성원들 역량 강화해 지속가능한 성장 추구

▶ LG
프리미엄 가전 − 배터리 등, 계열사별 강점 최대한 살려

▶ 롯데
조직개편 − 사업혁신 가속화, 새로운 방식으로 시장 공략

동아일보(2020.01.30.)

토의문제

01 '제품-시장 성장 매트릭스'에서 제시하는 기업성장의 네 가지 방법을 설명하시오.

02 관련다각화와 비관련다각화의 목적을 비교하여 설명하시오.

03 인수합병과 전략적 제휴를 포함하는 외부성장방식의 장·단점을 설명하시오.

04 다운사이징과 다운스코핑을 정의하고 상대적인 장·단점을 비교하여 설명하시오.

05 SWOT 분석의 목적, 구성요소, 활용방법을 설명하시오.

06 사업포트폴리오 분석을 위한 BCG 매트릭스와 GE 매트릭스를 비교하여 설명하시오.

07 BCG 매트릭스의 물음표, 별, 현금젖소, 개 사업군의 운영전략들을 설명하시오.

08 주요 해외시장인 유럽, 북미, 아시아 지역의 경제통합을 설명하시오.

09 해외직접투자의 상대적인 장점과 단점을 수출전략과 비교하여 설명하시오.

10 국제경영전략에 영향을 미치는 현지국가의 환경요인들에 대해 설명하시오.

4차
산업혁명 시대의
기업경영관리

08

경영관리

기업에서의 경영관리는 주먹구구식의 접근이 아닌 좀 더 구체적이고 체계적인 절차를 필요로 한다. 1950년대 중반에 POSDC, 즉 계획(Planning), 조직(Organizing), 인력(Staffing), 감독(Directing), 통제(Controlling)의 내용을 포함하는 순환과정의 경영관리 절차가 도입되어 오랜기간 통용되어 왔다. 오늘날에는 POSDC의 내용이 포함된 POLC라는 경영관리 절차가 가장 널리 통용되고 있다. 이 절차는 계획(Planning), 조직화(Organizing), 지휘(Leading), 통제(Controlling), 이렇게 네 가지 활동이 순환과정으로 구성되어 있다(Stoner et al., 1999; Robbins and Coulter, 2008). 본 장에서 POLC에 대하여 자세히 알아본다.

베이조스 '긍정'·저커버그 '카리스마'·피차이 '협업' … IT신화를 일구는 리더십

세계적인 혁신기업을 이끄는 이들은 각자의 리더십을 토대로 4차 산업혁명 시대를 준비하고 있다. 아이디어가 창조의 근원이라 믿는 베이조스는 직원들이 언제, 어디서나 아이디어를 낼 수 있는 시스템을 구축했고, 저커버그는 뛰어난 실력과 강력한 리더십을 앞세워 '다윗과 골리앗'의 싸움으로 불린 구글과의 소셜미디어 플랫폼 전쟁에서 승리했다. 구글의 CEO가 된 인도 출신 피차이는 협업의 리더십으로 구글의 내일을 열고 있다. 구글 직원들은 피차이를 '공감할 줄 아는 리더'라고 추켜세운다. 이들 정보기술(IT) 리더들의 공통점은 '무에서 유'를 창출해 세계 최고의 자리에 올랐다는 점이다.

4차 산업혁명 시대를 선도하는 아마존은 회사 차원에서 '고객에 대한 집착', '주인의식', '리더는 대부분 옳다', '크게 생각하라' 등의 14개 리더십 원칙을 갖고 있다. 베이조스는 이 중 최고 원칙으로 '리더는 대부분 옳다'를 꼽는다. 그는 언론과의 인터뷰에서 "훌륭한 리더들은 대부분 옳게 행동한다"며 "우리가 항상 옳을 수는 없겠지만 계속 연습하다 보면 더 자주 옳을 수 있다"고 말했다. 베이조스는 옳게 행동하는 것을 남의 말을 경청하는 자세에서 배운다고 했다. 그는 "남의 말을 많이 듣고 필요하다면 기꺼이 내 생각을 바꿔야 한다"고 강조했다.

베이조스는 전통적인 기업의 수직적인 의사결정과정을 다음과 같이 설명했다. 내부에서 새로운 아이디어가 나오더라도 "보스, 보스의 보스, 보스의 보스의 보스, 이런 식으로 가다가 이 사슬에서 '노(No)'가 하나라도 있으면 아이디어는 죽는다"고 지적했다. 그러나 아마존에는 '예스'로 가는 길이 여러 갈래로 나뉘어 있다. 어느 정도 실패 없이는 창조나 새로운 실험이 불가능하다는 인식에서 만들어진 시스템이다. 예컨대 수백 명의 임원이 아이디어를 승인할 수 있어 직원이 회사 내부 곳곳을 돌아다니며 아이디어를 언제, 어디서나 제시할 수 있다.

마크 저커버그의 리더십을 한마디로 정의하면 '제왕적 리더십'이라 할 수 있다. 2000년대 놀랄 만한 성장을 이룬 페이스북의 성공 뒤에는 저커버그의 강력한 추진력과 카리스마가 있었다. 유능한 컴퓨터 프로그래머였던 그는 빼어난 실력과 창업자 프리미엄을 등에 업고 페이스북의 가치를 키워나갔다. 2006년에는 이메일 주소를 가진 사용자(13세 이상)라면 누구나 페이스북 가입을 허용함으로써 새로운 지평을 열었고, 회사에 도움이 될 만한 곳이라면 과감히 인수해 기술력과 인력을 확보했다. 이러한 노력에 2010년 미국 인구 절반가량이 페이스북 계정을 가진 것으로 조사됐고, 같은 해 미국 시사잡지 타임은 저커버그를 '올해의 인물'로 선정했다.

2019년 12월 구글의 공동 설립자인 래리 페이지와 세르게이 브린이 각각 구글의 모기업인 알파벳의 CEO와 사장직에서 물러나면서 알파벳의 CEO 자리를 순다르 피차이 CEO에게 물려줬다. 초기 창업자인 이들이 경영 일선에서 물러나면서 '알파벳'과 '구글'을 동시에 이끌게 된 피차이는 시가총액 9,000억 달러(1,049조 원) 규모의 기업집단을 이끌게 됐다.

피차이가 IT 경영신화를 쓴 배경에는 '협업의 리더십'이 있다. 그는 업무를 하는 데 있어 팀원의 호흡을 매우 중시한다. 피차이는 구글 CEO에 취임한 그해 "우리는 많은 시간을 직장에서 보내기에 존중하고 협력하는 팀에서 일하는 것이 매우 중요하다"며 "혼자서는 성장에 한계가 있으므로 동료와 함께 성장해야 한다"고 말했다. 피차이는 부드러운 성격의 소유자로 공감능력이 뛰어나다. 비즈니스인사이더가 피차이의 업무 스타일을 파악하고자 진행한 구글 전·현직 임직원 인터뷰에 따르면, 피차이는 공감하고 이해하는 능력이 탁월하고 함께 일하는 것이 즐거운 사람이며 타인의 의견을 경청할 줄 아는 사람이다.

문화일보(2020.01.07.)

CHAPTER

08

경영관리

경영관리과정

POLC를 구성하는 네 가지 활동은 독립적인 개별활동이라기보다는 서로 연관이 있고 순차적으로 상호 영향을 주고받는 관계를 갖는다. 즉, 계획수립 후 계획을 달성하기 위한 조직을 만들고, 지휘를 통해 조직을 움직여 계획을 실행한다. 실행된 실적은 평가를 통해 목표에 다다를 수 있도록 통제활동을 수행한다. 통제활동 이후에도, 실적과 목표 사이의 차이가 발생한 원인이 분

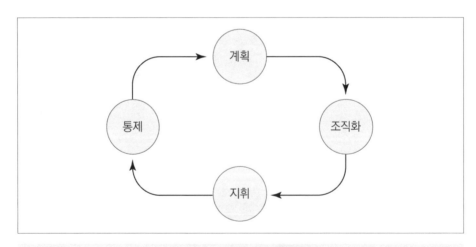

그림 8-1 POLC 순환과정

석되어 첫 번째 계획수립 단계에서 다시 반영되어야 한다. 이렇게 POLC 경영관리 절차는 각 활동이 순환적으로 진행되는 특징을 가지고 있다(그림 8-1).

경영관리와 조직

경영관리가 무엇인지 이해하기 위해서 먼저, 조직(organization)에 대해 알아보자. 여기서 조직이란 영리를 추구하는 기업조직뿐 아니라 공공기관, 종교단체, 문화예술 동아리 등 영리를 추구하지 않더라도, 동일한 목표달성을 위해 여러 사람들이 모인 집단을 말한다. 조직을 구성하고 있는 사람은 크게 '작업자'와 '관리자'로 분류할 수 있다. 조직의 목표를 달성하기 위해 직접적이고 구체적인 작업을 수행하는 사람들을 작업자라고 하고, 이러한 작업자들에게 작업을 지시하고 통제하는 사람들을 관리자라고 할 수 있다. 작업자는 각자에게 주어진 임무에 집중하지만, 관리자는 여러 작업자의 작업을 적절히 조율하여 조직의 목표에 효율적이고 효과적으로 다다를 수 있는 방법을 고민한다.

조직이 커질수록 관리자 또한 늘어나기 때문에, 관리자의 관리자가 필요해진다. 일반적인 규모의 조직이라면 그림 8-2와 같은 피라미드 형태의 조직을 갖는다. 맨 하부에는 조직에 필요한 작업을 수행하는 작업자들이 위치하고, 그 위에는 작업자들을 관리하는 '일선관리자'가 있다. 조직이 제조업 회사라면, '작업 반장'이라 불리는 관리자가 이 단계에 속하고, 군대 조직이라면, '소대장' 정도의 장교가 일선관리자라 할 수 있다.

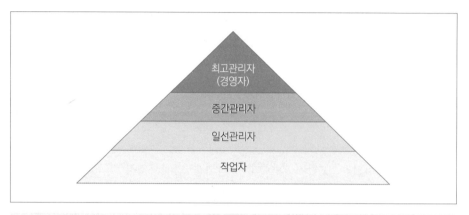

그림 8-2 피라미드 형태의 조직

조직의 성장은 더 많은 관리자를 요구하기 때문에, 일선관리자, 중간관리자, 그리고 최고관리자(경영자)와 같은 여러 층의 관리자가 필요하다. 이들 관리자에게는 조직의 자원을 효율적으로 사용하고 조직의 목표를 효과적으로 달성할 수 있는 일반적인 절차, 즉 경영관리에 대한 이해가 요구된다.

제2절   계 획

계획의 정의

경영관리에서의 '계획'을 정의하면, "어떤 조직의 전체 목표를 설정하고, 그 목표를 달성하기 위한 전략을 도출하고, 이러한 목표와 전략을 위해 구체적으로 실행할 수 있는 활동들을 통합하고 조정하는 종합적인 계획을 수립하는 것"이라고 할 수 있다(그림 8-3). 결국, 계획 수립을 통해 조직이 무엇을 하고자 하는지, 그리고 그것을 어떻게 이룰지에 대해 구체화하고 공식화할 수 있다. 오늘날과 같이 불확실성이 많은 환경에서는 계획으로 인해 조직의 유연성이 감소될 수 있다고 생각할 수도 있겠지만, 오히려 계획을 수립함으로써 미래의 불확실성을 감소시킬 수 있다는 장점이 있다. 이러한 이점을 포함하여 계획을 수립하는 이유를 들어보면 다음과 같다.

- **조직의 방향 제시**: 조직에 속한 구성원들의 개별 임무는 모두 다르지만, 조직이 나아가야 할 방향에 대해 동일한 생각을 갖고 있다면, 각자 다른 작업을 수행하고 있더라도 전체 조직은 목표를 향해 같은 방향으로 움직이고 있다고 할 수 있다. 계획은 전체 조직원들에게 동일한 방향을 제시하는 역할을 한다.
- **불확실성 감소**: 계획은 미래 시점을 대상으로 수립하기 때문에, 현재까지의 정보를 최대한 활용하여 미래를 예측하게 된다. 미래의 변화요인들에 대해 대비하여 조직이 무엇을 할지 미리 결정해놓기 때문에, 계획 수립을 통해 불확실성을 감소시킬 수 있다.
- **낭비 감소**: 계획을 구현하기 위해서 어떠한 자원이 얼마나 필요한지에 대해, 계획 수립 시 조사를 하게 된다. 이러한 조사를 통해 중복이 되거나 불필요한 자원의 발생을 최소화할 수 있다.
- **통제 및 평가의 기준**: 계획대로 모든 활동을 수행하는 것은 거의 불가능하지만, 잘 세워진 계획은 향후 조직을 실제로 운영하고 통제할 때, 그 평가기준으로써 반드시 필요하다.

그림 8-3 계획

계획의 유형

계획은 그 기간 및 내용의 범위에 따라 전략계획, 전술계획, 운영계획, 비상계획, 이렇게 4가지 유형으로 구분될 수 있다(정재영 외 역, 2006). 전략계획(strategic planning)은 조직의 목표를 포함한 가장 장기적인 기간에 걸쳐 가장 광범위한 내용에 대한 계획이고, 전술계획(tactical planning)과 운영계획(operational planning)은 전략계획을 달성하기 위하여 좀 더 짧은 기간에 대해 구체적으로 실행할 수 있는 내용으로 수립된 계획이고, 마지막으로 비상계획(contingency plans)은 예기치 못한 상황에 대비하기 위해 정상 시기와는 다른 대안을 수립한 계획이다.

▌ 전략계획

전략계획은 조직의 최고경영층에 의해서 수립되며, 일반적으로 1년 이상의 긴 시간에 걸쳐 달성될 수 있는 목표를 설정한다. 조직 전체를 대상으로 한 높은 수준의 의사결정이기 때문에 조직을 둘러싼 외부환경에 영향을 많이 받는다.

▌ 전술계획

전술계획에서는 전략계획을 달성하기 위해, 보통 1년 미만에 달성될 수 있는 좀 더 구체적인 목표를 설정한다. 사업부 정도의 중간 조직별로 서로 다른 전술계획을 수립할 수 있지만, 어떠한 전 계획이든지 조직 전체의 전략계획을 뒷받침할 수 있어야 한다.

▌ 운영계획

운영계획에서는 전술 계획과 마찬가지로 전략계획을 달성하기 위해, 지금 당장 실행해나갈 수 있는 가장 구체적인 계획을 수립한다. 조직의 크기가 작다면, 전술계획 없이 운영계획으로 직접 전략계획을 지원할 수 있다.

▌비상계획

계획되지 않은 일은 항상 발생하기 때문에, 어떤 조직이라도 예기치 않은 상황에 대비한, 정상계획과는 다른 대안의 계획이 필요하다. 발생되는 상황의 중요도에 따라 비상계획은 전략적인 계획일 수도 구체적인 계획일 수도 있기 때문에, 앞서 언급한 전략, 전술, 운영 계획에 대해 비상 상황별 대안계획을 준비하여야 한다.

계획수립

계획을 수립하는 절차는 계획의 유형에 따라 다를 수 있으나, 다음과 같은 기본적인 네 가지 단계는 유형에 상관없이 어떠한 계획수립 절차에도 적용될 수 있다(그림 8-4).

그림 8-4 계획수립 절차

- **단계 1: 목표설정.** 계획수립의 첫 단추는 조직의 목표를 설정하는 것이다. 조직이 하고자 하는 바가 무엇인지, 원하는 바가 무엇인지 명확하게 설정되어 있어야, 업무의 우선순위를 정하고 조직의 자원을 집중할 수 있다.
- **단계 2: 현재 상황 파악.** 전 단계에서 설정한 목표의 수준과 조직의 현재 수준 간의 차이가 얼마나 되는지 파악한다. 목표에 다다르기 위해서 조직이 현재 활용할 수 있는 자원에는 어떠한 것들이 있는지 파악한다. 정확한 현재 상황의 파악 없이 향후 계획을 수립할 수는 없다.

- **단계 3: 향후 상황 예측.** 계획 기간 동안 조직 내부/외부의 환경변화요인 및 발생할지 모르는 주요 사건 등에 대해 예측한다. 조직이 목표를 달성하는 데 이롭거나 해로울 수 있는 환경변화요인을 예측하여 계획 수립에 활용한다.
- **단계 4: 개별활동 개발.** 목표달성을 위한 구체적인 활동들을 개발한다. 개별활동에 대하여 여러 대안을 도출한 후 가장 적합한 대안을 계획활동으로 선정한다.

목표관리(MBO: Management By Objectives)

계획을 효과적으로 수립하는 구체적인 방법으로 '목표관리' 또는 '목표에 의한 관리'로 알려진 MBO기법을 소개한다. MBO는 1950년대에 피터 드러커에 의해 처음 소개된 이래 현재까지도 많은 기업에서 조직의 목표를 달성하기 위한 도구로 사용되고 있다. MBO의 개념은 조직의 모든 수준에서 각자의 목표를 설정하는데, 이때 개체의 목표를 상위 수준의 목표에 부합할 수 있도록 설정하는 것이다. 즉, 상위의 목표가 좀 더 구체화되어서 하위의

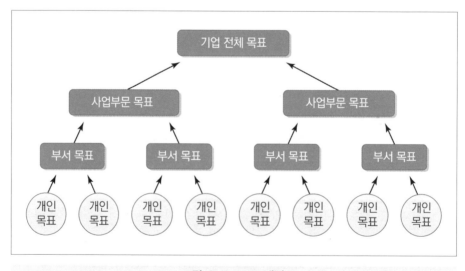

그림 8-5 MBO 개념

목표로 설정된다. 예를 들어, 기업 전체 조직의 목표를 설정하면, 기업에 속한 각 사업부문은 조직의 목표에 부합한 개별목표를 설정하고, 이어서 사업부문에 속한 각 부서는 사업부문의 목표에 부합한 목표를 설정하고, 마지막으로 부서에 속한 개개인은 부서의 목표에 부합한 개별목표를 설정한다(그림 8-5).

위와 같은 개념을 갖는 MBO는 조직의 유형에 따라 여러 형태의 프로그램으로 적용이 되어왔는데, 많은 MBO 프로그램이 공통적으로 포함하고 있는 특징을 정리하면 다음과 같다.

- **구체적인 목표**: 목표는 측정이 가능한 수치 형태로 설정이 된다. 예를 들어, "3분기 판매량을 전년 대비 10% 증가시킨다"와 같이 목표치와 시점이 구체적으로 명시되어야 조직 구성원들이 명확하게 목표를 인식할 수 있다.
- **적극적인 참여**: 각 조직 수준의 목표를 설정하기 위해 해당 조직의 상하위수준의 구성원도 목표설정에 참여한다. 예를 들어, 부서의 목표를 설정하기 위해서 부서장뿐 아니라, 부서가 속한 사업부문의 장 및 부서에 속한 개인들 역시 부서의 목표설정에 참여한다. 이러한 공동 작업을 통하여 조직 상하를 연결하는 목표가 만들어질 수 있고, 설정된 목표를 달성하고자 하는 구성원들의 구속력도 증가한다.
- **정기적인 평가**: 목표설정에 참여한 구성원들은 정기적으로 해당 목표에 대한 평가 작업을 수행한다. 목표치와 실적치에 대한 비교를 통해 목표를 얼마나 달성했는지 객관적으로 평가할 수 있다. 평가는 평가로서 끝나는 것이 아니라, 목표 대비 실적에 차이가 발생한 경우에는, 그 원인을 분석하고 차이를 감소시킬 수 있는 새로운 대안을 제시할 수 있어야 한다.

제3절   조직화

조직화 절차

계획을 통해 설정된 조직의 목표를 달성하기 위하여 필요한 업무를 확인하고 해당 업무를 누가 수행할지를 배정하는 과정을 조직화(organizing)라고 할 수 있다. 이 과정을 통해 조직에서의 공식적인 업무 배정을 알 수 있는 조직구조(organizational structure)가 생성된다. 조직화의 절차를 좀 더 세분하면, 5단계로 나누어 설명할 수 있다. 다음에 설명되는 다섯 단계를 통해 계획을 실행할 수 있는 적절한 조직구조를 생성해낼 수 있다(그림 8-6).

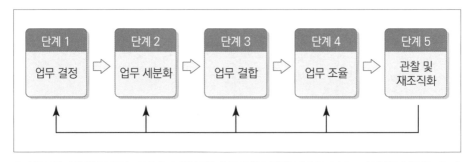

그림 8-6 조직화 절차

- 단계 1: 업무 결정. 조직의 목표달성을 위해 수립된 계획을 바탕으로 수행해야 하는 업무를 자세히 결정한다. 예를 들어, 제품을 생산하여 판매를 통해 이익을 창출하고자 하는 제조업이라면, 원자재 구입, 생산 장비 도입, 인력 고용, 영업망 구축 등의 필요한 업무를 결정해야 한다.
- 단계 2: 업무 세분화. 앞 단계에서 결정된 각 업무를 개인 또는 팀 단위로 원활히 수행될 수 있도록 세분화한다. 예를 들어, 앞서 결정된 원자재 구입이라는 업무에 대해, 생산에 필요한 여러 가지 원자재를 세분

화하여 소모품류 구입, 주원료 구입, 핵심부품 구입 등으로 구성원들
에게 구체적으로 배정할 수 있을 정도로 세분화할 수 있다.

- 단계 3: 업무 결합. 앞 단계에서 세분화된 업무들 중 유사한 것들을 결
  합하여 해당 업무들을 효율적으로 수행할 수 있는 조직단위를 만든다.
  예를 들어 기능적인 측면에서 조직의 업무를 결합하면, 생산, 재무, 영
  업 등의 조직단위를 만들 수 있다. 이러한 절차를 일반적으로 부문화
  또는 부서화(departmentalization)라고 하고, 일단 부서화가 완료되면,
  조직구조의 큰 틀이 완성되었다고 볼 수 있다.

- 단계 4: 업무 조율. 앞 단계에서 결정된 각 부문 또는 부서는 개별적인
  업무에 집중을 하더라도 조직의 목표를 달성하기 위해 타 부문/부서와
  조화롭게 협력하여 전체 조직의 성장을 기대해야 한다. 예를 들어, 어
  떤 제조기업에서 생산부서는 생산성 향상을 위해 신규설비의 도입을
  추진하고, 재무부서는 재정상태를 고려하여 설비도입을 반대하는 경
  우, 개별 부서만의 목표달성은 부서 간 충돌을 야기하고 전체 조직에
  는 해가 될 수 있기 때문에, 전체 조직의 목표를 고려하는 업무 조율
  이 필요하다.

- 단계 5: 관찰 및 재조직화. 조직구조가 완성이 되었다고 하더라도, 조직
  및 환경은 계속적으로 변화하기 때문에, 주기적으로 현재 조직구조를
  모니터링하여 상황에 따라 앞의 네 단계를 다시 수행할 수 있다. 결국,
  조직화의 절차는 한 번 수행으로 완료되는 것이 아니라 조직이 존재하
  는 동안에 계속적으로 진행되고 있어야 하는 절차이다.

조직설계

조직설계(organizational design)는 조직화와 마찬가지로 조직구조를 만들
어 낸다는 점에서 그 의미가 다르지 않지만, 두 용어를 구별하자면, 조직화
절차의 전반부, 즉 업무를 결정하고, 세분화하고 결합하여 하나의 조직구조
가 완성되는 단계까지를 조직설계의 범위로 볼 수 있다. 조직구조를 생성하

거나 변경하기 위한 '조직설계' 시에는 일반적으로 다음과 같은 다섯 가지 요소를 고려한다.

- **업무 전문화**(work specialization): 앞서 설명한 조직화의 두 번째 단계에 해당하는 내용으로, 조직설계 시 하고자 하는 전체 사업을 어느 정도의 개별적인 업무로 세분화, 분업화할 것인지 고려한다. 일반적으로 분업화가 세밀하게 될수록 작업의 효율성은 증가하지만, 반복 수행에 따른 피로, 지루함 등의 단점이 발생할 수 있다.

- **부서화**(departmentalization): 같은 종류의 업무를 하는 구성원을 그룹화하여 조직의 한 단위인 부서, 또는 부문 등으로 만들 수 있다. 그룹화의 기준으로 기능적, 지리적, 또는 제품 등의 측면을 고려할 수 있다. 예를 들어, 기능적으로 부서를 구성하면, 회계, 제조, 인사, 구매 등의 부서를 만들 수 있고, 지리적으로 구성하면, 본사, 동부, 서남부 등의 부서를 만들 수 있다. 조직설계 시 해당 조직의 특성에 알맞은 부서화 방법을 고려해야 한다.

- **명령 계통**(chain of command): 조직설계 시 상위 수준에 속한 구성원은 누구에게 지시를 할 것인지, 하위 수준에 속한 구성원은 누구에게 보고를 할 것인지가 명령 계통의 모습으로 결정되어 있어야 한다. 최고경영자의 지시가 이러한 명령 계통을 따라 일선작업자들에게까지 간접적으로 전달될 수 있다.

- **통제 범위**(span of control): 일반적으로 조직에 속한 개별 관리자는 한 명의 상사에게 보고를 하지만, 여러 명의 부하로부터 보고를 받고 통제를 한다. 같은 규모의 조직에서 한 관리자가 담당하는 수하 직원의 수가 많다면, 명령 계통은 짧아지지만, 많은 직원을 적절히 통제할 수 있는 관리자의 능력이 필요하다. 반대로 수하 직원 수가 적다면, 각 관리자가 담당 직원을 통제하는 것은 쉬워지지만, 전체 조직의 명령 계통이 길어질 수밖에 없다.

- **집중화/분산화**(centralization/decentralization): 어떤 조직의 많은 의사결정이 최고경영층에 의해 내려진다면 집중화된 조직구조를 갖고 있다

고 할 수 있고, 많은 의사결정이 중간/일선 관리자에게 위임이 되어 있다면, 분산화된 조직이라고 할 수 있다. 대부분의 조직은 어느 정도 집중화되고 동시에 분산화된 조직구조를 갖는다. 조직설계 시, 일반적으로 조직을 둘러싼 환경이 불확실할수록, 일선관리자의 능력이 뛰어날수록, 지리적으로 분산된 조직일수록 좀 더 분산화된 구조를 갖도록 고려해야 한다.

조직구조의 유형

앞서 소개된 다섯 가지 요소를 고려하여 조직의 특성에 맞게 조직설계를 완료하면, 그 결과로 하나의 조직구조를 얻게 된다. 조직의 특성에 따라 조직구조 역시 여러 유형으로 나타날 수 있는데, 가장 보편적으로 나타날 수 있는 단순 구조, 기능별 구조, 부문별 구조, 팀 구조, 그리고 매트릭스 구조에 대해 설명한다.

▌단순 구조

대부분의 조직이 초창기에는 소규모의 구성원으로 시작하기 때문에, 조직구조 또한 한 사람의 대표와 나머지 구성원으로 이루어진 단순한 형태의 구조를 갖는다. 의사결정이 조직 대표에게 집중화되어 있으며, 명령 계통이 단순하고, 부서화와 같은 조직 분류가 필요없다.

▌기능별 구조

조직의 크기가 점점 커지게 되면, 단순한 구조로는 비대해진 조직을 효율적으로 운영하기 쉽지 않다. 따라서 여러 부서로 나누어진 조직구조를 만들 수 있는데, 유사한 업무를 기준으로 조직을 나누어 기능별 구조의 형태로 만들 수 있다. 예를 들어, 기능별 구조를 갖는 일반적인 제조기업이라면, 생산, 재무, 회계, 마케팅, 인사 등의 부서로 나누어진 조직구조를 갖는다.

▮ 부문별 구조

전체 조직을 동시에 관리하기 어려울 정도로 크기가 커지면, 조직을 몇 개의 부문으로 나눌 수 있다. 나누어진 개별 부문은 마치 독립적인 조직처럼 운영된다. 예를 들어, 어떤 글로벌 전자제품 제조기업의 경우, 반도체, 디스플레이, 가전, 모바일 이렇게 네 부문으로 나누어진 조직구조를 갖고 있으며, 각 부문은 개별적인 생산, 재무, 마케팅 등의 부서를 보유하고 있다.

▮ 팀 구조

전체 조직이 팀 단위로 나누어진 조직을 말한다. 팀의 각 구성원은 팀이 담당하는 과제에 전문가이면서 여러 종류의 업무를 수행할 수 있어야 한다. 팀 구조를 갖는 조직은 명령 계통이 짧고, 조직 구성원 간에 전체적으로 수평적인 관계를 갖는다. 조직 전체를 팀 단위로 구성하기보단 기존 조직구조를 보완하기 위해 부분적으로 도입되는 것이 일반적이다.

▮ 매트릭스 구조

매트릭스 구조는 두 가지 기준을 동시에 적용하여 조직을 구분한 것을 말한다. 예를 들어, 기능별/제품별 기준에 의해 매트릭스 조직구조를 구성하면, 각 구성원은 기능별 부서에도 속하고, 동시에 제품별 부서에도 속한 형태를 취하게 된다. 이러한 매트릭스 조직구조에 속한 각 구성원은 의사결정 시 자신이 속해 있는 두 부서의 견해를 종합적으로 고려할 수 있다는 점에서 장점이 있지만, 명령/보고의 채널 역시 두 개가 존재하기 때문에 의사소통의 혼선, 조직 소속감 약화 등의 단점이 발생할 수 있다(그림 8-7).

	생산	마케팅	재무	인사
제품 A	생산 A조	마케팅 A조	재무 A조	인사 A조
제품 B	생산 B조	마케팅 B조	재무 B조	인사 B조
제품 C	생산 C조	마케팅 C조	재무 C조	인사 C조

그림 8-7 매트릭스 조직

제4절 지 휘

어떤 기업에서 목표를 달성하기 위한 계획을 수립하고, 계획을 수행할 수 있는 조직구조를 완성하였다고 하더라도, 계획을 실현하기 위하여 조직 구성원들로 하여금 행동을 취하게 하는 것은 별개의 문제이다. 동일한 계획과 조직 구조를 갖고 있는 조직이라 할지라도 해당 조직 구성원들을 어떻게 이끌어가느냐에 따라 이루고자 했던 목표의 달성도에는 큰 차이를 보일 수 있다. 이 절에서는 조직 구성원을 계획 실현에 나서게 하는 지휘활동에 필요한 세 가지 주요 요인인 리더십, 동기부여, 그리고 의사소통에 대해 설명한다.

리더십

리더십은 조직의 목표를 달성하기 위해 조직 구성원들에게 영감을 불어넣는 과정이라고 설명될 수 있다. 관리자는 조직원들이 목표에 대해 구속력과 열정을 가질 수 있도록 격려하고 사기를 북돋아서 결국 조직 구성원들이 각자 맡은 임무를 행동으로 옮기게 할 수 있어야 한다. 이러한 능력, 즉 다른 사람들로 하여금 자신이 원하는 것을 하게 하거나 만들게 하는 능력을 권력(power)이라고 하고, 관리자는 효과적인 리더십을 발휘하기 위해서 자신이 보유한 권력을 사용하여 구성원들의 행동에 영향을 줄 수 있어야 한다.

일반적으로 권력은 그 권력이 발생되는 근거에 따라, 관리자의 공식적인 지위로부터 얻어진 지위 권력(position power)과 지위와 무관하게 관리자의 개인적인 특성으로부터 발휘되는 개인적 권력(personal power)으로 분류된다. 지위 권력에는 관리자가 지위를 이용하는 방법에 따라 다음과 같은 세 가지 권력이 존재한다.

- **보상적 권력**: 자신의 지위를 이용하여 제공할 수 있는 인센티브, 승진, 칭찬 등을 통해 구성원들에게 영향을 줄 수 있는 능력을 말한다.
- **강압적 권력**: 자신의 지위를 이용하여 가할 수 있는 벌칙, 감점, 꾸중 등을 통해 구성원들에게 영향을 줄 수 있는 능력을 말한다.
- **합법적 권력**: 전체 조직에서 해당 관리자의 지위에 공식적으로 부여된 권한을 통해 구성원들에게 영향을 줄 수 있는 능력을 말한다.

지위 권력은 조직에 속해 있는 관리자라면 누구에게나 존재하는 권력이지만, 개인적 권력은 같은 지위를 갖고 있는 관리자들 사이에서도 차이가 많이 발생할 수 있기 때문에 최종적인 리더십 발휘에 많은 영향을 미친다. 개인적 권력은 일반적으로 다음과 같은 두 가지 종류로 나뉜다.

- **전문적 권력**: 자신이 갖고 있는 해당 분야의 전문 지식 및 기술을 보유함으로써, 구성원들에게 영향을 줄 수 있는 능력을 말한다.
- **준거적 권력**: 타인과의 좋은 인간관계를 유지하여 구성원들이 존경하고 롤모델로 삼을 만한 리더의 카리스마, 매력 등을 보유함으로써 구성원들에게 영향을 줄 수 있는 능력을 말한다.

동기부여

조직의 구성원을 지휘하기 위해서 리더십뿐 아니라 동기부여도 주요한 역할을 한다. 관리자는 구성원들에게 업무를 잘 수행하면, 조직의 목표달성뿐 아니라 각자의 개인적인 욕구 충족에도 도움이 될 수 있다고 구성원 각자의 상황에 맞는 적절한 동기부여를 할 필요가 있고, 그러기 위해서는 동기부여에 대한 이론적 지식을 학습할 필요가 있다. 동기부여에 관한 이론에는 동기부여가 되는 원인을 규명하고자 하는 내용이론(content theory)과 실제 동기부여가 어떠한 행동으로 나타나는가를 파악하고자 하는 과정이론(process theory), 그리고 학습에 의해 동기가 부여된다는 강화이론(reinforcement theory)이 있다.

1. 동기부여의 내용이론

동기부여의 내용이론은 사람들마다의 욕구가 어떻게 다르고, 다른 욕구에 따라 어떠한 내용으로 동기부여를 해야 하는지에 대한 이론이다. 내용 이론에 속하는 여러 가지 심리학적인 이론 가운데, 가장 많이 인용되는 욕구계층이론과 2요인이론에 대해 알아보자.

▌욕구계층이론

욕구계층이론은 사람의 욕구가 생리적 욕구, 안전 욕구, 사회적 욕구, 존중 욕구, 자아실현 욕구, 이렇게 다섯 단계로 이루어져 있고, 사람들은 첫 단계인 생리적 욕구부터 순서대로 충족되기를 원한다는 것이다. 관리자는 이러한 이론을 바탕으로 동기부여를 하기 위해서는 구성원들이 어느 단계의 욕구계층에 있는지 먼저 파악한 후, 해당 욕구를 충족시킬 수 있는 방법을 동기부여에 포함시켜야 할 것이다(그림 8-8).

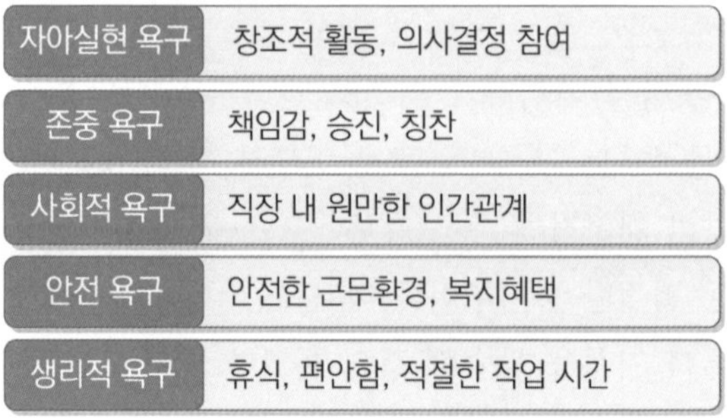

자아실현 욕구	창조적 활동, 의사결정 참여
존중 욕구	책임감, 승진, 칭찬
사회적 욕구	직장 내 원만한 인간관계
안전 욕구	안전한 근무환경, 복지혜택
생리적 욕구	휴식, 편안함, 적절한 작업 시간

그림 8-8 욕구계층

▌2요인이론

2요인이론은 구성원들의 만족과 불만족을 초래하는 요인이 각각 별개로 존재한다는 이론으로, 두 가지 요인을 각각 만족 요인과 불만족 요인으로 구분하고 있다. 만족 요인에 대한 동기부여를 통해 만족감을 향상시킬 수 있지만, 불만족 요인에 대한 동기부여를 통해서는 만족감을 향상시키기보다는 불만족감을 감소시키는 것에 그칠 수 있다. 만족 요인에 대한 동기부여는 성취감, 책임감, 승진 기회, 자부심 등과 같은 주로 업무 자체에 대한 동기유발 요인을 통해 제공되고, 불만족 요인에 대한 동기부여는 작업환경, 기본급여, 직장 내 인간관계 등과 같이 업무 환경과 관련된 내용을 통해 제공된다.

2. 동기부여의 과정이론

과정이론은 개인이 어떠한 과정을 통해서 동기부여를 받는지에 대해 실제로 나타나는 행동을 분석함으로써 동기부여에 대한 설명을 제공하고 있다. 대표적인 과정이론으로는 공평성이론과 기대이론이 있다.

▎ 공평성이론

공평성이론에서는 개인이 유사한 업무를 수행하는 타인과 비교했을 때, 불공평한 대우를 받고 있다고 인지할 때 이러한 불공평성을 해소하기 위한 행동을 취한다고 설명한다. 예를 들어, 더 나은 보상을 요구하거나, 업무 강도를 낮추거나, 직장을 옮기는 행동을 하게 된다. 관리자는 동기부여 시 이와 같은 이론을 고려하여 부정적인 불공평성을 느끼는 구성원이 발생하지 않도록 노력해야 한다.

▎ 기대이론

기대이론에서는 동기부여가 제대로 전달되기 위해서는 세 가지 기대요인들이 모두 충족이 되어야 한다는 것을 주장한다. 세 가지 기대요인은 기대도(expectancy), 수단성(instrumentality), 유의성(valence)이며, 이 중 하나의 요인만 없어도 동기부여의 효과가 없어지기 때문에, 다음과 같은 수식으로 동기부여의 정도를 표현할 수 있다.

동기부여의 정도 = 기대도 × 수단성 × 유의성

따라서 관리자는 동기부여 시에, 각 구성원이 업무를 열심히 수행했을 때 높은 성과를 얻을 수 있다고 기대하도록 하고(기대도), 또한 높은 성과를 통해 충분한 보상을 받을 수 있다고 인지하도록 하고(수단성), 동시에 해당 업무의 성과가 구성원 개인에게도 가치가 있도록 설정해야 한다(유의성).

3. 동기부여의 강화이론

학습이론의 일종인 강화이론은 한 개인이 앞으로 어떻게 행동할지는 그 사람이 과거에 해당 행동을 취했을 때 발생한 결과에 따라 결정된다는 이론이다. 즉, 과거 행동의 결과가 부정적이었다면 해당 행동을 기피할 것이고, 긍정적이었다면 해당 행동과 유사한 행동을 반복할 가능성이 높다는 것이다. 따라서, 조직 구성원이 과거에 어떤 보상으로부터 조직이 기대하는 행동을

했는지를 살펴서 조직이 원하는 행동을 다시 할 확률을 높여주는 강화물을
제공하는 형태로 동기부여를 할 필요가 있다. 강화이론을 주장한 행동주의
심리학자 스키너(B. F. Skinner)는 사람들이 열심히 일하는 것은 그 사람들이
열심히 일하면 보상을 받는 경험으로부터 학습을 했기 때문이라고 주장한다
(심현식, 2018). 최근 들어 강화이론은 인공지능 분야에서 컴퓨터를 학습시키
는 방법으로도 많이 사용된다.

의사소통

의사소통이 지휘활동의 한 가지 요소로 소개되고 있지만, 경영관리활동
의 모든 단계, 즉 계획, 조직, 지휘, 통제 활동은 결국 의사소통을 통해서 실
행될 수 있기 때문에, 경영관리활동이 성공적으로 수행되어지기 위해서 조직
구성원 간의 원활한 의사소통은 필수적인 사항이다. 특히 높은 계층의 관리
자일수록 업무시간 중 의사소통에 소요되는 시간의 비율이 증가하기 때문에
남다른 의사소통능력을 보유하고 있어야 한다.

효과적인 의사소통을 하기 위해서 의사소통의 과정에 대해 이해할 필요
가 있다. 개인 간의 의사소통에는 메시지를 전달하려는 발신자와 메지시를
받는 수신자가 존재한다. 발신자는 자신의 생각을 메시지에 담아 의사소통
채널을 통해 수신자에게 전달하는데, 메시지가 전달되는 중간에는 여러 가지
잡음요인이 존재하기 때문에, 발신자가 전달하려는 의미와 수신자가 받아들
이는 의미에는 차이가 발생할 수 있다(그림 8-9). 이러한 차이를 줄이기 위
해서는 수신자가 전달받은 의미를 확인하는 피드백 과정을 추가하거나, 잡음
발생요인들, 즉 언어 표현 문제, 적합하지 않은 소통채널, 문화 차이 등을 최
소화해야 한다. 이러한 과정을 통해 발신자의 의도된 의미와 수신자의 인지
된 의미가 같아지는 효과적인 의사소통을 이룰 수 있다.

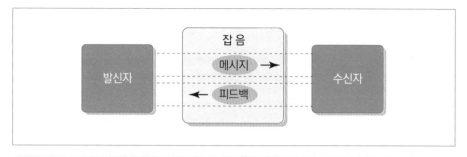

그림 8-9 의사소통과정

제5절 통 제

지휘활동을 통해 구성원들이 업무를 열심히 수행하게끔 만들었다 할지라도, 업무를 제대로 잘 수행할 수 있도록 하는 통제활동이 필요하다. 통제는 앞서 수립된 계획대로 업무가 진행되는지 비교하고, 차이가 발생했을 경우 조치를 취하여 계획된 대로 실적을 달성할 수 있도록 하는 과정을 말한다.

통제의 절차

통제활동을 하기 위해서는 먼저 계획과 실적을 비교할 수 있는 성과척도를 설정하고, 설정된 성과척도를 측정한 후, 계획과 실적의 차이가 있는 경우에 적절한 교정활동을 취해야 한다. 일반적으로 이러한 절차를 네 단계로 나눌 수 있고, 단계별로 다음과 같은 과정을 거친다(그림 8-10).

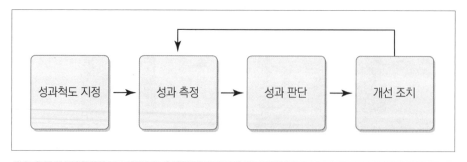

그림 8-10 통제활동 절차

- **단계 1: 성과척도 지정.** 계획수립 단계에서 설정한 조직의 목표를 가장
잘 나타낼 수 있는 성과척도를 지정한다. 예를 들어, 제조기업이라면,
연간 제품 생산량, 불량률, R&D 투자예산 등의 성과척도를 지정할 수
있다. 이러한 성과척도는 조직 전체뿐 아니라 통제가 필요한 부서 및
개인별로 적합한 성과척도가 지정될 수 있다. 각 성과척도별로 목표값
을 설정하여 목표를 구체화한다.

- **단계 2: 성과 측정.** 앞 단계에서 지정된 성과척도를 이용하여 실적에 대
한 성과를 측정한다. 성과척도의 종류에 따라, 조직 내의 정보시스템
으로부터 쉽게 측정될 수도 있고, 설문조사와 같이 비용과 시간을 들
여 성과를 측정할 수도 있다. 후자인 경우에는 측정의 중요도 및 난이
도를 고려하여 측정 주기를 적절히 지정해야 한다. 결국, 측정 주기에
따라 전체 통제활동의 주기도 영향을 받기 때문에 성과척도별로 적절
한 주기를 정해 통제절차를 실행해야 한다.

- **단계 3: 성과 판단.** 단계 1과 2에서 구해진 목표치와 실적치를 비교하여
성과를 판단한다. 실적치가 더 높다면 계획이 문제없이 진행되고 있다
는 것을 의미하므로 더 이상 통제절차를 수행할 필요가 없다. 하지만
목표치보다 실적치가 낮게 나타나는 경우라면 단계 4로 간다.

- **단계 4: 개선 조치.** 실적치가 낮게 측정이 된 경우에는 먼저 그 원인을
분석하고 이후 목표치를 달성할 수 있도록 하는 구체적인 활동들에 대
한 개선안을 도출하고 실행한다. 목표치와 실적치가 현격한 차이가 발

생하는 경우에는 목표치의 수정도 고려할 수 있다. 통제활동은 단계 4에서 끝나는 것이 아니라 기지정된 통제활동 주기에 따라 단계 2에서 단계 4까지 반복 수행된다.

통제의 유형

통제활동은 여러 가지 기준에 의해서 분류될 수 있지만, 가장 보편적으로 통제활동을 하는 시점에 따라 다음과 같이 세 유형으로 구분할 수 있다.

▌ 사전 통제

계획 대비 실적치의 차이를 미리 감지하여 적절한 조치를 통해 최종 실적치가 목표치에 다다를 수 있도록 하는 통제방법이다. 피드백(feedback)보다 빠른 대응을 하기 때문에 피드포워드(feedforward) 통제라는 용어를 사용한다. 예를 들어 자동차 판매사원이 월 목표치를 달성하기 위해서 1~2주 정도 지난 시점에서 그동안의 판매 추세를 이용하여 월 예상 실적치를 구할 수 있다. 만약 예상 실적치와 목표치가 차이가 있을 경우에는, 남은 기간 동안 판매활동을 강화하는 조치를 취함으로써 계획을 달성하는 통제를 할 수 있다. 사전 통제방법은 가장 이른 시점에 개선 조치를 취할 수 있기 때문에, 다른 유형의 통제방법보다 그 효과가 크고, 따라서 가장 중요한 통제방법이라고 할 수 있다.

▌ 검사 통제

검사 통제방법에서는 여러 단계의 절차로 이루어진 작업/업무에 대해서 중간단계마다 검사(screening)를 실시하여 최종적인 실적 결과를 통제한다. 예를 들어, 여러 공정으로 이루어진 반도체 제조 라인에서는 목표 수율(yield rate)을 달성하기 위해서 공정 중간중간마다 검사 공정을 두어, 최종 공정에 다다르기 전까지 각 검사 공정에서의 실제 수율이 목표 수율을 만족하는지 모니터링한다. 차이가 발생하는 경우에는 검사 공정 이전 공정들에서 그 불량 원인을 찾아 문제점을 해결함으로써 목표 수율에서 벗어나지 않게 통제할 수 있다.

> 수율: 제조기업에서 특정 기간 동안 생산한 제품 중 양품의 비율을 수율이라고 한다.
> 수율 100%는 불량률 0%를 의미한다.

▌ 사후 통제

사후 통제는 실적치가 얻어진 후에 목표치와 차이가 발생하였을 경우, 실행하는 통제활동으로, 만약 실적치가 낮게 나왔다면, 원인을 분석하여 이후 기간까지 영향을 받지 않도록 교정 조치를 취한다. 반대로 실적치가 높게 나왔다면, 해당 부서 및 개인에게 포상 또는 보너스와 같은 인센티브를 제공할 수 있다.

위에 소개된 세 가지 통제의 유형은 상호 배타적으로 적용되기보다는, 어떤 조직이든 세 가지 유형을 조합하여 각 통제유형의 장점을 모두 얻을 수 있는 형태로 통제활동에 적용된다.

Closing Case

4차 산업혁명 시대 – 신뢰와 자율의 '애자일'로 변신하라

4차 산업혁명 시대를 맞아 기존 위계적 조직문화를 혁신적이고 유연한 조직문화로 바꾸기 위한 시도가 이어지고 있다. 하지만 여전히 많은 기업은 기존 관행이나 관습에서 크게 벗어나지 못하고 있다. 리스크를 줄이기 위해 만든 관료적 위계 구조는 4차 산업혁명 시대에 오히려 리스크를 더 키울 수 있다. 일하는 방식과 인사관리체계, 리더십 등 모든 분야에서 유연성과 적응성을 강조하는 애자일 구조로의 전환을 모색해야 한다.

알파벳(구글), 페이스북, 아마존, 넷플릭스 등은 최근 가장 주목을 받는 기업이다. 2018년 4월 초 기준 4개사의 시가총액은 총 1조 9,650억 달러에 달한다. 더 놀라운 것은 이 회사들 대부분이 20년 전에는 존재하지도 않았다는 사실이다. 미국 워싱턴대 올린경영대학원(Olin Business School)의 연구에 따르면, 2025년까지 포춘 500대 기업 중 40%가 디지털화(digitalization)에 적응하지 못하고 사라질 것으로 전망됐다. 위에서도 언급했듯 20년 전에 존재하지도 않았던 기업들이 미국 경제를 좌지우지하며 그 영향력을 막대하게 키우고 있는 것을 보면 이 연구결과가 터무니없다고 보기도 어렵다.

2017년 초만 해도 한국에서는 4차 산업혁명에 대해 '실체가 없다', '한국만 호들갑이 심하다' 등의 비판적 시각이 존재했다. 그러나 글로벌 경영환경의 변화 속도는 우리의 상상을 넘어섰다. 위에서 언급한 회사들의 시가총액은 최근 1~2년간 40%가 넘는 성장세를 보였다. 그들의 성장은 어디서 오는가? 바로 인재와 데이터를 독점하는 압도적인 사업기반, 즉 '플랫폼'에 있다. 여전히 전통적 사업을 영위하는 몇몇 대기업에 국가 경제의 대부분을 의존하고 있는 우리나라가 4차 산업혁명의 변화에 공포에 가까운 반응을 보이는 것은 이해할 만한 현상일지 모른다. 특히 구글, 페이스북, 아마존, 넷플릭스의 성장을 가능케 한 조직문화에 대한 관심도 매우 높다. 많은 기업이 위기의식을 갖고 디지털 변혁을 추진하고 있지만 기존 위계적 조직문화라는 벽을 넘어서지 못하고 있다.

맥킨지(McKinsey)는 2018년에 발간한 보고서 '애자일 조직의 5가지 특징(The 5 Trademarks of Agile Organization)'에서 전통적인 위계조직을 '구시대 패러다임(old paradigm)'이라고 규정했다. 1900년대 초반부터 이어진 100년간 '관리의 시대(the management century)'는 디지털 혁명(digital revolution)의 흐름 속에서 그 수명을 다했다는 것이 맥킨지 리포트의 분석이다. 그리고 그 패러다임을 대체하는 새로운 형태가 '애자일(Agile) 조직'이다.

애자일은 과거 조직 패러다임과 어떤 점에서 다를까. 첫째, 인력관리방식에 대한 철학의 변화다. 과거의 위계적 조직이 '명령과 통제'에 기반해 사람을 관리했다면 애자일 조직은 '신뢰와 자율'에 기반한다. 과거의 패러다임에서는 조직을 '기계'로 보고 사람을 그 '기계'에 속한 자원으로 봤다면, 미래에는 인공지능(AI)이 단순한 업무를 대체하는 가운데 인간 개개인이 가진 재능을 극대화하는 방향으로 조직이 설계될 것이다. 두 繁

째 변화는 조직구조의 영속성과 관련이 있다. 앞으로의 조직은 살아 움직이는 유기체(organism)로서 기본 기능을 담당하는 플랫폼만이 상시적으로 존재하고 나머지는 수시로 이합집산, 재조직화하는 형태가 보편화할 것이다. 이러한 변화는 조직의 상시화와 지속성을 전제로 하는 조직 내 계층이나 서열을 무기력하게 만드는 결과를 가져올 것이다. 세 번째 변화는 책임과 권한의 이동이다. 애자일 조직은 신뢰와 자율의 철학에 기반해 책임과 권한을 조직의 하부로 대폭 위임한다. 애자일 조직에서는 고객과 맞닿은 단위조직이 대부분의 E2E(End to End) 의사결정 권한 및 책임을 보유하게 되고, 이에 따라 실행자와 의사결정자가 대부분 일치한다.

우리 기업들이 4차 산업혁명 시대에 마주하는 가장 큰 위험은 무엇일까? 4차 산업혁명 시대의 가장 큰 위협은 산업의 경계가 무너지는 현상이 아니다. 오히려 더 큰 위기는 조직 내부에 있다. MIT슬론매니지먼트리뷰와 딜로이트컨설팅이 수행한 '2016 Digital Business Global Executive Study and Research Project'에 따르면 대기업이 직면한 가장 큰 위험은 바로 조직 자체의 '관성과 관행'이다. 그렇다면 우리 기업에는 이러한 관성, 관행 중 구체적으로 어떠한 문제가 미래 조직으로의 트랜스포메이션(transformation)을 저해할까?

첫째, 리스크에 대한 태도와 의사결정 프로세스다. 국내 유수 대기업들의 가장 큰 문제 중 하나는 리스크를 최소화하기 위해, 좀 더 솔직하게는 책임을 분담하기 위해 너무 많은 의사결정자가 관여하고 있다는 것이다. 이는 거버넌스 체계가 옥상옥(屋上屋)일수록, 경영상의 위기가 커질수록 심화된다. 둘째, 조직 간 장벽(Silo)이다. 구체적으로 말하자면 정보를 공유하지 않고 독식하거나 협업하지 않는 습관이다. 셋째 장애요인은 바로 상사(Boss) 중심의 조직문화다. 많은 기업에서 직원들은 '고객'을 섬긴다기보다는 '상사'를 섬기고 지원하는 데 대부분의 시간을 쓴다. 하지만 대부분의 위계 조직에서 상사는 고객과 너무 멀리 떨어져 있다.

그렇다면 이렇게 뿌리 깊은 관성을 극복하기 위해서는 어떻게 해야 할까? 기업들이 가장 궁금해 하는 변화의 축은 세 가지로 정리될 것이다. 첫째, 관성에서 벗어나기 위해서는 일하는 방식을 변혁해야 한다. 최근 한 국내 대기업의 일하는 방식을 분석한 결과 고객가치에 기여하지 못하는 활동이 전체 업무시간의 40% 이상을 차지했다. 왜 이런 현상이 일어나는지 원인을 분석해봤더니 위에서 언급한 관성이 그대로 데이터에 드러났다. 이러한 비효율을 없애기 위해서는 정확한 데이터를 통해 문제의 원인을 체계적으로 분석하고 이를 토대로 변화에 대한 공감대를 이끌어낼 필요가 있다. 일하는 방식에서 과거의 관성을 끊기 위한 또 다른 방법은 지금까지 이뤄지던 표면적인 수준의 협업을 매우 적극적인 형태로 끌어올리는 것이다. 4차 산업혁명 환경에서는 내부 조직 간은 물론이고 조직 외부의 생태계 파트너들과도 상시적인 협업이 이뤄져야 한다.

둘째, 4차 산업혁명 시대의 평가, 승진, 보상 제도는 직원의 재능과 창의성을 극대화하고 개개인의 가치 실현을 중시하는 방향으로 관점의 전환을 요구하고 있다. 애자일 조직에서는 단기간에 나타난 성과 위주로 동료들의 평가가 이뤄지기 때문에 객관성이 높아질 수 있다. 개인의 역량과 잠재력을 매번 팀이 변경될 때마다 다양한 협업관계에 있었던 동료, 혹은 내외부의 이해관계자들이 평가하게 되고 이를 기반으로 역할 조정 및 확대가 결정된다. 새로운 목표는 개인이 동료와 합의를 통해 결정하게 되며 대체로 개인의 성장 목표와 조직의 목표가 잘 연계된다.

마지막으로, 4차 산업혁명 시대에 걸맞은 새로운 리더십의 변화이다. 리더는 내부와 외부의 인재들이 하나의 목표를 향해 일을 할 수 있도록 유도해야 한다. 이를 위해서는 유연한 관계 관리 역량이 필수적이다. 또 지시자(Director)가 아닌 조율자(Coordinator)로서의 역할도 중요하다. 리더는 전반적인 가치사슬의 흐름을 모니터링하면서 변화하는 고객의 요구사항에 빠르고 유연하게 대응해야 한다. 불확실한 상황에 대해 인내심을 가지고 지켜보면서도 조직 내 우선순위를 판단하고 자원을 새롭게 배분하는 역할을 과감하게 수행해야 한다. 업무는 신뢰에 기초해 권한을 위임받은 조직원들에게 맡기고 리더는 사람을 확보하면서 조직의 가치와 문화를 지키는 역할에 온전히 집중해야 한다.

동아비즈니스리뷰(2018.05.)

토의문제

01 대표적인 경영관리과정인 POLC의 세부절차를 설명하시오.

02 4단계의 피라미드 형태로 구성되는 조직의 각 단계별 구성원에 대해 설명하시오.

03 계획수립의 필요성을 설명하시오.

04 조직화의 절차를 단계별로 설명하시오.

05 조직의 유형 중 부문별 구조의 의미와 그에 해당하는 실제 사례를 들어보시오.

06 지위 권력에는 어떠한 종류가 있고 각각의 의미는 무엇인지 설명하시오.

07 동기부여의 과정이론 중 기대이론의 세 가지 기대요인들의 의미를 예를 들어 설명하시오.

08 동기부여의 강화이론이 인공지능 분야에 적용되는 사례를 찾아보시오.

09 통제활동의 세 가지 유형에는 어떠한 것이 있고, 각각의 의미는 무엇인지 설명하시오.

09

기업문화

사람마다 동일한 업무를 처리하더라도 그 방식이 다양할 수 있듯이, 여러 기업조직도 각각 해당 조직 구성원들만이 공유하고 있는 고유한 행동이나 가치관, 즉 개별 기업조직의 특정한 기업문화에 따라 동일한 사업이라도 다양한 방식으로 수행할 수 있다. 기업문화의 모습은 여러 가지로 표현될 수 있지만, 단순히 폐쇄적이고 통제적이면 나쁘고 개방적이고 자율적이면 좋다고 말할 수는 없다. 어떠한 형태로 나타나는 기업문화이든 그러한 문화가 조직 구성원들에게 잘 맞고 조직의 활동에 시너지 역할을 한다면 바람직한 기업문화라고 할 수 있다. 다만, 그러기 위해서는 경영자든 직원이든 자신이 이끌어가고 속해 있는 조직의 문화를 올바르게 이해하는 것이 매우 중요하다고 할 수 있다. 결국 기업문화에 가장 많은 영향을 주기도 하고 기업문화로부터 가장 많은 영향을 받기도 하는 것은 기업의 구성원들이기 때문이다. 이번 장에서는 기업조직의 관리 및 활동에 있어서 필수적인 이해가 필요한 기업문화에 대해 그 개념, 기능, 형성과정, 진단 등에 대하여 살펴본다.

우버의 기업문화 혁신

"기업이 다양성과 포용성을 넓히는 방향으로 혁신을 하지 않으면 재작년 우버처럼 어쩔 수 없이 기업문화를 통째로 바꿔야 하는 상황을 맞닥뜨리게 될 겁니다. 우버는 그 이전부터 조금씩 새어나오던 소수자들의 목소리를 리더들이 무시했기 때문에 큰 위기를 겪었고, 성장통 끝에 이제는 사내 다양성과 포용성의 중요성을 깨닫게 된 거죠."

전 세계 최대 혁신 기업으로 평가받는 미국의 우버는 2017년 회사 문을 닫을 뻔한 위기를 겪었다. 우버에서 일하던 엔지니어가 기업 내 성추행 및 성차별 실상을 폭로했고, 우버는 애초 이를 묵살하다 논란이 커지자 내부 조사를 거쳐 관련자 20여 명을 한꺼번에 해고했다. 게다가 이 사건으로 내부 감사를 진행하던 도중 창립자이자 당시 최고경영자(CEO)였던 트래비스 캘러닉이 직원들에게 전체 메일로 성희롱성 메일을 보냈다는 사실이 밝혀지면서 CEO가 쫓겨나기도 했다. 짧은 시간 동안 급속하게 성장하느라 내실을 다지지 못한 스타트업 내부에서 곪고 있던 문제가 터진 셈이다.

우버는 이를 수습하기 위해 지난해 3월 한국계 미국인 이보영(44) 씨를 최고 다양성·포용성 책임자(CDIO·Chief Diversity & Inclusion Officer)로 임명했다. 높은 매출과 빠른 성장만을 목표로 달려오던 우버는 이 CDIO 임명을 계기로 기존 문화를 반성하고 뿌리부터 통째로 조직문화를 혁신하기 시작했다.

서울을 방문한 이 CDIO는 기업 내 다양성과 포용성이 중요한 이유에 대해 공들여 설명하는 자리를 마련했다. 이 CDIO는 경제성장 속도에 가장 큰 가치를 두고 다양성과 포용성 확보를 뒷전으로 미뤄두고 있는 한국 기업들의 현 상황을 정확히 짚어내며 "미룰 때가 아니다"라는 메시지를 던졌다. '상명하복'식 군대문화를 뼈에 새긴 남성 위주의 기업문화는 당장 일하기에 편하겠지만, '쉬운 방향'으로만 가서는 조직이 오래 지속될 수 없다는 것이다.

가장 큰 이유는 생산성의 차이다. 이 CDIO가 소개한 수많은 연구결과에 따르면, 기업 내 다양한 정체성을 지닌 사람들이 모일수록, 그리고 이들이 조직 내에 잘 포용될수록 업무 성과는 물론 구성원들의 자발성이 매우 높아진다. 특히 미국 미시간대 연구에 따르면 다양성이 높은 그룹일수록 결정 오류를 범할 확률이 낮은 것으로 나타났는데, 다양한 시각이 존재하면 서로의 편견을 극복해 더 나은 결정을 할 수 있게 되기 때문이다. 이 CDIO는 "2008년 세계 금융위기를 불러온 미국 월가의 위험하고 비윤리적인 행동은 결국 다양성 부족에서 온 '집단오류' 때문이라는 것이 이 연구의 결과"라고 설명했다.

이 CDIO는 기업 내 다양성과 포용성 확보를 서둘러야 한다고 강조한다. "선제적으로 조치를 취하지 않으면, 결국 우버처럼 어쩔 수 없이 하게 될(force to) 것"이기 때문이다. 최근 수많은 '미투'와 '갑질 논란' 사태를 겪으며 피를 흘리고 나서야 조직문화를 혁신하겠다며 나선 수많은 국내 기업들이 이미 좋은 본보기다.

이 CDIO가 보기에 아직 한국은 갈 길이 멀다. 그는 "한국 사회에서 성차별이나 이주민 차별 등이 존재한다는 것을 기업들은 분명히 알고 있을 것"이라며 "알고도 아무 일을 안 한다면 결국엔 강제로 끌려가게 될 거다"라고 단언했다. 이를 위해서는 '높은 연차에 뽑을 만한 여성 후보군 자체가 부족하다'는 이유로 중년 남성들로만 채워지는 고위직에 저연차 여성을 파격적으로 임용하는 등의 급진적인 정책도 어느 정도 필요하다는 것이 그의 생각이다.

이 CDIO는 "어린아이에게 끊임없이 칭찬해주면 성과가 훨씬 좋게 나타나듯이, 연공서열에 의한 자동 승진이 아닌 파격 임용은 '당신이 이 일에 적임자니 잘해낼 것'이라는 조직의 기대와 믿음을 보여주면서 좋은 성과로 이어진다"며 "젊은 여성이 높은 위치에서 잘해낸다는 상징성은 궁극적으로 회사 평판에 큰 도움이 되면서 지원자 수준이 높아지고, 회사 구성원들의 사기도 덩달아 높아지는 선순환으로 이어질 것"이라고 말했다.

다양성과 포용성을 확보하는 것보다 더욱 중요한 것은 기업이 이를 잘 관리하는 것이다. 아무리 구성원들이 다양하더라도 리더가 자신의 방식을 강요하고 획일화된 방식으로 끌고간다면 오히려 부정적인 영향이 강화되기 때문이다. 이 CDIO는 "보여주기 식으로 뽑아놓기만 하고 지속적인 지원을 해주지 않는다면 결국 실패한다"며 "결국 리더들이 다양성과 포용성의 중요성을 깨닫고 솔선수범하는 것이 가장 중요하다"고 강조했다.

한국일보(2019.11.09.)

기업문화

제1절　기업문화의 개념

기업문화의 정의

　　문화(文化, culture)란 사전적으로 '인류의 지식·신념·행위의 총체'라고 정의된다. 따라서 기업문화 또는 조직문화에 대한 정의도 지식·신념·행위의 총체인데 기업조직으로만 한정지어 이해할 수 있다. 이를 조금 더 풀어서 '어떤 조직에 속한 구성원들의 가치와 표준의 특정한 집합으로 구성원들 간 그리고 조직 외부 이해관계자와 상호 작용하는 방식을 통제하는 기능을 수행하는 것' 또는 '특정 국가의 일반 사회문화의 영향을 받아 기업조직에서 형성된 것으로서 최고경영자와 일반구성원 모두를 포함하는 조직 전체 구성원들이 공유하고 있는 가치의식 및 행동방식 그리고 조직 차원에서 표출된 관리관행 및 상징특성' 또는 '조직 구성원이 공유하고 있는 태도, 가치, 행동 표준, 기대를 구성하고 있는 인지적 틀' 등으로 정의될 수 있다. 이러한 여러 정의들에서 공통적으로 언급되는 주제어를 통해 기업문화를 설명한다면, '기업의 구성원들이 공유하고 있는 가치 및 행동양식'이라고 정리할 수 있다.

　　기업문화는 기업의 구성원들의 핵심가치가 반영되어 나타나게 되는데, Martin(1992)은 기업문화를 규정짓는 기본적이고 핵심적인 가치 특성 네 가지를 다음과 같이 소개하였다.

- **고객 및 직원의 니즈(needs)에 대한 민감도**: 기업조직이 고객과 직원이 원하는 것에 대해 얼마나 민감하게 반응하는지에 대한 정도로써, 민감도가 낮은 조직이라면 경직되고 유연하지 못한 기업문화를 보유하고 있다고 할 수 있다.
- **새로운 생각에 대한 자유도**: 기업조직이 지정된 방식이나 규정을 벗어난 새롭고 독특한 아이디어에 대해 얼마나 포용력이 있는지에 대한 정도라고 할 수 있다.
- **위험감수에 대한 허용도**: 기업문화가 보수적이라면 안전한 투자옵션을 선호할 것이고 이러한 조직은 위험감수에 대한 허용도가 낮다고 할 수 있다.
- **소통방법에 대한 개방도**: 소통에 대한 개방도가 높은 기업조직이라면 구성원들 간 직급 및 부서의 차이에 상관없이 다양하고 직접적인 의사소통 채널을 보유하고 있다고 할 수 있다.

기업문화의 유형

앞서 소개된 핵심가치 특성에 따라서 기업문화의 유형을 분류한다면, 16가지 조합이 나오게 되는데 이는 현실적인 분류방법이 아니다. 기업문화의 유형을 분류하는 방법으로는 조직의 중앙집중 정도와 공식화 정도의 높고 낮음에 따라 네 가지로 나누는 것이 가장 보편적으로 알려져 있다. 조직의 중앙집중 정도가 높을수록 조직이 수직적/계층적이고 낮을수록 수평적/평등적이라고 할 수 있다. 그리고 공식화 정도가 높을수록 상대적으로 업무를 중시하는 문화이고 낮을수록 사람을 중시한다고 볼 수 있다. 이와 같은 두 가지 차원을 이용하면 기업문화를 다음과 같이 네 가지 유형으로 분류할 수 있다(그림 9-1).

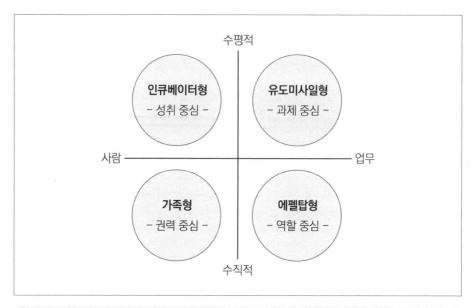

그림 9-1 기업문화의 네 가지 기본유형

▮ 인큐베이터형 기업문화(수평적이며 사람 중시)

조직은 있으나 중앙집중 및 공식화 정도가 낮은 최소한의 조직형태만 갖기 때문에, 마치 리더가 없는 것 같이 보이는 기업문화이다. 개인이 중시되며, 조직의 존재 이유도 개인의 성취를 위한 수단으로 여겨진다. 개인의 자유로운 의사표현이 보장되어 조직 구성원이 각자 다른 의견을 가질 수 있지만, 구성원들 간의 상호 이해와 설득과 같은 감정적인 구속을 통해 공통적 욕구와 가치를 달성할 수 있다. 창조적이고 혁신적인 성향을 띠며 스웨덴 기업조직에서 많이 찾아볼 수 있다.

▮ 유도미사일형 기업문화(수평적이며 업무 중시)

조직의 중앙집중 정도는 낮지만 공식화 정도가 높은 업무 또는 과제 (project) 중심의 기업문화이다. 회사보다도 업무/과제가 중시되기 때문에 업무/과제를 효과적으로 잘 수행하는 것이 조직 내 권한, 절차 등보다 우선시될 수 있다. 목표달성을 위하여 해당 업무에 대한 전문성/능력을 보유하고 있는 여러 부서의 구성원들이 팀을 이루어 활동하는 것이 권장된다. 이러한 기업문화는 목표관리(management by objectives), 성과급 지급 등 능력을 중시하는 인사관리정책이 적합하고, 북미나 영국 기업에서 많이 찾아볼 수 있는 기업문화이다.

▌ 가족형 기업문화(수직적이며 사람 중시)

가정에서 아버지와 같은 역할을 하는 리더를 중심으로 조직의 권력이 집중되어 있고, 구성원들 간의 친밀한 인간관계가 강조되는 가족 같은 분위기의 기업문화이다. 연공서열을 중시하기 때문에 장기적으로 구성원들의 조직에 대한 충성도가 높다. 조직의 규정/규칙 등이 상세히 명문화되어 있기보다 리더의 의중을 따르는 경우가 많기 때문에, 관료주의적이지 않다는 장점이 있지만 의사결정 시 객관적인 평가지표보다 리더의 주관적인 의견이 더 강하게 작용될 수 있다. 한국, 일본, 싱가폴, 인도와 같은 아시아 국가들의 기업과 스페인, 이탈리아와 같은 몇몇 유럽 국가들의 기업에서 많이 찾아볼 수 있다.

▌ 에펠탑형 기업문화(수직적이며 업무 중시)

에펠탑형 기업문화의 기업은 일반적으로 안정적이고 계층적인 조직구조를 갖고 있기 때문에 구성원들 역시 조직 내 자신의 역할 및 직책을 중심으로 업무를 수행한다. 관료주의적인 경향이 높고 규칙이나 절차가 중시되기 때문에 조직 내 혁신이나 변화보다는 예측가능한 보수적인 의사결정이 선호되는 기업문화이다. 각 업무에 대한 상세한 기술을 바탕으로 한 객관적인 평가 기준에 의한 인사관리가 가능하다. 독일이나 오스트리아의 기업에서 많이 찾아볼 수 있다.

기업문화의 역할

기업문화는 손으로 만질 수는 없지만, 기업문화를 갖고 있지 않은 기업조직은 상상할 수 없다. 기업문화가 조직 내에서 구성원들에게 어떠한 영향을 주고 있는지 정리하면 다음과 같이 세 가지 역할을 꼽을 수 있다.

- **정체성 부여**: 기업문화는 구성원들에게 조직의 일원으로서의 정체성을 부여한다. 조직의 공통 가치나 신념이 더 많이 공유될수록 조직의 미션에 더 깊게 동조하며 조직 내에서 중요한 역할을 하고 있다고 느낀다. 특정 기업문화를 갖는 조직에 속해 있다는 사실만으로 개별 구성원들은 자신 스스로가 특별하다는 느낌을 가질 수 있고, 구성원들 간 결속력을 높여서 외부로의 일탈을 최소화할 수 있다.
- **조직의 미션에 대한 헌신**: 기업문화는 구성원들에게 조직의 목표를 달성하려는 의무감을 향상시킨다. 강하고 포용력 있는 기업문화는 구성원들이 개별 이익만을 생각하는 데 머물게 하지 않고, 더 크고 잘 정의된 전체 조직의 이익을 위해 참여하고 있다는 사실을 깨우쳐준다.
- **행동지침 제시**: 기업문화는 주어진 상황에서 구성원들이 어떻게 말하고 행동해야 하는지에 대한 가이드라인을 제시한다. 동일한 공유가치를 바탕으로 수행된 업무의 모습은 업무 담당자가 다르고 업무가 수행된 시간과 장소가 다르더라도 유사하게 나타날 것이라 기대할 수 있다.

위와 같은 역할을 통해 기업문화는 안정적으로 기업의 경영성과를 높이는 데도 큰 영향을 주고 이러한 사실은 연구결과로 발표되기도 하였다. 따라서 기업의 경영전략을 수립할 시에도 기업의 자원, 조직구조 등과 함께 기업문화도 반드시 고려해야 할 요소로 인식되고 있다(유필화 외, 2008).

많은 기업들 중에서 꾸준하게 경영성과가 좋고, 일하기 좋은 직장이며, 고객 서비스 측면에서도 높은 성과를 보이는 기업들은 잘 정립되어 있는 기업문화를 보유하고 있는 것으로 조사 연구되었는데, 그러한 결과를 보이는 구체적 이유를 몇 가지 나열하면 다음과 같다(Heskett et al., 2008). 다음 내용은, 왜 좋은 기업문화를 가져야 하는가에 대한 대답, 즉 기업문화의 중요성으로도 이해될 수 있다.

- 기업문화가 잘 정립되어 있는 기업은 해당 기업문화에 친숙하고 적합한 직원을 채용할 가능성이 높고 결국 일하기 좋은 직장으로 인식되기 쉽다. 해당 기업의 기업문화가 외부에 잘 알려져 있기 때문에 장래의 직원 풀을 늘려주게 된다. 그 결과 직원 채용/해고 관련 비용의 절감이라는 장점을 갖는다.
- 기업문화가 잘 정립되어 있는 기업은 내/외부 고객의 충성심이 높다. 직원뿐 아니라 고객 역시 자신과 가치관이나 행동양식이 유사한 기업의 제품이나 서비스를 소비하는 것을 선호한다. 이것은 기업 입장에서도 마찬가지로, 소위 '문화코드'가 맞는 고객과의 거래를 선호한다는 측면에서 이해할 수 있다.
- 기업문화가 잘 정립되어 있는 기업은 조직의 리더십에 연속성을 갖게 한다. 최고경영자가 교체된다고 조직의 가치나 행동규범이 흔들리는 것이 아니라, 해당 기업문화에 맞는 후계자라면 어렵지 않게 리더십 전환을 달성할 수 있게 된다.
- 기업문화가 잘 정립되어 있는 기업은 리더십을 발휘하는 것이 용이하다. 조직의 리더는 정기적으로 조직의 핵심가치, 행동양식, 목표, 비전 등에 대해 구성원들에게 확인시켜주는 활동이 필요한데, 이러한 것들은 해당 기업문화에 맞는 소통채널과 방법을 통해 알맞게 구현될 수 있다.

기업문화의 수준

기업문화의 개념을 이해하기 쉽지 않은 이유 중에 하나는 기업문화가 감각적/인지적 측면에서 여러 수준으로 설명될 수 있기 때문이다. 일반적으로 세 가지 인식수준으로 나누어 설명할 수 있는데 각 요인이 다음과 같다 (유필화 외, 2008, 안운식 외, 2003).

▎가시적 수준(가공물과 창조물)
어떤 기업의 조직문화에 대해 가장 먼저 인식되고 또한 가장 용이하게 변화를 줄 수 있는 것이, 가시적 수준으로 나타난 기업문화이다. 이 수준에 해당하는 것들은 기업이 인위적으로 만들어낸 조직구조, 프로세스, 관례 의식, 제도 및 규정, 또한 사무실 배치, 의상, 그리고 제품, 서비스, 행동양식 등으로 나타난다. 위에 나열한 가공물 또는 창조물을 통해 해당 기업의 문화에 대해 이해할 수 있다.

▌ 인지적 수준(핵심가치)

기업문화는 해당 기업이 갖는 핵심가치, 즉 기업의 가치관에 의해서도 나타난다. 구성원들이 공유하고 있는 이러한 가치체계 및 철학은 경영활동의 수단과 방향의 지침으로 작용한다. 핵심가치의 변경은 앞서 언급한 가시적 수준의 가공물이나 창조물을 변경하는 것보다는 용이하지 않다.

▌ 묵시적 수준(기본가정)

가장 눈에 띄지 않으며 변화 역시 가장 어려운 기업문화는 묵시적 수준으로 존재한다. 조직의 구성원들이 무의식적으로 당연히 인식하고 있는 견해나 믿음 등과 같은 조직의 기본 전제/가정이 묵시적 수준의 기업문화에 해당한다.

위에서 언급한 세 수준의 기업문화는 서로 독립적인 것이 아니라 수준 간에 서로 영향을 주고받는 관계를 갖고 있다(그림 9-2). 즉, 조직의 제도/의식/행위가 핵심가치로부터 영향을 받고 또한 영향을 주며, 조직의 핵심가치 역시 구성원들이 당연히 인식하고 있는 기본 전제/가정과 영향을 주고받는다.

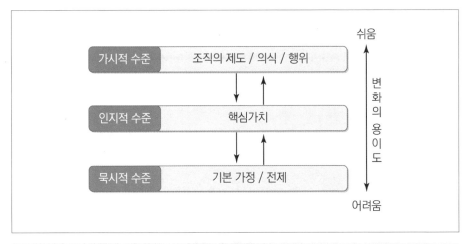

그림 9-2 기업문화의 수준

이와 유사하게 기업문화가 세 가지 체계로 구성되어 있다고 보는 관점도 존재한다(최재윤, 2003). 즉, 기업문화가 신뢰체계(belief system), 가치체계(value system), 규범체계(norm system)로 구성되어 있고, 각 체계는 위에서 소개된 각 수준에 해당되며 상호 영향을 주고받는다. 신뢰체계는 '묵시적 수준'처럼 윤리/도덕관을 포함하는 1차적 판단 기준으로의 기능을 하며, 가치체계는 '인지적 수준'처럼 신뢰체계를 바탕으로 선호도/지향점을 포함하고, 마지막으로 규범체계는 '가시적 수준'처럼 가치체계를 반영한 구체적인 행동양식이라고 할 수 있다.

제2절 기업문화의 형성, 유지, 변화

기업문화가 생성되는 데는 여러 가지 요인이 영향을 미치며, 생성된 기업문화는 시간이 흐름에 따라 다음 세대 구성원에게 전파되기도 하지만 기업문화 자체의 변화를 동반한다. 본 절에서는 기업문화의 형성요인, 구성요소, 전파/유지 수단 등에 대해 알아본다.

기업문화의 형성요인

한 기업의 문화가 처음으로 형성되는 데 영향을 주는 요인에 대하여 학자들은 기업환경, 가치, 영웅, 의례/의식, 문화적 네트워크, 이렇게 다섯 가지를 꼽고 있다. 이러한 요인들은 기업문화의 형성 후에도 계속해서 기업문화에 변화를 가져오는 요인으로 작용하게 된다. 개별 요인에 대해 구체적으로 설명하면 다음과 같다.

- **기업환경**: 개별기업을 둘러싼 환경은 시대와 지역 그리고, 기업의 제품, 고객, 경쟁자, 기술 등에 따라 천차만별이다. 결국 기업환경이 해당 기업이 성공하기 위해 어떤 활동을 해야 하는지를 결정하기 때문에, 기업문화 형성에도 가장 많은 영향을 미친다고 할 수 있다.
- **가치**: 어떤 조직의 가치란 해당 조직의 기본 개념 및 신념으로써 기업문화의 중심에 위치하게 된다. 나아가 그 가치로부터 해당 기업 입장에서의 '성공'의 의미도 정의되기 때문에 기업이 성공하기 위한 여러 행위나 활동에 영향을 주게 된다. 따라서 기업문화의 생성에도 영향을 미치는 필수적인 요인이라 할 수 있다.
- **영웅**: 주로 창업자나 최고경영자에 해당하는 영웅은 기업가치의 실현을 위해 본인 스스로 모범을 보임으로써 구성원들에게 롤 모델이 된다. 롤 모델이 된 조직 내 영웅들의 행위는 구성원들의 사고와 행동에 기준이 되기 때문에 기업문화에까지 영향을 미치게 된다.
- **의례/의식**: 조직 내에서 일상적으로 행해지는 업무의 체계적인 절차나 방식 등은 구성원들의 행동에 지침이 되고, 조직의 정기적/비정기적인 행사나 이벤트는 해당 기업이 추구하는 방향이 무엇인지를 나타낸다. 이러한 절차, 방식, 행사 등은 모두 기업문화 생성에 영향을 주는 요인이다.
- **문화적 네트워크**: 문화적 네트워크는 조직 내 의사소통의 주된, 하지만 비공식적인 수단으로 기업가치와 영웅신화의 전달자로서의 역할을 한다. 문화적 네트워크 안에 조직 내의 이야기꾼, 정보원, 내부고발자 등

이 보이지 않는 권력을 형성하며 기업문화에 영향을 주게 된다.

위와 같은 요인들에 의해 형성된 기업문화는 여러 경로를 통해 내외부 구성원들에게 전파된다. 앞서 언급한 형성요인들 중에는 기업문화 전파의 수단에 해당되는 것도 있다. 어차피 문화란 구성원들이 공유하고 있는 가치나 행동양식이기 때문에 문화를 전파하는 수단은 문화의 형성에도 영향을 줄 수밖에 없다. 다음은 문화가 전파되는 주요 경로 몇 가지를 정리하고 있다.

- **상징**: 어떤 기업에 들어서면, 기업의 건물 모양, 사무실 배치, 직원 복장 등의 모습을 통해 기업문화를 엿볼 수 있고, 해당 구성원들은 그러한 문화를 익힐 수 있다. 조직의 가치를 간단히 표현한 문구, 슬로건 등도 기업문화를 전파하는 상징의 수단이 될 수 있다.
- **이야기**: 조직이 과거에 경험한 성공/실패담, 그리고 현재 조직 내 공식/비공식적으로 알려진 공지/루머 등을 통해 구성원들은 자신이 속한 기업의 문화가 어떠한지 이해할 수 있다.
- **전문어/은어**: 조직 내에서만 사용되는 특별한 언어를 통해 해당 조직의 문화를 엿볼 수 있다. 구성원들은 이러한 전문어/은어의 사용을 통해 해당 기업의 구성원으로서의 정체성을 확인하고 기업문화를 익히게 된다.
- **의식**: 기업은 여러 형태의 의식을 통해 기업의 핵심가치를 내부적으로 유지/전승하고, 외부적으로 공포/강조할 수 있다.
- **행동지침서**: 이것은 기업에서 지켜야 할 것들에 대해서 직접적으로 서술한 성명서를 말한다. 이러한 성명서를 통해 직접적으로 강조되는 기업의 가치가 구성원들에게 전파될 수 있다.

기업문화와 7S 모형

컨설팅 회사인 맥킨지(McKinsey & Company)의 컨설턴트였던 Peters와 Waterman에 의해 개발된 7S 모형은 기업조직 내 여러 부문을 조화롭게 이끌어가기 위한 조직 내 요소 간의 관계를 설명한 모형으로, 그 중심에 공유가치(shared value)가 있다는 점에서 기업문화와 관련이 있는 7가지 내부요소를 표현한 모형으로도 이해된다(안운석 외, 2003; Mindtool). 즉, 공유가치가 기업문화를 설명하는 가장 핵심이 되는 주제어라는 점에서, 그림 9-3의 중심에 위치하고 있는 공유가치는 기업문화 자체로 이해될 수 있고, 나머지 여섯 가지 기업내부요소들이 기업문화(여기서는 공유가치)에 영향을 주고 있는 요소로 볼 수 있다. 맥킨지 7S 모형은 단일 기업, 부서, 또는 단일 과제 안에서 존재하는 7S 요소 간의 유기적 조정을 통해 각 단위의 성능을 향상시킬 수 있는 컨설팅 도구로 사용된다. 각 요소에 대한 설명을 하면 다음과 같다.

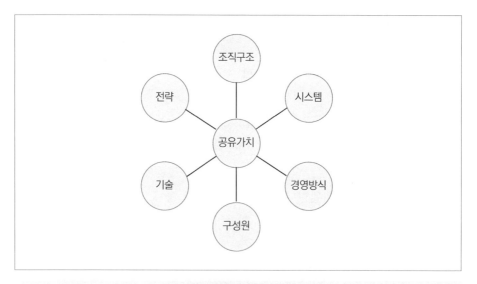

그림 9-3 맥킨지 7S 모형

- **공유가치**(shared value): 기업의 구성원들이 공유하고 있는 핵심가치, 신념, 태도 등으로 기업문화, 윤리 등을 통해 표출된다. 7가지 구성요소 중에 가장 중요한 위치에 있으며 나머지 6가지 요소의 형성에 가장 큰 영향을 준다. 즉, 어떤 조직의 공유가치는 해당 조직의 전략, 구조, 시스템, 기술, 경영방식, 구성원의 뿌리에 해당한다.

- **전략**(strategy): 기업이 장기적인 생존력/경쟁력을 갖기 위한 기본 방향 및 계획을 의미하며, 기업의 핵심가치 달성을 위한 방안 등을 포함한다. 조직마다 공유가치(기업문화)에 적합한 전략이 필요하다.

- **경영방식**(style): 최고경영자 및 관리자의 경영방식을 의미한다. 경영/관리자는 조직의 공유가치 실현에 모범을 보이고 전략수립에 가장 큰 방향을 제시한다.

- **조직구조**(structure): 전략수행을 위한 팀/부서 편성, 구성원별 역할 등을 의미한다. 공유가치, 전략, 경영방식에 적합한 구조가 요구되며, 이러한 조직구조는 구성원의 업무수행에 영향을 미친다.

- **시스템**(system): 업무를 수행하기 위해 구성원들이 지켜야 하는 조직의 제도, 절차, 규칙 등을 의미한다. 조직구조와 유기적인 관계를 갖고 유사한 기능을 수행한다.

- **구성원**(staff): 조직의 임직원, 즉 인적자원요소로서 그들의 업무능력, 신념, 태도 등을 포함한다. 구성원은 기업의 공유가치, 전략, 경영방식을 잘 이해할 필요가 있고, 조직은 구성원들이 각자의 전문능력을 최대한 발휘할 수 있는 조직구조와 시스템을 구성할 필요가 있다.

- **기술**(skill): 조직이 보유한 기술 및 경쟁도구 등을 의미한다. 기업은 경영활동에 필요한 적합한 관리기술, 업무방식, 기술력, 구성원들의 능력 등을 보유하고 있어야 한다.

위에 소개된 요소 중 전략, 조직구조, 시스템은 비교적 유형의 요소이기 때문에 성의하기가 쉽고, 경영관리를 통해 직접적인 영향을 줄 수 있지만, 나머지 요소인, 공유가치, 경영방식, 기술, 구성원은 비교적 무형의 요소로 구체적인 정의 및 표현이 어렵고, 직접적인 경영관리보다 기업문화에 의해 영향을 받기 쉽다. 기업의 성공을 위해서는 무형의 네 가지 요소 역시 간과할 수 없기 때문에 기업문화의 역할이 중요하다고 할 수 있다.

맥킨지 7S 모형의 가정은 성공하는 기업이라면 위의 일곱 가지 요소가 적정한 수준으로 서로 조화롭게 역할을 수행하여 시너지 효과를 발휘하고 있다고 본다. 반대로 실패하는 기업이라면 일곱 가지 요소 간에 조화롭지 못하고 불일치한 모습이 존재하고 있다고 본다. 따라서 기업조직이 큰 변화를 통해 (예를 들어, 구조조정, 인수합병, 경영자 교체 등) 더 나은 경영성과를 이루고자 할 때 맥킨지 7S 모형을 이용한다면, 해당 기업의 일곱 가지 요소에 대한 현재 수준을 파악하고 각 요소의 미래의 수준을 제안하여 요소별로 차이/불일치가 발생하는 곳마다 차이/불일치를 감소시킬 수 있는 구체적인 방안을 제시하여야 한다.

기업문화의 변화

조직 내에서 일단 형성된 기업문화는 안정적인, 잘 변하지 않는 특성을 갖지만 불변하는 것은 아니다. 모든 조직의 문화는 시간이 흐름에 따라 계속해서 변화하게 된다. 특히, 신기술 등장, 정부정책 변경, 시장변화 등과 같은 기업외부환경의 변화에 대응하기 위해서 기업운영방식도 변화가 필요하고 이와 함께 기업문화의 변화도 뒤따른다. 기업문화가 변화되는 주요한 원인 세 가지를 나열하면 다음과 같다.

▎ 인적자원의 변화

새로이 조직에 들어오는 구성원들은 현재 기업문화와 다른 가치와 행동양식을 갖고 있을 수 있다. 현 기업문화를 형성하고 있는 조직 구성원들과는 다른 배경(세대, 지역 또는 언어 등)으로 인하여 여러 가지 행동과 가치관에 있어서 기존과는 배치되는 모습을 나타낼 수 있다. 새 구성원들에게 기존 기업문화를 강요하기보다는 새 구성원들과 조화를 이루기 위한 기업문화의 적절한 변화가 필수 불가결하다.

▌ 인수합병

첫 번째 요인이 완만한 변화를 가져온다면, 인수합병은 기업문화의 충격적인 변화를 가져온다. 기업문화의 충돌을 간과하고 재무적인 측면에서의 장점만을 내세운 인수합병이 실패로 나타난 사례는 어렵지 않게 찾아볼 수 있다. 구성원들에게 다가올 변화에 대한 당위성을 충분히 이해시키고 변화로의 자발적인 참여를 이끌어내는 것과 같은 구성원들의 심리적인 동의과정이 필수적이다.

▌ 계획된 조직변화

앞서 두 요인이 다른 인적자원의 구성으로 인한 기업문화의 변화요인이라면, 세 번째 요인은 같은 인적자원 구성에서도 발생하게 되는 기업문화 변화요인이다. 일반적으로 조직의 경쟁력 향상을 이유로 일어나는 조직구조 개편, 규정/절차 개정, 최고경영자 교체 등과 같은 조직의 변화는 조직문화의 변화를 동반한다.

위에서 소개된 세 가지 요인은 기업문화의 변화를 수동적으로 가져오게 하는 요인이라고 할 수 있는데, 기업문화의 역할 및 중요성이 강조되면서 많은 기업들이 기업문화 자체를 직접적/능동적으로 변화시키고자 하는 노력을 기울이고 있다. 즉, 현재의 기업문화와 목표가 되는 기업문화에 대해 여러 차원에서 각 수준을 파악하고 차이가 발생되는 부분을 해소하기 위한 구체적인 방안을 도출/실행하고 있다. 다음으로는 이와 관련되어 목표가 되는 기업문화, 즉 바람직한 기업문화란 무엇인지, 기업문화를 진단하고 평가할 수 있는 방법에는 어떠한 것들이 있는지에 대해 알아본다.

기업문화의 진단

많은 기업들이 조직의 현 상태를 파악하기 위하여 기업문화 진단도구를 사용하고 있다. 진단을 통해 기업문화와 관련된 문제점이 있는지 확인할 수 있고, 관련 데이터를 수집하여 향후 의사결정에 근거자료도 사용할 수도 있다. 일반적으로 잘 알려진 기업문화 진단 모형에는 경쟁가치 모형과 데니슨 조직문화 모형이 있다(박종민, 2019). 각각에 대하여 살펴보자.

▌경쟁가치 모형(Competitive Value Framework Model)

경쟁가치 모형에서는 조직 안에서 두 개의 서로 다른 가치가 경쟁을 하면서 균형을 추구하는데 한쪽의 가치로 치우쳤을 때 해당 조직문화의 특성을 파악할 수 있다고 본다(Quinn and Rohrbaugh, 1983). 이 모형에서는 서로 경쟁하는 가치 쌍을 두 가지 제안하고 있다. 하나는 내부 지향성과 외부 지

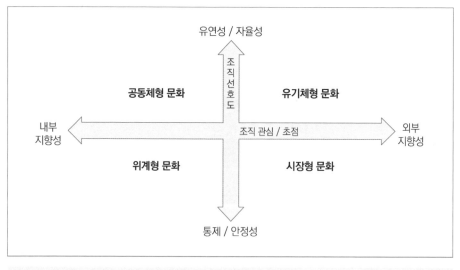

그림 9-4 경쟁가치 모형

향성(internal and external), 그리고 다른 하나는 자율성과 통제(flexibility and control)이다. 이 두 가지 기준의 조합을 정리하면 그림 9-4와 같이 조직문화를 네 가지로 진단할 수 있다.

- **공동체형 문화**: 내부 지향적이면서 유연성이 선호되는 조직으로 관계지향 문화 또는 집단 문화로도 불린다. 구성원들의 소속감, 단결력, 팀워크, 참여 등이 중요한 가치이다. 가족적인 분위기로 구성원 개개인의 역량 개발에 관심이 높다.
- **위계형 문화**: 내부 지향적이면서 통제가 중시되는 조직으로 관료제적 조직이 이에 해당한다. 명확한 위계질서와 명령계통, 그리고 공식적인 절차와 규칙을 준수한다. 오랜 기간 안정적으로 정착된 내부의 시스템에 근거하여 조직을 운영하는 특성이 있다.
- **유기체형 문화**: 외부 지향적이면서 유연성이 선호되는 조직으로 혁신지향 문화, 발전 문화라고도 한다. 외부환경에 빠르게 적응하면서 지속적인 변화를 추구한다는 면에서 성장과 발전을 중시하는 조직문화라고 볼 수 있다. 조직을 키울 수 있는 자원 획득이 중요하고 구성원에 대한 자율성이 중시된다.
- **시장형 문화**: 외부 지향적이면서 안정성을 추구하는 조직으로 과업 지향 문화 또는 합리 문화라고도 한다. 조직의 성과달성과 과업수행을 지향하며 그러기 위하여 효율성을 강조한다. 고객을 포함한 외부 이해관계자와의 관계를 중시하고 목표를 달성하기 위한 생산성이 주요 의사결정 기준이다.

경쟁가치 모형은 이 네 가지 조직문화의 특성을 균형 있게 가져갈 것을 이야기한다. 경쟁가치 모형으로 진단한 우리 기업의 문화가 너무 내부 지향적이라면, 외부 지향성을 조금 더 확보하도록 노력하고 과도하게 통제적이라면 자율성을 조금 더 부여하여 서로 다른 가치가 조직 내에서 균형 있게 존재할 수 있도록 하는 것이다. 이러한 기업문화의 진단을 통해 조직의 지속적인 성장에 긍정적인 영향을 줄 수 있다.

▎데니슨 모형(The Denison Model)

데니슨(Daniel R. Denison)에 의해서 제안된 데니슨 모형은 미션(mission), 적응성(adaptability), 참여도(involvement), 일관성(consistency), 이렇게 4가지 차원에 대해 각 차원마다 12개 문항씩, 총 48개의 문항으로 구성된 설문조사를 통해 직원들의 믿음과 가정을 측정하고 이를 바탕으로 조직문화를 진단한다. 데니슨 모형에서는 조직이 높은 성과를 얻기 위해서는 이 네 가지 차원을 균형 있게 유지해야 한다고 주장한다(www.denisonconsulting.com).

- **미션**: "우리 회사의 궁극적인 목표는 무엇인가?"와 같이 조직의 장기적인 목표가 무엇인지를 정의한다. 미션 차원은 다시 '전략적 방향 및 의도', '목적 및 목표', '비전', 이렇게 세 가지 하위요소로 구성된다.
- **적응성**: 외부환경의 니즈를 실행력으로 변환시키는 능력을 말한다. 적응성 차원은 '변화 유도', '고객 중심', '조직 학습'의 하위요소로 구성된다.
- **참여도**: 인력을 개발하고 전 조직에 걸쳐 주인의식과 책임감을 공유하는지를 말한다. 참여도 차원은 다시 '위임', '팀 지향', '능력 개발'의 하위요소로 구성된다.
- **일관성**: 이 차원에서는 조직문화의 근간이 되는 가치, 시스템, 프로세스 등을 정의한다. 일관성 차원은 다시 '핵심가치', '정렬', '조정 및 통합'의 세 가지 하위요소로 구성된다.

그림 9-5에 데니슨 모형의 진단도구가 주어져 있다. 그림에서 보듯이 데니슨 모형은 조직문화에 대해 4개의 차원으로 측정하는데, 각 차원의 세 가지 하위요소마다 4개의 문항을 통해 측정한다. 예를 들어, 적응성의 고객 중심 항목에 대하여 '고객의 니즈를 충분히 파악하였는가?', '고객 중심이 조직의 최우선 가치인가?' 등의 질문이 포함되어 있다. 이렇게 수집된 총 48개 문항에 대한 응답을 과거에 수집된 다른 기업들에서의 결과와 비교하여 각 항목의 결과를 데니슨 모형 그림의 색깔의 양으로 표현한다. 부채꼴 영역이 짙은 색으로 많이 채워져 있으면 해당 조직의 미션이 상대적으로 잘 정의되어 있음을 의미하고, 부채꼴 영역이 옅은 색 부분이 많다면 해당 조직의 참여

도는 상대적으로 개선의 여지가 많다는 것을 의미한다. 이런 방식으로 데니스 조직문화 설문조사를 통해 해당 조직문화의 장점과 단점을 파악할 수 있다.

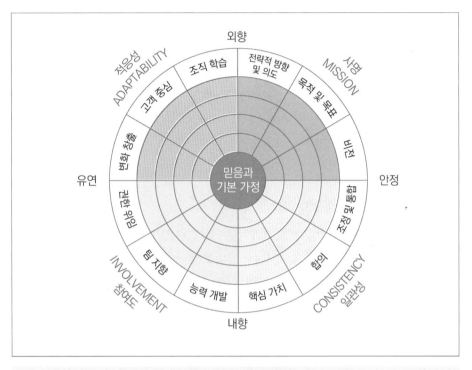

그림 9-5 데니슨 모형

위에서 소개된 기업문화 진단을 위한 경쟁가치 모형과 데니슨 모형은 공통 내용을 갖는다. 경쟁가치 모형에서 두 경쟁 가치 쌍, 즉 외향성과 내향성, 유연성과 안정성이 데니슨 모형에도 포함되어 있다. 경쟁가치 모형에서의 외향적인 조직문화는 데니슨 모형에서는 미션이 잘 정의되어 있고 적응성이 높은 조직문화라고 볼 수 있다. 이러한 조직문화를 갖고 있다면 조직의 성장으로 이어질 가능성이 많다. 내향적인 조직문화는 참여도와 일관성이 높은 조직문화라고 볼 수 있고, 이러한 조직은 품질 수준이 높고 직원 만족도가 높다. 유연한 조직문화는 적응성과 참여도가 높은 조직문화로 고객 만족도가 높고 혁신성을 추구한다. 안정적인 조직문화는 미션이 잘 정의되어 있고 일관성이 높은 조직문화로 효율성과 수익성을 추구한다.

기업문화의 평가

먼저 바람직한 기업문화(right corporate culture)에 대해 살펴보사. 기업이
처해 있는 상황마다 적합한 기업문화의 모습은 서로 다를 수 있기 때문에,
바람직한 기업문화에 대해 절대적인 기준을 정의하기란 어렵다. 다만, 모든
기업의 공통적인 목표가 지속가능한 성장이듯이 기업문화에도 공통적으로
요구되는 바람직한 특성을 다음과 같이 세 가지로 정리할 수 있겠다(Mercer,
2004; Brush, 2008).

▌ 전략적으로 적합한 문화

조직의 경영이념이나 핵심가치와 실제 운영/실행 방식이 잘 정렬되어
있는 문화를 말한다. 말과 행동이 일치해야 하듯이, 기업이 표명한 가치에
맞는 실제 모습을 보여야 바람직한 기업문화를 보유하고 있다고 할 수 있다.

▌ 강한 문화

기업문화가 강한 수준이라면, 조직의 공유가치/원리에 대해 모든 구성
원들이 충분히 이해하고 그에 따라 행동하고자 하는 수준이라고 할 수 있다.
강한 문화를 갖는 조직에서는 구성원들의 자발적 의지에 의해 공유가치가
지켜져나가는 모습을 볼 수 있다.

▌ 적응형 문화

환경변화에 잘 적응해나갈 수 있는 문화로, 구성원들이 수동적이지 않
고 선제적이며, 위험을 회피하지 않고 감수할 수 있으며, 상호 신뢰로 정보
를 공유할 수 있는 경향을 갖는다.

근래 들어 기업문화의 수준을 이야기할 때 GWP지수를 많은 기관에서
이용하고 있다. 먼저 GWP(great work place)란 일하기 좋은 직장, 훌륭한 일

터 등으로 해석될 수 있는데, 이 장에서는 기업문화 수준이 높은 직장을 의미하는 용어로 볼 수 있다. 로버트 레버링 박사에 의해 1980년대에 창시된 GWP개념은 표준화된 지표의 개발을 통해 구체화되었고, 개발된 지표(GWP 지수 또는 신뢰경영지수)는 이후 <포춘(Fortune)>지의 100대 기업 선정도구 및 많은 기업의 조직문화 수준을 평가하기 위한 도구로 사용되어왔다. 삼성과 같은 대기업에서는 GWP지수를 바탕으로 삼성의 고유한 조직문화에 맞게 연구/고안한 삼성기업문화지수를 이용하여 글로벌 기업으로서의 바람직한 기업문화 달성을 위한 노력을 기울이고 있다. GWP지수는 크게 신뢰, 자부심, 재미/우애, 이렇게 세 가지 범주로 나뉘며, 이 중 신뢰는 믿음, 존중, 공정성 등의 세 가지 하위범주로 다시 나뉜다. 각 개념에 대한 구체적인 설명은 다음과 같다(이선우·박성훈, 2010; 박재림·한광모, 2006).

▌신뢰

구성원들 간의 신뢰를 의미하며 나아가 주주, 고객, 협력업체 등 이해관계자와의 신뢰관계까지 포함한다. GWP지수에서 신뢰는 다음 세 가지 하위지표로 분류된다.

- **믿음**: 상사에 대한 구성원들의 믿음 정도를 의미하며 상사의 소통 정도, 개인역량, 성실성 등에 의해 측정된다.
- **존중**: 구성원들에 대한 조직의 존중 정도를 나타내며, 구성원들의 전문성 지원, 참여 보장, 개인활동 배려/관심 정도 등에 의해 측정된다.
- **공정성**: 신뢰형성을 위해 공정한 조직관리는 필수적이다. 공평하고 합리적 평가 및 보상, 차별적 요소 제거, 조직 내 정의구현 등을 통해 달성될 수 있다.

▌자부심

구성원이 느끼는 개인 업무에 대한 자부심, 팀 업무 및 동류에 대한 자부심, 그리고 자신이 속한 조직에 대한 자부심 등을 통해 전체적인 자부심 정도를 알 수 있다.

▍재미/동료애

조직 내 동료 간의 관계가 친밀하며, 우애가 있고, 가족적인 분위기를 갖고 있는지, 이를 통해 업무 자체에 흥미/재미를 느끼고 있는지를 의미한다.

GWP지수는 위와 같은 영역에 대한 복수의 설문 문항을 통해 측정될 수 있다. 측정된 GWP지수값을 이용하여, 영역별 부족한 부분, 부서별 차이점을 파악할 수 있고, 연도별 개선도, 벤치마킹 회사와의 비교 등과 같은 분석을 통해 조직 내 시스템/제도의 개선점을 도출할 수 있다. 이와 같은 과정의 주기적인 반복을 통해 기업문화 수준의 향상을 기대할 수 있다.

Closing Case

4차 산업혁명 기업문화 혁신부터 시작한다

국내 대기업들이 파격적인 조직문화 혁신에 나서고 있다. 수직적인 소통 구조는 점점 수평 구조로 바뀌고 있다. 안정성과 규모의 경제에 무게를 두던 조직 구조는 민첩하고 유연한 조직으로 바뀌고 있다. 이 같은 조직문화 혁신이 없으면 빠르게 변화하고 있는 4차 산업혁명 시대에 살아남을 수 없다는 판단에 따른 것이다.

우선 직급 체계부터 달라지고 있다. 연공서열주의를 깨고 업무와 전문성을 중시하는 체계로 바뀌고 있다. 삼성전자는 기존 7단계(사원1·사원2·사원3·대리·과장·차장·부장)에서 4단계(CL 1~4)로 직급 단계를 단순화했다. SK그룹은 올 하반기 임원 직급을 폐지하는 방안을 검토 중이다. 부사장·전무·상무 구분을 없애고 임원은 동급이 된다. 호칭도 본부장·실장 등 직책으로만 부른다. 경직된 한국식 직급 문화에서 벗어나 임원을 관리자보다 핵심 플레이어로 활용하려는 취지다. 임직원 사이의 호칭에도 변화가 생겼다. 삼성그룹에서 임직원 간 공통 호칭은 '님'이다. 부서 내에선 '프로', '선배님', '후배님', 영어 이름 등이 자율적으로 쓰인다. SK텔레콤도 작년 1월 이름 뒤에 '님'을 붙이는 호칭으로 통일했다. SK하이닉스는 지난 1월부터 선임·책임·수석으로 나뉘어 있던 기술사무직 전 직원의 호칭을 TL로 통일했다. 기술(technic)과 재능(talent) 등 중의적 의미를 담은 호칭이다.

소통방식도 수평적이고 효율적으로 바뀌고 있다. 현대자동차그룹의 라운드테이블 미팅이 대표적이다. 수출 확대 및 경영전략, 상품 회의 등

매달 열리는 정기 임원회의와 달리 이 모임엔 특별한 안건이 없다. 차를 마시며 '우리의 고객은 누구인가', '우리는 누구를 위해 일하는가' 등 업(業)의 본질과 관련한 질문 및 토론이 자유롭게 이어진다. 이 외에도 10대 그룹 중 처음으로 정기공채를 없앴고, 완전 자율복장제도도 도입했다. 청바지와 후드티를 입고 출근하는 임원도 흔히 볼 수 있다. 올해 하반기에는 직원 직급을 5단계에서 2단계로 줄이는 방안도 추진한다.

기업들의 조직문화 혁신은 여기서 그치지 않는다. '저녁이 있는 삶'과 '일과 가정의 양립'이 가능한 일터로 바꾸는 데 집중하고 있다. 우수한 인재들이 창의적으로 일할 수 있는 환경을 조성하고 업무 효율성을 극대화하기 위해서다. 선택적 근로시간제가 대표적이다. LG전자 직원들은 하루 근무시간을 최소 4시간에서 최대 12시간까지 자율적으로 정할 수 있다. LG디스플레이는 서울 여의도 LG트윈타워 내 근로자들의 근무시간을 기존보다 30분씩 앞당겨 오전 8시30분~오후 5시30분으로 조정했다. 삼성전자는 자율출퇴근제를 운영하고 있다. 하루 4시간 이상, 1주 40시간 이상 범위 내에서 자율적으로 근무시간을 활용할 수 있다. 회사에 출근하지 않고도 일할 수 있는 '재택근무제'도 시행 중이다.

여성 직장인의 근무 조건에도 각별히 신경 쓰고 있다. LG전자는 출산휴가(90일) 이전의 임신기간 중 희망하는 여사원에 한해 최장 6개월간의 무급휴직 제도를 시행하고 있다. 육아휴직 또는 근로시간 단축 근무 가운데 선택할 수도 있

다. 근로시간 단축 근무는 6세 이하 초등학교 취학 전 자녀가 있는 여직원에 한해 최대 1년 동안 주 15~30시간까지 근무할 수 있다. 삼성전자는 유급 3일의 난임 휴가, 유급 10일의 배우자 출산 휴가 등을 통해 직원들의 출산 부담을 줄여주고 있다.

상사 눈치를 보고 휴가를 가는 일은 옛말이 돼가고 있다. SK이노베이션은 팀장 결재 없이 '본인 기안 후 본인 승인' 절차를 통해 휴가를 사용할 수 있는 '휴가 신고제'를 운영 중이다. SK텔레콤도 '휴가 셀프 승인' 제도를 통해 구성원 본인의 필요에 따라 자유롭게 휴가를 사용할 수 있도록 하고 있다. 재충전을 위한 장기 휴가를 운영하는 회사도 있다. SK이노베이션은 근무일 기준 5~10일, 주말 포함 시 최대 16일의 휴가를 사용할 수 있는 '빅 브레이크' 제도를 운영하고 있다.

재계 관계자는 "대기업의 조직문화 혁신 바람이 중견·중소기업으로 확대되는 양상"이라며 "다만 수직적인 구조는 나쁘고 수평적인 구조는 좋다는 이분법적인 접근법은 경계해야 한다"고 지적했다. 이어 "근무 환경을 개선하면서 임직원들의 업무 효율성을 끌어올리고 동기부여를 할 수 있는 '한국식 조직문화 개선'이 이뤄져야 한다"고 덧붙였다.

한국경제(2019.07.15.)

토의문제

01 특정 기업을 선택하여, 해당 기업의 기업문화를 규정짓는 네 가지 핵심가치 특성이 각각 어떠한지를 조사하여 기술하시오.

02 기업문화의 네 가지 유형마다 해당되는 기업 또는 조직을 하나 이상씩 찾아보시오.

03 기업문화가 기업의 경영성과에 긍정적인 영향을 준 사례를 찾아보시오.

04 기업문화가 잘 정립되어 있는 기업이 인사관리 측면에서 얻게 되는 장점을 사례를 들어 설명하시오.

05 기업문화의 형성에 영향을 미치는 요인 하나를 선정하여 실제 사례를 찾아보시오.

06 주변에 알고 있는 조직 중에서 실패한 조직을 선정하여, 실패의 원인을 맥킨지 7S 모형을 이용하여 분석해보시오.

07 강한 기업문화를 갖는 조직의 사례를 찾아, 강한 문화의 모습을 구체적으로 기술하고, 그로 인해 얻게 된 성과를 나열하시오.

08 기업문화가 다른 두 기업의 인수합병 성공 사례를 조사하여, 어떠한 방식으로 문화차이를 극복하고 성공적인 인수합병을 완수하였는지 기술하시오.

09 가장 최근 'Fortune 100 Best Company' 자료를 조사하여, 그중 다섯 개 이상의 회사를 선정하여 해당 회사들이 공통적으로 갖고 있는 기업문화 부분의 장점들을 정리하시오.

10 기업문화 진단방법인 데니슨 모형을 이용하여 기업을 진단한 사례를 찾아보시오.

10

인수합병, 기업집단 및 구조조정

기업지배권은 기업을 통제 및 경영할 수 있는 권리이며, 기업지배권 시장은 기업지배권이 거래되는 가상의 시장이다. 이 장에서는 기업지배권 시장에서 기업지배권이 거래되는 대표적인 수단인 기업 인수합병에 대해 고찰한다. 기업 인수합병의 개념과 목적, 적대적 인수합병의 방법과 방어수단에 대해 살펴본다. 이어서 기업집단의 의의와 경영상의 문제점, 정부의 규제 등에 대해 고찰한다. 마지막으로 이 장에서는 기업실패를 경제적 실패와 재무적 실패로 구분하고 각 실패의 의의를 살펴본 다음, 재무적 실패에 직면한 기업의 구조조정에 대해 학습한다.

Opening Case

절대강자는 없다! 신산업기업 '퀀텀점프' [4차 산업혁명]

재계 2위 현대차, 비행체 산업 두전 / 車 매개로 금융·쇼핑·배송 서비스 / 게임사 넷마블 스마트홈 사업 위해 / 정수기 업체 웅진코웨이 인수 추진 / 대기업 사활걸고 자생적 디지털 전환 / 산업영역 넘어 '창조적 파괴' 이어져

4차 산업혁명 대전환기를 맞아 국가 간, 산업 간 경계가 무너지고 기업 간, 기술 간 융복합이 활발하게 이뤄지고 있다. 이 과정에서 '타다 사태'처럼 기존 산업과 신(新)산업이 충돌하기도 하고, 어제의 적과 동맹을 맺는 파격적인 합종연횡이 일어나기도 한다. 과거의 절대강자가 흔적도 없이 사라지고, 이름도 생소했던 벤처기업이 선두주자로 급부상하기도 한다. 국내 대표 기업들이 뿌리이자 캐시카우였던 주력 산업을 과감히 포기하고 새로운 먹거리에 도전하는 '창조적 파괴'를 시도할 수밖에 없는 이유다. 4차 산업혁명 시대의 주인공이 되기 위해 국내 기업들도 '퀀텀점프'를 준비하고 있다.

신산업 확대… 새 먹거리 찾는 기업들

현대차그룹은 지난해 12월 '지능형 모빌리티 솔루션' 기업으로 거듭나겠다고 선언했다. 2025년까지 61조원을 투자해 '지능형 모빌리티 제품'과 '지능형 모빌리티 서비스'의 2대 사업 구조로 전환, 자동차 중심이었던 제품군을 개인용 비행체(PAV), 로보틱스 등 모빌리티 전 영역으로 확대하고 플랫폼 서비스까지 제공하겠다는 것이다. 사실상 현대차의 '업(業)'을 재정의하겠다는 얘기다.

주목할 점은 현대차가 앞으로 자동차를 매개로 고객들에게 금융, 보험, 충전뿐 아니라 쇼핑, 배송, 음식주문 등 지능형 모빌리티 서비스를 제공하겠다는 것이다.

이처럼 재계 2위인 현대차가 과감한 변화를 꾀한 것에는 수천만 원짜리 내연기관 자동차를 구입해 직접 운전하던 방식의 차량 환경에 급격한 변화가 일고 있기 때문이다. 차량 공유와 자율주행 기술의 도입으로 '소유'의 개념은 점차 사라지고, 전기차·수소차의 등장은 기존 차량에 들어가던 부품 감소로 이어지면서 현대차를 정점으로 하는 부품공급체계도 흔들리고 있다.

한국 최대 모바일 게임업체인 넷마블은 정수기, 비데 등 임대전문 업체인 웅진코웨이 인수를 진행 중이다. 넷마블은 본입찰에 참여하며 "웅진코웨이 인수를 통해 스마트홈 구독경제 비즈니스에 진출하겠다"고 발표했다. 게임산업에서 축적한 정보기술(IT) 운영 노하우를 바탕으로 웅진코웨이의 렌털 제품에 인공지능(AI)이나 사물인터넷(IoT) 기술을 결합해 새로운 시스템을 만들어내는 등 '구독경제' 시장에서 신성장 동력을 확보하겠다는 것이다.

국내 모바일 메신저 최강자인 카카오는 모바일을 넘어 금융, 모빌리티 산업 등 전방위로 사업을 확장하고 있다. 2016년 내비게이션 업체 '김기사'를 인수해 카카오내비를 출범했고, 자동배차 콜택시시스템인 '카카오T택시'와 대리운전 사업에도 진출했다. 대형승합차 택시 서비스에도 진출했다. 렌터카 조항을 이용해 논란을 빚은 타

다와 달리 택시면허를 사들여 운영하는 식이다. 2017년 출범한 카카오뱅크는 인터넷 은행 업계 1위를 달리며 국내 대형 은행들을 위협하고 있다.

증가하는 ICT기업 인수합병… 전체 16%

4차 산업혁명 시대를 준비하는 기업들의 '변신'은 전 세계적 흐름이다. 정보통신기술(ICT) 기업을 중심으로 활발하게 이뤄지는 인수·합병(M&A) 시장에서도 이를 엿볼 수 있다. 한국무역협회의 '테크 및 스타트업 글로벌 M&A 트렌드' 보고서에 따르면 ICT를 보유한 기업들을 인수·합병하는 '테크 M&A'는 2017년 기준 6,052건으로 전체 M&A에서 차지하는 비중이 16.2%에 달했다. 5년 전인 2013년보다 1200여 건이 늘어났다. ICT 기업들에 대한 가치 평가도 높아지고 있다. 기업가치를 측정하는 대표적인 지표인 기업가치(EV)/세금·이자지급전이익(EBITDA)에서 '테크M&A'의 지표는 23.64(2017년 기준)로 같은 시기 일반기업 M&A의 17.58보다 35%가량 높다. ICT 기업의 기업가치나 잠재성이 일반기업들보다 높게 평가받고 있다. ICT 기업의 피인수 기업들도 2013년에는 경기소비재 분야 기업들이 1위를 차지했지만, 5년이 지난 2017년에는 산업재 기업이 1위로 바뀌었다. 무역협회는 "테크 스타트업 M&A가 4차 산업혁명 시대에 대응하여 시장 진입 비용 및 시간을 절감할 수 있는 선제 전략으로 자리 잡고 있다"고 지적했다.

아직은 미국이나 유럽 등 선진국에서 테크 M&A가 활발하게 일어나고 있다. 2017년 기준 테크 M&A 인수·피인수 점유율에서 미국은 50%가 넘는(인수 54.1%, 피인수 52.4%) 점유율을 기록하고 있다.

반면 한국은 2017년 기준 주요국(미국·EU·중국·한국·일본) 테크 M&A에서 4%대에 불과했다. 다만, 한국기업들은 IoT, 빅데이터, AI 등 이른바 '딥테크 M&A'에서 상당히 적극적인 모습을 띠고 있다. 한국에서의 딥테크 M&A 건수는 주요 5개국 중 10%대가 넘는(인수 11.8%, 피인수 14.2%) 비중을 기록하고 있다. 전문가들은 향후에도 이러한 기업들의 창조적 파괴가 늘어날 가능성이 높다고 점친다. 주원 현대경제연구원 경제연구실장은 지난해 12월31일 "기존 사업들이 어려운 상황에서 4차 산업혁명에 따른 새로운 시장 발굴이 이뤄지고 있다"며 "산업 간 영역이 더 붕괴하면서 M&A 등 새로운 진출을 하는 노력이 많아질 것"이라고 점쳤다.

김윤경 한국경제연구원 기업연구실장은 "디지털 전환에 대한 국가적 과제가 수립되지 못한 상황에서 대기업들이 자생적으로 디지털 전환을 하고 있다고 볼 수 있다"며 "국가차원의 전반적인 대응이나 점검 등이 있을 때 기업들이 좀 더 적극적으로 대규모 투자를 집행하거나 혁신적인 시장으로 활발하게 진출할 것"이라고 말했다.

출처: 세계일보(2020.01.01.)

CHAPTER 10

인수합병, 기업집단 및 구조조정

제1절 기업 인수합병

기업지배권과 기업지배권 시장

기업지배권이란 기업을 통제 및 경영할 수 있는 권리를 말한다. 소유와 경영이 분리된 형태를 취하고 있는 주식회사에서는 기업지배권이 경영자에게 귀속되는 경우가 일반적이다. 기업지배권 시장은 기업지배권이 거래되는 가상의 시장을 말한다. 여러 경영자들이 서로 기업지배권을 확보하기 위하여 경쟁하는 시장인 기업지배권 시장은 일종의 '경영자 노동시장'이라고 볼 수 있다. 즉, 기업지배권 시장에서 기업지배권을 상실한 경영자는 경영자의 자리에서 내려오게 되고, 기업지배권을 획득한 경영자는 경영자의 자리에 오르게 되므로 기업지배권 시장은 경영자의 노동시장으로 볼 수 있다.

기업 인수합병의 개념과 목적

1. 기업 인수합병의 개념

기업 인수합병(M&A: merge and acquisition)은 둘 이상의 기업이 하나의 기업으로 통합되는 합병(merge), 한 기업이 다른 기업의 주식이나 자산을 취득하여 기업지배권을 획득하는 인수(acquisition) 등을 모두 포괄하는 개념이다. 기업의 성장은 내적인 성장과 외적인 성장으로 나눌 수 있다. 내적인 성장이 투자 등을 통해 기업 내부에서 성장기회를 찾는 것이라면, 외적인 성장은 기업 외부에서 성장기회를 찾는 것이라 할 수 있다. 인수합병은 기업이 외적 성장을 도모할 수 있는 대표적인 수단이라고 할 수 있다.

합병은 수평적 합병(horizontal merger), 수직적 합병(vertical merger), 다각적 합병(conglomerate merger) 등으로 분류된다. 수평적 합병은 동일한 사업을 영위하는 두 기업 간의 결합이다. 델타와 노스웨스트 항공처럼 과거 경쟁관계에 있던 두 기업 중의 한 기업이 다른 기업을 인수하는 경우가 수평적 합병의 예이다. 수직적 합병은 서로 다른 생산단계에 있는 기업들 간의 합병이다. 정유회사가 원재료의 확보를 위해 유전개발 회사를 인수하거나, 자사제품의 판매처 확보를 위해 주유소 체인 회사를 인수하는 것이 수직적 합병의 예이다. 다각적 합병은 서로 관련이 없는 사업을 영위하는 기업들 간의 합병이다. 미국에서 1960년대와 1970년대에 사업 다각화로 인한 위험분산 효과를 기대하면서 서로 관련이 없는 기업들 간의 다각적 합병이 많이 발생한 적이 있다. 하지만 다각적 합병으로 인한 위험분산 효과가 크지 않은 것으로 확인됨에 따라 1980년 들어서 그 수가 많이 감소했다.

2. 기업 인수합병의 목적

기업들이 인수합병의 주된 목적은 기업가치 증가에 있다. 실제로 성공적인 인수합병은 시너지 효과(synergy effect)를 낳아 기업의 가치를 증가시킨다. 시너지 효과는 두 기업이 개별적으로 존재할 때보다 하나로 합칠 때 기업가치가 더 높아지는 효과를 의미한다.

인수합병으로 기업규모가 커지면, 시장점유율 또는 시장지배력이 확대되어 더 많은 이윤이 창출되거나 생산, 판매 등과 관련된 비용이 줄어들어 영업 시너지 효과가 발생하기도 한다. 또한 인수합병으로 인한 규모 확대는 기업의 자금조달능력을 확대하고 자금조달에 드는 비용을 낮추어 기업의 가치를 증가시키는 효과, 즉 재무 시너지 효과를 발생시키기도 한다.

현실적으로 인수합병에는 항상 성공적인 경우만 존재하지 않는다. 기업
지배권 시장에서 이루어지는 치열한 인수 전쟁에서 승리했지만, 무리한 인수
로 인해 오히려 기업 경영이 위험에 빠지거나 기대한 만큼의 효과를 얻지 못
하는 경우가 발생될 수 있는데 이를 지칭하여 '승자의 저주(winner's curse)'라
고 한다. 인수합병에 따른 시너지 효과나 비용 질감액이 인수합병에 드는 각
종 비용을 상쇄할 정도로 크지 않으면 인수합병은 오히려 독이 될 수도 있다.

인수합병이 성공하기 위해서는 인수가액을 최대한 낮춰야 하지만, 경쟁
이 치열하면 인수가액을 낮추는 데 한계가 있어 인수합병에 드는 비용을 줄
이는 것이 쉽지 않다. 비록 경쟁자들을 물리치고 인수합병에는 성공했지만,
실제 인수대상 기업의 가치를 초과하는 가격으로 인수한 나머지 기업경영에
여러 가지 부정적인 영향이 발생할 수 있다. 이러한 상황이 바로 '승자의 저
주'에 해당된다. 또 계약 체결 후 인수된 기업의 주가가 급락하는 등 각종 예
기치 못한 상황 변화로 경영 위험에 빠지는 상황도 '승자의 저주'에 포함된
다. 우리나라에서도 기업지배권 시장규모가 커지면서, 종종 인수전이 지나치
게 과열될 때가 있으며, 종종 무리하게 인수전에 뛰어든 기업들이 '승자의
저주'에 직면하게 되는 현상이 발생하고 있다.

적대적 인수합병

1. 적대적 인수합병의 개념과 수단

인수합병은 인수대상 기업경영진의 태도에 따라 우호적 인수합병과 적
대적 인수합병으로 구분할 수 있다. 우호적 인수합병은 인수합병되는 기업의
경영진 또는 주주들과 상호합의하에 우호적으로 이루어지는 인수합병을 말
한다. 반면, 적대적 인수합병은 인수대상 기업의 경영진과 주주가 반대함에
도 불구하고 인수합병을 강행하는 것을 지칭한다. 적대적 인수합병을 시도하
는 측에서는 인수합병에 성공하기 위해서 여러 가지 다양한 수단을 구사할
수 있다. 한편, 적대적 인수합병을 방어하는 측에서도 인수합병을 저지 또는
지연시키기 위하여 여러 가지 다양한 수단을 활용할 수 있다.

경영이 부실해지면 적대적 인수합병의 위협에 직면하게 되어 언제 경영권을 빼앗길지 모르는 상황이 발생하기 때문에 각 회사의 경영진은 되도록 회사의 경영에 충실하게 된다. 경영자의 대리인 문제가 심각한 기업에서 기업경영의 외부 감시기능이 활성화되는 것이다. 또한 부실기업의 인수합병은 기업의 청산을 통한 부실기업의 퇴출에 비해 고용인력 승계 면에서나 이미 투자한 생산시설의 활용 면에서 훨씬 효과적이다.

하지만 적대적 인수합병에 부정적인 효과가 없는 것은 아니다. 적대적 인수합병은 건전한 기업의 경영권을 빼앗아 단기차익 실현을 위한 머니게임의 수단으로 악용될 수 있으며, 이로 인해 해당 기업의 장기적인 발전이 저해될 수 있다. 또한 적대적 인수합병이 진행되는 과정에서 인수대상 기업의 경영진이 방어 노력과 비용을 지나치게 많이 부담함으로써 해당 기업의 재무상태가 필요 이상으로 악화될 가능성도 있다.

적대적 인수합병의 방법으로는 주식 매집, 주식 공개매수(tender offer), 위임장 경쟁(proxy contest) 등이 있다. 주식 매집은 주식시장에서 인수대상 기업의 주식을 매입하여 의결권 행사에 필요한 만큼의 기업지분을 획득하고, 이를 통해 경영권을 획득하는 방법이다. 주식 공개매수는 인수대상 기업의 주주들로부터 정해진 수량의 주식을 일정한 가격에 공개적으로 매수함으로써 의결권 행사에 필요한 만큼의 기업지분을 획득하고, 이를 통해 경영권을 획득하는 방법이다. 위임장 경쟁은 현재 경영진에 불만이 있는 주주나 반대 세력들의 의결권을 위임받은 후 주주총회에서 표 대결을 통해 경영진을 교체하고 경영권을 획득하는 방법이다.

2. 적대적 인수합병의 방어수단

적대적인 인수자에 의한 인수(takeover) 시도를 방어하는 수단으로는 왕관의 보석(crown jewel) 매각, 자기공개매수(self tender offer), 역공개매수(counter tender offer), 자기주식 취득(stock repurchase), 독소조항(poison pill), 차등의결권주(dual-class share) 등이 있다. 왕관의 보석 매각은 인수대상 기업의 가치 있는 자산이나 사업 부분을 의미하는 왕관의 보석(crown jewel)을 우호적인 제3자에게 매각함으로써 적대적 인수자의 인수 시도를 와해시키는 방안이다.

　자기공개매수는 인수대상 기업이 적대적 인수자의 공개매수를 방어할 목적으로 자신, 즉 인수대상 기업의 주주를 상대로 공개매수하는 것을 말한다. 인수대상 기업이 자기공개매수를 통해 취득하는 주식은 자기주식이므로 의결권을 확보할 수는 없다. 하지만 인수가격을 적대적 인수기업의 공개매수 가격보다 높게 제시하여 적대적 공개매수를 실패하게 할 수 있다. 자기공개매수는 공개시장(open market)에서 소액주주의 주식을 매입해버림으로써 적대적 공개매수 시도를 실패하게 하는 데 주로 사용된다.

　역공개매수는 적대적 인수기업이 공개매수를 해올 때 여기에 맞서 인수대상 기업이 오히려 적대적 인수기업을 대상으로 공개매수를 실시함으로써 방어하는 전략이다. 즉, 어떤 공개매수 의사를 나타낸 기업이 자신의 기업을 매수하고자 지분을 확대할 때는 공개매수 의사를 나타낸 기업의 주식을 먼저 40% 이상 매집 또는 공개매수하여 공개매수하려는 기업의 모회사가 되는 방법을 사용하는 것이다.

　자기주식 취득은 인수대상 기업이 자기주식을 취득하여 소각함으로써 적대적 인수자의 인수 시도를 와해시키는 전략이다. 인수대상 기업이 자기주식을 취득하여 소각하면 이 기업의 총 발행주식수가 감소하게 된다. 총 발행주식수의 감소는 대주주의 지분율 상승과 주가 상승을 가져오는데, 이는 적대적 인수자로 하여금 인수대상 기업의 지분율 확보에 어려움을 겪고, 더 높은 가격에 주식을 매입하게 함으로써 적대적 인수자의 인수 의욕을 꺾는 방안이다.

　독소조항은 사전에 주주에게 신주를 취득할 수 있는 권리를 주고, 누군가 다수 지분을 취득해 경영권을 위협하는 사건이 발생하면, 이를 촉발한 특정인을 제외한 모든 주주가 주식을 시가보다 낮은 가격에 살 수 있도록 하는 방안이다. 적대적 인수자가 경영권 획득을 목적으로 주식을 매집하더라도, 기존 주주들이 싼 값에 주식을 매수해버리면 의결권 목표 지분율을 채우는 것이 쉽지 않게 된다.

　차등의결권주식제도는 의결권이 있는 주식을 두 종류 이상으로 구분하여 발행하고, 종류마다 서로 다른 수의 의결권을 부여하는 방안이다. 예로 황금주(golden stock)는 차등의결권주식제도의 가장 극단적인 형태에 해당된다. 황금주는 기업의 의사결정에 대해 거부권을 행사할 수 있는 권한을 가진 특별주식으로, 주로 정부가 기간산업을 민영화하는 과정에서 경영권을 확보할 목적으로 발행된다. 차등의결권주식제도는 지배주주가 상대적으로 저렴한 비용을 들여 안정적으로 경영권을 방어할 수 있도록 하지만, 지배주주의 전횡이 발생할 경우 이를 막기 어렵게 하는 문제를 가져올 수도 있다.

제2절 기업집단

기업집단의 의의

기업집단이란 동일인 또는 동일인과 특수관계인이 함께 사실상 사업내용을 지배하는 2개 이상 회사의 집단을 말한다. 구체적으로 ① 동일인이 단독 또는 계열회사나 특수관계인과 합하여 회사의 발행주식 총수의 30% 이상을 소유하고 있는 회사이거나, ② 기타 임원의 임면 등을 통해 회사의 경영에 중대한 영향력을 행사하고 있다고 인정되는 회사이다. 여기서 "특수관계인"이란 배우자, 8촌 이내 혈족, 4촌 이내 인척, 동일인이 설립 또는 지배하는 비영리법인(공익재단, 학교, 의료법인 등), 계열사, 회사임원 등을 의미한다.

기업집단 생성의 원인

나라마다 기업집단의 형성 배경과 형태에는 차이가 있다. 기업집단이 생성되는 원인은 크게 정치적 원인과 경제적 원인으로 구분할 수 있다(김석진, 2007).

1. 정치적 원인

정치적 원인에 의한 기업집단의 생성은 신흥개발국에서 정부가 경제성장을 위해 의도적으로 기업집단을 육성하는 경우가 해당된다. 일본에서 1868년 명치유신 이후와 1952년 연합군 철수 이후에 기업집단이 생성된 것과, 한국에서 1961년 군사쿠데타 이후에 기업집단이 형성된 것이 이에 대한 대표적인 예들이다.

일본은 명치유신 직후 정부의 경제력 집중 유도 정책에 힘입어 "자이바추"라는 지주회사 형태의 기업집단이 형성되었다. 초기에 형성된 미츠이, 미츠비시, 스미토모, 야쓰다의 4대 자이바추는 특정 가문과 연계된 기업집단이었으나, 1920년대 이후에는 특정가문과 연계되지 않은 자이바추도 등장하게 되었다. 일본이 제2차 세계대전에서 패하고 연합군에 의해 점령당하자, 자이바추는 군국주의의 협력자로 지목받아 해체되었다. 이후 연합군 측은 일본에서 기업집단의 설립을 법률적으로 금지하였다.

하지만 1952년 공산국가의 위협에 직면하게 되자 연합군 측에 의한 기업집단 금지조치는 해제되었으며, 일본 정부는 "게이레추"라는 새로운 형태의 기업집단 형성을 유도했다. 이때 같은 자아바추에 속했던 기업들이 재결합하는 경우가 많았기 때문에 게이레추를 사실상 자이바추의 부활로 보는 시각도 있다. 그러나 일본 정부가 지주회사 형태의 기업집단을 배제했기 때문에 게이레추는 주식의 상호 보유(cross-shareholding)와 회사 이름의 공유를 통해 소속 기업들 간의 결속이 이루어지는 형태로 이루어졌다.

한편, 게이레추는 수평적 게이레추와 수직적 게이레추로 구분할 수 있다. 수평적 게이레추는 은행과 종합상사를 중심으로 다양한 업종의 기업들이 수평적으로 결합된 기업집단이다. 반면 수직적 게이레추는 대형 제조업체를 구심점으로 하여 많은 부품업체들이 수직적으로 결합된 기업집단이다. 대표적인 게이레추로 미츠이, 미츠비시, 스미토모, 후요, 다이이치강교, 산와 등이 있다.

한국에서는 1961년 군사쿠데타 이후 경제개발정책 추진과정에서 저금리의 정책금융 융자, 중화학공업에 대한 지원, 부실기업 인수 지원 등 정부의 강력한 지원에 힘입어 "재벌"이라는 기업집단이 출현하게 되었다. 대기업이 여러 업종에 문어발식으로 진출하다보니 자연스럽게 기업집단이 형성되었던 것이다. 한국 정부는 일본의 사례를 참고하여 지주회사 형태의 기업집단을 금지하였다. 이에 따라 재벌의 창업자는 상호출자를 통해 소속 기업에 대한 지배권을 확보하면서 기업집단을 형성하였다.

한 가지 주목할 것은 우리나라 재벌 소속 기업 간 "순환출자"방식과 일본 게이레추의 소속 기업 간 "주식 상호보유"방식에는 차이가 있다는 점이다. 일본 게이레추 소속 기업들의 대주주는 대부분 법인이다. 또한 게이레추 소속 기업들은 소량의 주식들을 상호보유하고 있어, 어느 한 기업이 소유에 기초하여 다른 소속 기업에 대한 절대적인 지배권을 행사할 수 없다. 반면, 우리나라 재벌 소속 그룹의 대주주는 창업자와 창업자 후손인 개인들인 경우가 많으며, 이들은 순환출자라는 변형적인 형태의 상호출자를 통해 그리 많지 않은 지분으로 소속 기업에 대한 절대적인 지배권을 행사하고 있다. 순환출자에 대해서는 이 절의 다음 부분에서 좀 더 자세히 설명하기로 한다.

2. 경제적 원인

기업집단을 형성하는 경제적 원인으로는 다각화로 인한 위험분산, 시너지 효과 발생, 내부거래 이익, 거래비용절감 효과 등이 있다.

첫째, 기업집단을 형성하면 사업의 다각화로 인한 위험분산 효과가 발생할 수 있다. 업종별로 호황과 불황의 경기 사이클이 다른데, 여러 업종의 기업들을 하나의 기업집단으로 결합하면 경기 사이클에 따른 기업성과의 변동성을 줄일 수 있는 것이다.

둘째, 기업집단의 형성을 통해 소속 기업들 간에 시너지 효과 발생을 기대할 수 있다. 기업집단의 소속 기업들 간에 공유하는 고객에 대한 교차판매, 관리 인력의 공유를 통한 비용절감 등을 도모하면, 개별기업으로 있을 때보다 기업집단을 형성했을 때 향상된 기업성과를 달성할 수 있는 것이다.

셋째, 기업집단의 형성을 통해 거래비용절감 효과를 얻을 수 있다. 수직적으로 결합된 기업집단의 경우, 기업집단에 소속된 기업들로부터 원재료나 중간재를 조달함으로써 이들을 구입하는 데 드는 거래비용을 줄일 수 있다. 또한 수평적으로 결합된 기업집단의 경우에도 소속 기업들 간에 재화, 자금, 인력의 거래를 통해 거래비용을 줄일 수 있다.

마지막으로 기업집단의 형성을 통해 내부거래 이익을 얻을 수 있다. 수직적 또는 수평적으로 결합된 기업집단 내의 기업들 간에 서로 재화나 서비스의 판매할 수 있는데, 이는 각 기업들로 하여금 최소 경제단위의 수요를 확보할 수 있도록 해준다. 사실 기업집단 내의 내부거래 자체가 문제되는 것은 아니다. 앞서 논의한 것처럼 내부거래는 기업의 거래비용을 줄일 수 있으며, 안정된 수요의 확보를 통해 사업의 안정성을 확보할 수 있도록 해준다. 하지만 기업집단 내의 내부거래가 시장에서의 거래조건에서 크게 벗어나는 편파적인 조건으로 지속적으로 이루어지면 문제가 될 수 있다. 이러한 거래는 부당 내부거래라고 불리며, 공정거래법에 의해 법적인 규제를 받는다. 경쟁력이 떨어지는 소속 기업을 살리기 위해 이루어지는 부당 내부거래는 기업집단 전체의 수익성과 경쟁력을 하락시킬 수 있으며, 국가 전체적으로는 심각한 자원 낭비를 초래할 수 있다.

기업집단 경영상의 어려움

기업집단의 형성이 기업에게 유리한 것만은 아니며, 오히려 여러 가지 경영상의 어려움을 발생시킬 수 있다. 이 같은 관점에서 기업집단의 형성으로 인한 위험분산 효과에 대해 부정적인 시각도 존재한다. 예로 안영도(1999)는 "치열한 경쟁 환경에서 기업의 사업 다각화는 어느 업종에서도 빼어난 성과를 올리기 어렵게 만들기 때문에 자칫 전체를 무너지게 하는 결과를 초래할 수 있다"는 견해를 제시하였다.

기업집단의 시너지 효과에 대해서도 부정적인 견해가 있다. 1987년에 세계 10위권 반도체 기업이었던 '인텔(Intel)'의 CEO에 취임하여 불과 5년 만에 인텔을 세계 반도체 1위 기업으로 성장시킨 앤드루 그로브(Andrew S. Grove)에 따르면 "기업집단이 가져다줄 수 있는 시너지 효과는 미미하고, 얻는 효과보다 복잡한 조직체를 관리하기 위해 발생하는 추가비용이 더 클 가능성이 있다"고 하였다. 또한 마이클 포터는 복합기업체의 주가가 개별 기업들의 주가를 합친 것보다 작다는 복합기업체 할인(conglomerate discount) 현상을 보고하였다(Porter, 1987).

부당 내부거래는 성과가 좋지 않은 소속 기업의 퇴출, 매각 등 구조조정을 어렵게 만든다. 앞서 지적한 바와 같이 경쟁력이 떨어지는 소속 기업을 지속시키기 위해 이루어지는 부당 내부거래는 기업집단 전체의 수익성과 경쟁력을 하락시킬 수 있으며, 국가 전체적으로도 심각한 자원 낭비를 초래할 수 있다.

업종이 다각화된 기업집단의 경우 경영초점이 분산되어 경쟁력이 저하되는 부정적인 효과도 발생할 수 있다. 기업이 경쟁력을 갖추려면, 외부환경 변화에 대한 효과적인 대응이 중요하다. 하지만 우리나라의 재벌처럼 업종이 다각화된 기업집단에서 CEO의 관심은 여러 곳에 분산될 수밖에 없다. 그리고 아무리 유능한 경영자라 하더라도 관심의 분산은 외부환경 변화를 감지하지 못하게 하거나, 감지하더라도 효과적인 대처를 어렵게 할 수 있다.

우리나라에서 기업집단에 대한 정부의 규제

1. 출자총액제한제도

출자총액제한제도(이하 출총제)는 재벌이 계열사 간 출자를 통해 적은 자본으로 계열사를 마구 늘리고 지배력을 확장하는 것을 막는다는 목적으로 1986년 공정거래위원회가 도입했다. 규제 대상은 자산총액 6조 원 이상의 기업집단으로 이들 집단에 소속된 계열사들은 순자산(자본금과 자본 총계 중 큰 금액에서 그룹 내 다른 계열사들로부터 출자받은 부분을 제외한 것)의 25%를 넘어서 국내 다른 회사의 주식을 취득하거나 소유하는 것을 금지하는 제도이다.

출총제는 지난 1998년 외환위기로 외국기업들이 국내 알짜 기업들을 대거 사들이는 것이 우려되자 한때 폐지되기도 하였다. 하지만 폐지 후 출총제 대상 그룹들의 출자비율(순자산 중 다른 기업에 출자한 금액이 차지하는 비율)이

1998년 29.8%에서 2001년 35.6%로 높아지자 정부는 부작용을 이유로 2001
년 4월 출총제를 다시 도입했다. 그러다가 기업에 대한 규제 완화를 이유로
2009년 3월 출총제를 다시 폐지하였는데, 출총제가 다시 폐지된 데는 다음과
같은 논리들이 적용되었다. 첫째, 기업들이 추가로 투자를 하려고 해도 출총
제에 의한 출자 제한에 걸려 투자를 자유롭게 못할 수 있다는 것이다. 둘째,
적대적 인수·합병(M&A) 위험에 노출될 경우 출총제에 걸려 다른 계열사들이
우호 주주로 나서 경영권을 방어하기가 어렵다는 것이다.

2. 순환출자에 대한 규제

　　우리나라의 대규모 기업집단인 재벌에는 총수라고 불리는 대주주가 있
는데, 2006년 4월 1일을 기준으로 자산 2조원 이상인 그룹의 총수와 친·인
척이 보유한 지분은 5.04%에 불과하다. 하지만 이 같은 총수들이 거대한 재
벌그룹 전체를 지배하고 있는데, 이처럼 적은 지분으로 전체 그룹을 지배할
수 있는 것은 계열사 간에 거미줄처럼 얽혀 있는 순환출자 구조 때문이다.
2012년 3월 현재 우리나라 20대 재벌 중 순환출자 형태의 지배구조를 갖고
있는 그룹은 8개(삼성, 현대차, 롯데, 현대중공업, 한진, 한화, 동부, 현대그룹)나
된다.

　　순환출자는 대기업의 직접적인 상호출자 금지 규제를 회피하기 위해 3
개 이상의 회사를 순환식으로 묶어 상호출자의 효과를 내는 것을 말한다. 순
환출자의 예로 A회사는 B회사의 지분을, B회사는 C회사의 지분을, 그리고 C
회사는 A회사의 지분을 보유하는 형태를 들어보자. 이 경우 A회사가 B회사
에 출자한 돈은 결국 C회사를 통해 A회사로 돌아오게 되고, A회사는 돈 한
푼 들이지 않고 B회사와 C회사를 지배하게 된다. 그림 10-1은 이러한 순환
출자방식을 이용하면 재벌의 개인 대주주가 재벌 그룹 내의 한 회사의 지배
주주가 되기에 필요한 지분(50% 초과)을 보유하지 않고도 재벌 소속 기업들
을 지배할 수 있음을 보여주고 있다. 예를 들어, 삼성그룹의 이재용 사장은
삼성 에버랜드 25%의 지분을 가지고 삼성생명, 삼성전자, 삼성카드 등 삼성
그룹 전체를 지배하고 있다.

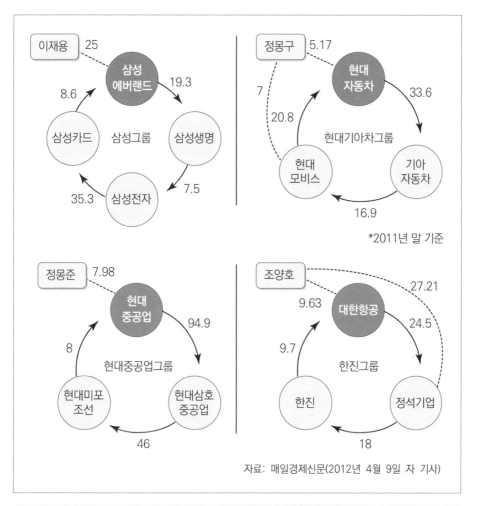

그림 10-1 주요 재벌 그룹의 순환출자 유형

순환출자는 기업집단 경영에 여러 가지 문제를 유발할 수 있다. 첫째, 복잡한 출자구조를 통한 소유와 지배의 왜곡이 발생할 수 있다. 총수는 실제 적은 지분을 가지고도 계열사 지분을 이용해 계열사의 주총이나 이사회 등을 사실상 상악할 수 있나. 합리석인 의사결정과정을 통해시기 이니리 총수의 독단적인 의사결정에 의해 기업의 중요한 의사결정이 내려질 수 있는 것이다. 둘째, 계열사 간 출자가 복잡하게 얽혀 있기 때문에 연결 고리에 있는 한 계열사에서 부실이 발생하면 그 회사만으로 끝나는 것이 아니라 다른 계열사로도 이어져 그룹 전체가 동반 부실화될 수 있다. 셋째, 기술력이 뒤떨어지는 데도 불구하고 그룹 계열사라는 이유로 다른 독립된 기업 또는 중소기업보다 유리한 위치에서 불공정한 경쟁을 할 수도 있다.

제3절   기업실패와 구조조정

기업실패의 유형

기업실패의 유형은 경제적 실패(economic failure)와 재무적 실패(financial failure)로 구분될 수 있다. 경제적 실패는 투입된 경영자원에 비해 경영성과가 충분히 나타나지 않을 때 발생하는 기업실패다. 이익을 창출하더라도 투입된 경영자원에 대비 충분치 못한 경우는 경제적 실패의 1단계에, 이익을 전혀 내지 못하는 경우는 경제적 실패의 2단계에 각각 해당된다.

재무적 실패에는 기술적 도산(technical insolvency)과 파산(bankruptcy)이라는 두 가지 유형이 존재한다. 재무적 실패의 첫 번째 단계에 해당되는 기술적 도산은 기업이 단기적으로 갚아야 할 유동부채가 보유한 유동자산을 초과하여 유동부채의 상환이 불가능한 상태를 말한다. 기술적 도산의 경우 기업이 보유한 자산의 가치가 갚아야 할 부채의 가치를 초과하는 경우가 일반적이기 때문에, 당장에 직면한 유동성 위기만 극복한다면 장차 회생할 가능성이 무척 높다.

표 10-1 기업실패의 유형

단 계	경제적 실패	재무적 실패
1단계	투입된 경영자원에 대비 충분한 이익을 창출하지 못하는 경우	기술적 도산
2단계	이익을 전혀 내지 못하는 경우	파산

자료: 장경천 외 2인(2007)

재무적 실패의 두 번째 단계는 파산이다. 파산은 채권자의 파산신청에 따라 법원에 의한 선고가 내려진 경우를 의미한다. 국내 파산법에서는 법인의 경우 채무자가 유동성 부족으로 인해 지급불능상태에 이르거나 기업의 총 자산가치가 부채가치에 미달하여 채무초과 상황이 발생하면 파산을 신청할 수 있는 원인이 발생한 것으로 규정하고 있다. 파산한 기업은 회생가능 여부에 따라 존속 여부가 결정된다. 회생가능성이 없는 기업의 경우, 법원에 의해 공식적인 파산선고가 내려진 후 청산절차에 들어가게 된다. 청산이란 기업이 영업활동을 정지하고 자산을 매각하여 부채를 상환하고 잔여액이 있으면 주주에게 배분하는 것을 말한다. 반면, 회생가능성이 있는 기업은 법정관리, 워크아웃 등 기업회생절차에 들어가게 된다.

부실기업의 처리과정

재무적 실패에 직면한 부실기업은 채권자들이 파산신청을 하는 것을 막기 위해 부채 구조조정(debt restructuring), 기업 구조조정(corporate restructuring) 등 기업을 스스로 회생시키기 위한 노력을 해야 한다. 부채 구조조정은 원리금 지급에 어려움을 겪고 있는 기업이 새롭게 발행하는 신규 채무증서와 기 발행된 채무증서와의 교환을 추진하여 채무 만기일을 연장하고 이자지급 규모를 감소시키는 것을 의미한다. 기업 구조조정은 기업실패의 위협에 직면한 기업이 기업 전체의 인적, 물적 자원 및 자금의 최적배분을 위해 자산구조, 소유구조, 자본구조, 사업구조의 재편을 실행하여 재무구조의 개선을 추진하는 것을 의미한다.

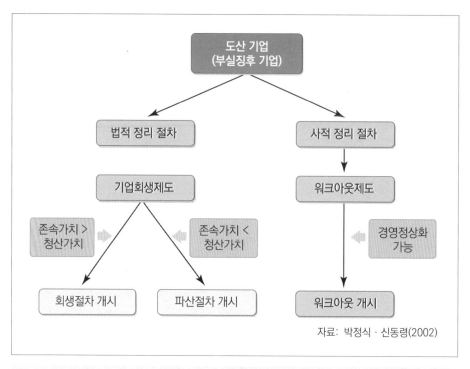

그림 10-2 부실기업 정리절차

　　하지만 기업 스스로의 자구 노력이 실패하게 되면, 그림 10-2에서 보는 바와 같이 기업은 법정관리, 파산 등 법적 정리 절차나 워크아웃 등 채권금융기관에 의한 사적 정리 절차에 따라 처리된다. 기업이 도산하거나 그 징후를 보이면 채권금융기관은 해당 기업의 회생가능성을 판단한다. 채권금융기관이 해당 기업의 회생가능성이 있다고 판단하면 법정관리, 워크아웃 등 회생조치를 취할 수 있다. 회생조치에 성공한 기업은 법정관리, 워크아웃 등의 조치들이 해제되고 경영이 정상화된다. 하지만 회생조치가 실패로 돌아가 존속가치가 청산가치보다 낮다고 판단되면, 해당 기업에 대한 법원의 파산선고가 내려지고 해당 기업은 청산절차에 들어가게 된다.

기업 구조조정의 방식

기업 구조조정을 진행해나가는 방식에는 법적 제도에 의한 방식과 런던 방식(London Approach) 두 가지가 있다(이은석·원지환, 2011). 법적 제도에 의한 방식은 기업의 회생 또는 파산 여부를 파산법 등 법적 판단에 의존하는 방식이다. 런던방식은 기업의 회생 또는 파산 여부를 법적 판단에 맡기기 전에 이해당사자 간의 사전조정을 통해 구조조정을 추진하는 방식이다.

1. 법적 제도에 의한 구조조정

법적 제도에 의존하는 방식에서는 기업의 회생 또는 파산 여부에 대한 결정을 법적 판단에 의존하게 되므로 파산법원(bankruptcy court) 등의 고도로 전문화된 법원시스템이 필수적으로 요구된다. 우리나라의 경우 2006년 4월 1일부터 기존의 회사정리법, 화의법 및 파산법 등을 묶어 만든 채무자 회생 및 파산에 관한 법률(일명 통합도산법)이 시행되고 있다. 법적인 제도에 의한 구조조정방식인 법정관리와 파산에 대한 개요는 다음과 같다.

▌법정관리

법정관리는 재무적 실패로 파산위기에 처한 기업이 회생가능성이 있다고 판단되는 경우 법원 결정에 따라 법원에서 지정한 관리인이 기업활동 전반을 대신 관리하도록 하는 제도이다. 기업, 주주 또는 채권자가 법정관리 신청을 하면, 법원은 법정관리의 타당성을 심의한다. 법원이 법정관리를 승인하면, 대부분의 기존 경영진과 대주주는 경영권을 상실하고, 법원이 선임하는 관리인이 경영권을 행사하게 된다. 이와 함께 법정관리 기업의 채무에 대한 채무 동결, 상환기간 연장, 채권의 주식전환, 은행의 추가자금 지원, 세금감면 등 기업회생을 돕기 위한 조치들이 시행된다.

▌파산

파산은 부실기업이 법정관리, 워크아웃 등을 통한 회생이 불가능할 경우, 법원의 명령에 따라 기업의 잔여자산을 처분하여 채권채무관계를 정리하는 제도이다.

파산과 비슷한 제도로 청산이 있다. 청산은 기업이 모든 채무를 변제하고 스스로 회사를 정리하는 것인 반면, 파산은 파산법에 따라 법원의 결정에 의해 회사의 정리가 이루어지는 것을 의미한다. 파산의 신청은 부실기업이나 채권금융기관이 할 수 있다. 법원이 파산을 선고하면, 법원은 청산인을 선임하여 청산절차에 들어간다. 청산절차는 회사의 잔무를 처리하고 재산을 정리하여 완전히 없어질 때까지의 절차를 지칭하는데, 잔여재산을 처분하여 분배를 실행할 때, 채무변제는 다음과 같은 우선 순위에 따라 이루어진다. 먼저 채권자 중에서 선순위 채권자들이 제일 먼저 보상을 받고, 다음으로 후순위 채권자들이 보상을 받는다. 그리고 채권자들에 대한 보상이 이루어진 후 잔여액이 있으면 이를 주주에게 분배한다. 청산절차가 종결되면 청산인은 청산보고서를 작성하여 주주총회의 승인을 얻고, 이후 일정기간 내에 청산종결에 대한 등기를 실행한다.

2. 런던방식에 의한 구조조정

런던방식은 시장주도로 기업 구조조정을 추진하는 방식으로 기업과 채권은행 간의 이해상충 문제를 해결할 수 있는 중재자를 필요로 한다. 런던방식은 1990년대 초반 영국에서 경기불황으로 대규모 기업실패가 발생했을 때, 영국의 중앙은행인 영란은행(Bank of England)이 기업과 채권은행 간의 협상에 적극적으로 개입하여 부실기업 정리문제를 원활하게 추진하는 조정자의 역할을 수행한 데서 유래되었다(이은석·원지환, 2011).

우리나라에서 대기업의 구조조정은 기업구조조정촉진법에 의해 이루어지는데, 이 법은 부실 대기업의 자율적인 구조조정 방법과 절차를 담고 있다. 기업구조조정촉진법의 대상에서 제외되는 부실 중소기업의 구조조정은 '채권은행협의회 운영협약'을 통해 이루어진다. 2001년 6월 제정된 이 협약은 채권금융기관이 자율적으로 부실 중소기업에 대한 구조조정을 추진하는 것을 원칙으로 하고 있다. 다만, 기업 구조조정의 추진과정에서 채권금융기관들 간 이견이 있을 경우 '채권금융기관 조정위원회'가 이를 조정하는 역할을 수행한다. 이와 같이 우리나라의 중소기업 구조조정방식은 런던방식을 근간으로 한다고 볼 수 있다(이은석·원지환, 2011). 이 방식의 세부절차는 다음과 같다. 첫째, 금융기관이 재무적 항목들에 대한 기본평가를 실시하여 세부평가 대상 업체를 선정한다. 둘째, 대상 업체에 대한 세부평가를 실시한다. 세부평가에서는 산업위험 등 비재무적 항목을 위주로 평가한 후 부실가능성이 있는 기업들의 신용위험등급을 A등급에서 D등급의 4단계로 구분한다. 셋째, 세부평가 결과 최하등급인 D등급으로 분류된 기업에 대해서는 통합도산법에 의한 기업 회생절차 또는 퇴출 등의 조치들이 취해진다. 한편, C등급 기업에 대해서는 경영정상화계획 이행 약정을 체결하고 자구노력, 출자전환, 채무재조정 등 워크아웃을 추진한다.

워크아웃(workout)은 채권금융기관이 부실기업의 재무구조를 개선하고 경쟁력을 강화시켜 궁극적으로 채무상환능력을 높이는 작업이다. 워크아웃을 위한 기업과 채권금융기관 간의 협의가 이루어지면 해당 기업은 채권금융기관에 대한 채무를 상환하기 위해 계열사 정리, 자산과 지분 매각, 감자, 경영진 교체, 인력감축, 경비절감 등의 자구노력을 이행한다. 기업의 자구노력이 이루어진 후에 채권금융기관은 대출원금의 상환유예, 이자율 조정, 단기대출금을 중장기대출로 전환, 일부 부채의 탕감, 신규자금의 지원 등 해당 기업의 부채에 대한 전반적인 조정 작업을 한다.

Closing Case

대형 M&A 뒤엔 사모펀드 … 75조 위용 기업 지배구조 개선·경영 효율화 장점

엎치락뒤치락. 롯데카드 인수전은 그야말로 치열했다. 롯데그룹은 애초 롯데카드의 지분 93.78%를 매각할 우선협상대상자로 한앤컴퍼니를 선정했다. 하지만 인수 주체인 사모펀드 한앤컴퍼니와 롯데지주의 우선협상 기간이 끝났음에도 본계약을 맺지 못했다. 그러자 롯데그룹은 계열사 롯데카드 지분 79.83%에 대해 MBK파트너스 - 우리은행 컨소시엄을 새로운 우선협상대상자로 선정했다. 여기서 눈길을 끄는 것은 인수 주체다. 한앤컴퍼니나 MBK파트너스는 모두 사모펀드. 과거에는 수천억 원 규모의 회사가 시장에 매물로 나오면 인수가능한 곳이 몇몇 대기업으로 압축됐지만, 이제는 사모펀드가 가장 유력한 인수 후보자로 꼽힌다. 가히 사모펀드 전성시대라 할 만하다.

사모펀드가 무엇?

2004년 규정 신설 후 급성장

사모펀드(PEF·Private Equity Fund)는 소수 투자자(49인 이하)로부터 자금을 조달한 후 기업의 의결권 있는 주식 등에 투자하는 펀드를 말한다. 최근 M&A시장이나 투자시장에서 볼 수 있는 사모펀드는 이 중 경영참여형(바이아웃) 사모펀드다. 쉽게 말해 지분 인수 후 직접 경영에 뛰어들어 기업가치를 키운 후 되팔기 위해 조성한 펀드다. 이런 펀드 숫자가 기하급수적으로 늘어나고 있다. 국내 실정법상 경영참여형 사모펀드의 등장은 2004년부터다. 당시 정부가 간접투자자산운용법을 개정, 사모투자전문회사 규정을

신설하고 제도를 도입한 시기다. 사모펀드는 국민연금 등이 공모하는 프로젝트 펀드(특수 목적에 부합하기 위해 조성한 펀드) 혹은 구체적 투자대상을 정하지 않고 GP(운용사)의 운용전략능력을 기초로 투자자를 확보한 후 투자대상을 정하는 블라인드 펀드 등 다양한 형태로 자금을 조달한다. 수익 모델은 크게 두 가지다. 자금을 조달한 곳에서 운용 수수료를 받고 특정 기업의 엑시트(투자금 회수) 후 성과보수를 받는 방식이다. 일부 LP(유동성 공급자·투자자)는 투자기업에 사모펀드 경영진도 일부 지분 참여를 요구, 책임경영을 하게 하는 대신 매각 성공 시 결실을 나누는 방식을 선호하기도 한다.

파죽지세로 성장하는 사모펀드

올 들어 대형 M&A 18건 중 11건 차지

사모펀드는 이미 국내 산업계와 자본시장의 판도를 바꾸는 주요 플레이어로 자리 잡았다. 올 들어 본계약이 체결되거나 우선협상대상자가 선정된 1,000억 원 이상의 국내기업 M&A 18건 중 11건의 인수자가 이들이다. 인수에 들인 금액도 전체의 절반이 넘는 6조 2,889억 원에 달한다. 올해만의 예외적인 일도 아니다. MBK파트너스의 코웨이·오렌지라이프 인수, 한앤컴퍼니의 SK해운 인수, 파인트리파트너스의 STX중공업·스킨푸드 인수, H&Q코리아의 11번가 인수 등 최근 몇 년간 주목받았던 대형 인수합병 건에는 사모펀드가 어김없이 이름을 올렸다.

사모펀드의 가파른 성장세는 각종 수치로도

확인된다. 금융감독원에 따르면 2018년 말 기준 경영참여형 사모펀드는 총 583개로 자본시장법이 시행된 2009년(110개) 대비 5배 넘게 증가했다. 투자자가 출자를 약정한 금액(약정액)은 74조 5,200억 원으로 같은 기간 3.7배 늘었고, 출자 이행액 역시 55조 7,000억 원으로 4.4배 증가하면서 국내 M&A 시장에서의 역할이 크게 확대된 모습을 보였다.

특히 2018년 한 해 동안 410개 기업에 13조 9,000억 원의 투자를 집행하고 9조 원을 회수했는데 연중 투자액과 회수액, 신설 PEF 수 모두 역대 최대 수준을 기록했다. 김재형 금융감독원 자산운용감독국 팀장은 "사모펀드 산업이 신설 → 투자 → 해산 → 신설로 이어지는 성장의 선순환 구조를 갖췄다. 금융당국의 규제 완화와 정책자금 공급 확대에 힘입어 사모펀드 성장세가 이어질 것"이라고 전망했다.

가장 눈에 띄는 것은 신설 사모펀드다. 지난해 새로 만들어진 사모펀드 수는 사상 최대인 198개로 2015년 76개, 2016년 109개, 2017년 135개에 이어 증가폭이 크게 뛰었다. 최근 사모펀드 설립·운용 관련 지속적인 규제완화노력에 따라 신규 GP의 진입이 확대되고, 2017년 창업·벤처기업의 성장 기반 조성을 위해 도입된 창업·벤처전문 PEF 수(27개)가 전년에 비해 3배 이상 늘어난 것이 결정적인 역할을 했다.

소형화 추세도 두드러진다. 출자 약정액 1,000억 원 미만의 소형 사모펀드 수는 2015년 46개에서 2016년 80개, 2017년 108개, 2018년 152개로 꾸준히 증가했다. 전체에서 차지하는 비중은 76.8%까지 확대됐다. 반면 약정액 3,000억 원 이상 대형 펀드는 13개로 신세의 6.6%에 불과하다. 이는 신규 GP가 투자자 모집에 부담이 없는 소규모 프로젝트 사모를 주로 운용하는 데 따른 현상으로 풀이된다. 실제 신설 사모펀드의 평균 약정액은 2015년 1,342억 원이었으나 2018년에는 830억 원으로 더욱 슬림화됐다.

금융투자업계 관계자는 "저금리 시대에 고액 자산가들이 수십억 원씩 돈을 모아 만든 1,000억 원 미만 소규모 사모펀드가 대세로 떠오르고 있다. 과거 외국계 IB(투자은행)나 컨설팅 회사 출신이 대부분이던 매니저들도 국내 금융사, 대기업 출신으로 다양해졌다. 국내 사모펀드 생태계가 한 단계 진화하고 있는 과정"이라고 설명했다.

양적인 성장뿐 아니라 질적으로도 업그레이드가 한창이다. 국내 사모펀드 산업은 투자와 회수 측면에서 모두 지난해 사상 최대치를 기록했다. 2018년 투자 집행 규모는 13조 9,000억 원으로 직전 3년 평균 투자 집행 규모(11조 4,000억 원)를 크게 웃돌았다. SK해운(한앤컴퍼니·1조 5,000억 원), ADT캡스(맥쿼리코리아·5,740억 원), 11번가(H&Q코리아·5,000억 원) 등 대형 딜이 잇따라 성사된 결과다. 투자 대상 기업 410개 중 국내기업이 357개(87.1%)로 국내기업 투자 편중도가 높은 편으로 나타났다.

지난해 투자 회수액도 9조 원으로 2017년 7조 4,000억 원보다 20% 넘게 늘면서 사상 최대치를 기록했다. 이는 전략적 투자자(SI)의 회수분은 제외한 금액이다. 오렌지라이프와 두산공작기계에 투자했던 MBK파트너스가 각각 1조 3,000억 원, 1조 2,000억 원을 회수해 주목받았고 KTB PE도 전진중공업 투자를 통해 2,562억 원의 투자금을 회수했다. 특히 전진중공업의 경우 국내 사모펀드 간의 첫 대형 거래로 사모펀드 산업의 성장에 따라 앞으로 세컨더리 시장(잔깐용어 참조)은 더욱 커질 것으로 예상된다.

가업 승계 맞물려 수요 급증

이자 없고 투자리스크 공유 장점 부각

사모펀드가 급성장하는 배경 중 하나는 '먹거리'가 풍부해졌기 때문이다. 최근 불확실한 국내 경제환경과 높은 상속세 등으로 인해 승계를 포기하고 매물로 나오는 기업이 늘고 있다. 경영에 관심 없는 오너 2~3세가 경영권을 매각하거나 비핵심 사업을 정리하는 경우도 적잖다. 한국 M&A거래소(KMX)가 지난해 기업 매도를 의뢰한 730개 기업을 분석한 결과 가업 승계를 할 수 없어 매물로 내놓은 기업은 118개(16.2%)로 집계됐다. 이들이 사모펀드의 주 고객이 되고 있는 셈이다.

쓸 만한 매물이 시장에 나왔을 때 사모펀드와 손잡는 기업도 늘었다. 사모펀드는 금융권과 달리 이자는 없고 투자 리스크는 공유한다는 장점이 있다. SK브로드밴드가 티브로드와 합병 당시 미래에셋그룹PE는 4,000억 원을 투자했다. 신세계그룹의 통합 온라인 플랫폼 쓱닷컴 출범에도 어피니티에쿼티파트너스와 BRV벤처스가 1조 원을 투자했다. SK그룹의 11번가 분사과정에서는 H&Q코리아가 5,000억 원을 공급했다. 여기에 국민연금이나 각종 연기금도 기금 규모가 커지면서 새로운 투자처를 찾아야 하는 환경이 조성됐다. 넘쳐나는 돈과 매물이 사모펀드의 호황을 이끄는 자양분 역할을 하고 있는 것이다.

사모펀드를 바라보는 시선도 바뀌고 있다. 과거 사모펀드는 '수익 추구를 최우선하면서 기업의 단물만 빼먹는다'는 '먹튀 논란'에 시달렸던 것이 사실이다. 하지만 최근 사모펀드가 적극적으로 기업경영에 참여하면서 자발적인 기업 지배구조 개선과 경영 효율화 등 긍정적인 효과를 가져온다는 인식이 확산되고 있다. 국내 사모펀드 업력이 쌓이면서 눈에 띄는 엑시트 성과가 나타

나기 시작한 것도 성장에 한몫했다. MBK파트너스의 ING생명(현 오렌지라이프), 코웨이 매각 등 수조원대 이익을 낸 '대박 딜'을 어렵지 않게 찾아볼 수 있다.

한 사모펀드 대표는 "사모펀드는 기본적으로 기업가치를 끌어올려 수익을 내는 것이 일차 목표기 때문에 경영 효율화나 외부 인재 영입, 해외 진출 등에 적극적이다. 유사 업체와의 M&A로 규모의 경제를 꾀하는 볼트온 전략도 오너 일가의 눈치를 보지 않고 발 빠르게 펼칠 수 있다는 것이 장점"이라며 "장기 투자를 했을 때 인센티브를 주는 방식으로 제도 개선을 한다면 사모펀드도 장기적인 관점에서 기업을 성장시키도록 유도할 수 있고 그 과정에서 혁신과 부가가치를 일으킬 수 있다"고 강조했다.

2019년 1~5월 사모펀드 대형 M&A 사례 (단위:억 원)

대상 기업	매각 주체	인수 사모펀드	거래가
롯데카드	롯데그룹	한앤컴퍼니	1조 4400
린데 코리아	독일 린데	IMM PE	1조 3000
지오영	앵커 에쿼티	블랙스톤	1조 1000
서브원	LG그룹	어피니티 에쿼티 파트너스	6021
애큐온 캐피탈	JC플라워	베어링PEA	6000
롯데손해 보험	롯데그룹	JKL파트너스	4000

급성장하는 사모펀드(PEF) (단위:개, 억원)

— 사모펀드
■ 투자약정액

2019년 1~5월 국내 대형 M&A 인수자 중 사모펀드 비중

PEF 6건 2689억원 · 기업 5건 3061억원
전체 11조5950억원

PEF 11건 · 기업 7건
총 18건

*자료: 금융감독원

10% 룰 폐지·전문투자자 완화 시급

모니터링 강화 등 안전장치 마련은 필수

국내 사모펀드 산업은 이제 막 싹을 틔우기 시작했다고 해도 과언이 아니다. 가파른 성장세 속 해외에서의 성과도 하나둘 나타나고 있다. 진화하는 사모펀드가 금융산업의 새로운 성장 동력으로 자리매김하기 위해서는 규제완화와 제도적인 뒷받침이 필수적이다.

우선 최근 성장을 이어가고는 있지만 국내 자본축적과 혁신성장을 위한 자금줄 역할, M&A 시장의 활성화 등을 위해서는 국내 사모펀드 규모가 아직도 너무 작다. 지난해 말 기준 GP 256개사 가운데 조 단위의 운용자산(AUM)을 보유한 곳은 손에 꼽을 정도다. 14조 원을 운용하는 MBK파트너스와 3조~4조 원 규모의 한앤컴퍼니, IMM프라이빗에쿼티 정도를 제외하면 눈에 띄는 곳이 많지 않다.

양적·질적 성장을 위해서는 규제완화가 시급하다. 무엇보다 그동안 경영참여형 사모펀드에 적용돼온 '10% 룰(의결권 있는 주식 10% 이상 취득의무)'을 비롯해 6개월 이상 지분 보유, 대출 불가 등의 규제를 하루빨리 없애야 한다는 목소리가 높다. 국내 경영참여형 사모펀드는 10% 지분 규제로 대기업 투자가 사실상 불가능해 해외와 비교할 때 '기울어진 운동장'이라는 지적도 있었다.

특히 소수 지분을 활용해 기업가치를 제고한다는 행동주의 펀드에 국내 사모펀드가 명함을 내밀지 못했던 것도 10% 룰 영향이 컸다.

다행히 정부가 10% 룰을 비롯한 규제완화를 추진하고 있어 머지않아 숨통이 트일 전망이다. 10% 룰이 폐지되면 국내 사모펀드의 대기업 투자가 본격화될 것으로 기대된다. 또 이로 인해 사모펀드의 전환사채(CB)나 신주인수권부사채(BW) 등 메자닌 상품 투자 제한도 해소될 전망이다.

기관투자자와 함께 사모펀드의 주요 자금 조달처인 전문투자자 등록 요건도 다양화하고 등록 절차도 간소화할 필요가 있다. 지난 5월 7일 사모펀드의 GP 등록 절차 간소화(신규 진입 활성화)와 창업투자회사의 창업·벤처 전문 사모펀드 설립 허용(중소기업 성장 지원) 등의 내용을 담은 자본시장법 개정안이 국무회의를 통과했다. 지난해 8월 정부는 기업 구조조정 시장 활성화를 위해 5,290억 원의 기업구조혁신펀드를 조성했고, 이 자금이 향후 2년에 걸쳐 하위 펀드에 출자될 예정이다.

사모펀드 시장에 빠르게 돈이 몰리는 만큼 투자자 피해를 막기 위한 안전장치 마련은 필수다. 최근 주식·채권 가격이 동반 하락하면서 국내 기관투자자들이 일제히 사모펀드 출자 규모를 늘리고 있다. 국민연금은 올해 사상 최대 규모인 2조 4,000억 원을 사모펀드에 출자할 예정이다. 교직원공제회는 8,000억 원, KDB산업은

행은 6,400억 원, 우정사업본부도 4,000억 원의 출자 계획을 밝혔다. 이에 기관투자자 전용 사모펀드 제도가 대안으로 떠오른다. 현행 PEF 제도는 개인과 기관투자자 모두 투자할 수 있는 반면 기관 전용 사모펀드의 경우 개인은 재간접펀드 형태로만 투자가 가능하다. 사모펀드 자율성을 높이면서도 투자자인 유한책임사원(LP)의 견제·감시 기능을 강화하는 방식으로 투자자 보호를 할 수 있다는 장점이 있다.

산업이 커질수록 금융시장 안정을 위한 모니터링 기능을 강화해야 한다는 목소리도 나온다. 사모펀드의 운용자산 규모가 점점 커지는 데다 대형 M&A에는 인수금융까지 동원하는 일이 점점 늘고 있다. 금융 사고를 대비해 자금 흐름에 대한 정보를 금융당국이 철저하게 파악하고 있어야 한다는 지적이다.

김수민 유니슨캐피탈 대표는 "금융시장에서 역사가 짧은 사모펀드가 이렇게 빠르게 발전했다는 것은 그만큼 시장에서 수요가 있었다는 의미다. 산업구조가 급변하고 새로운 투자처에 대한 요구가 높아지고 있는 상황에서 사모펀드 역할은 더욱 커질 수밖에 없다. 국내 사모펀드 산업이 글로벌 수준으로 도약하기 위해서는 정부가 업계와의 지속적인 소통을 통해 사모펀드 순기능을 극대화하는 방향으로 제도 개편을 추진해야 한다"고 말했다.

'국내용' 한계 노출도

MBK 딜라이브 10년째 전전긍긍

빛이 있다면 그만큼 그림자도 뚜렷한 법. 일부 업체는 설립은 했지만 자본금 외 운용자금 조달에 성공하지 못해 영업을 시작도 못 한 곳도 많다. 10여 곳이 이미 퇴출 유예 대상으로 지정됐다는 말도 돈다.

한 사모펀드 대표는 "대형 사모펀드들이 공개 입찰에서는 자금력으로 밀고 들어오고 중소형 규모 딜은 벤처캐피털, 헤지펀드 등이 연합해 치고 들어오다 보니 애매한 규모의 사모펀드가 설 자리는 점점 줄어들고 있다"고 말했다.

승승장구하는 듯 보이는 사모펀드 중에서도 '앓는 이'는 적잖다. MBK가 투자한 지 10년이 넘도록 자금 회수를 못 하고 있는 딜라이브(옛 씨앤엠), 국산 스포츠 브랜드 '르까프' 운영사 화승이 기업회생절차(법정관리)에 접어들면서 고민에 빠진 KDB KTB HS 사모투자합자회사, 대한전선에 3,000억 원을 긴급 수혈하며 재건을 도모했지만 난항에 빠진 IMM PE 등이 대표적이다.

업계 관계자는 "KKR과 어피니티가 오비맥주에 큰 그림을 갖고 오랜 기간 투자해 큰 이익을 냈듯 국내 사모펀드 역시 해외시장까지 감안하면서 투자할 수 있어야 하는데 국내 1, 2위 업체를 인수하거나 사양산업군에 뛰어들어 구조조정을 하는 과정에서 같이 자본잠식에 빠지는 식의 근시안적인 그림을 그리는 사례가 많다는 점은 아쉬운 대목"이라며 안타까워했다.

매경이코노미(2019.06.14.)

토의문제

01 기업지배권 시장은 무엇인가?

02 기업의 인수와 합병을 구분하여 설명하시오.

03 인수합병의 목적을 설명하시오.

04 적대적 인수합병은 무엇이며, 적대적 인수합병은 어떠한 방법들을 통해 이루어지는지를 설명하시오.

05 적대적 인수합병에는 왜 기업지배권의 문제가 뒤따르는지를 설명하시오.

06 적대적 인수자로부터 적대적 인수합병을 방어하기 위한 수단들을 설명하시오.

07 기업집단 경영에서 발생할 수 있는 문제점들을 설명하시오.

08 우리나라 대규모 기업집단의 순환출자로 인해 발생할 수 있는 문제점들을 설명하시오.

09 기업실패의 의의와 유형을 설명하시오.

10 법적 제도에 의한 방식과 런던방식에 의한 기업 구조조정방식을 비교 설명하시오.

4차
산업혁명 시대의
지속가능기업

11

기업의 사회적 책임
CSR: Corporate Social Responsibility

오늘날 많은 국가에서는 기업의 발전이 그 국가와 사회의 발전으로 인식되면서, 경쟁력 있는 기업을 키워내기 위한 많은 노력을 하고 있고, 경제적으로 발전된 사회일수록 기업의 활동이 그 사회의 미치는 영향력은 지대할 수밖에 없기 때문에 그러한 영향력에 노출되어 있는 사회 구성원들은 기업의 일거수일투족에 관심을 기울일 수밖에 없다. 기업들 또한 더 이상 이윤창출이라는 결과만을 위해 기업경영활동을 수행하지 않고, 그러한 결과를 얻기 위한 과정에서의 정당성, 결과로 인해 다른 사회 구성원들에 미치는 영향 등을 고려한 책임 있는 기업활동을 수행하고자 노력하고 있다. 이번 장에서는 점점 필수적인 경영활동의 하나로 인식이 되는 기업의 사회적 책임(CSR)에 대해 그 개념, 내용 그리고 발전 방향, 그리고 공유가치창출(CSV)에 대해 설명한다.

기업도 시민이다 - 포스코의 CSR

포스코는 '러브레터'라는 이름으로 '기업시민' 활동 아이디어를 일반인으로부터 모으고 있다. 포스코에 대해 잘 모르는 사람은 '기업시민'이란 용어조차 어색하다. 홈페이지에는 기업시민에 대해 "기업 고유 활동을 넘어 사회적 이슈 해결에도 책임과 역할을 다하고자 하는 포스코의 새로운 가치창출활동"이라고 소개한다. 2018년 포스코 회장은 "포스코가 공존과 공생의 가치를 추구하는 '기업시민'으로 발전해야 한다"며 포스코의 새로운 경영비전으로 '더불어 함께 발전하는 기업시민 With POSCO'를 제안했다.

2019년 CSR 조사에서 포스코는 국내 유수 기업을 제치고 당당히 종합 1위에 선정됐다. 항목별로 살펴보면 포스코는 우선 세부활동(169점) 분야에서 1위를 차지했다. 조직구조(80점) 항목은 비교적 상위권에 올랐고 협업(64.93점) 분야에서는 20위권을 유지했다. 포스코 기업시민 활동이 여러 곳에서 인정받고 있다는 점이 다시 한 번 확인됐다.

'제철보국' 과거 50년 포스코의 경영이념이었다. 지난해를 기점으로 포스코 경영이념은 기업시민(Corporate Citizenship)으로 바뀌었다. 이제 모든 포스코 사회적 활동은 기업시민을 빼고 설명하기 어렵다. 기업시민은 기업이 경제주체의 역할뿐 아니라 사회이슈 해결에 적극 참여하는 '시민'의 역할을 동시에 수행해야 한다는 개념을 말한다. 사회적 가치를 창출해 궁극적으로 기업가치를 높이는 활동이다.

포스코는 2019년 초부터 기업시민 관련 조직을 새롭게 신설하며 발 빠르게 움직이고 있다. 2019년 3월 최 회장은 기업시민 활동 방향에 대해 논의하는 포스코그룹 최고 자문기구로 '기업시민위원회'를 출범시켰다. 기업시민위원회는 사외전문가·사내외 이사 총 7명으로 구성된다. 사외전문가 3인은 경영, 법학 등 각 분야에서 전문성을 보유한 인물을 위원으로 선임했다. 기업시민 활동이 기존 사회공헌 성격을 넘어 사회에 필요한 가치를 창출할 수 있도록 한다는 방침이다.

기업시민위원회는 분기별로 개최되며 기업시민 전략 자문, ESG(Environmental, Social, Governance) 트렌드 변화 제언, 성과 점검 등을 맡는다. 이것으로 끝이 아니다. 포스코는 기업시민위원회 제언과 자문이 실행으로 연결될 수 있도록 그룹 차원에서 협의체를 운영한다. 기업시민위원회에서 안건별 논의 결과나 제언을 발표하면 각 그룹사 사장단이 참여하는 CEO 주재 기업시민 전략회의에서 그룹사별 적용 여부를 결정한다. 아울러 그룹사 기업시민 담당 임원으로 구성된 기업시민임원위원회에서 실행 조직단위로 계획을 세운다. 새롭게 신설한 기업시민실은 전 임직원을 대상으로 다양한 교육 콘텐츠를 개발하고 직원활동에 대한 상세한 가이드라인을 제시하는 역할을 맡는다.

이번 평가에서 포스코가 다른 기업과 비교되는 부분은 세부활동에서 압도적으로 높은 점수를 받았다는 점이다. 재단설립과 교육지원 분야는 1위를 기록했으며 봉사활동, 예술지원 등의 분야에서도 상위권에 랭크됐다. 포스코 재단 설립과 관련해 빼놓을 수 없는 조직이 있다. 2013년 출범한 '포스코1%나눔재단'이다. 1% 기부활동은 2011년부터 포스코 임원과 부장급 이상 직원이 급여 1%를 기부하는 문화에서 시작됐다.

나눔재단은 임직원 기부금과 회사의 매칭그랜트(임직원이 내는 기부금만큼 기업에서도 후원금을 내는 제도)로 기금을 조성했다. 기금은 사회복지, 해외사업, 문화예술 등 다양한 분야에 쓰인다. 나눔재단활동은 설립 첫해인 2013년 44억 원 모금을 시작으로 지난해 누적 모금액 453억 원을 달성했다.

청암재단을 통한 예술과 교육 지원활동 역시 높은 평가를 받았다. 지난 5월 청암재단은 '포스코 히어로즈펠로십'을 신설했다. 국가와 사회정의를 위해 자신을 희생한 의인 또는 의인의 자녀가 안정적으로 학업을 지속해나갈 수 있도록 장학금 형태로 지원하는 제도다. 포스코히어로즈펠로십 첫 수여자로 지난 4월 발생한 강원도 산불화재 진화에 큰 공을 세운 소방관 3명이 선정됐다.

또 다른 교육지원 사업으로 포스코는 성공적인 창업지원을 위해 '창업 인큐베이팅 스쿨'을 운영한다. 예비창업자 또는 창업한 지 1년 미만인 만 49세 이하 창업 아이템 보유자를 대상으로 연간 100명을 선발해 포항·광양에서 1개월 합숙교육을 진행한다. 숙식·교육비는 전액 무료다. 이 프로그램은 단순히 교육만 받고 끝나는 과정이 아니다. 우수 사업 아이디어를 보유할 경우 포스코와 포항산업과학연구원(RIST) 창업보육센터에 입주할 수 있도록 지원해준다.

포스코 세부활동 여러 항목 중 비교적 점수가 낮은 분야는 환경. 아무래도 철강 산업 특성상 '환경우열 물질을 많이 배출하는 기업'이기 때문인 것으로 보인다. 포스코는 환경분야 개선을 위해 2022년까지 대기오염 물질 배출량을 35% 감축한다는 목표를 세웠다. 2021년까지 미세먼지

배출 최소화와 환경관리에 1조 700억 원을 투자한다는 계획이다.

협업분야에서 포스코는 기업시민 활동과 연계해 성과공유제, '민관공동투자 기술개발사업' 등 다양한 활동을 병행하고 있다. 성과공유제는 대기업과 협력업체가 원가절감, 품질개선 등 목표를 합의하고 이를 달성하면 현금 보상, 개선품 구매 보상을 해주는 대중소기업 간 상생제도를 말한다. 포스코는 2004년 처음으로 성과공유제를 도입한 후 15년간 여러 성과를 거뒀다.

성과공유제를 통해 지난해 말까지 중소 협력업체 1,915곳과 4,742건 과제를 수행했다. 과제 수행 성과로 보상한 금액만 3,660억 원. 포스코 측은 "성과공유제를 통해 중소기업 기술력을 높이는 데 기여했다"고 자평한다. 포스코 성과공유제가 안착하면서 국내 다른 기업들도 성과공유제를 잇따라 도입하는 분위기다.

'민관공동투자 기술개발사업'도 제 역할을 톡톡히 하고 있다. 중소벤처기업부와 포스코가 공동으로 기금을 조성해 중소기업 R&D(연구개발) 과제 개발비를 지원하고 개발에 성공할 경우 일정 기간 제품 구매를 보장하는 프로그램이다. 포스코는 2009년부터 이 프로그램을 운영 중이다. 정부와 공동으로 집행한 R&D 금액은 155억 원. 중소협력사가 기술 개발에 성공한 제품을 포스코가 구매한 대금은 634억 원이다.

2011년부터 스타트업을 지원하기 위해 만든 '아이디어 마켓 플레이스(IMP)'라는 프로그램도 눈길을 끈다. 포스코는 IMP를 통해 스타트업 인큐베이터와 엔젤투자자 역할을 동시에 수행하고 있다. IMP는 초기 단계의 벤처기업을 발굴해 투자자와 연결해주거나 벤처 창업 희망자, 초기 벤처기업, 투자자들이 서로 만나 자연스럽게 네트워크를 구축할 수 있는 장으로 발돋움했다.

매경이코노미(2019.07.)

기업의 사회적 책임
CSR: Corporate Social Responsibility

제1절   CSR의 개념

이 절에서는 CSR의 개념을 이해하기 위해 먼저 그동안 어떠한 역사적 사건을 거치면서 기업의 사회적 책임이 주목받아왔는지 알아보고, 오늘날 기업의 경영활동에서 차지하고 있는 CSR의 비중 그리고 그 의미에 대해 설명한다.

CSR의 배경

기업의 사회적 책임(CSR)에 대해 사람들이 처음으로 인식하게 된 시기를 알아보기 위해, 과거의 주요 사건을 나열해가면 1929년의 대공황까지 거슬러 올라갈 수 있다. 자본주의라는 시스템의 본래의 목적인 이윤극대화만을 충실히 추구하면, 기업이 속한 사회의 발전도 자연히 달성될 것이라는 기대와 달리, 대량실업, 부의 집중, 환경오염 등과 같은 문제점들이 대공황 시기에 뚜렷하게 드러나면서, 기업의 사회적 책임 문제가 부각되기 시작하였다 (유필화 외, 2001). 그 이후 오늘날까지 한 세기 가까이 시간이 흘러오면서

CSR은 대공황처럼 각 시대에 기업들과 관련된 불미스러운 사건이 발생할 때마다 사회의 집중적인 관심을 받게 된다.

기업활동 측면에서 CSR이 관심을 받기 시작한 것은 1960년대와 1970년대 미국에서였다. 1970년경 네이팜탄 제조회사인 다우 케미컬에 대한 불매운동은 이후 많은 시민/불매 운동에 영향을 끼쳤다(김민주 외, 2006). 1980년대 인도 보팔에서 발생한 유니온 카바이드사의 독가스 유출사고와 엑손사의 유조선 기름 유출사고는 기업활동이 자연환경에 얼마나 크나큰 재앙을 불러올 수 있는지 깨달을 수 있는 사건으로 기업이 환경보존의 문제에도 관심을 기울여야 한다는 교훈을 얻을 수 있었다.

1990년대 중반에는 나이키사의 공급업체에서 일어난 아동노동 착취 사건이 알려지면서, 나이키사의 기업가치가 급격히 하락하기도 하였다. 21세기 들어서는 미국 굴지의 에너지 기업 엔론사와 대형 통신업체 월드콤사가 대규모 회계 부정 스캔들로 파산하고, 이들의 분식 회계를 도왔던 회계법인 아서 앤더슨사 역시 분할 매각되는 사건이 발생하였다. 이 사건은 엔론과 월드콤이 타임지가 2008년도에 선정한 미국의 10대 파산 기업 2, 3위에 오를 만큼 미국과 전 세계적으로 기업윤리와 관련된 기업의 사회적 책임에 대한 큰 반향을 일으킨 사건이었다.

이와 같은 일련의 사건들이 발생할 때마다 CSR의 중요성은 반복적으로 강조되어왔고, 근래에 들어서 기업들은 단순히 과거처럼 불미스러운 사건이 일어나지 않도록 하기 위한 수비적인 CSR에서, CSR을 기업의 경영전략 수립의 필수요소로 인식하고 CSR활동을 통해 자사의 지속적인 성장을 도모하고 있다(구계원, 2006). 이러한 경향은 세계화의 흐름과 더불어 CSR에 대한 글로벌 기업들의 선도적인 활동, 국제기구 및 정부기관의 다양한 지원, 그리고 시민 조직의 적극적인 참여 등으로 많은 나라에 확산되고 있다.

CSR의 개념

CSR의 개념은 그 시대에 따라 다르게 인식되었고, 같은 시대에서도 나라마다 그 의미가 조금씩 다르게 해석되었다. 다양한 해석방법 중에서 CSR 의 개념을 설명하기 위해 가장 널리 소개되는 모형은 캐롤(Carroll)의 CSR에 관한 피라미드 모형이다(그림 11-1). 이 모형에서는 CSR은 경제적, 법적, 윤리적, 자선적 책임, 이렇게 네 가지 사회적 책임으로 구성되어 있고, 기업은 각 책임에 대한 의무를 순서대로 지켜나가는 노력을 한다고 설명한다 (Carroll, 2003).

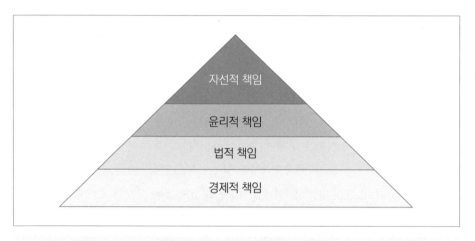

그림 11-1 CSR의 피라미드 모형

경제적 책임

기업은 경제적 이윤을 창출해야 한다. 기업은 사회가 필요로 하는 제품의 생산 및 서비스의 제공을 통해 지속적으로 이윤을 창출해야 한다. 이 책임의 준수는 나머지 사회적 책임을 지키기 위한 기본 조건이다.

법적 책임

기업은 법을 지켜야 한다. 법은 사회에서 정해놓은 규칙이기 때문에, 기업의 이윤창출에 도움이 되더라도 법을 위반하는 활동을 해서는 안 된다. 법적 책임은 경제적 책임과 더불어 기업이 보유해야 하는 필수적인 책임이다.

▌ 윤리적 책임

기업은 도덕적/윤리적이어야 한다. 비록, 앞서 소개된 두 가지 책임과 달리 윤리적 책임은 기업의 필수적인 책임은 아니지만, 옳고, 정당하고, 공정한 경영활동을 강조하는 책임이다. 기업은 최소한의 의무(경제적/법적 책임)만을 지키는 것이 아니라 법에서는 규정하지 않고 있지만 사회적으로 통용되는 윤리적/도덕적 기준에 다다르기 위해 노력할 필요가 있다.

▌ 자선적 책임

기업은 올바른 기업시민(corporate citizen)이 되어야 한다. 앞의 세 가지 책임을 모두 준수하고 더 나아가 지역사회에 기업의 이윤을 나눌 수 있는 활동을 해야 한다. 자선적 책임은 윤리적 책임과 마찬가지로 필수적인 것이라기보다, 기업마다의 사회적 책임 수준에 따라 준수되지 않을 수 있다. 비록 자발적인 성격을 갖고 있지만, 사회는 기업이 이러한 책임을 이행하리라는 기대감을 갖고 있기 때문에, 존경받고자 하는 기업일수록 자선적 책임을 간과하지 않는다.

위 모형에 따라 CSR을 설명하면, '기업은 반드시 법을 지키면서 이윤을 창출해야 하고, 더 나아가서 이윤창출과정의 정당성을 확보해야 하며, 창출한 이윤의 일부분을 사회에 환원하는 활동을 수행해야 한다'라고 할 수 있다. CSR은 이처럼 어떠한 책임을 수행하는가의 관점에서 설명될 수도 있지만, 누가 CSR을 바라보느냐에 따라 달리 설명될 수 있다. 즉, CSR을 바라보는 주체가 주주, 이해관계자, 사회 구성원이냐에 따라 CSR의 해석은 달라진다(안병훈 외, 2006).

▌ 주주 관점

주주 관점에서의 CSR은 주주의 이윤을 향상시킬 수 있는 범위 내에 한정되어야 한다. 본래 기업과 주주 간에 성립된 계약, 즉 주주는 자본의 투자로 기업에 대한 권리를 갖고, 기업은 주주의 이윤을 극대화하기 위하여 노력해야 한다는 약속을 지켜야 하기 때문에, 주주의 이윤창출을 보장할 수 없는 기업의 CSR활동은 주주 관점에서는 기업의 사회적 책임을 넘어선다고 본다.

이 관점에서는 기업은 기업시민으로서 법을 준수하고, 세금을 납부하는 의무만을 수행하는 것으로 사회적 책임을 다한다고 본다.

▎ 이해관계자 관점

이해관계자 관점에서는 기업경영활동의 경제적 권한을 갖고 있는 주주뿐 아니라 사회적 권한을 갖고 있는 이해관계자들까지 포함해서 CSR활동을 수행해야 한다고 본다. 기업의 경영활동으로 영향을 받게 되는 이해관계자는 해당 기업에 대해 사회적 권한을 행사할 수 있고, 기업 또한 CSR의 대상 범위를 주주에서 이러한 이해관계자에게까지 확대시켜나가고 있다.

▎ 사회 구성원 관점

이 관점에서는 사회에 속한 일반 개인처럼 기업도 사회의 한 구성원으로 권리와 의무를 다해야 한다고 본다. 사회에서 어떤 한 개인에 대해 높은 평가를 주기 위해서 기본적인 법 준수는 물론 다른 구성원들에게 얼마나 많은 도움을 주었는가를 확인하듯이, 기업 또한 법적인 책임을 다하고 이해관계자에 대한 CSR을 넘어서, 기업이 속한 사회에서 필요로 하는 것에 부응할

그림 11-2 관점에 따른 CSR 대상 범위

수 있어야 높은 평가를 받을 수 있다. 따라서, 사회 구성원 관점에서 CSR의 대상 범위가 가장 넓다고 할 수 있다(그림 11−2).

CSR의 주체

CSR을 구체적인 활동으로 실현하는 수행 주체는 기업, 구체적으로는 해당 기업의 임직원이지만, CSR을 이끌어내는 주체는 기업의 직간접적으로 영향을 주는 주주, 고객, 시민단체, 정부 등이 있을 수 있다. 기업을 실행 주체라고 한다면, 후자를 CSR의 유발 주체라고 할 수 있다(Crane et al., 2008).

▎기업

CSR활동은 비용은 발생하지만 그 재무적 성과는 보장할 수 없는 경영활동이기 때문에, 의사결정책임자인 경영진의 역할이 중요하다. 경영진은 주주 및 고객의 요구에 맞으면서 나아가 정부와 시민사회의 기대에도 부응할 수 있는 CSR활동을 선정하여 실행한다. 직원들은 기업이 추진하는 CSR활동의 주된 참여자이며, 그 연장선에서 자원봉사 등의 자발적인 사회공헌활동을 수행할 수도 있다.

▎주주

주주 입장에서는 CSR활동이 주주의 이익 증대에는 도움이 안 되는 불필요한 비용 지출이라고 인식될 수도 있겠지만, 오늘날에는 사회가 기대하는 사회적 책임에 부응하지 못한 기업의 가치가 한순간에 몰락할 수도 있다는 점에서, 자신이 투자한 기업의 가치에 주목하는 주주 역시 기업의 CSR활동을 권고하고 용인하는 CSR의 주체로 볼 수 있다. CSR에 대해 수동적인 투자자라면, 기업에 대한 부정적인 이미지 차단을 위한 최소한의 CSR활동에만 관심을 갖겠지만, CSR의 충실도와 기업가치가 양의 상관관계를 갖고 있다고 인식하는 투자자라면, 적극적인 CSR활동을 지지한다.

▌고객

고객은 제품/서비스를 구매할 때 기업의 명성을 고려하는데, 기업의 명성에 영향을 미치는 여러 가지 요인 중 '제품/서비스를 만들어내는 프로세스가 얼마나 정당했는지'에 대한 관심이 점점 커지고 있다. 더 나아가 추가 비용을 지불하더라도 정당하게 만들어진 제품/서비스를 구매하겠다는 고객층이 증가하고 있다. 이러한 경향은 기업들로 하여금 CSR활동을 추진하게 하는 가장 큰 요인으로 작용하고 있다. 특히 부정적인 명성이 매출에 큰 영향을 미치는 기업일수록 CSR활동을 통하여 고객에게 보이는 기업의 이미지 향상에 노력하고 있다.

▌정부

정부나 공공기관의 관점에서 사회적 책임이란 해당 조직이 존재하는 본연의 목적 중에 한 가지라고 볼 수 있다. 정부는 자체적으로 국가의 균형적이고 지속적인 발전을 위한 사업들을 수행하면서, 기업들의 사회적 책임을 감시하고 북돋우는 역할을 수행한다. 기본적으로 사회적 요구에 맞게 관련법을 제정하고 준수 여부를 감시하며, 더 나아가 인증제도, 세제혜택 등의 인센티브를 통해 CSR을 권장할 수 있다. 정부는 여러 가지 규정을 통하여 기업들의 기본적인 사회적 책임을 강제할 수 있기 때문에, 가장 직접적으로 CSR을 유도할 수 있는 주체이다.

▌시민사회

기업이 사회적 책임을 다하는지 여부는 고객에게 관심 사항이지만, 개인의 힘으로는 그것을 조사하거나 판단하기 어렵다. 비록 정부가 가장 기본적인 법적 책임에 대한 감시를 하고 있지만 수동적인 면이 많기 때문에, 자발적이고 관련 전문 지식을 보유한 시민사회의 역할이 중요하다. 일반적으로 기업의 부정적인 행위나 모범적인 행위가 기업의 평판에 큰 영향을 미치기 때문에 시민단체의 나쁜 기업 명단 발표와 같은 활동은 기업이 CSR활동에 관심을 가질 수밖에 없는 요인이 된다. 많은 경우, 시민 사회/단체는 CSR에 대한 전문성과 좋은 이미지를 보유하고 있기 때문에, 기업 입장에서는 CSR

활동을 추진해나갈 때 서로 도움을 주고받을 수 있는 적합한 파트너가 될 수 있다.

제2절   CSR활동 내용

기업은 여러 가지 방식으로 CSR을 실천할 수 있다. 기업은 CSR을 통해서 얻고자 하는 목적, 기업이 속해 있는 산업군, 기업의 재무적 상황 등을 고려하여 적합한 CSR활동을 선정하여 수행한다.

기본 CSR활동

기업경영활동의 주목적은 이윤추구이지만, 부수적인 결과로 기업의 이해관계자들에게 긍정적인 또는 부정적인 영향을 미치게 된다. 그러므로 기업은 각 이해관계자에게 이로움은 증진시키고 해로움은 피할 수 있게 하는 활동을 기본적으로 수행하여야 한다. 주요 이해관계자에 대해 어떠한 책임을 다해야 하는지 정리하면 다음과 같다(그림 11-3).

- **주주에 대한 책임**: 기업의 본래의 기능인 이윤추구활동만으로 주주에 대한 책임을 다한다고 볼 수도 있다. 하지만 지나친 성과 위주의 경영으로 정당하지 못한 방법을 사용할 가능성이 높아지고, 사회적으로 기업의 이미지가 나빠진다면, 기업가치의 하락으로 주주들에게 피해를 끼칠 수 있다. 기업은 눈앞의 이윤보다 장기적인 기업가치 향상을 고려해야 하고, 그것이 결국 주주에 대한 책임을 다하는 것이다.
- **직원에 대한 책임**: 기업은 내부고객인 직원들의 업무 만족도를 향상하기 위해 노력해야 한다. 기본적으로 고용보장, 산재보상 등을 통해 직원들에게 안정감 있는 업무환경을 제공하여야 하며, 궁극적으로 직장 생활을 통해 직원들이 자아실현을 이룰 수 있도록 지원해야 한다.

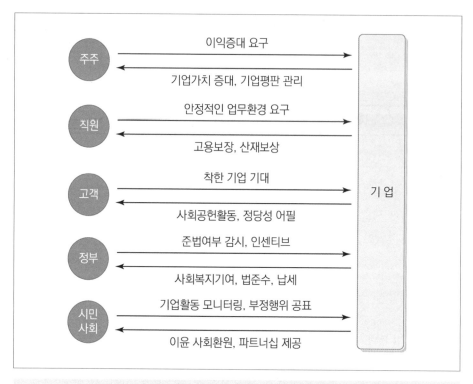

그림 11-3 이해관계자별 CSR활동 내용

- **고객에 대한 책임**: 기업은 고객이 필요로 하는 제품/서비스를 제공할 수 있도록 노력해야 한다. 고객에게 제공되는 제품/서비스는 정당한 프로세스를 통해 생산해내어야 하며, 해당 상품의 안전성과 적정 가격에 책임을 져야 한다.
- **정부에 대한 책임**: 기업은 관련 법규를 반드시 준수하여야 하며 납세의 의무를 성실히 이행해야 한다.
- **시민사회에 대한 책임**: 기업은 이윤의 일정 부분을 지역사회로의 환원을 통해 지역사회 발전에 기여할 책임이 있다. 사회공헌활동을 통해 소외계층을 지원하거나 문화/예술 프로그램을 운영하여 지역사회에 기여할 수 있다.

사회공헌활동

오늘날, CSR의 범위는 크게 기업의 윤리문제나 환경경영까지 포함하고 있지만, 가장 큰 비중을 차지하고 있는 CSR활동은 사회공헌활동이다. 어떤 경우에는 사회공헌활동이 CSR의 전부로 인식되기도 한다. 그만큼 사회공헌 활동이 CSR을 대표하는 상징성이 높은 활동이라고 할 수 있다. 사회공헌활 동을 분류하면, 그 발전단계에 따라 무작위 선택형, 전략연계형, 공공연계형 으로 나눌 수 있다(안병훈 외, 2006). 각 모형에 대해 설명하면 다음과 같다.

▌무작위선택형

무작위선택형은 기업의 남은 이윤을 사회에 재배분하는 활동을 수행한 다. 즉 기업의 성과에 어떠한 영향을 줄 수 있는지에 대해 전혀 고려하지 않는 사회공헌활동 방식이다. 가장 초기단계의 사회공헌활동이며, 자선활동이나 기부활동이 주를 이룬다. 기업에서 이윤이 발생하면, 납세하듯이 이윤의 일부 분을 사회에 환원하기 때문에, 기업의 실적에 영향을 많이 받는다. 무작위선 택형 사회공헌활동은 해당 예산을 집행한 것 자체가 목적이 되고 홍보수단이 되므로 사회공헌활동을 통해 수혜자가 어떠한 이득을 얻었는지, 기업성과에 어떠한 도움이 되었는지에 대한 평가는 대개 무시된다.

▌전략연계형

전략연계형 사회공헌활동은 기업의 사업영역에 직간접적으로 영향을 줄 수 있는 분야에 대해 기업의 경영전략과 일관된 방향성을 갖는 형식으로 수 행되는 사회공헌활동을 말한다. 이러한 사회공헌활동은 중장기적으로 기업 이미지 제고, 잠재고객 확보 등의 효과를 기대하므로, 사회적 기여와 더불어 기업의 전략달성이라는 두 가지의 목표를 갖는다. 무작위선택형에 비해 한 단계 발전된 형태인 전략연계형 사회공헌활동은 그 활동 내용 역시 전문분 야 지식 및 경험을 많이 필요로 하기 때문에, 전문 비영리기관을 통해서나 협력하여 활동을 진행하는 것이 일반적이다. 기업은 재정적인 지원, 인력 및 경영 지원 등을 제공할 수 있고 전문 비영리기관은 전문성, 깨끗한 이미지 등을 기업에게 제공할 수 있기 때문에 전략적 사회공헌활동 시 서로 도움을 주고받는 파트너십을 형성할 수 있다.

▎공공연계형

공공연계형 사회공헌활동은 목적성이 부족한 무작위선택형이나 기업전략에 일정 정도 초점을 둔 전략연계형과 달리, 기업이 속한 사회가 당면하고 있는 주요한 사회적 문제 해결이라는 분명한 목적을 갖고, 활동을 통해 기업이 직접적으로 얻게 되는 이득을 고려하지 않은 채 수행되는 사회공헌활동을 말한다. 중요 사회적 문제가 한두 기업만의 힘으로는 해결되기 어렵기 때문에 공공연계형 사회공헌활동에는 여러 기업들이 공동 참여하고, 아울러 정부, 시민단체, 전문기관 등의 협력도 필수적이다. 공공연계형 사회공헌활동은 사회적 문제 해결에 가장 큰 기여를 할 수 있는 모형이긴 하나, 여러 기업들이 같은 목적을 갖고 협력적으로 활동을 수행해야 한다는 점에서 실제 사례를 찾아보긴 힘들다.

국제적 활동

CSR에 대한 인식 확산은 여러 나라의 기업들이 모여 '기업시민헌장'을 제정하거나, 'UN 글로벌 컴팩트'와 같은 기구에 가입하는 등의 대외 선언적/홍보적 활동으로 나타난다. 또한 이러한 협약/기구/인증과 같은 CSR 관련 공식적인 틀의 발현은 CSR활동을 촉진시키는 역할을 한다(임정재, 2007). 대표적인 협약/기구/인증 등을 정리하여 다음에 설명한다.

1. CSR관련 협약/선언

▎지속가능한 발전을 위한 국제상공회의소 기업헌장(ICC business charter for sustainable development)

ICC(국제상공회의소)에서 1991년 제정한 지속발전을 위한 기업헌장은 환경경영에 대한 16가지 원칙을 제시하고 기업들의 자발적인 참여를 이끌어냈다. 지금까지 수천여 기업이 헌장에 서명하고 환경경영체계를 구성하는 기초 사항으로 활용하여왔다(www.iccwbo.org).

▌ 지속가능발전에 관한 세계정상회의 요하네스버그 선언

2002년 각국의 지도자들이 남아프리카공화국에 모여 공표한 요하네스 버그 선언은 10년 전 리우 선언에서 의제로 삼았던 '지속가능개발'에 대한 이행을 촉구하는 내용을 담고 있다. 빈곤퇴치 및 자원보존 등과 관련된 여러 가지 지속가능발전 이행계획을 수립할 것을 강조하고 있다(www.johannes burgsummit.org).

▌ UN 글로벌 콤팩트(UN Global Compact)

1999년 다보스 세계경제포럼에서 UN은 전 세계 기업들에게 책임 있는 경영활동에 대한 기본 사항으로 인권/노동/환경/반부패와 관련된 10가지 원칙을 제시하였다. UN 글로벌 콤팩트에 가입하고자 하는 기업들은 원칙 준수를 약속하고, 주기적인 CSR활동과 보고서 발행을 실천해야 한다(www. unglobalcompact.org).

2. CSR관련 기구/조직

▌ 기업의 사회적 준수 발의체(BSCI: Business Social Compliance Initiative)

2000년대 초 공급망에서의 제조환경의 개선(특히 후진국의 영세 하청업체 의 근로조건 개선)을 목적을 두고 유럽에서 생겨난 비영리조직이다. 글로벌 공 급망을 보유하고 있는 다국적 기업, 특히 저소득 국가에서 부품 등을 공급받 는 대기업 등의 사회적 책임 준수를 독려하고, 공통 감시시스템 개발 등의 노력을 하고 있다.

▌ 사회적 책임을 지는 기업(BSR: Business for Social Responsibility)

1992년에 설립된 BSR은 CSR을 추진하려는 기업들에게 사회적 책임을 기업전략에 반영하는 방법을 지원하고 및 관련 이해관계자들과의 협력을 조 장하는 역할을 수행하는 비영리기업 협회이다. 샌프란시스코에 본부를 두고 수백여 회원사를 비롯한 세계적으로 천여 개의 기업에 서비스를 제공하고 있다(www.bsr.org).

▌ 지역사회 속의 기업(BITC: Business In The Community)

1982년 영국에서 설립된 BITC는 찰스 항태자가 총재를 맡고 있을 정도로 영국의 대표적인 CSR 지원 조직이다. BITC의 기업 회원들은 자신이 속한 지역사회 및 환경에 긍정적인 영향을 주고, 조직의 대내외적 문제 해결을 위해 노력하는 것을 사명으로 하고 있다(www.bitc.org.uk).

▌ 국제 기업과 사회 협회(IABS: International Association for Business And Society)

IABS는 기업과 사회 간의 관계에 대한 연구와 교육활동을 하는 학회이다. 대표적인 연구주제로는 CSR의 성과, CSR의 경향, 기업윤리, 환경경영 등이 있고 이와 관련된 연구를 수행하여 그 결과를 <Business & Society>라는 학술잡지에 발표하고 있다(www.iabs.net).

3. CSR관련 인증/지수

▌ 기업의 책임지수(CRI: Corporate Responsibility Index)

BITC에서 2002년 개발한 CRI지수는 기업들의 CSR 진척상황을 측정할 수 있는 도구로써 국제적으로 보급되고 있다. 시장, 직장, 지역사회 그리고 환경, 이렇게 네 분야에 대해 기업이 주는 영향을 측정하고 목표치와의 차이를 파악하여 개선활동을 실행하게끔 도와준다.

▌ MSCI KLD 400 사회지수

MSCI 400 사회지수는 사회책임투자 기업인 '킨더-리덴버그-도미니'에서 1990년 개발한 최초의 사회책임투자 지수이다. MSCI 400은 기업의 재무적 성과뿐 아니라 사회적/환경적 영향력을 고려하여 기업들의 평가하고 있다. 예를 들어, 담배, 무기업체 등은 배제하고 CSR, 윤리경영활동 등을 잘 수행한 기업은 우대하는 방식이다(www.msci.com).

▌다우존스 지속가능성 지수(DJSI: Dow Jones Sustainability Index)

DJSI는 1999년에 만들어진 사회책임투자 지수로 기업의 환경적/경제적/사회적 지속가능성을 평가하여 산업별로 가장 선도적인 기업을 선정하여 지수에 편입시킨다.

▌ISO 26000

ISO 26000은 국제표준화기구에서 제정하고 있는 CSR에 관한 국제 표준으로 2010년 11월 발효되었다. 기업뿐 아니라 정부, 시민 단체 등 여러 조직들의 CSR활동을 수행하고 지속적으로 개선해나가며 관련 보고서를 정기적으로 작성하는 등의 실천 기준을 제시하고 있다. 이러한 기준은 향후 선진국 기업들의 투자나 제품 구매의 가이드라인으로 이용될 가능성이 높다(www.iso.org/sr).

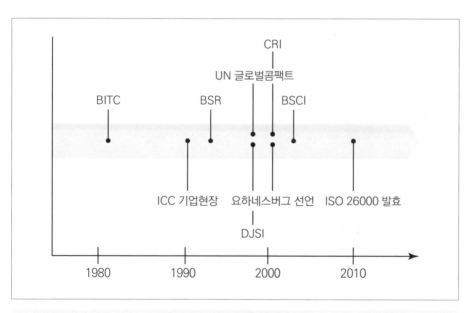

그림 11-4 국제 CSR활동 연표

> # 제3절 CSR의 발전

CSR에 대한 개념은 시대마다 달라지고, 보는 시각에 따라 다를 수 있지만, 사회가 발전하면서 CSR 자체에 대한 중요성이 따라서 커지고 CSR의 대상 범위도 증대되고 있는 것을 확인할 수 있다. 과거 수동적이었던 CSR활동도 좀 더 적극적인 형태로 발전해나가고 있는데, 그 대표적인 현상으로 사회적 책임투자와 사회적 기업의 증가를 들 수 있다.

사회적 책임투자

사회적 책임투자(SRI: Socially Responsible Investment)란 기업투자의 기준으로 재무적인 성과뿐 아니라, 기업의 사회적, 환경적, 윤리적 사항에 대한 성과도 함께 고려하는 투자 행태를 말한다(임정재 역, 2007). 1970년대 미국의 연기금을 중심으로 사회적 문제에 대응(예를 들어, 인종차별국인 남아공에 대한 투자 철회)하거나 종교조직에서 담배, 무기업체에 투자를 하지 않는 과정 중에 ·생겨나게 된 사회적 책임투자 현상은 이후 유럽으로 확산되면서, 사회적, 환경적 기준을 고려하는 투자방식으로 자리매김하였다. 이러한 현상은 아시아, 아프리카, 라틴아메리카를 포함하여 전 세계로 확산되었고, 기업의 지배구조 문제 개입, 사회적 책임투자지수 개발, 지역사회로의 투자 등의 다양한 방식으로 나타났다. 오늘날 SRI를 실행하는 구체적인 방법을 분류하면, 스크리닝, 주주행동, 커뮤니티 투자와 같은 세 가지 종류가 있을 수 있다(그림 11−5)(구계원 역, 2006).

- **스크리닝**(screening): 기업의 CSR활동을 고려하여 투자 대상을 선택한다. 담배, 무기와 같은 사회적으로 비난받는 산업에 속한 기업을 투자 대상에서 제외하는 네거티브 스크리닝과 사회적 책임을 충실히 수행하는 기업을 투자 대상에 포함시키는 포지티브 스크리닝 방식이 있다.
- **주주행동**(shareholder advocacy): 주주로서 투자한 기업의 CSR에 관한

사항에 대해 의견을 제안하고 결의한다. 주주제안, 의결권 행사 등 경영에 영향을 줄 수 있는 직접적인 방법을 통해 기업의 지속가능성을 높여 가치를 향상시키고자 하는 방식이다.

• **지역사회 투자**(community investment): 저소득 소외계층 커뮤니티의 발전을 위해 소액금융이나 벤처자본 등을 제공한다. SRI의 규모는 전 세계적으로 매년 증가하고 있는데, 미국은 2007년 기준으로 2조 7천억 달러 정도의 SRI 투자 규모를 보이고 있고, 이는 전체 미국 투자 시장의 약 9%에 해당하는 비중이며, 2005년의 2조 3천억 달러에서 17%이상 증가한 수치다. 이러한 국제적인 확산과 더불어 우리나라에서도 SRI시장 규모가 계속해서 커지고 있다. ESG, 즉 환경(environment), 사회(social), 지배구조(governance) 문제를 고려하는 SRI의 확산은 기업으로 하여금 재무적 요소뿐 아니라 ESG 요소를 경영활동에 반영하도록 하는 효과가 있다.

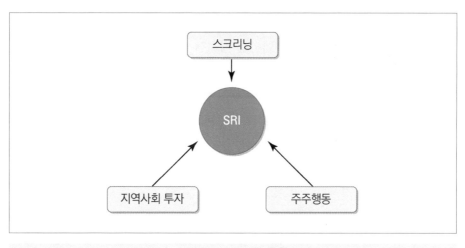

그림 11-5 SRI의 유형

사회적 기업

CSR의 확산은 기업 존재의 목적이 색다른 기업의 탄생에까지 영향을 미쳤는데, 즉 이윤추구라는 기업의 근원적인 목적이 아닌, 사회적 문제 해결이라는 목적을 갖는 기업이 생겨나기 시작했다. 일반적인 기업이 이윤을 추구하는 것에 반해, 취약계층에게 일자리나 사회서비스 등을 제공하는 사회적 목적을 추구하고 이를 위해 수익창출 등의 영업활동을 수행하는 조직을 사회적 기업(social enterprise)이라고 한다. 사회적 기업의 목적은 사회적 문제 해결이라는 사회적 이슈를 향하고 있지만, 수단 자체는 일반 기업들의 수익창출을 위한 영업활동을 이용하기 때문에 비영리조직과 영리기업의 중간 형태라고 볼 수 있다.

사회적 기업의 시작은 1983년 설립된 그라민 은행에서 찾을 수 있는데, 비슷한 시기에 유럽에서도 비영리단체들이 정부나 기업이 제공하지 못한 사회서비스를 지역주민에게 제공하는 활동을 시작하였고, 이러한 활동들은 1990년대 들어 법적 형식이 갖추면서 '사회적 협동조합', '사회적 목적회사', '사회적 창안 협동조합' 등의 형태로 만들어졌다. 이러한 조직들이 발전하여 오늘날 사회적 기업의 형태로 나타나고 있다. 우리나라에서도 2007년 '사회적 기업육성법'이 시행되면서 사회적 기업에 대한 인식 확산 및 공감대 형성에 많은 영향을 주었다. 정부에서는 사회적 기업을 인증하고 지원해주는 정책을 통해 사회적 기업을 육성하고 이를 통해 국가 전체의 복지 수준 향상을 도모하고 있다(장원봉, 2008).

우리나라에서 법으로 정한 사회적 기업의 인증 조건으로 첫째, 사회적 목적 실현에 부합해야 하는데 대표적으로 일자리와 사회서비스를 취약계층에게 제공하는지 여부를 고려한다. 또한 이윤 발생 시 3분의 2 이상을 사회적 목적을 위하여 사용하여야 하며, 서비스 수혜자, 근로자 등 이해관계자들이 참여하는 민주적 의사결정구조를 갖고 있어야 사회적 기업으로 인증받을 수 있다. 인증된 사회적 기업에 대해서는 경영지원, 시설비 지원, 조세감면, 공공기관의 우선구매 등의 혜택을 제공하는 것을 법으로 명시하고 있다. 하지만 이러한 정부주도의 사회적 기업지원은 정부의 복지분야에 대한 부담을 기업으로 떠넘긴다는 의견이 존재하기 때문에, 자발적인 사회적 기업 확산에 대한 전체 사회 구성원들의 지지가 요구된다.

제4절 공유가치창출(CSV: Creating Shared Value)

CSV의 개념

CSV는 2011년 Harvard Business Review에 발표된 마이클 포터와 마크 크레머의 "Creating Shared Value"라는 논문에서 처음 주창되었다. 자본주의가 심화될수록 빈부격차, 환경오염, 물질만능주의 등의 사회적 문제도 동시에 확대되는 것을 확인하였고, 이를 해결하기 위하여 자본주의를 수정하는 새로운 개념을 제시하였다. CSV의 개념은 자본주의의 핵심주체인 기업이 경영의 노하우를 사회적 문제를 해결하는 데도 적용하여, 기업뿐 아니라 모든 이해관계자의 가치 및 수익 창출을 함께 도모하고자 하는 것이다. CSV에서는 사회적 문제에 대하여 기업이 보다 적극적으로 책임을 지도록 사회적 책임의 의미가 재정립되었다. CSV의 개념을 도식화하면 그림 11-6과 같이 표현할 수 있다. 정리하면 CSV는 다음과 같이 정의될 수 있다. "기업이 사업을 하는 사회 안에서 경제적 그리고 사회적 조건들을 사회와 함께 성장시키면서 기업의 경쟁력도 향상시키는 정책과 운영 행위"(박흥수 외, 2014)

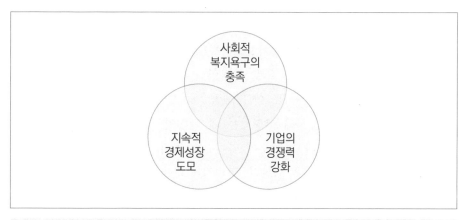

그림 11-6 CSV의 개념 도식화

한 가지 사례를 통해 CSV의 개념을 다시 설명할 수 있다. 어느 식품회사에서 영세한 농가로부터 식재료를 공급받고 있는데, 상생차원에서 공급받는 식재료의 가격을 올려주어 협력업체인 농가의 수익을 증대시킬 수 있다. 하지만 공유가치창출 관점에서는 보다 근본적인 가치창출에 초점을 맞춘다. 단지, 가격을 높게 쳐주는 것이 아니라 협력업체에 대한 사회적인 투자를 시행한다. 예를 들어, 농가에 새로운 경작 기술을 보급하여 농산품의 수확량과 품질을 향상시키고, 공급망을 개선하여 유통의 효율성을 증대시킨다. 이를 통해, 협력업체가 더 많은 이윤을 얻게 될 뿐 아니라 식품회사도 더 좋은 식재료를 안정적으로 공급받을 수 있는 이득이 창출된다. 초기에는 투자비용이 발생하지만 투자의 결과가 안정적인 궤도에 오르게 되면 투자수익 측면에서 해당 기업과 협력업체, 그리고 여러 이해관계자에게도 경제적 가치와 사회적 편익을 가져다줄 수 있다. 더 나아가서 기업은 이러한 전략적인 사회공헌을 구현하는 과정을 통해 기업역량이 강화되고 새로운 경쟁우위를 가질 수 있다.

CSV vs. CSR

CSV 이전에 기업의 사회적 책임은 기업활동을 통해 이윤이 발생한 경우, 이윤의 일부를 사회공헌활동에 사용하는 형식이었다면, CSV는 기업의 이윤창출활동 안에 사회적 가치창출활동도 포함하는 형식의 사회적 책임으로 볼 수 있다. 이번 장에서 주로 다루었던 CSR과 CSV의 차이도 이렇게 설명할 수 있다. CSV에서는 기업이 경제적 가치를 얻기 위한 고민을 할 때 사회적 가치의 창출을 동시에 고려하는 데 반하여, CSR에서는 기업의 경제적 가치창출을 우선 고민하고, 이후에 얻어진 수익의 일부를 사회적 가치창출에 지출하는 단계적인 방식을 취한다. 그리고 CSR에서는 사회적 가치창출을 위한 노력을 비용으로 인식하는 반면, CSV에서는 투자로 인식한다. 이러한 전략적 투자를 통해 사회와 기업의 공동가치가 증대되고, 이를 통해 기업의 경쟁력이 향상될 수 있는 기회로 본다. 전략적 투자로 인식되는 CSV활동에 비하여, 비용으로 인식되는 CSR활동은 예산 투입에 있어서 제한적일 수밖에 없다. 여러 면에서 CSV는 CSR보다 더 높은 수준의 기업의 사회적 책임구현 활동으로 여겨진다(박흥수 외, 2014).

표 11-1에서는 CSR와 CSV의 차이점을 여섯 가지 측면에서 정리하고 있다. 먼저 CSR에서는 기업의 목적이 주주의 이윤을 극대화한다는 전통적인 관점을 그대로 갖고 있는 데 반하여, CSV에서는 사회적 가치를 창출하는 것을 기업의 목적으로 설정한다. 경제적 이윤의 창출은 공유가치창출의 부수적인 결과로 여겨진다. 두 번째로, CSR활동은 주로 기업이 단독으로 수행하거나 협력 파트너에 도움을 얻지만, CSV에서는 동일한 가치사슬에 속해 있는 다양한 협력기관을 탐색을 하고 클러스터를 이루어 함께 사업을 수행해나간다. 세 번째로, CSR에서 중심이 되는 가치는 수행 주체기관이 중요시하는 가치에 한정되는 데 반해, CSV에서는 참여하고 있는 기관 간에 공유하는 사회적 가치가 중심이 된다. 공유가치가 먼저 탐색이 되고, 해당 공유가치를 함께 창출할 수 있는 기관들이 참여하기 때문에 모든 참여 기관이 가치를 창출하는 데 어려움이 없다. 네 번째로, CSR의 성과는 특정 회계연도에 배정된 예산을 모두 소모하려고 하기 때문에 주로 단기에 국한되지만, CSV의 성과는 전략적 판단에 따른 인프라 구축 등이 포함되기 때문에 장기적으로 측정된다. 마지막으로, CSR은 기업이 수익을 발생하는 활동과는 별개의 사회공헌 활동이기 때문에 사업과는 관련이 없다. 하지만, CSV는 사회적 가치창출과 더불어 경제적 수익을 창출할 수 있는 새로운 사업으로 인식된다.

▌표 11-1 CSR과 CSV의 차이점 비교

구분 기준	CSR	CSV
기업의 목적에 대한 인식	주주의 이윤극대화	사회적 가치의 창출
수행 주체	주로 단독 기업	네트워크 또는 클러스터 형태의 다양한 협력 기관
중심 가치	주체 기관의 가치	참여 기관 간의 공유가치
성과 기간	단기 또는 중기	장기
사업 기회	관련 없음	새로운 가치를 창출하는 사업

CSV 실행방안

포터와 크레머는 공유가치를 창출할 수 있는 세 가지 방안을 제시하였다. 첫 번째는 제품과 시장에 대한 개념을 새롭게 함으로써 가치를 창출하는 것이고, 두 번째는 가치사슬에서의 생산성을 새롭게 정의함으로써 가치를 창출하는 것이고, 마지막으로는 지역 기반 클러스터를 형성하여 가치를 창출하는 것이다. 각 방안에 대하여 아래에 자세히 설명한다(Porter and Kramer, 2011).

▌제품과 시장을 재인식

기업은 이제 기존의 시장과 사업만을 보는 시각에서 벗어나 안전한 환경, 건강한 음식, 자연보호 등의 다양한 사회적 니즈를 충족시킬 수 있는 새로운 제품과 시장을 만들 필요가 있다. 전통적으로 맛과 양에 초점을 둔 식품회사는 건강과 영양을 중시하는 고객의 니즈에 맞추어 새로운 제품과 시장을 만들 수 있다. 저소득층이나 빈곤층의 구매 여력에 맞춰진 제품을 새롭게 출시하는 것으로 새로운 시장을 만들 수 있다. 사회 구성원의 건강증진, 욕구충족이라는 사회적 가치를 창출하면서도 기업에게는 수익을 가져다줄 수 있는 이와 같은 노력이 공유가치창출의 한 가지 실행방법이다.

▌기업의 생산성을 재정의

기업과 관련 있는 여러 가지 사회적 문제들도 기업의 생산성을 산출하는 데 반영할 필요가 있다. 에너지의 사용, 직원의 건강, 작업자의 안전 등과 같은 사항에 문제가 발생하는 것을 비용으로 인식할 때 기업은 공유가치창출의 기회가 생긴다. 예를 들어, 기업이 직원 복지에 투자를 했을 때 사회는 구성원인 직원과 그 가족이 더 건강해짐으로써 혜택을 얻게 되고 기업은 해당 직원이 안정적으로 근무를 할 수 있게 되어 생산성의 손실을 최소화할 수 있다. 즉, 직원 복지를 향상시키는 것을 비용으로 보는 것이 아니라, 직원이 건강을 잃게 되는 사회적 문제를 비용으로 인식하고 해결하고자 노력함으로써 사회와 기업이 동시에 이익을 얻을 수 있는 결과를 가져오게 된다.

▌ 지역 기반 클러스터 형성

기업이 성공하기 위해서는 기업활동을 할 수 있는 환경이 구축되어 있어야 한다. 특히, 기업에 여러 자원을 공급할 수 있는 기관이 지리적으로 집중되어 있는 클러스터 형태라면 기업은 효율적인 운영이 용이해진다. 인적자원, 원자재, 부품 등을 같은 지역에 기반을 둔 교육기관, 협력업체, 공급업체 등으로부터 지원받을 수 있다면, 그렇지 않은 경우에 비하여 높은 생산성을 달성할 수 있다. 이렇게 형성된 클러스터에 속한 여러 기업들이 지리적인 이점으로 인해 경제적 이익을 가져갈 수 있을 뿐 아니라, 해당 클러스터가 위치한 지역사회도 인프라 확장으로 인한 이익을 얻을 수 있다. 지역 클러스터를 통해 기업과 사회가 공동으로 이익을 얻고 함께 발전해나갈 수 있는 기반이 조성된다.

Closing Case

4차 산업혁명 시대의 기술혁신을 통한 사회적 가치창출

1. 기술혁신을 통한 사회적 가치창출의 근거

첫 번째 이유로 4차 산업혁명과 같은 패러다임 대전환은 사회의 소외계층이나 저개발 국가가 경제적·사회적으로 도약할 수 있는 환경을 조성할 수 있다는 측면을 꼽을 수 있다. 일반적으로 혁신을 하기 위해서는 과감히 루틴을 탈피해 스스로를 파괴하는 과정을 거쳐야 하지만, 불확실성이 큰 상황에서 기존의 설비나 자산, 업무 프로세스 등을 모두 포기하는 것은 쉽지 않다. 선발주자의 불이익(First−mover disadvantage)이 생기는 이유도 이와 같은 맥락에서도 설명이 가능하다. 반면 사회적, 경제적, 기술적으로 뒤처져 있는 후발주자는, 과거 유산에 얽매이지 않을 수 있고 선발자가 겪었던 시행착오를 줄일 수 있으므로 보다 빠르게 기업이나 국가를 추격(Catch−up)하며 경제적·사회적·기술적 격차를 줄여나갈 수가 있다.

두 번째 이유는, 국가 간 물리적 경계가 사라지고 전 세계가 인터넷으로 연결된 초연결 사회에서 기업가(Entrepreneur)는 이전보다 쉽게 새로운 사업 기회를 찾아나설 수 있기 때문이다. 디지털의 복제 및 재생산이 용이한 특성으로 인해 혁신적인 아이디어만으로도 사회적 가치를 높일 수 있는 비즈니스 모델을 구상하고 이를 전 세계로 확장시킬 수 있다. 선진국에서 개발되어 검증된 비즈니스 모델이나 소규모로 파일럿으로 진행됐던 사업들 또한 어렵지 않게 다양한 지역에 적용할 수 있다는 점 또한 4차 산업혁명 시대의 새로운 기회요인으로도 볼 수 있다.

세 번째 이유는 4차 산업혁명의 피급효과가 특정 분야에 국한되어 있지 않고 제조, 헬스케어, 에너지 등 전 산업에 걸쳐 나타날 수 있다는 점이다. 부가가치창출의 원천이 제조설비와 같은 물리적 인프라에서 점차 데이터, 네트워크 등 무형자산으로 전환되면서, 물적 자본이 상대적으로 부족한 이들에게도 새로운 기회를 제공할 수 있는 유리한 조건이 될 수 있다.

마지막으로 4차 산업혁명의 기반 기술이 기존의 재화나 서비스와 접목되었을 때, 제품의 가격을 낮추고 서비스의 제공방식 또한 바꿀 수 있다는 점을 들 수 있다. 3차 산업혁명 시대를 이끌었던 컴퓨터와 인터넷 기술은 선진국의 전유물로 인식되고 사용돼왔으나, 4차 산업혁명 시대의 초연결 기술의 경우 적정 기술과 창의적으로 융합할 경우, 혁신적으로 사회문제를 해결할 수 있다. 실례로 농업분야에서 인공지능, 드론과 같은 기술은 최적화된 관개 및 살충제, 비료 사용, 조기경보시스템을 제공하면서 농업의 생산성을 획기적으로 향상시키는 데 중요한 역할을 하고 있다.

2. 사회적 가치창출이 가능한 4차 산업혁명 기반 기술

인공지능: 인공지능이 지닌 예측력, 통찰력, 실시간 대응력은 사회적 가치를 높이는 데 폭넓게 활용될 수 있다. 공공데이터와 인공지능을 접목할 경우 보건복지, 시민안전, 재난안전, 국토교통, 보건의료 등 사회 다방면에서 활용이 가능하고, 양질의 데이터와 애널리틱 기술의 결합으로

포용적 금융 모델을 만들 수 있다. 다만, 사회의 다양한 문제를 해결하기 위해서는 정확한 통계와 데이터 축적이 선행되어야 하고, 데이터 보안에 대한 가이드 라인과 인공지능 활용에 관한 윤리적 이슈에 대한 사회적 합의가 필요하다.

드론: 재난 지역에 대한 정보를 확보하고 신속하게 대응하는 것이 가능하고, 자연환경 및 육상·해상 생태계 보호하는 역할을 할 수 있다. 아동, 장애인, 치매 노인과 같은 사회적 약자의 실종 및 범죄예방에도 활용가능하고 통신 인프라가 열악한 지역이나 저개발국에 드론을 활용한 인터넷 서비스 공급이 가능하다. 하지만 조작의 실수나 결함으로 높은 곳에서 추락할 경우 안전사고 발생의 위험이 있고, 고해상도 카메라로 프라이버시 침해 위험이 있다.

블록체인: 블록체인의 투명하고 위변조가 불가능한 기술적 특성은 사회의 공정성과 신뢰성을 높이는 데 기여할 수 있다. 따라서 공급사슬의 주체들이 상생협력하고 책임·윤리 경영을 할 수 있는 방향으로 이끌 수 있다. 식품유통이나 헬스케어, 농업에 적용될 경우, 안전한 먹거리 및 의약품 공급이 가능하고, 공공부문에서의 부정부패, 횡령 등의 문제를 원천적으로 차단할 수 있다. 다만, 데이터에 대한 거버넌스 및 기술에 대한 안전성 문제에 대한 해결방안이 필요하고, IT 인프라가 부족한 개도국에서는 확산이 어렵다.

삼정 KPMG 경제연구원(2019.05.)

토의문제

01 기업의 사회적 책임에 대한 필요성/중요성을 뒷받침할 만한 국내외 사례를
    찾아보시오(교재에서 소개된 사례는 제외할 것).

02 기업의 사회적 책임에 관한 피라미드 모형에 대해 설명하시오.

03 CSR의 여러 주체와 각각의 역할에 대해 설명하시오.

04 사회공헌활동의 세 가지 모형에 대해 설명하고, 실제 사례를 각각 제시하시오.

05 UN 글로벌콤팩트에 가입한 국내기업을 조사하고, 해당 기업의 CSR활동
    내용을 정리하시오.

06 현재 운용 중인 국내 SRI펀드를 조사하고, 같은 기간 일반 펀드와의 수익
    률을 비교하시오.

07 국내외 사회적 기업의 설립 사례를 조사하고, 어떠한 사회적 문제 해결을
    목적으로 만들어진 기업인지 정리하시오.

08 공유가치창출(CSV)의 사례를 찾고, 해당 사례가 CSR과의 차이점이 무엇
    인지 정리하시오.

12

기업윤리

산업화 시대의 기업들은 경영활동에 대한 의사결정 시 윤리적인 측면에 대해 고려하는 것이 이윤창출에 도움이 되지 않는다고 인식되어 무시하는 경우가 많았다. 하지만 이윤추구에만 몰두한 과거 기업들의 정경유착, 비리, 부패행위와 같은 비윤리적 행태는 전체 사회에 많은 악영향을 주었고, 그에 따라 사회 구성원들의 투명한 기업경영에 대한 요구는 점점 증대되어왔다. 오늘날에는 어떤 기업의 가치를 평가하기 위해서 해당 기업의 윤리적 수준을 측정하는 것을 필수적인 요소로 인식하고 있다. 이번 장에서는 성공하는 기업의 필수 항목으로 인식되고 있는 기업윤리의 개념과 유형, 그리고 관련된 제도 등에 대하여 살펴본다.

삼성의 준법감시위 - 준법·윤리경영? vs. 총수 면죄부?

삼성이 외부에 설치하는 준법감시위원회는 준법·투명·윤리 등 3가지 경영방침을 구현하는 데 초점을 맞추게 된다. 준법감시위는 어느 계열사에도 속하지 않는 독립기구다. 삼성계열사의 준법감시 프로그램 운영과 위법행위를 감시하는 등의 역할을 맡는다. 경영상 위법사실에 대해 직접조사까지 할 수 있는 막강한 권한을 가진 준법감시위의 활동과 성과에 따라 재계 전반에 경영관행이 쇄신되는 계기가 될지 주목된다.

삼성 준법감시위원회위원장을 맡은 김지형 전 대법관(법무법인 지평 대표변호사)은 9일 오전 서울 서대문구 법무법인 지평에서 열린 기자간담회에서 "삼성의 개입을 완전히 배제하고 독립성과 자율성을 생명으로 삼겠다"며 "삼성의 준법·윤리경영에 대한 파수꾼 역할을 하는 데 모든 역량을 집중하겠다"고 밝혔다.

김 위원장은 이를 위해 삼성 내부인물의 참여를 최소화하고 최대한 외부인물로 준법감시위를 꾸렸다. 위원장을 포함한 7명의 위원 중 외부 6명, 내부 1명이다. 준법감시위는 뇌물수수나 부정청탁 등 부패행위 분야뿐만 아니라 노동조합문제나 승계문제 등 성역 없이 법위반 여부를 들여다볼 계획이다. 법위반 위험요인을 인지하게 될 경우 적절한 방식으로 조사 및 보고를 시행하고 재발방지 방안도 마련한다. 김 위원장은 "준법경영은 삼성을 넘어 중요한 사회적 의제"라며 "삼성의 변화는 기업전반의 변화로 이어질 것"이라고 강조했다.

반면에, 삼성 준법감시위가 이재용 삼성전자 부회장의 재판에서 면죄부로 쓰일 수 있다며 위원회를 해체하라는 시민단체의 목소리도 있다. 경제정의실천시민연합은 18일 서울 종로구 경실련에서 기자회견을 열고 "삼성은 '법·경유착'으로 급조한 준법감시위원회를 해체"해야 한다고 주장했다. 삼성준법감시위는 박근혜 전 대통령과 최순실 씨(개명 후 최서원)에게 뇌물을 준 혐의를 받는 이재용 삼성전자 부회장의 파기환송심재판부가 준법경영강화를 요구한 것을 계기로 만들어졌다.

경실련은 "파기환송심재판부는 1차공판에서 준법감시위원회가 재판결과와 무관하다고 했지만, 4차 공판에서 삼성이 준법감시위원회를 설치하자 이를 이 부회장의 양형심리와 연계하겠다고 번복했다"고 밝혔다. 이어 "노골적으로 이 부회장 봐주기 재판으로 변질하고 있는 것"이라고 밝혔다.

경실련은 "준법감시위원회의 모델인 미국준법감시위원회는 개인이 아닌 '법인(회사)'에 대한 양형을 고려하고 범행 당시 준법제도를 운영하고 있을 경우 회사의 과실점수를 고려하고 있는 점 등으로 볼 때, 이 부회장 파기환송심에 적용할 수 없는 제도"라고 밝혔다. 또 "실질적인 경영인이 아닌 외부위원들이 경영의 핵심적인 사안을 파악하기 불가능하기 때문에 실효성을 가질 수 있는지도 의심스럽다"고 주장했다.

경실련은 파기환송심재판부를 향해서도 "준법감시위원회 설치를 명분으로 재벌총수구명에 나선다는 불명예스러운 의혹을 해소하기 위해서라도 재판부는 이 부회장의 범죄 실체를 엄정히 규명하고, 합당한 책임을 묻는 판결을 내려 사법 정의를 세워야 한다"고 밝혔다.

준법감시위에 대한 비판은 줄곧 이어져왔다. 민주노총과 한국노총, 여당의원 등은 "재판부가 준법감시위원회를 명분으로 이 부회장 구명에 나선다면 또 다른 사법농단과 법·경유착의 시작"

이라며 "부회장 범죄에 대한 양형심리에 준법감시위원회가 결코 영향을 줘서는 안 된다"고 밝힌 바 있다.

문화일보(2020.01.09.) 경향신문(2020.02.18.)

기업윤리

제1절   기업윤리의 개념

윤리와 기업윤리

윤리(ethics, morality)는 무엇이 옳고 그른지를 판단하기 위한 규범의 집합으로 정의된다(정재영 외, 2006). 어느 누구나 일상생활에서 접하는 여러 문제에 대한 행동의 기준으로 윤리적인 면을 고려하고 있다. 마찬가지로 어느 기업이나 경영활동에 대한 의사결정 시 도덕적 측면에 대한 기준이 필요하기 때문에 기업윤리가 존재한다. 일반적인 윤리와 마찬가지로 기업윤리는 기업 영역에서 발생할 수 있는 행동이나 사례의 선악(善惡) 또는 정오(正誤)에 대한 기준으로 설명된다(Carroll, 2003). 보편적인 윤리 기준에서 인권을 보호하고 타인에게 해를 끼치지 않고 더 나아가 도움을 주는 행동 등이 옳은 것으로 인식되듯이, 기업윤리에서는 기업의 이해관계자와 기업이 속한 사회에 이익은 주고 피해는 주지 않도록 하는 기업의 행동을 옳은 것으로 판단한다.

기업윤리에 대한 수준은 기업이 속한 환경에 따라 가변적이지만 시간이 흐를수록 기업의 윤리 수준도 높아지는 경향을 보여왔다. 오늘날 기업들의 윤리 수준은 과거의 윤리 수준보다 많은 향상을 이루었지만, 사회가 기업에 기대하는 윤리 수준 또한 더 많은 증가를 이루었기 때문에 그 차이에 의해 많은 윤리적 이슈가 생겨나게 된다. 기업윤리에 대한 또 다른 특징은 법과 달리 강제성이 없다는 것이다. 윤리적 기준은 어떤 수준에서는 암묵적일 수밖에 없는 특성을 갖고 있기 때문에 그 기준이 법처럼 명확하지 않고, 이러한 특성으로 어떤 윤리적 기준으로 모든 기업에 동일하게 선한 활동만을 강요하는 강제력을 행사할 근거가 없다.

　기업은 경영에 대한 의사결정 시 기본적으로 경제적/법적 측면과 더불어 기업윤리적인 측면을 동시에 고려한다. 즉, 의사결정을 통한 기업의 행동이 경제적/법적/윤리적 책임을 모두 또는 일부를 만족시키는지 확인한다. 물론 세 가지 책임을 모두 충족하는 행동이라면 문제없이 추진할 수 있다. 경제적/법적 책임만 만족시킨다면, 윤리적 이슈가 제기될 가능성이 있기 때문에 신중한 접근이 필요하다. 일반적으로 윤리적이라면 법적으로 문제가 없는 것이 대부분이지만, 기업활동이 경제적/윤리적 책임만을 충족하는 경우에 해당한다면 신중한 접근이 필요하다. 마지막으로 법적/윤리적 요건을 충족하지만 경제적이지 않은 활동이라면, 기업보다 공공기관에 적합한 활동으로 볼 수 있고 기업에는 권장되지 않는 활동이다(그림 12-1).

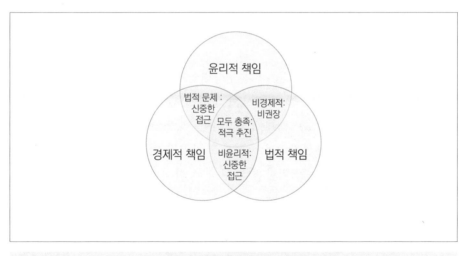

그림 12-1 윤리적 의사결정

기업윤리의 필요성

기업윤리의 개념은 과거부터 존재하고 있었지만, 최근 들어 더 높은 기업윤리 수준을 요구하는 기업환경의 변화로 그 필요성이 증대되고 있다. 기업윤리의 필요성을 증대시킨 국내외 여러 가지 환경변화요인들을 다음과 같이 정리할 수 있다(이종영, 2007).

▌비윤리적 행위로 인한 손실

비윤리적 기업활동이 소비자에게 피해를 끼치는 결과로 나타나는 경우, 그 결과는 부메랑이 되어 해당 기업에 막대한 손실을 입히게 된다. 제품 교환, 회수 또는 피해 보상으로 인한 경제적 손실뿐 아니라, 기업의 명성에도 큰 상처를 주어 기업의 존립까지 영향을 미치곤 한다. 현재 많은 기업들은 이러한 손실을 예방하기 위해 기업윤리의 수준 향상에 노력을 기울이고, 문제 발생 시 자발적 리콜 등과 같은 적극적인 대응으로 윤리적 문제에 대한 해결 의지를 보이고 있다.

▌사회 수준의 향상

사회의 경제적인 발전은 사회 구성원들의 가치관에도 영향을 주어, 먹고사는 문제에서 벗어나 잘 먹고사는 문제에 관심을 기울이게 되었다. 많은 사람들이 소비자로서 올바르게 만들어지는 제품/서비스를 기업으로부터 제공받기를 기대하고, 생산자로서 공정하고 안정된 환경에서 일하는 것을 원한다. 삶의 질을 중시하는 이러한 변화는 결국 사회가 기업에 기대하는 기업윤리 수준을 향상시키는 데 영향을 주었고, 기업 역시 사회의 기대 수준에 부응하기 위해 기업윤리 수준을 높여왔다. 또한 사회 수준 향상과 더불어 강화된 시민/소비자 단체의 기업에 대한 모니터링/감시 활동 등이 기업의 윤리수준을 높일 수밖에 없는 큰 압력으로 작용하였다.

▌관련 법/협정 확대

과거에는 윤리적 의무였던 사항이 현재에는 법적 의무로 변할 정도로 많은 국가에서 기업윤리 관련 규정의 제정이 확대되고 있다. 가장 선도적인 역할을 한 미국은 1970년대에 이미 '정부윤리법'을 제정하였고, 1990년대에는 '내부비리 고발자 보호법', '기업윤리 원칙 모델' 등을 만들어 기업윤리 강화에 나섰다. 이러한 노력이 국제사회에 영향을 주어 나타난 가장 대표적인 결과가 이른바 '부패라운드'를 통해 1999년 2월 OECD에서 제정한 '외국공무원 뇌물방지협정'이다. 외국에서의 뇌물행위도 국내법으로 처벌할 수 있게 한 협정으로 해외에 진출한 많은 기업들의 윤리 수준 향상에 직접적인 영향을 주었다. 그 밖에 UN, WTO, 국제투명성위원회와 같은 국제기구의 '국제상거래 시 부패와 뇌물에 관한 선언', '정부조달 투명성 협정', '국가별 청렴도 발표' 등 공정사회를 만들려는 노력이 기업들에게 큰 자극이 되고 있다(박재린, 2003). 국내에서는 2016년 도입된 부정청탁방지법이 국내기업들의 윤리 수준을 증대시키는 강력한 요인으로 작용하고 있다.

위와 같은 환경변화요인은 기업윤리 수준 향상에 많은 영향을 주었지만, 기업의 활동은 본질적으로 비윤리적인 행위를 할 수밖에 없는 상황에 많이 노출되어 있다. 즉, 기업 간 경쟁에서 이기기 위해 또는 성과를 도출하기 위해 관련 직원들은 비윤리적 방법을 쉽게 사용할 수 있으며, 조직에 만연한 관행이나 편의주의 등을 개인이 뒤집기란 매우 어려운 일이다(하틀리, 2005). 이러한 특징을 갖는 기업활동에 대해 기업윤리의 수준을 향상시키기 위한 노력뿐 아니라 기업윤리의 수준을 유지하기 위한 관리의 필요성도 증대되고 있다.

기업윤리의 수준

기업윤리의 수준을 발전 단계별로 분류하면 제11장에서 소개된 'CSR의 피라미드 모형'으로도 설명이 될 수 있지만, 윤리적 요인을 좀 더 고려하여 분류하면, 레이덴바흐와 로빈(Reidenbach & Robin, 1991)이 제시한 다섯 단계의 기업조직 윤리 수준 분류방법이 있다(그림 12-2).

단계 5	윤리	• 윤리 우선
단계 4	윤리 태동	• 윤리 이익 균형
단계 3	대응	• 윤리 인식 / 이익 우선
단계 2	준법	• 법만 준수
단계 1	무도덕	• 이익만 추구

그림 12-2 기업윤리 발달 모형

• 단계 1: 무도덕. 기업의 소유주와 경영자만을 이해관계자로 인식하고, 이익을 얻을 수만 있다면, 어떠한 비윤리적인 행위에 대한 대가도 감수한다.

• 단계 2: 준법. 법을 준수하는 것만으로 윤리적 책임을 다한 것으로 인식하고, 더 높은 수준의 윤리적 책임에 대해 고려하지 않는다.

• 단계 3: 대응. 기업이 사회적 책임에 대하여 고려하고, 지역사회에 대한 공헌활동 등을 통해 기업 이미지 제고에 노력한다.

• 단계 4: 윤리관 태동. 기업의 이익과 윤리의 균형을 맞추려고 노력한다. 기업이념, 윤리강령, 윤리위원회와 같이 기업윤리를 실현할 수 있는 프로그램을 보유한다.

• 단계 5: 윤리. 명확한 윤리원칙을 보유하고, 전체 구성원들이 해당 윤리원칙을 최우선 기준으로 행동한다. 기업의 모든 문제에 있어서 윤리적 측면을 우선 고려한다.

단계별로 기업윤리의 수준은 높아져서 다섯 번째 단계인 '윤리단계' 혹은 '윤리선진단계'가 기업이 오를 수 있는 가장 높은 기업윤리 수준이 된다. 레이덴바흐와 로빈의 연구에서도 '윤리단계'에 있는 실제 기업 사례를 찾지 못했을 정도로 기업 입장에서는 다다르기 어려운 수준이다.

기업윤리의 수준에 대한 또 다른 분류를 설명하기 위해 먼저 '윤리경영'

이란 용어에 대해 소개한다. 기업윤리가 현황을 설명하는 정태적인 개념인데 반해, 윤리경영은 기업의 실제 활동으로 나타나는 동태적인 개념으로 '기업의 지속가능한 발전을 위해 경영정책결정에 윤리적 요소를 포함시키는 경영방식'으로 정의된다(이종영 2007). 윤리경영을 추구하는 기업은 높은 윤리 수준, 즉 앞서 소개된 5단계 모형에서 최소 단계 3 이상의 기업윤리 수준을 보유하고 있는 기업으로 볼 수 있다. 이와 같이 기업윤리 측면에서 경영방식을 분류하면 윤리경영, 부도덕 경영, 무도덕 경영 이렇게 세 가지로 분류된다(Carroll, 2003).

- **부도덕 경영**: 이윤추구를 위해 수단을 가리지 않는 경영방식으로 윤리뿐 아니라 법까지 기업경영의 장애요소로 인식한다. 따라서 기업경영의 의사결정이나 행동 시 윤리적 책임을 배척하고 경제적 책임 달성만을 목표로 삼는다.
- **무도덕 경영**: 경영활동과 윤리를 독립적으로 고려하는 경영방식으로, 법규 준수하에 이윤추구를 목표로 삼는다. 즉, 기업활동이 경제적이고 합법적이라면, 윤리적이든 비윤리적이든 상관하지 않는 경영방식이다.
- **윤리경영**: 법과 윤리 기준을 모두 고려하는 경영방식으로, 앞서 설명했듯이 기업윤리 수준이 높은 기업, 즉 기업의 의사결정 시 윤리적 책임까지 고려하는 기업의 경영방식이다. 윤리경영에서 법은 기업활동의 최소한의 기준으로 인식된다.

윤리적 의사결정 모형

기업이 높은 수준의 윤리경영을 실천하기 위해서는 결국 조직에 속한 개개인이 본인이 권한과 책임을 갖는 의사결정을 할 때 윤리적인 기준에 맞는 선택을 하는 것이 기본 사항이다. 윤리적 의사결정을 하기 위해서 조직에서 정해놓은 가이드라인 등을 순수하는 것노 방법이시만, 나음에 소개뇌는 윤리적 의사결정 절차를 활용하여 도움을 받을 수 있다(강보현, 2018).

① **의사결정에 필요한 객관적인 사실을 파악**: 윤리적 이슈는 종종 복잡하기

때문에 쉽게 판단이 어렵고, 감정적으로 판단되는 요소가 많아서 완전한 이해가 쉽지 않다. 따라서, 책임 있는 의사결정을 위해서는 우선 상황에 대한 사실을 명확하게 파악하는 것이 필요하다.

② **의사결정에 있어서 윤리적 쟁점 사항을 확인**: 다음으로는 현재 상황에서 윤리적인 쟁점이 무엇인지 파악할 필요가 있다. 특정 사안에 대해 윤리적이냐 비윤리적이냐에 대한 판단은 사람마다 다른 경우가 많다. 무엇이 윤리적으로 문제가 되는지를 정확히 파악하여 정리해야 한다.

③ **의사결정과 관련된 이해관계자를 파악**: 다음으로 현재 윤리적 이슈가 누구에게 어떠한 영향을 끼치게 되는지 확인한다. 의사결정에 의해 혜택을 입거나 피해를 입게 되는 이해관계자가 누구인지 파악하여 정리할 필요가 있다.

④ **선택가능한 대안을 최대한 도출**: 다음으로 여러 가지 선택 대안을 나열하고, 각 대안마다 의사결정에 의해 영향을 받는 이해관계자들의 이득 또는 손해의 크기를 정량화해본다. 최대한 다양한 선택 대안을 도출하여 이해관계자들이 얻게 되는 이득은 최대화하고, 보게 되는 손해는 최소화하는 대안을 선정할 수 있도록 한다.

⑤ **의사결정에 대한 객관적인 판단을 예상**: 최종 의사결정에 다다랐다면, 제3자의 입장에서 신문 테스트를 해본다. 해당 결정이 신문 1면에 실린 것을 가정하고 다른 사람들의 반응을 예상해봄으로써, 해당 의사결정이 투명하게 결정되고 공개적으로도 지지받을 만한 결정인지 확인할 수 있다.

⑥ **최종 의사결정으로 인한 결과를 확인**: 최종 의사결정을 하면 그 결정에 의해 일어나는 결과를 살펴보고, 그 결과로부터 얻을 수 있는 교훈을 찾아본다. 이렇게 얻은 교훈은 위와 같은 윤리적 의사결정을 지속적으로 개선시킬 수 있는 근거가 된다.

기업윤리의 실천 및 성과

기업윤리 수준을 높이거나 윤리경영을 실행하고자 하는 기업의 궁극적인 목적은 기업의 이미지 제고와 고객 충성도의 향상을 통해 기업의 지속가능성을 높이는 것이다. Lee and Yoshihara(1997)의 연구에서는 기업의 윤리적인 행동이 기업 외부적으로는 이미지 향상 → 고객 충성도 향상 → 판매 증가를 유발하고, 내부적으로는 종업원의 자부심을 향상시켜 작업능률과 품질의 향상을 유발하는 과정을 통해 최종적으로 장기적인 이익을 창출한다고 설명하였다(그림 12-3). 이러한 기대처럼 기업윤리를 통해 기업이 달성할 수 있는 성과를 재무적/조직적/사회적 측면에서 분류할 수 있다(유성은, 2007).

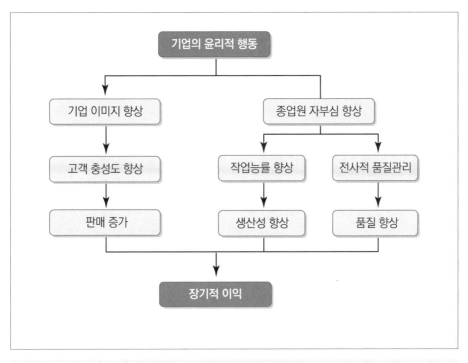

그림 12 3 기업윤리와 경영이익

▎재무적 성과

2004년도 전경련의 조사에 따르면, 윤리강령을 제정하고 윤리경영 전담 부서를 설치한 기업일수록 그렇지 않은 기업에 비해, 주가상승률 및 매출액 영업이익률 측면에서 높은 성과를 보임을 확인하였다. 또한 이러한 기업일수록 외국인 지분이 높은 것으로 조사되는 등 윤리경영 실천을 잘하는 기업이 시장에서도 기업가치를 높게 인정받는 것으로 나타났다. 그밖에 건전하고 공정한 경영활동이 기업의 재무제표에 긍정적인 영향을 미친다는 연구결과도 찾을 수 있다. 역으로도 재무성과가 좋기 때문에 사회공헌을 많이 한다는, 즉 여유자원으로 기부한다는 이론도 존재한다.

▎조직적 성과

기업의 조직적 성과는 직원들이 얼마나 직무에 몰입하고, 만족하는지로 나타낼 수 있는데, 직무 수행에 있어서 사회적 규범을 준수하고 개인적 윤리 기준이 강조될수록 직무 몰입도와 만족도가 높아진다는 연구결과를 찾을 수 있다.

▎사회적 성과

근래 들어 기업의 사회적 성과(CSP: Corporate Social Performance)는 재무적 성과와 더불어 기업가치 평가 시 필수적인 항목으로 인식되어, 여러 기관에서 사회공헌, 명성, 고객만족 등 다양한 요인을 고려하여 측정하고 있다. 미국의 CEP(Council on Economic Priorities)에서는 환경, 여성 채용, 소수 민족 채용, 기부, 노동환경, 직원복지, 정보공시 등의 사회 환경적 측면을 고려하여 기업을 평가하고, 그 결과를 발표한다. 우리나라의 경우, 경실련에서 기업활동의 건전성/공정성, 사회봉사, 소비자/환경 보호, 종업원 만족 등의 요인을 고려한 경제정의지수를 통해 '경제정의기업상'을 시상하고 있다. 이러한 평가결과는 결국, 기업 이미지를 제고시켜 매출이 증대되거나 사회적 투자 대상 기업으로 선정되는 등의 재무적 성과로 이어질 수 있다.

제2절   경영부문별 기업윤리

기업윤리는 경영활동의 일부분에만 적용되는 것이 아니라, 모든 경영부문에서 기업윤리를 고려하여 의사결정을 해야 하는 상황이 발생된다. 본 절에서는 경영의 각 기능별로 어떠한 원인에 의해 윤리문제가 발생하고 그러한 문제의 해결을 위해 어떤 노력을 하고 있는지 살펴본다.

기업윤리와 회계

기업의 회계부문에서는 기업의 재무성과를 대차대조표나 손익계산서와 같은 재무제표에 기록 정리하는 역할을 수행한다. 이러한 재무제표는 기업 내부에서만 사용하는 것이 아니라 주주, 정부, 관련 단체 등 관심이 있는 이해관계자라면 재무제표로부터 해당 기업의 정보를 얻을 수 있다. 기업은 재무제표를 당연히 기업의 성과대로 정직하게 작성하여야 하나, 회계 처리 시 비윤리적이거나 부정한 기록을 통해 경제적인 이득을 취할 수 있는 상황에 쉽게 노출된다(이종영, 2007).

- 실제 이익보다 줄여서 기록하면, 세금을 탈루할 수 있다.
- 실제보다 재무성과를 부풀려 은행대출을 쉽게 받거나 주식가격 상승에 영향을 줄 수 있다.
- 어떤 기업의 회계 용역을 받은 회계사는 해당 기업으로부터 보수를 받은 사람이기 때문에, 객관적이지 못하고 고객의 목적에 맞게 업무를 수행할 가능성이 항상 존재한다. 전형적인 이해관계의 충돌(conflict of interest) 상황으로 볼 수 있다.

이와 같이 회계부문은 법적/윤리적 채무를 저버릴 수 있는 상황에 항상 노출되어 있기 때문에 많은 기업들이 회계윤리 교육을 강화하고 있다. 회계 부정행위를 한다면 기업의 공신력에 중대한 문제가 발생하고 해당 기업의

이해관계자들에게 손실을 입힐 수 있기 때문에 사회적으로도 여러 가지 제
도적 장치를 통해 재무제표의 투명성 확보 노력을 하고 있다(이종영, 2007).

- 미국에서 2002년 공포된 회계개혁법(The Sarbanes-Oxley Act 2002)은
  회계법인과 재무책임자의 부정감사 및 허위 재무제표 작성에 대해 대
  폭 강화된 벌금/징역형을 명시하고 있다.
- 우리나라에서 2007년부터 시행 중인 증권집단소송제를 통해, 기업의
  분식회계나 허위공시와 같은 행위로 인해 한 주주가 손실을 입었을 경
  우, 해당 기업을 상대로 소송을 제기하여 승소 시, 해당 주주뿐 아니라
  같은 조건에 있는 다른 주주들도 배상을 받게 된다.
- IMF사태를 계기로 증가한 외국 자본의 기본적인 투자 조건은 국내기
  업의 회계 투명성이었고, 투명성을 확보하기 위해 결합재무제표 제도
  의 도입, 기업회계 기준의 개선, 회계사 배당수임제 도입 등의 개선 조
  치가 이루어졌다.

- 결합재무제표: 특정인에 의해 지배 중인 두 개 이상의 회사 간 내부거래를 제거한 후
  개별재무제표를 수평으로 결합한 재무제표
- 배당수임제: 공인회계사협회가 객관적이고 공정하게 선정한 회계사를 감사 대상 회
  사에 배정하는 방식

기업윤리와 재무관리

재무관리의 기능을 두 가지로 분류하면 기업의 자본을 조달하는 것과
보유한 자본을 운용하는 것이다. 기본적으로 자본비용은 낮추고 투자가치는
높이는 방향으로 두 기능을 수행하는 것이 맞지만, 이윤추구에만 매달리다
보면 비윤리적 행위를 쉽게 할 수 있다.

- 자본조달을 위한 기업공개를 하기 전에 기업의 규모에 비해 무리한 증
  자를 한다면 그 차액만큼 이익을 취할 수 있다.
- 기업공개 시 주식 가격을 기업의 가치보다 부풀려서 결정하면 그만큼

추가 이익을 취할 수 있다.

- 기업의 투자에 대한 내부정보를 이용하여 개인의 투자 결정에 이용한 다면 부당이익을 쉽게 얻을 수 있다.
- 기업의 소유주가 경영에 참여하여 자본운용에 영향을 미치는 경우, 소유주의 사적인 관심 사항과 관련된 사업에 투자하거나 가족과 같이 소유주와 친분이 있는 사람들에게 이득이 생기는 방향으로 투자 결정을 한다면, 소유주 자신만의 이익을 취할 수 있다.

위와 같은 행위는 법적으로 문제가 없는 경우가 많고, 정도에 따라 옳고 그름을 판단하는 것이 쉽지 않다. 하지만 위와 같은 행위로 인해 기업의 이해관계자들, 즉 사회, 소비자, 주주 등에게 피해를 입히게 된다면, 법적 잘잘못을 떠나 분명히 윤리적으로 문제가 있는 행위로 볼 수 있다. 이와 같은 행위를 사전에 예방하기 위한 여러 가지 노력이 꾸준히 진행되고 있다.

- 우리나라는 1998년부터 상장회사의 이사 중 4분의 1은 사외이사로 구성하도록 하는 사외이사제도가 시행되고 있다. 사외이사는 당연히 해당 회사의 소유주와는 이해관계가 없는 사람이어야 한다.
- 2005년부터 개정된 증권거래법에 의해, 공시서류에 대해 CEO/CFO의 인증을 의무화하고, 허위 시에 책임을 지울 수 있는 장치를 마련하였다.
- OECD에서는 1999년에 '기업지배구조 원칙'을 채택하여, 소액주주 및 외국인 주주의 권리보호, 정확한 기업정보 공시 등과 같은 지배구조 개선을 위한 국제적 기준을 마련하였다.

기업윤리와 마케팅

마케팅 부문의 핵심적인 내용은 이른바 4P(Product, Price, Place, Promotion)로 요약될 수 있다. 마케팅에서의 윤리적 기준 및 문제를 가 내용별로, 즉 제품, 가격, 유통, 판촉에 대해 분류한다(이종영, 2007).

- **제품**(product): 기업이 생산한 제품은 기본적으로 안전하고 결함이 없

어야 하고, 더 나아가 모조된 것이어도 안 되고, 구매자의 육체/정신 건강에 악영향을 주거나 환경오염을 일으키는 것이어도 안 된다. 하지만 제품의 결함을 숨기거나 모방 제품을 만들거나 인체에 유해한 재료를 사용하는 등의 위법/비윤리적 제품 생산을 통해 이윤을 취하는 기업들이 존재한다.

• **가격**(price): 제품이나 서비스의 가격은 첫째, 해당 가치에 비례해서 결정되어야 하고, 둘째, 고객에 따라서 가격이 달라서는 안 된다. 하지만 이러한 기준과 무관하게 많은 기업들이 덤핑을 통해 경쟁사를 압박하거나, 독점적 지위를 이용해 가격을 인상하거나, 가격담합 등을 통해 이익을 취득하고 있다.

• **유통**(place): 일반적인 제품의 유통경로는 '생산자 → 도매상 → 소매상 → 소비자'의 형태를 갖는데, 제품에 따라 경로상의 두 인접 주체 간에는 지위의 차이가 생긴다. 기본적으로 이러한 지위를 이용하여 상대방에게 해를 입혀서는 안 되지만 끼워팔기를 하거나, 판매목표를 강요하거나, 인력파견을 강요하는 등의 불공정행위가 발생한다.

• **판촉**(promotion): 판촉의 대표적인 수단인 광고를 통해 소비자를 설득하고자 할 때, 상품에 대해 과장과 미화는 윤리적 이슈를 발생시킨다. 더 나아가 허위 내용을 전달하는 경우에는 법적인 제재를 받을 수 있다.

이와 같이 마케팅 부문의 모든 활동은 윤리적인 이슈를 항상 포함하고 있으나 비윤리적인 마케팅이 더 많은 이익을 가져올 수도 있기 때문에, 심지어 '노이즈 마케팅'과 같은 방법을 사용하는 기업도 존재한다. 우리나라에서는 독점규제 및 공정거래에 관한 법률(공정거래법)을 통해 공정거래제도를 시행하고 있다. 이 법은 사업자의 시장지배적 지위의 남용과 과도한 경제력의 집중을 방지하고, 부당한 공동행위 및 불공정거래행위를 규제하여 공정하고 자유로운 경쟁을 촉진함으로써 창의적인 기업활동을 조장하고 소비자를 보호함과 아울러 국민경제의 균형 있는 발전을 도모함을 목적으로 한다(동법 제1조).

기업윤리와 인적자원관리

기업경영에 필요한 인적자원을 조달하고 관리하는 기능을 담당하는 인사부문에서는, 기업이 종업원의 권리를 보장하는 정도에 따라서, 그리고 종업원이 기업에 대한 의무를 수행하는 정도에 따라 윤리적인 이슈가 발생할 수 있다(이종영, 2007).

- 기업은 비정규직 직원을 정규직 직원으로 전환시키지 않기 위해, 업무 수행에 문제가 없는 비정규직 직원을 계약 만료와 동시에 해고하기도 한다.
- 제조/영업 현장에 필요한 안전설비를 부족하게 보유하는 경우, 비용을 절감할 수 있지만 안전사고에 대한 위험을 증가시킨다.
- 보안을 목적으로 설치한 제조/영업 현장의 CCTV가 직원 감시 또는 사생활 침해의 수단으로 사용될 수 있다.
- 보호해야 할 회사의 영업비밀 또는 내부정보를 이용하여, 직원 개인의 이익을 취할 수 있다.

최근 들어 높아지고 있는 사회적 책임에 대한 요구는 윤리적인 인사관리에 대한 표준 또는 법의 제정을 이끌었다.

- 민간기구 '사회적 책임 국제연대(Social Accountability International)'에서 제정한 'SA 8000'은 2002년 개정과정을 거쳐, 많은 다국적 기업의 윤리적 작업환경에 대한 인증도구로 사용되고 있다. SA 8000은 작업환경에 관한 국제표준을 담고 있는데 아동노동, 강제노동과 같은 행위를 금지하고 있다.
- 2001년 제정된 부패방지법에서는 특정인이 조직내부에서 발생하는 비리와 부패행위를 목격하고 이에 대하여 항의, 신고, 제보, 보고하는 경우 이들이 불이익을 입지 않도록 보호하는 내부공익신고자(whistleblower) 보호제도가 포함되어 있다.

기타 부문에서의 기업윤리

앞서 소개된 경영기능 부문 이외에 생산운영/정보관리/국제경영과 같은
분야에서도 윤리적인 문제는 어렵지 않게 찾아볼 수 있다.

- 제조기업에서는 부품 공급업체에게 무리한 납품단가를 요구하거나 대
금지급 시기를 늦추거나 하여 공급업체에 손실을 끼치면서 이익을 취
할 수 있다.
- 지적재산권이 있는 저작물은 일반적으로 디지털 미디어를 통해 복사
와 유출이 쉽게 되므로, 기업에서 정당한 비용을 들이지 않고 위법한
경로로 취득할 수 있다.
- 외국에 진출한 기업이 예고 없이 사업을 철수하여, 현지 종업원 및 지
역사회에 큰 손실을 끼칠 수 있다.

위와 같은 분야에서도 윤리적 수준의 향상을 위한 노력이 진행되고 있
는데, 관련법의 제정을 통해 기업의 의무를 강화하거나 국제적 협의를 통한
표준/지침 제정 등의 형태로 그 노력의 결과가 나타난다.

- 선진국에서는 제품결함에 대한 보상을 명시한 제조물책임제도가 1960
년대부터 시작되었고, 우리나라에서도 2002년에 제조물책임법이 시행
되어 제품결함으로 소비자가 피해를 입은 경우, 피해보상을 청구할 수
있는 법적 바탕이 마련되었다.
- 우리나라의 정보통신윤리위원회(현 방송통신심의위원회)에서는 1995년
에 정보화 시대에 기업과 개인의 갖추어야 할 기본적인 윤리적인 사항
들을 "정보통신 윤리강령"을 통해 발표하였다.
- OECD에서는 다국적기업의 해외진출 시 지켜야 할 원칙을 제정하여
회원국의 다국적 기업들에게 준수할 것을 권고하고 있다.

제3절   부패방지경영시스템

제정 배경

국제표준화기구(ISO: International Organization for Standardization)는 2016년 10월 국제사회의 합의를 통해 부패방지와 관련한 글로벌 수준의 표준 가이드라인으로 부패방지경영시스템, ISO 37001을 제정하였다. 이 규범은 기업이 법규준수를 실패하여 발생하는 기회비용을 최소화할 수 있는 구체적인 방법을 담고 있는 경영지침서라 할 수 있다. 부패방지와 관련한 국제가이드라인이 제정된 배경에는 다음과 같은 요인들이 자리하고 있다. 먼저, 기업윤리와 준법에 대한 사회의 기대 수준이 높아지고, 주요 선진국을 중심으로 부패방지를 위한 제재 수위가 강화되어왔다. 또한 글로벌 경영의 보편화로 부패방지를 위한 국가 간 차별 없는 규제가 요구되어왔다. 마지막으로, 부패방지를 위해 실무적으로 실행할 수 있는 시스템적 접근방법이 요구되어왔다. 어떠한 조직이든지 이러한 사항들을 충족시킬 수 있도록 적절한 경영시스템을 구축하고 유지하는 데 도움이 되고자 ISO 37001이 제정되었다고 할 수 있다. 다양한 이해 충돌이 발생하는 비즈니스 환경에서 부패로 인한 잘못된 의사결정을 방지할 수 있는 시스템을 구축하는 것은 건전한 비즈니스 환경 확립에 필수적이며, ISO 37001이 반부패 비즈니스 환경구축에 일조를 할 것으로 기대한다(국민권익위원회, 2017).

ISO 37001의 제정은 갑자기 이루어진 것이 아니고, 오랜 기간 국제사회에서 만들어진 반부패 관련법이나 규범이 발전되어온 결과라고 볼 수 있다. 관련된 주요 법규범을 소개하면, 1977년 미국에서 제정된 해외부패방지법을 시작으로, 1997년 OECD의 뇌물방지협약, 2003년 UN의 반부패협약, 2011년 영국의 뇌물법 등이 있다. 특히, 영국표준화기구에서 제정된 부패방지경영시스템(ABMS: Anti-Bribery Management Systems)인 BS 10500은 ISO 37001 제정의 토대가 되었다. ISO 37001이 제정된 2016년은 우리나라에서 청탁금지법이 제정된 해이기도 하다. 반부패 사회를 위한 노력이 국제적으로 동시에

확산되고 있음을 알 수 있다. 아울러, 우리나라에서는 2017년에 ISO 37001
을 KS 표준화한 KS A ISO 37001을 공표하였다. 청탁금지법 및 반부패 관련
법규의 이행 의무가 있는 기업 및 기관에서는 업무 목적에 따라 KS A ISO
37001을 적극적으로 검토, 적용할 것으로 예상된다.

ISO 37001의 내용

ISO 37001은 어떠한 조직이든지 상관없이 조직활동 시에 발생할 수 있
는 부패를 방지하기 위하여 부패상황을 탐지하고 해결할 수 있는 절차 및 시
스템을 담고 있는 글로벌 수준의 가이드라인 성격을 갖는다. 여기서 조직은
사기업, 공공기관, 비영리기관 등에 그 성격에 상관없이, 그리고 대기업, 중
소기업 등 그 규모에 상관없이 적용이 가능하게 만들어졌다. ISO 37001은
각 기관이 직면한 부패리스크에 따라 적절한 방침, 절차 및 관리 체계가 구
축되고 실행되어야 함을 규정한다. 이를 위하여 ISO 37001은 이행기관이 부
패방지를 위한 노력을 체계적으로 수행할 수 있도록 PDCA 모형, 즉 Plan −
Do − Check − Act 모형을 준용하여 이행사항을 기술하고 있다.

Plan, 계획단계

먼저, 부패방지와 관련한 조직상황과 이해관계자의 니즈를 이해하고, 경
영시스템이 적용될 범위를 결정한다. 또한 부패리스크를 식별하고 우선순위
를 매겨 각 부패리스크에 대한 기존의 통제방법을 평가해야 한다. 리더십 측
면에서는 부패방지에 관한 최고경영자의 의지를 천명하고 부패방지방침을
선언한다. 그리고 부패방지 책임자를 정하고 책임과 권한을 부여한다. 마지
막으로, 부패방지를 위한 목표를 정하고 목표달성을 위한 업무, 자원배분, 담
당자 설정, 결과의 평가방법 등을 정한다.

Do, 실행단계

부패방지경영시스템의 실행을 위한 인적, 물적 자원을 제공하고, 부패방
지방침과 체계에 관한 대내외적인 의사소통과, 부패방지에 관한 교육 및 훈

련을 전사적으로 실시하며 문서화된 정보를 공개한다. 앞서 정해진 부패방지 프로세스대로 운영하면서 필요에 따라 실사, 재무적/비재무적 관리를 실행하고 부패방지의 통제가 충분히 이루어질 수 있도록 관리한다. 마지막으로, 부패상황이 우려되거나 발생했을 때, 해당 부패의 조사를 하고 조치 사항을 수행한다.

▎ Check, 평가단계

성과 평가는 순차적으로 이루어지는데, 먼저, 일상 업무에 대한 부패방지와 관련한 모니터링, 측정, 분석, 평가 작업을 수행하고, 경영시스템의 효과적인 이행에 대한 내부 심사가 진행된다. 그 다음 경영진, 즉 부패방지책임자와 최고경영자가 경영시스템이 적절하고 타당하게 효과적으로 운영이 되었는지 검토하게 한다. 마지막으로, 조직의 지배기구에도 보고되어 검토하게 한다.

▎ Act, 개선단계

앞 단계에서의 평가결과, 부패방지경영시스템이 방지하지 못한 부적합한 사항이 발생하는 경우, 재발방지를 위한 시스템 개선 조치를 시행하여 적합성을 향상시켜야 한다. 시스템의 변화가 필요한 경우에도 이를 수행함으로써 지속적인 개선을 이루도록 한다.

ISO 37001이 통제하는 부패 또는 뇌물은 다음과 같은 여덟 가지 사항이다. ① 공공, 민간, 비영리 부문에서의 부패; ② 조직에 의한 부패; ③ 조직을 대신(대표)하거나 조직의 이익을 위한 조직 인원의 부패; ④ 조직을 대신(대표)하거나 조직의 이익을 위한 비즈니스 관련자의 부패; ⑤ 조직의 부패; ⑥ 조직의 활동과 관련하여 조직 인원의 부패; ⑦ 조직의 활동에 관련하여 비즈니스 관련자의 부패; ⑧ 직접 및 간접적 부패(예: 제3자를 통해 제공되거나 수락한 뇌물). 이와 같은 부패를 방지하기 위하여 ISO 37001의 요구사항 및 권고사항을 모두 따른다 하더라도 해당 기관의 부패리스크를 완전히 제거할 수는 없고 부패방지를 완벽히 달성한다는 보장도 없지만, 부패방지시스템의 충실한 이행을 통해 부패의 예방, 탐지 및 대응조치를 실행하는 데 실질적인 도움이 되어 부패감소의 효과를 기대할 수 있다.

ISO 37001의 효과 및 한계

어떤 조직이 부패방지경영시스템을 도입하여 충실히 운영한다면 부패방지를 포함하여 다음과 같은 다양한 이행 효과를 얻을 수 있다. ① 부패방지에 실패해서 발생되는 비용, 즉 뇌물 및 부패 관련 문제가 발생한다면 사업이 중단되거나 부패 관련 조사를 받고 사후 조치로 인한 유무형의 비용을 감소시킬 수 있다. ② 만약 부패의심 사례가 발생하여 관계 당국의 조사를 받을 경우, 조직이 그동안 부패방지경영시스템을 통해 부패리스크를 최소화하기 위해 정해진 절차와 단계를 밟아왔다는 것을 사법기관에 증명할 수 있는 자료를 확보한다. 미국의 해외부패방지법(Foreign Corrupt Practices Act)은 기업이 평소에 얼마나 부패방지를 위한 체계적인 규정을 만들고 그것을 이행해왔는지가 기소 여부 및 양형 결정에 중요한 기준으로 작용한다는 점에서 관련 자료를 생성해주는 부패방지경영시스템이 큰 역할을 한다고 볼 수 있다. ③ 부패방지를 위한 조직의 강력한 의지를 대내외에 표명하고 글로벌 수준의 규범을 채택함으로써 해당 조직이 윤리적이라는 평판과 명성을 얻을 수 있으며, 대내외 이해관계자로부터 윤리적인 기업으로서의 신뢰감을 줄 수 있다. ④ 조직이 운영하는 공급망 전체에 걸쳐 부패리스크를 체계적으로 파악하고 효과적으로 감소시킬 수 있는 실질적인 방법을 제공한다. ⑤ 부패방지가 점점 중요시되는 경영환경에서 조직의 컴플라이언스 경쟁우위, 즉 자발적으로 법규를 준수하도록 하는 시스템을 높은 수준으로 갖추었다는 측면에서 경쟁우위를 확보하게 된다. 특히 청탁금지법과 같은 부패방지법규에 체계적으로 대응할 수 있는 절차를 ISO 37001이 제공한다는 점에서 법규 위반의 가능성을 현격히 낮춰줄 수 있다.

ISO 37001이 뇌물이나 부패와 같은 법규 위반 사항들을 통제하는 장치로 볼 수 있지만, 실제 인증은 제3의 기관으로부터 받는다는 점에서 그 한계가 있다. 즉, 어떤 조직이 ISO 37001 인증을 받았다하더라도 해당 조직이 반부패 관련 법규를 잘 준수하고 위반하지 않을 것이라고 보장하는 것은 아니다. 인증을 받은 것이 부패방지를 위한 노력의 끝이 아니기 때문에, ISO 37001의 요구사항과 권고사항에 대한 충분하고 실질적인 대응을 할 수 있도록 인증 이후에도 지속적으로 부패방지경영시스템을 실행해나가야 한다. 만약 인증을 받은 후에 부패 관련 사건·사고가 발생한다면, 이는 주주와 이해관계자뿐 아니라 감독 당국과 사법부를 기만하는 행위로 비쳐질 수 있다. ISO 37001의 인증만으로는 해당 조직이 부패 관련 문제가 없거나 향후 발생하지 않는다는 점을 보증하지 못한다. 따라서 ISO 37001의 인증은 부패방지경영의 '목표나 결과'가 아닌, 해당 조직이 부패방지경영을 위한 체계적인 시스템을 갖추고 지속적으로 개선활동을 하고 있음을 여러 이해관계자에게 '신뢰 확보의 과정'의 한 단계로 이해할 필요가 있다(국민권익위원회, 2017).

제4절 청탁금지법

2016년 우리나라에서는 약칭하여 청탁금지법 또는 김영란법이라고 불리는 '부정청탁 및 금품등 수수의 금지에 관한 법률'이 시행되었다. 시행 초기에는 많은 논란이 있었으나, 시간이 지날수록 많이 정착되어가고 있고 공공기관뿐 아니라 기업을 포함하여 전체 사회의 윤리적 수준을 한 단계 높이고 있는 촉매제의 역할을 하고 있다. 이번 절에서는 소위 청탁금지법의 제정 배경, 내용 등을 살펴보도록 한다.

제정 배경

청탁금지법의 제정 목적은 법률의 명칭에서도 보듯이 부정청탁을 금지하고, 금품 등의 수수를 금지하여 우리 사회가 조금 더 공정하고 투명한 사회로 발전할 수 있도록 하는 것이다. 그동안 우리나라에서는 부정부패를 유발할 수 있는 여러 가지 행위들을 관행이라는 명목 아래 용인해왔는데 이는 국가의 경제발전 수준에 걸맞지 않는 행위들로 더 이상의 용납은 국가발전을 저해하는 요소로 인식되었다. 이러한 분위기 속에 청탁금지법을 제정하게 된 주된 배경요인을 두 가지 꼽자면, 첫 번째로는 우리나라의 청렴수준을 향상시키기 위한 것이고, 두 번째는 공직사회에 대한 신뢰도를 향상시키는 것이다. 청탁금지법의 제정 배경요인 두 가지에 대하여 아래에 자세히 설명한다(국민권익위원회, 2019).

▌낮은 한국의 청렴수준

국제투명성기구(Transparency International)에서 발표하는 부패에 관한 국가별 지표인 부패인식지수(CPI: Corruption Perceptions Index)를 살펴보면, 2015년 우리나라의 CPI 점수는 54점으로 168개국 가운데 43위에 해당한다. 이 점수는 34개의 OECD 회원국 중에서도 28위로 최하위권에 해당하고, 2015년도 우리나라의 GDP가 세계 11위였다는 것과 비교해보았을 때 우리나라의 청렴도 수준이 상대적으로 많이 뒤처지는 것을 알 수 있다. 또한 CPI 점수가 수년간 50점대(100점 만점)에 머무르고 있다는 점에서도 우리나라의 청렴도 수준이 답보 상태에 있음을 알 수 있다. 이처럼 우리나라의 경제규모나 국가경쟁력에 비하여 우리나라의 부패수준은 국제사회로부터 매우 낮은 평가를 받고 있는데, 이러한 평가 결과는 국가 신인도 하락, 외국기업 투자 감소 등으로 연결되어 선진국으로 도약하는 길에 매우 큰 장애요인으로 작용하기 때문에, 이를 타개할 강력한 대책이 마련될 필요가 있다.

▌공직사회에 대한 낮은 신뢰도

청탁금지법 시행 이전에도 정부는 공공기관의 청렴수준을 높이기 위한 다양한 노력을 기울였지만, 국민들이 인식하는 공직사회의 청렴도는 높아지지 않았다. 2015년 국민권익위원회에서 실시한 부패인식도 대국민 조사결과 57.8%의 응답자가 '공직사회는 부패하다'고 하였다. 같은 조사를 공무원을 대상으로 했을 때는 단 3.8%만이 '공직사회는 부패하다'는 응답을 했다는 점에서 공직사회의 청렴도 수준이 국민의 기대 수준에 크게 못 미친다는 것을 알 수 있다. 부패인식도의 대국민 조사결과가 높게 나온 것은 그동안 국민들이 관행이라는 미명하에 행해진 공공기관의 여러 가지 부정한 사례들을 실제 접한 경험에서 비롯되었을 것이다. 이러한 점에서 청탁금지법은 공직 사회에 대한 낮은 신뢰도를 회복하기 위한 실질적인 제도적 장치라고 볼 수 있다.

청탁금지법의 내용

먼저, 청탁금지법이 적용이 되는 대상 범위를 살펴보면, 대상 기관은 "공공기관"으로 명시되어 있는데, 이 공공기관에는 일반적으로 알려진 공공기관뿐 아니라 사립학교와 언론사도 포함이 되었다. 이와 유사하게, 청탁금지법의 적용 대상자는 "공직자등"으로 명시되어 있는데, 이는 공무원뿐 아니라, 공공기관 임직원, 사립학교 교직원, 언론사 임직원, 공직자등의 배우자 등이 포함되어 있다. 청탁금지법에서 정하는 공직자등에 해당하는 사람이 부정청탁을 받거나, 금품등을 수수한다면 처벌 대상이 될 수 있다. 청탁금지법이 공직자등에게만 해당되는 것이 아니다, 일반인이 공직자등에게 부정청탁을 하거나 금품등을 제공하면 제재를 받을 수 있다.

청탁금지법의 내용은 크게 '부정청탁의 금지'와 '금품등의 수수 금지'로 구성되어 있다. 각각의 내용에 대하여 아래에 자세히 설명한다.

▌부정청탁의 금지

청탁금지법에서는 우선 부정청탁의 명확한 기준을 제시하기 위하여 구체적으로 부정청탁의 대상이 될 수 있는 직무를 14가지로 한정하고 있다. 대상 직무를 몇 가지 열거해보면, 채용 승진 등 인사개입, 병역 관련 업무처리, 입학 성적 등 업무처리 등이 있다. 따라서, '부정청탁'은 국민 누구든지 직접 또는 제3자를 통해서 공직자등에게 법령을 위반하여 14가지 대상 직무를 처리하도록 하는 행위로 정의될 수 있다. 따라서 청탁금지법이 성립되려면, 첫 번째로는 14가지 대상 직무에 해당하는 직무에 대해 청탁을 하여야 하고, 두 번째로는 법령을 위반하여야 한다. 그림 12-4에 나와 있는 예를 통해서 살펴보자. 학교성적 처리업무는 청탁금지법상 14가지 대상 직무 중에 하나에 해당하고, 성적을 올려달라는 청탁은 형법(업무방해)을 위반하는 행위이기 때문에 부정청탁의 두 요건이 모두 충족된다. 따라서 부정청탁을 한 B와 부정청탁을 받고 실행한 C는 처벌 대상이 된다. 여기서 주목할 것은 청탁금지법은 부정청탁 내용의 실현 여부에 상관없이 그 자체를 금지하기 때문에 사례에서 C가 성적을 올려주지 않더라도 B는 부정청탁 행위를 했기 때문에 처벌 대상이 된다. C의 경우는 부정청탁에 대해 거절 의사를 명확히 표현하고, 반복된 부정청탁에 대하여 소속기관장에게 신고를 했다면 처벌을 받지 않는다.

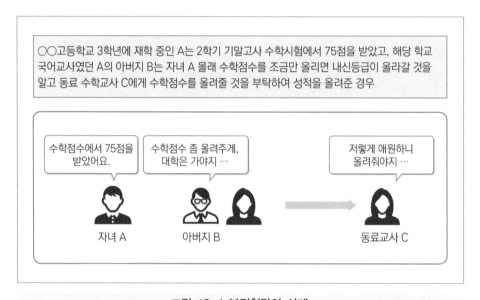

○○고등학교 3학년에 재학 중인 A는 2학기 기말고사 수학시험에서 75점을 받았고, 해당 학교 국어교사였던 A의 아버지 B는 자녀 A 몰래 수학점수를 조금만 올리면 내신등급이 올라갈 것을 알고 동료 수학교사 C에게 수학점수를 올려줄 것을 부탁하여 성적을 올려준 경우

수학점수에서 75점을 받았어요.

수학점수 좀 올려주게, 대학은 가야지 …

저렇게 애원하니 올려줘야지 …

자녀 A

아버지 B

동료교사 C

그림 12-4 부정청탁의 사례

┃ 금품등의 수수 금지

먼저, '금품등'의 의미는 현금과 같은 재산적 이익뿐 아니라 음식물, 주류 등의 접대 및 교통, 숙박 등의 편의를 제공하는 것, 채무면제 등, 일체의 유무형의 이익을 포함한다. 그리고 청탁금지법에서 '금품등의 수수 금지'를 직무관련성 여부에 따라 다른 기준을 적용하고 있다. 직무관련성이 있다면, 공직자등은 금품 등의 수수가 일체 금지된다. 이 경우 금액에 상관없이 금품 등을 준 사람과 받은 사람 모두 처벌 대상이 된다. 직무관련성이 없더라도,

공직자등은 1회 100만 원(또는 매 회계연도 300만 원)을 초과하는 금품등의 수수가 금지된다. 여기서 주목할 것은 두 경우 모두 대가성이 없어도 처벌이 된다는 점이다. 청탁금지법 이전에도 대가성이 있는 금품 등의 수수는 형법(뇌물죄)에 의해 처벌될 수 있었지만, 대가성의 입증이 쉽지 않아 금품 수수 등의 관행을 막지 못해왔다. 이러한 점에서 청탁금지법은 직무수행의 공정성을 의심받을 수 있는 행위를 선제적으로 차단하는 제도적 장치라고 볼 수 있다. 그림 12-5에 소개된 사례를 통해 조금 더 이해해보도록 하자. A와 B는 직무관련성이 없지만, 제공하고 수수한 금품 등이 매 회계연도 기준 300만 원을 초과하므로, A와 B 모두 형사처벌 대상이 된다.

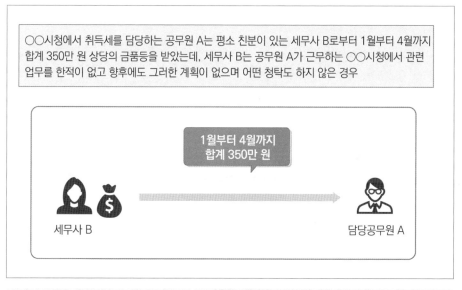

그림 12-5 금품등의 수수 사례

청탁금지법은 우리사회의 관행들을 일시에 금지함으로써, 시행 초기 적지 않은 혼란이 있었지만, 그 관행들이 부정한 측면이 많았기 때문에 대다수 국민들은 법 취지에 호응하는 면이 많았다. 2016년 한국행정연구원이 성인 남녀를 대상으로 청탁금지법이 우리사회에 미치는 영향에 대해서 조사한 결과, 85%가 긍정적인 영향을 미칠 것이라고 답하였고 13.6%만이 부정적인 영향을 미칠 것이라고 응답하였다. 기업 입장에서도 공공기관을 대상으로 한 사업을 할 때, 그동안 만연했던 연고주의 및 온정주의에서 벗어나 제품과 서비스의 품질을 통해 경쟁할 수 있는 환경이 만들어졌다는 측면에서 공정하고 투명한 경영환경 조성에 도움이 되었다고 볼 수 있다.

4차 산업혁명 시대의 인공지능(AI) 윤리를 위한 기업들의 노력

글로벌 IT기업들이 인공지능 윤리원칙을 제시하는 이유는 인공지능 활용과정에서 발생하는 위험이나 부작용, 기술문해력이 없는 대중들의 반감이나 사회적 불신을 방지하려는 전략으로 볼 수 있다. 인공지능의 연구개발 주체가 인공지능으로 제기되는 윤리적 우려와 잠재적 부작용을 사전에 인식하고 대응하고 있으므로, 인공지능 거버넌스는 '자율적인 규제'를 통해서 가능하다는 공감대를 확산하려는 의도로 풀이된다.

1. 인공지능 파트너십(Partnership on AI)

2016년에 출범한 인공지능 파트너십은 글로벌 기업들의 개방적 협력사례로서 구글, 마이크로소프트(MS), 아마존, IBM, 페이스북을 주축으로 만들어졌다. 2017년에는 애플(Apple)도 참여하고 있다. '사람과 사회에 이익을 주는 인공지능 파트너십'이라는 뜻의 'Partnership on AI'는 인공지능 기술의 활용단계에서 발생하는 법적, 윤리적 도전과제를 해결하고 인공지능이 사람과 사회에 미치는 영향에 대한 토론이 가능한 열린 플랫폼을 제공한다.

인공지능 파트너십은 복수의 이해당사자 조직으로 IT기업들뿐만 아니라 인공지능 학계, 정책·윤리전문가들도 참여하고 있다. 산업계리더, 학자, 비영리단체 및 전문가와 함께 최선의 인공지능 관행을 공동으로 개발한다. 인공지능에 대한 대중의 인식을 향상시키며 인공지능 기술에 대한 모범사례를 연구하고 공식화하는 역할을 한다.

2. 마이크로소프트 에테르(Aether)

마이크로소프트는 2017년 인공지능 분야의 난제 해결에 집중할 새로운 연구 및 인큐베이션 허브 '마이크로소프트연구소 AI(Microsoft Research AI)'를 신설하기로 했다. 인공지능 윤리를 전담하는 조직 에테르(AETHER: AI and Ethics in Engineering and Research)가 2018년 3월에 출범하였다. 에테르는 인공지능 윤리를 연구하는 조직이자 사내위원회 형태이며 인공지능 플랫폼과 경험을 기업의 핵심가치와 원칙에 뿌리내리고 사회에 이익이 되도록 활동하고 있다. 한편 인공지능 엔지니어와 개발자를 대상으로 개설된 AI 전문교육과정(Microsoft Professional Program in AI)에는 인공지능 윤리(Ethics for AI)가 기본과정으로 포함되어 있다.

2018년 7월 마이크로소프트는 안면인식 기술의 공공규제와 기업의 책임에 대한 필요성을 주장하면서 정부규제를 촉구하고 나섰다. 안면인식 기술은 사생활과 표현의 자유와 기본적 인권보호에 핵심적 문제를 불러일으키므로 기술회사의 책임이 커진다는 점을 인정하면서 정부규제와 기업들에게 수용이 가능한 규범의 개발을 요구하였다. 그 취지는 안면인식 기술과 같이 공공안전과 민주적 자유 사이에 적절한 균형을 요구하는 문제에 대하여는 기업의 자율적 판단이 아니라 시민들에 의해 선출된 연방정부와 의회가 그 역할을 담당해야 한다는 것이다. 기술사용을 관리하는 효과적인 방법은 정부가 적극적으로 사용자체를 관리하는 것이고 기술이 사회전반에 걸쳐 더 광범위하게 사용될 우려가 있는 경우, 정부의 역할이 필요하다는 점을 강조하였다.

3. 딥마인드 윤리와 사회(DeepMind Ethics & Society)

딥마인드는 2017년 10월 인공지능이 제기하는 윤리적 이슈와 사회적 영향의 분석을 담당하는 DMES(DeepMind Ethics & Society)를 신설하였다. DMES는 "모든 인공지능 제품은 사람의 합리적인 통제 아래 있을 때 최대가치를 갖는다"는 전제하에 미래의 인공지능 연구개발에 반영하기 위해서 인공지능 윤리를 연구하고 있다.

DMES는 인공지능 산업계가 운영하는 윤리 전담 조직 가운데 가장 체계적으로 인공지능의 윤리적 이슈와 사회적 영향을 다루고 있다. DMES는 단지 딥마인드 내부의 기술자들에게 윤리를 실천할 수 있도록 돕는 역할에 그치지 않고, 인공지능이 글로벌 사회에 미치는 영향을 예견하고 방향을 제시하여 모두의 이익을 위해 효과를 발휘할 수 있도록 도움을 준다는 목표로 활동하고 있다. DMES는 인공지능이 단지 기술적 효용성에만 치중하지 않고 사회의 우선순위와 관심사에 따라서 형성되고 사용되어야 한다는 지향점을 가지고 있다. 인공지능을 폐쇄적인 연구로 진행하지 않고 인공지능 기술의 향후 영향에 대한 집단적 반응을 면밀히 조사하여 설계에 반영하는 역할을 담당한다.

4. 구글(Google)

구글은 미국 국방부와의 공동 연구프로젝트 '메이븐(Maven)'을 진행하면서 인공지능 플랫폼을 제공하였다. 구글이 드론을 이용한 인명살상 등 군사적 목적으로 인공지능 기술을 국방부에 지원한다는 윤리적 논란이 크게 불거지자 구글은 메이븐 프로젝트를 중단하고 2018년 6월 인공지능 활용에 대한 구글의 원칙을 공개적으로 발표하였다. 이와 함께 인공지능 기술을 책임 있게 개발하고, 인공지능 기술을 활용하지 않는 특정한 분야를 확립하겠다는 약속을 하고, 구글의 인공지능이 중요한 문제를 해결하고 일상생활에서 사람들을 돕는 기술을 개발하는 데 사용된다는 점을 적극적으로 홍보하기 시작했다.

구글은 다음과 같은 인공지능의 활용 원칙을 제시하였다. 먼저, 사회 전반적으로 이익이 발생하는 경우에 활용한다. 그리고 불공정한 편견이 학습되는 것을 금지하고 강력한 보안환경이 갖추어져 있어야 한다. 마지막으로 개인정보보호원칙이 인공지능 기술개발에 포함되어 있어야 한다.

5. 카카오의 알고리즘 윤리헌장

국내에서는 카카오가 국내기업으로는 처음으로 홈페이지를 통해 인공지능 알고리즘 윤리헌장을 공표해 크게 주목받았다. 이는 알고리즘의 개발 및 운영방식이 우리 사회가 요구하는 윤리기준에 부합하도록 노력한다는 선언으로, 사회적 차별금지, 데이터윤리, 독립성, 설명의무 등 최근 활발하게 논의되고 있는 인공지능 윤리의 핵심원칙들이 포함되어 있다. 알고리즘 기술이 인간의 도덕적 가치와 윤리원칙의 관점에서 인간과 조화를 이루어야 하고 궁극적으로는 인간에게 도움이 되어야 한다는 기업의 사회적 책임윤리를 천명한 것이라 할 수 있다. 이는 인터넷기업이 알고리즘에 영향을 받는 이용자들과의 지속가능한 신뢰관계를 형성하는 데 매우 중요한 원칙표명이라고 할 수 있다. 물론 여기서 이용자는 일반 사용자뿐만 아니라 알고리즘과 관련된 서비스 및 비즈니스에 직간접적 이해관계를 갖는 다양한 파트너들을 포함하는 것이어서, 향후 알고리즘 규제 체계

정립의 방향을 설정하는 데 중요한 전환점이 될 것으로 보인다. 지난 2017년 '지능정보사회 윤리가이드라인' 등과 같이 정부 및 국회차원의 규범형성 노력은 있었지만, 민간기업 차원에서 인공지능 윤리 기준을 공표한 것은 처음이라 향후 인공지능 시대의 중요한 현안이 급부상할 '알고리즘규제'의 주체, 범위 및 성격에 대해 성찰할 수 있는 계기를 제공했다고 볼 수 있다.

4차산업혁명위원회(2018.10.)

토의문제

01 과거와 현재의 기업윤리 수준의 차이를 보여줄 수 있는 사례를 찾아 비교
하시오.

02 경제적/윤리적 요건을 충족하지만, 법적인 문제가 발생할 수 있는 기업경영
활동의 사례를 찾아보시오.

03 윤리경영을 추구하는 기업의 사례를 찾고, 기업조직의 윤리 수준을 다섯 단
계 중 어느 단계에 속하는지 설명하시오.

04 기업윤리의 수준 향상이 기업의 재무적 성과에 영향을 미친 사례를 찾아보
시오.

05 기업의 재무/회계 부문에서 기업윤리가 중요시 되는 원인을 나열해보시오.

06 윤리적으로 문제가 있다고 생각되는 기업의 광고를 찾고, 그 이유를 설명하
시오.

07 인터넷을 사용하는 개인이 쉽게 접할 수 있는 윤리적 문제를 찾고, 그 해결
방안을 제시하시오.

08 부패방지시스템을 도입한 기업의 사례를 찾아 도입 전후를 비교하시오.

09 교육 현장에서 발생할 수 있는 청탁금지법 위반 사례를 찾아보시오.

13

환경경영

산업의 발달은 인류의 삶의 터전인 지구 환경을 위협하는 수준에 이르렀다. 기업들의 영향력은 지구와 자연 환경에 심각한 영향을 주어 인류의 삶을 위협할 만큼 성장했다. 이제 지구 환경도 기업의 의사결정 시 필수적으로 고려해야 하는 이해관계자의 하나로 인식되고 있다. 환경에 악영향을 미치는 기업들을 규제하는 것에서 시작한 환경경영은 이제 새로운 부가가치를 창출해낼 수 있는 기업의 새로운 영역으로 인식되고 있다. 그린경영의 기치 아래 전 세계 많은 기업들이 신성장 동력을 환경분야에서 찾고 있다.

'그리너(Greener) 스타벅스 코리아' 캠페인 – 스타벅스의 친환경경영

스타벅스는 종이빨대 전사 확대를 위해 2018년 9월부터 서울, 부산, 제주 지역 100개 매장에서 종이빨대 시범 운영을 진행한 바 있다. 이 기간 동안 2가지 색상(녹색/흰색)의 빨대에 대한 고객 선호도 조사 및 종이빨대 내구성 강화를 위한 테스트 등을 진행해왔다.

우선 2달간의 시범 운영기간 동안 진행했던 녹색과 흰색 종이빨대에 대한 고객 선호도 조사 결과, 흰색 종이빨대(57%)가 녹색 종이빨대(43%)보다 높은 선호도를 보여준 것으로 나타났다. 녹색 빨대의 경우 이염에 대한 우려가 있었고, 흰색 종이빨대가 보다 위생적으로 보인다라는 고객들의 의견이 더 많았다. 이에 전국 매장 확대 시 적용되는 스타벅스 종이빨대 색상은 흰색으로 최종 결정됐다.

종이빨대 특성상 단점일 수밖에 없는 내구성도 강화했다. 오랫동안 음료에 담가져 있을 때 강도가 약화되어 휘어지거나 구겨지는 등 불편하다는 지적과 관련, 빨대 제작 단계에서 종이의 건조 방식 변경 및 기존 내부 한 면만 진행했던 코팅을 내/외부 모두 코팅(친환경 소재 콩기름 코팅)으로 변경 진행하며, 종이빨대의 내구성을 기존보다 한층 더 강화시켰다.

종이빨대 전격 확대와 함께 '빨대 없는 리드(컵 뚜껑)'도 함께 도입된다. 이에 따라 아이스 아메리카노나 아이스 라떼 등의 일반 얼음이 들어가는 음료에는 빨대 없는 리드가 적용되며, 블렌디드나 휘핑 크림 등이 얹어져 있는 음료에는 종이빨대가 적용된다.

플라스틱 사용량을 줄이기 위한 취지인 만큼 운영상의 변화도 생긴다. 그동안 매장 내에 상시 비치해두며 고객이 자유롭게 가져갈 수 있었던 빨대와 스틱 등 일회용품은 모두 회수되고, 필요한 고객의 요청 시에만 제공한다. 음료를 젓기 위해 사용해왔던 고객 제공용 플라스틱 스틱도 모두 우드 스틱으로 변경되며, 9잔 이상 단체 구매 고객에게 제공되는 일회용 포장 비닐을 대신하는 음료제공용 다회용 백이 도입될 예정이다.

전국 매장에서의 실제 종이빨대 운영은 각 매장별 현재 플라스틱 빨대 재고 소진 시점부터 시작될 예정이다. 이에 늦어도 올해 안으로는 전국의 모든 스타벅스 매장에서 종이빨대가 사용될 수 있을 것으로 예상된다.

2019년에는 스타벅스 카드도 종이재질의 흰색 배경에 스타벅스 사이렌 로고가 강조된 디자인으로 제작되기 시작했다. 기존 플라스틱을 대체하기 위해 재활용가능한 종이재질로 특별히 제작했다.

이와 함께 스타벅스는 푸드상품을 중심으로 친환경포장재 적용을 확대하고 있다. '프리미엄 바나나' 상품포장재를 PLA 소재로 변경해 출시했다. PLA는 옥수수전분당에서 추출한 원료를 사용, 생분해성 플라스틱으로 100% 자연분해가 되는 친환경포장재다. 바나나 외 '다크초콜릿칩 머핀', '상큼한 블루베리머핀', '리저브바크 초콜릿'을 비롯해 케이크를 둘러싸는 비닐과 일부 샌드위치 포장비닐에도 PLA 소재를 적용했다. 2019년 5월 출시한 '사과가득 핸디젤리'와 '한

라봉가득 핸디젤리' 상품에는 바이오플라스틱재질을 포장재로 사용했다. 해당 포장재는 사탕수수 추출원료로 만들어 생산과정에서 일반 플라스틱에 비해 이산화탄소를 적게 배출한다.

2017년 기준 스타벅스 코리아에서만 사용되었던 플라스틱 빨대(21cm)는 약 1억 8,000만 개로 연간 지구 한 바퀴(약 4만km)에 해당하는 총 3만 7,800km 길이, 무게로는 126톤의 분량이었다. 스타벅스에 종이빨대가 본격 도입되면서 내년부터는 이 이상의 플라스틱 절감이 기대된다.

스타벅스는 2018년 일회용품 줄이기 대책을 포함한 전사적인 친환경 캠페인 실행 계획안 '그리너 스타벅스 코리아'를 발표한 후 관련 계획들을 순차적으로 실행해나가고 있다.

전자신문(2018.11.26.)
헤럴드경제(2019.06.05.)

CHAPTER 13

환경경영

제1절 환경과 경영

환경문제의 등장

환경문제가 등장하게 된 요인으로는 인구증가, 산업화, 그리고 도시화를 꼽을 수 있다(이병욱 외, 2005). 인구의 급격한 증가에 따라서 인간이 필요로 하는 자원의 소비도 급증하고, 소비 후 배출되는 오염물질도 급증하여 자연환경을 왜곡하기 시작했다. 또한 산업화를 통한 기업들의 대량생산 행태는 천연자원의 고갈과 환경오염을 심화시켰다. 마지막으로 근래의 도시화 역시 대량소비를 촉진시키는 체계를 제공함으로써, 대규모 폐기물 배출, 정화능력을 초과하는 공해유발 등의 문제를 발생시켰다. 이러한 요인들과 기업은 직간접적으로 영향을 주고받을 수 있는 관계를 형성하고 있으며, 특히 산업화의 주체로서의 기업의 위치를 볼 때, 환경문제와 기업은 불가분의 관계를 갖고 있다.

여러 환경문제들 중 범지구적으로 가장 심각하고, 그 심각성 때문에 문제 해결에 많은 노력을 기울이고 있는 주요한 문제들로는, 지구 온난화, 오존층 파괴, 산성비 등이 있다. 각 문제의 원인과 심각성, 그리고 그 대응방안에 대해서 설명한다.

▌ 지구 온난화

지구 온난화, 즉 온실효과는 공장, 자동차 등에서 배출되는 이산화탄소와 같은 가스물질로 인해 발생된다고 알려져 있다. 지구 온난화의 심화로 이상기온 현상, 해수면 상승 등과 같은 큰 재앙을 불러올 것이라 예상한다. 이러한 심각성을 공감한 많은 국가들이 온실효과의 주범인 이산화탄소 배출량을 줄이기 위해 1992년 UN '기후변화협약' 체결을 시작으로, 2005년 '교토의정서', 2015년 '파리협정'을 채택하는 등 온실가스 감축목표를 명시하는 등의 노력을 하고 있다.

▌ 오존층 파괴

냉장고, 에어컨의 냉매 등으로 사용되는 프레온 가스, 즉 염화불화탄소(CFCs)의 양이 대기 중에 증가함에 따라 오존층이 파괴되고, 오존층의 파괴는 자외선 태양광의 증가로 나타났다. 자외선 과다 노출은 피부암 유발, 유전자 변형 등의 심각한 문제를 초래하는 것으로 알려졌다. 이에 대응하기 위해 24개국이 모여 '몬트리올 의정서'를 체결하여 각국의 오존층 파괴 물질 생산 및 사용을 규제하고 있다.

▌ 산성비

자동차/공장 매연의 성분 중 황산화물/질소산화물은 대기 중에 배출되어 있다가, 비를 만나면 산성비가 되어 대지로 떨어진다. 산성비는 동/식물의 성장을 막고, 토양까지 오염시켜 장기적인 피해를 입히고 있다. 1990년대 유럽에서는 황산화물과 질소산화물의 배출량을 각각 1980년대 수준으로 낮추는 헬싱키 의정서와 소피아 의정서를 채택하였다.

그 밖에 해양오염, 열대림 감소와 사막화, 생물 멸종 등의 환경문제가 인간의 오염물질 배출/유출, 무분별한 자원소비 등의 원인으로 발생하여 많은 국가들이 관련 협약/협정 등의 체결로 문제 해결에 노력하고 있다.

기업과 환경문제

앞서 언급한 환경문제는 인류의 발달과 더불어 발생한 문제이지만, 자연환경 오염을 일으킨 주된 주체를 꼽자면, 그것은 바로 기업이다. 자원을 대량으로 조달하여 대량으로 제품을 생산/유통시키기 시작한 기업은 해당 기업이 생산한 제품의 생애 모든 과정에 걸쳐 자연환경에 영향을 줄 수 있는 힘을 보유하고 있다.

- **조달과정**: 기업이 제품을 만들기 위해 필요로 하는 임산/화석 자원을 얻기 위해 산림을 훼손하고, 식재료를 얻기 위해 대량 채취/포획으로 생물자원의 멸종을 초래한다.
- **생산과정**: 제품을 만드는 과정에서 매연, 유독 가스, 폐수 등의 오염물질을 배출하여 공기/물/땅을 오염시킨다.
- **유통과정**: 제품이 소비자에게 전달되는 동안 수송수단을 이용하기 때문에 탄소배출이 발생하며, 제품 보호/장식 등을 위한 포장 역시 환경에 악영향을 미친다.
- **소비과정**: 자동차, 스프레이, 세제 등은 제품의 사용과 동시에 매연, 프레온가스, 계면활성제 등의 오염물질이 발생된다.
- **폐기과정**: 용도 기한이 지난 제품은 쓰레기로 분류되어 매립되거나 소각되어, 토양/대기 오염을 일으킨다.

경영활동 중 생산부문에서의 환경에 대한 영향력이 두드러진 경향은 그 영향이 눈에 보이는 탓이지, 경영의 다른 모든 부문도 환경에 직간접적으로 영향을 줄 수 있는 힘을 가지고 있다. 예를 들어, 마케팅 부문에서 과대포장을 하여 광고를 하는 경우, 재무부문에서 단기적 재무성과를 추구하여 환경 관련 예산을 고려하지 않는 경우, 인사부문에서는 환경가치를 등한시하는 인재를 채용하는 경우 등은 모두 환경에 부정적 영향을 줄 수 있는 경영 의사결정이다. 하지만 이렇게 자연환경에 부정적 영향을 심각하게 줄 수 있는 기업의 힘은, 반대로 자연환경을 보호/회복하는 긍정적인 영향을 미치는 방향으로 사용될 수 있다. 환경문제에 대해 방어적으로만 대응하지 않고, 기업

성장의 기회로 인식하여 적극적으로 대응하기 위해 등장한 새로운 경영 패러다임을 '환경경영'이라고 할 수 있다.

환경경영의 개념

환경경영에 대한 정의는 도입 초기에 그 의미가 기업경영의 한 기능으로만 인식되었으나, 근래에 와서는 모든 기업활동과 연관이 있는 전략적 차원까지 확대되고 있다. 다양한 기존의 의견을 종합하여 환경경영을 정의하면, "기업활동 전 과정에 걸쳐 환경성과를 개선함으로써 경제적 수익성과 환경적 지속가능성을 동시에 추구하는 일련의 경영활동"이라고 할 수 있다(이병욱 외, 2005). 즉, 경제성과 환경성이 상충될 수밖에 없는 기존의 경영철학을 버리고, 경제성과 환경성을 동시에 달성해야 하는 새로운 경영철학을 갖고 기존의 모든 경영기능별로 환경적 성과를 제고하기 위한 전략과 방법을 실행하는 경영방식이다.

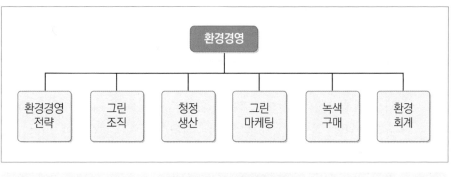

그림 13-1 환경경영체계

기업이 환경경영에 나설 수밖에 없는 근본적인 원인은 앞서 언급한 심각한 환경문제의 전 세계적인 확산으로 볼 수 있다. 이러한 배경으로부터 환경경영을 촉진시키는 구체적인 요인을 기업 외부/내부 요인으로 분류할 수 있다(이병욱 외, 2005).

- **환경경영 촉진 외부요인**: 기업으로 인한 대형 환경오염 사고, 환경규제 강화, 환경을 중시하는 사회적 가치 변화, 언론/환경 단체의 감시 등
- **환경경영 촉진 내부요인**: 내부 직원들의 환경에 대한 관심 증대, 환경 사고의 해결 비용 급증, 신성장 동력으로서의 기회 등

위와 같은 촉진요인은 시대와 지역에 따라 그 중요도는 다를 수 있으나, 기업이 환경경영을 도입하는 보편적인 요인으로 볼 수 있다. 대부분의 요인은 환경경영을 도입하여 큰 이익을 보기 위함이 아니라, 도입하지 않았을 때 발생할 수 있는 문제점을 예방하는 측면이 강하다는 것을 알 수 있다. 이와 같이 환경문제를 고려하지 않고 기존의 경제성만 추구하는 경영방식은 기업을 위태롭게 할 수 있는데, 이러한 위험을 네 가지로 분류하면 다음과 같다 (이병욱 외, 2005).

- **제도적 위험**: 환경 관련 법규를 위반하거나, 오염사고를 초래하는 경우, 그에 따른 벌금, 보상금, 복구비용 등의 경제적 손실과 향후 기업활동에 제재를 받을 수 있는 위험이 존재한다.
- **시장 위험**: 환경을 고려하지 않는 기업 이미지는 소비자에게 부정적으로 비춰지기 때문에, 시장이 축소되고 매출이 감소될 수 있는 위험이 있다.
- **기술적 위험**: 환경 관련 신규 사업이나 신제품 개발의 기회가 상실되어 기술 경쟁력에서 뒤처질 위험이 있다.
- **관리적 위험**: 환경문제가 발생하는 작업장은 노동생산성이 떨어지고, 기업의 부정적 환경 이미지로 인해 인적/재무적 자원의 조달이 어려워진다.

반대로, 환경경영을 선도적으로 추진하는 기업이라면, 그렇지 않은 기업에 비해 몇 가지 측면에서 우위의 경쟁력을 확보할 수도 있다. 효과적인 환경경영으로 얻게 되는 장점에는 비용절감, 제품차별화, 기술혁신, 전략계획 등 네 가지를 꼽을 수 있다(Lawrence et al., 2005).

- **비용절감**: 폐기물/오염물을 줄이고, 자재를 재사용/재활용하고, 에너지 효율이 높은 장비를 사용하는 기업은 해당 배출물에 대한 처리비용/세금을 줄일 수 있고 그만큼의 비용절감 효과를 얻는다.
- **제품차별화**: 환경 친화적인 제품/서비스를 공급하는 기업은 환경문제에 관심이 높은 고객층으로부터 주목을 받게 되어, 해당 고객군을 중심으로 기존 제품시장과는 차별화된 새로운 시장을 형성할 수 있다.
- **기술혁신**: 환경적으로 선도적인 기업은 오염물질을 적게 배출하는 기술, 에너지 효율을 높이는 기술, 등의 혁신 기술을 보유하고 있기 때문에 기술적으로도 선도적인 기업인 경우가 많다.
- **전략계획**: 지속가능성을 염두에 두고 경영활동이 환경에 미치는 영향까지 고려하여 광범위하고 장기적인 전략적인 계획을 수립하는 기업이라면, 새로운 시장, 기술, 제품 등과 같은 미래 상황에 대한 예측능력도 높아진다.

제2절 환경경영의 실행

환경경영의 실천

1. 환경경영시스템

기존의 경영시스템과는 다른 체계를 통하여 경영활동의 전반에 걸쳐 환경성과를 달성하기 위한 수단으로 많은 기업들이 환경경영시스템을 도입하고 있다. 환경경영시스템(EMS: Environmental Management System)은 '조직의 환경비전을 달성하기 위한 목표의 수립, 자원의 배분, 조직의 구성, 표준화 및 문서화, 그리고 개선과정이 구체화되어 있는 경영시스템'으로 정의된다(전진구, 2004). 즉, 환경경영시스템을 도입하는 과정에는 환경개선에 대한 의지를 천명하고, 방침을 실행할 계획과 프로그램이 수립되어 일상적인 업무로 조직생활의 일부로 만들고, 이러한 활동에 대한 평가를 통한 성과발표 및 개선작업이 포함되어야 한다. 환경경영시스템 구축의 절차를 다섯 단계로 구분하면 다음과 같다(그림 13-2)(전진구, 2004).

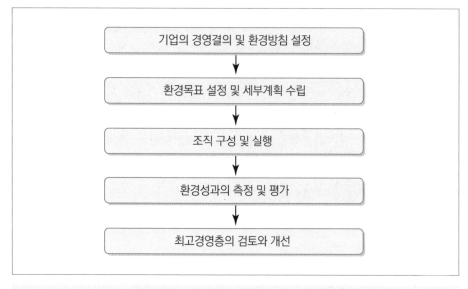

그림 13-2 환경경영시스템 구축의 5단계

| 단계 1: 기업의 경영결의 및 환경방침 설정

환경경영 추진에 대한 기업의 경영결의에서 가장 중요하고 필수적인 요소는 최고경영자의 의지와 지원이다. 최고경영자는 형식적인 선언이 아닌 적극적인 의지로 모든 조직원들이 환경경영에 동참할 수 있도록 해야 한다. 기업의 결의는 '환경방침'으로 구체화되는데, 환경에 대한 최고경영자의 의지, 조직원들의 법규 준수 및 오염방지 결의, 지속적 개선 방안 등이 포함된다. 이때 환경방침은 기업의 '초기 환경성 검토'를 토대로 결정된다.

▌단계 2: 환경목표의 설정 및 세부계획 수립

전 단계에서 결정된 환경방침을 이루기 위하여 조직별 세부목표를 설정하고, 목표달성을 위한 일정계획, 자원배분, 책임자 선정 등을 포함하는 세부계획을 수립한다. 목표설정 전에는 환경과 관련된 기업활동의 모든 요인, 즉 환경측면과 환경측면으로 인해 환경에 미치는 영향, 즉 환경영향을 먼저 규명하고, 아울러 관련 환경법규를 파악한다.

▌단계 3: 조직 구성 및 실행

계획을 실행하기 위한 조직을 구성하고, 정해진 일정과 주어진 자원을 이용하여 활동을 실천한다. 이때 교육을 통하여 조직 구성원의 동기부여와 실천력을 향상시킬 수 있으며, 모든 활동과정은 체계적인 문서화 작업을 통해 평가와 개선 시 근거자료로 이용한다.

▌단계 4: 환경성과의 측정 및 평가

환경경영시스템의 목표와 계획이 얼마나 달성되었는지 평가하는 단계로, 관련 매뉴얼, 지침서 등의 문서를 검토하고, 환경 관련 업무가 규정대로 이루어지는지 확인한다. 측정과 평가는 전문지식을 보유한 내부 또는 외부 감사자에 의해 객관적으로 이루어진다.

▌단계 5: 최고경영층의 검토와 개선

검토와 개선단계에서는 환경평가의 결과와 그에 따른 수정사항, 실행과정에서의 문제점, 그 밖에 모든 환경요인에 대한 영향을 파악하여 현재의 환경경영시스템을 보완/개선시킨다. 관련 내용은 환경 보고서와 같은 형태로 기업의 환경성과 현황을 대내외적으로 알린다.

환경경영시스템을 도입하는 경우 많은 기업들이 환경 관련 국제표준인 ISO 14001 또는 EMAS(Eco-Management and Audit Scheme)를 따르고 있는데, EMAS는 유럽기업에 국한된 규정이기 때문에 우리나라에서는 세계적으로 통용될 수 있는 ISO 14001의 도입이 보편적이다. ISO 14000 시리즈의 인증규격인 ISO 14001 인증제도는 1996년 공표되어 가장 최근 개정이 2004

년에 이루어졌으며, 그동안 많은 기업들이 환경경영시스템 도입을 촉진하는 역할을 수행하였다. 특히, 국제 무역에 있어서 환경에 관한 국제인증이 없는 경우 거래가 이루어지지 않을 수 있기 때문에, 그 중요성이 점점 커지고 있다.

2. 친환경 생산/운영

환경문제는 오염물질이나 폐기물과 같은 제품 생산과정에서 발생하는 인공적이고 해로운 물체에 의해 직접적으로 영향을 받기 때문에, 환경문제 해결을 위한 실행방안도 제품 생산과정에 주목할 필요가 있다. 친환경 생산/운영과 관련하여 세 가지 분야, 즉 제품개발, 생산, 공급망 분야에서 실행하고 있는 환경경영 방안에 대해 살펴본다.

▎친환경 제품의 개발 및 생산

친환경 제품은 기존 또는 경쟁 제품에 비해 환경성이 매우 우수한 제품으로 환경성과, 즉 재활용 가능성, 에너지 효율, 안정성 등이 상대적으로 우수한 제품이라면 친환경 제품으로 이해할 수 있다. 제품의 환경성은 제품을 만들기 위한 원료에서부터 제품 사용이 종료된 후 폐기까지의 전 과정에서의 환경영향도로부터 결정되기 때문에, 친환경 제품을 생산하기 위해서는 제품 개발단계부터 친환경 제품전략을 추구해야 한다. 친환경 제품전략 시 고려해야 할 다양한 요인에는 다음과 같은 것들이 있다(이병욱 외, 2005).

- **환경영향이 적은 물질 사용**: 환경오염을 일으키거나, 에너지를 다량 소비하거나, 재활용이 어려운 물질을 제품의 재료나 제품생산 공정의 원료로 사용하지 않는다.
- **물질 사용량 감축**: 같은 기능이라면, 작고 가벼운 제품을 만든다.
- **생산기술 최적화**: 제조공정을 단순화하거나 에너지 효율이 높은 공정을 도입하는 등 환경성을 높이는 생산공정을 구현한다.
- **물류 흐름 최적화**: 포장과 수송수단을 표준화하거나, 친환경 포장재를 사용하거나, 합리적인 수송일정 관리를 통해 제품 수송과정의 낭비/오염 요인을 최소화한다.

- **사용단계의 환경영향 최소화:** 에너지 고효율 제품, 소모품이 적은 제품을 생산한다.
- **제품수명 최적화:** 유행을 덜 타는 디자인 적용, 유지보수를 위한 모듈화 등으로 제품수명을 늘린다.
- **폐기과정 최적화:** 재사용/재활용이 용이한 재료를 사용하여 제품폐기 후에도 폐기물 배출을 최소화한다.

친환경 제품의 개념이 제품 자체에 대한 환경성에 초점을 둔다면, 제품을 생산하는 공정 중의 환경성을 강조하는 것은 청정생산의 개념으로, 발생된 오염물질에 대한 사후처리가 아닌 원천적으로 오염물질 발생을 최소화하는 생산방식을 의미한다(이병욱 외, 2005). 근래에는 생산공정뿐 아니라, 제품과 서비스의 생산단계 전후의 모든 과정에 대해 예방적으로 오염물질을 최소화하는 방법으로 그 의미가 확대되었다.

▌친환경 공급망

앞서 소개된 환경경영시스템이나 청정생산의 경우 주로 개별 기업의 환경문제에 초점을 두고 있기 때문에, 오늘날처럼 많은 제품이 공급망(Supply chain)을 통해 공급/생산/유통되는 구조에서는 환경성과를 높이는 것이 한계가 있다. 즉, 공급망에 속해 있는 공급업체, 제조업체, 유통업체 등이 모두 환경성 제고에 노력을 할 때 환경성과의 극대화를 이룰 수 있다. 이와 같이 공급망상에서 환경적 측면을 고려하여 관리하는 것을 친환경 공급망 관리라고 한다(이병욱 외, 2005). 일반 공급망과 같이 친환경 공급망에서도 공급업체, 제조업체, 유통업체, 소비자 등의 구성원이 존재하고, 물적 흐름 역시 공급업체에서 소비자 방향으로 발생한다(그림 13-3). 유해물질을 포함한 재료를 공급업체가 사용한다면, 그 영향은 중간채널을 모두 거쳐 소비자에게까지 전달될 수밖에 없다. 이때 공급망상에서 주된 역할을 하는 기업(주로 제조업체)이 환경방침 등을 공급/유통업체에게 공유하고, 소비자도 녹색구매 등을 통해 직간접적으로 환경에 대한 요구를 기업체에게 함으로써 전체 공급망에 걸친 환경성과의 개선을 이룰 수 있다. 또한, 일반 공급망과는 달리 친환경

공급망에서는 재활용/재사용, 반품, 폐품수거 등과 같은 환경활동으로 인해 물적 흐름이 소비자에서 공급업체 방향으로도 많이 발생하는 특징이 있는데 (그림 13−3), 이렇게 제품소비 이후의 처리까지 기업이 담당하게 됨에 따라 발생한 역방향 물적 흐름을 리버스 로지스틱스(reverse logistics)라고 한다.

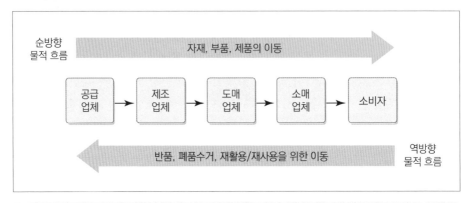

그림 13−3 친환경 공급망의 구성 및 물적 흐름

3. 그린 마케팅

기업의 기본적 목표인 수익추구만을 고려한 전통적인 기업활동은 자원 고갈 및 환경파괴 등의 많은 부작용을 일으켰다. 이를 극복하기 위해, 전체 인류의 삶의 질 향상이라는 더 큰 목표하에 지속가능한 경제성장과 자연환경의 보존 등 환경적 측면을 마케팅활동에 포함시킨 그린 마케팅(Green marketing)이 등장하였다. 환경을 고려한 마케팅 개념으로는 환경 마케팅, 생태 마케팅, 지속가능한 마케팅 등이 있는 것처럼, 그린 마케팅도 다양하게 정의될 수 있는데, '지구환경의 영구적 안정을 바탕으로 인류의 삶의 질 향상이라는 목적을 위한 환경 친화적인 마케팅활동'이라고 설명될 수 있다. 일반 마케팅이 물질적 풍요와 실용적 가치창출을 통해 고객 만족에 국한된 전략을 추구하는 것에 반해, 그린 마케팅은 환경과 인간의 상호 공생이라는 가치창출을 통해 인간, 사회에 바람직한 활동을 지속 개발하는 전략을 갖는다 (그림 13−4)(박재기, 2007).

	일반 마케팅	그린 마케팅
전략 목표	수익성 제고	인간의 삶의 질 향상
관심 대상	고객	인간과 환경
기본 이념	실용주의	실용＋인본＋환경주의

그림 13-4 일반 마케팅 vs. 그린 마케팅

그린 마케팅의 실행은 마케팅의 4P(제품, 촉진, 가격, 유통)에 각각 환경적 요인을 고려하여, 그린 제품, 그린 촉진, 그린 가격, 그린 유통의 모습으로 추진될 수 있다(박재기, 2007).

- **그린 제품**: 그린 제품은 자연에서, 제품, 인간을 거쳐 다시 자연으로 돌아갈 수 있는 영구성을 바탕으로 만들어진 제품이다. 친환경 제품에서와 마찬가지로, 그린 제품의 개발은 제품의 설계, 생산, 유통, 소비, 폐기, 재활용/재사용의 전 과정에서 환경부하를 최소화하는 방향으로 이루어진다.
- **그린 촉진**: 그린 촉진은 목표고객에게 친환경 제품의 필요성과 혜택을 홍보하고, 기업의 친환경활동과 제품의 그린 이미지를 인식하게 하여, 해당 제품의 구매의도를 높이는 활동이다.
- **그린 유통**: 그린 유통을 실행하기 위해서는 유통경로의 설계 시, 환경성을 고려하여 제품 소비 후의 재활용, 폐기물 회수 등의 역방향 흐름을 포함시키고, 운송수단 및 제품의 포장 또한 환경성과 기능성을 모두 충족할 수 있게 결정한다.
- **그린 가격**: 그린 가격은 일반적인 가격에 환경성이 고려되어 결정되기

때문에 기존보다 높게 결정이 되지만, 기업이나 소비자 어느 한쪽에서 전적으로 부담하기보다는 기업, 정부, 소비자 모두 어느 정도 공동 부담하려는 분위기 형성이 중요하다.

4. 전 과정 평가

전 과정 평가(LCA: Life Cycle Assessment)는 제품의 수명 동안 단계별로 환경에 미치는 영향을 측정하여 정량화하는 방법으로, 환경경영시스템이나 환경성과 평가를 지원하는 수단으로 사용된다(양인목, 2006). 제품의 전 과정에 포함되는 단계는 원료조달, 제조/생산, 사용/소비, 폐기 등이 있고, 각 단계별로 사용되는 원료 및 에너지의 양을 측정하고, 또한 각 단계별로 산출되는 제품, 부산물, 오염물, 폐기물의 양을 측정하여 제품의 전 과정에 걸쳐 발생하는 환경부하를 평가할 수 있다(그림 13-5).

그림 13-5 전 과정 평가의 개념

구체적으로 예를 들면, 제품의 원료로 원유, 광물 등이 얼마나 사용되었는지, 제조단계에서 전력을 얼마나 사용하고, 이산화탄소와 황산화물을 얼마나 배출하였는지 등을 모두 정량화하여 지구 온난화, 토양 산성화, 등에 얼마나 영향을 미치는지 평가한다. 이러한 전 과정 평가를 통해 기본적으로 기업은 자사 제품의 환경영향도를 파악할 수 있으며, 나아가 환경성을 향상시켜 기업의 환경경쟁력을 높이고, 소비자나 지역사회의 환경 관련 의사결정에 유용한 정보를 제공하게 된다.

환경경영의 성과

1. 환경성과 평가

경제적 성과만을 중요시하던 시대가 지나가고 이제 많은 이해관계자들은 기업의 환경적 성과를 추가적으로 고려하고 있다. 따라서 기업의 활동으로 인한 환경에 대한 성과를 객관적으로 평가하기 위한 환경성과 평가(EPE: Environmental Performance Evaluation)에 대한 필요성이 요구되고 있다. 환경성과 평가를 통해, 기업 내부적으로는 자사 환경경영의 수준, 환경활동의 효과 등을 목표 대비 평가하여, 이후 지속적인 환경개선활동의 근거로 사용할 수 있으며, 대외적으로는 자사의 환경경영 실적을 통해 이해관계자가 갖는 환경에 대한 욕구를 만족시킬 수 있다.

기업의 환경성과를 객관적으로 평가하기 위한 기본적인 방법은 환경관련 국제인증/규격준수 여부를 살펴보는 것이지만, 국가별, 업종별 기업환경의 다양성으로 국제 표준이 모든 상황에 적합하다고는 보기 힘들다. 따라서 환경성과 평가에 있어서 기업의 여러 가지 환경목표는 일반적인 기준보다 자사의 상황에 맞는 나름의 기준을 적용하여 설정되며, 목표 대비 실적, 전년도 대비 개선 실적 등을 통해 환경성과를 평가할 수 있다. 이때 가장 중요시되는 것은 평가결과를 이후 환경활동에 반영하여 환경성과의 지속적인 개선이 가능하게 하는 것이며, 이와 같은 지속적 개선 절차는 모든 환경성과 평가에 포함되어야 하는 필수요소다(이병욱 외, 2005).

환경성과 평가의 절차는 일반적인 경영관리의 절차와 유사하게 목표를 수립하고, 실행을 통해 목표를 달성하고자 노력한 후 평가를 통해 개선 여부를 확인하는 절차로 이루어져 있다.

- **계획단계**: 환경영향도가 높은 사업부문을 중심으로 평가대상을 정한 후, 기업에 맞는 환경성과 지표를 선정하여 지표별로 현재 기업의 현황과 앞으로 달성할 목표를 설정한다.
- **실행단계**: 선정된 환경성과 지표의 값을 구하기 위한 자료 수집/분석, 평가 및 보고 활동을 할 수 있는 체계를 구축한다.
- **검토 및 개선 단계**: 환경평가를 통해 얻어진 결과를 검토하여 이해관계자에게 보고하고, 환경성과 지표 수정 및 환경경영시스템의 개선에 활용한다.

2. 환경 보고서

전통적으로 기업은 정기적인 영업 보고서 발간을 통하여 재무적인 성과 중심의 기업 실적을 이해관계자들에게 보고해오고 있다. 이와 유사하게, 환경 보고서는 환경에 대한 기업의 영향도와 대응방안 등 기업의 환경 측면에 대한 내용을 담은 보고서이다. 자연환경에 대한 관심의 증가는 기업의 환경 활동에 대한 요구 수준을 계속 증가시켰고, 환경활동의 내역을 공식적으로 제공하기 위한 방법으로 환경 보고서의 발간이 많은 기업에서 보편화되고 있다. 국내외 대표적인 기업들은 홈페이지를 통하여 환경 보고서 또는 지속가능성 보고서의 내용을 공개하고 있다(양인목 외, 2006).

초기에는 별도의 보고서 형태도 아닌, 최소한의 환경정보만 제공하는 수준이었지만, 환경 보고서의 형식을 갖추면서 기업의 구체적인 환경방침이나 전략, 기업이 실천하는 환경 관련 활동이나 프로그램, 그리고 환경활동에 대한 성과가 상세하게 제공되고 있다. 더 나아가 많은 기업들이 환경 보고서를 한 단계 더 발전시켜, 기업의 환경적 책임뿐 아니라 사회적 책임에 대한 경영활동의 내용을 포함한 지속가능성 보고서를 발간하고 있다(이병욱 외, 2005).

기업의 통상적인 영업 보고서는 표준화된 형식이 존재하지만, 환경 보고서의 형식은 국가와 업종별로 각기 다를 수 있기 때문에, 여러 국제기구 및 정부에서는 환경 보고서 작성 가이드라인을 제시하고 있다. 대표적인 것으로 GRI(Global Report Initiative)에서 '지속가능성 보고서 가이드라인'을 1997년 발표하였고, 우리나라 환경부에서는 GRI 가이드라인을 바탕으로 제정한 '환경 보고서 가이드라인'을 2004년 발표하였다(그림 13-6).

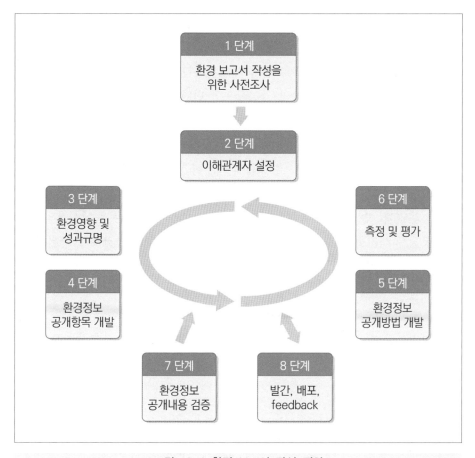

그림 13-6 환경 보고서 작성 절차

제3절   환경경영의 미래

환경과 성장

전통적인 개념으로 환경과 성장은 서로 함께할 수 없는, 하나를 위해 다른 하나는 희생되어야 하는 관계를 갖고 있다고 여겨져왔다. 하지만 에너지 고갈과 에너지 가격 급등으로 인한 에너지 위기, 탄소 배출을 규제하는 기후변화협약 등으로 인한 근래의 기업환경의 변화는 환경보존과 경제성장을 동시에 달성할 것을 요구하고 있다. 세계 주요국들은 이미 저탄소사회를 이루기 위해 강력한 환경규제와 신재생에너지 기술개발 등에 발 빠르게 움직이고 있으며, 우리나라도 정부 주도하에 이른바 '녹색성장'을 위한 많은 노력을 하고 있다.

환경과 성장이라는 두 마리 토끼를 모두 잡을 수 있는 녹색성장의 핵심 사항은 녹색기술의 개발과 환경친화적 비즈니스 모델의 발굴로 요약된다. 신재생에너지 기술, 에너지 자원 효율화 기술, 환경오염 저감 기술 등의 녹색기술과 이를 이용한 환경친화적 비즈니스 모델을 통해 탄소배출을 감소시키고, 녹색산업이라는 새로운 시장을 창출할 수 있다. 이러한 저탄소화 및 녹색산업화를 통해 환경보호와 경제성장을 동시에 달성하는 녹색성장이라는

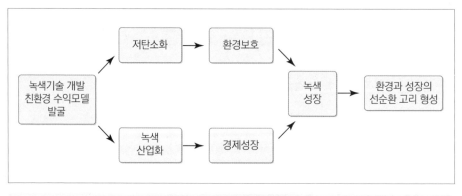

그림 13-7 녹색성장의 개념

환경과 성장 간의 선순환 관계를 형성할 수 있다. 이는 전통적으로 양립될 수 없다고 여겨지는 환경과 성장에 대한 고정관념을 타파하면서, 근래에 관심을 받는 '지속가능성장'을 포함하는 개념이다(그림 13-7)(이지훈 외, 2008).

환경과 성장에 대한 긍정적인 관계를 설명하기 위해 경제학자들은 환경 쿠즈네츠 곡선(Environmental Kuznets Curve)을 제시한다(그림 13-8). 경제성장 초기에는 경제발전에 따라 환경오염도 증가하지만, 어떤 시점을 지나서 성장을 하게 되면 오히려 환경오염도가 감소함을 나타내는 곡선이다. 환경오염도가 감소하게 되는 것은 경제성장을 통해 환경보전/규제활동 등을 할 수 있는 여력이 생길 정도로 충분한 이윤이 발생한다는 것을 의미한다. 경제발전 정도와 환경오염도의 관계가 양에서 음으로 바뀌는 전환점은 나라마다 환경오염의 종류마다 다를 수 있지만, 일반적으로 1인당 국민소득이 8,000달러가 되는 시점을 기준으로 관계의 전환이 일어난다(미래기획위원회, 2009).

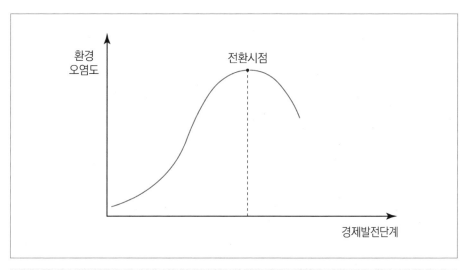

그림 13-8 환경 쿠즈네츠 곡선

녹색산업

녹색산업은 크게 에너지 관련 사업과 기존 산업의 녹색화 산업의 두 가지로 구분할 수 있다. 에너지 산업에는 새로운 에너지를 발굴하거나 에너지 효율을 높이는 등의 내용을 포함하고 있으며, 녹색화 산업은 기존은 모든 제품이나 서비스를 제공하는 방식을 친환경적으로 전환하는 내용을 담고 있다.

1. 에너지 생성 산업

화석연료를 사용하여 만들어내는 기존 에너지와는 달리, 자연의 힘을 이용하여 계속해서 만들어낼 수 있는 에너지를 재생에너지, 신재생에너지, 클린 에너지, 또는 그린 에너지로 지칭하고 있다(이도운, 2009). 태양, 바람, 땅, 바다와 같이 직접 자연으로부터 생성하거나, 화석 연료와는 다른 수소, 바이오, 원자력 등을 이용하여 생성하는 에너지를 말한다.

┃ 태 양

태양의 열과 빛을 에너지로 전환하는 태양열 에너지와 태양광 에너지로 구분될 수 있다. 특히 반도체를 부품을 사용하는 태양광 발전은 최근 들어 많은 관심을 받고 있으며, 태양광 발전 및 태양전지 생산 등에 많은 기업들이 참여하고 있다. 향후에는 관련 기술의 발전과 유가의 상승으로 에너지 생산 효율이 석유를 사용하는 것보다 높아질 것으로 예측되고 있다.

┃ 풍 력

바람의 힘으로 터빈을 회전시켜 전기를 생성하는 풍력발전은, 수력발전 다음으로 많이 보급된 신재생에너지이다. 풍력발전은 발전기 제조 기술뿐 아니라 안정적으로 바람이 발생될 수 있는 입지를 선정하는 것이 주요한 성공 요소이다.

┃ 지 열

지열을 이용한 에너지 생성은 화산지역에 위치한 국가가 유리하지만,

지구 어느 곳이나 지하로 갈수록 온도는 상승하기 때문에, 모든 나라에서 항시 사용할 수 있는 에너지이다. 수십 미터 지하의 지열을 이용하는 냉난방 시설을 만들 수도 있고, 수천 미터를 파고 들어가 지열발전을 할 수도 있다.

▮ 해 양

바다는 끊임없이 움직이고 있는데, 이 중 밀물과 썰물을 이용한 조력발전이 대표적이다. 그 밖에 파도의 힘을 이용한 파력발전, 바다 표면과 심해의 온도 차이를 이용한 해양 온도차 발전 등이 있다.

▮ 바이오

바이오에너지는 바이오매스, 즉 생물자원을 이용하여 생성하는 에너지를 말한다. 바이오매스를 직접 에너지 생산에 이용할 수도 있고, 바이오에탄올이나 바이오디젤과 같은 연료로 만들어 사용할 수 있다.

▮ 수 소

물을 전기분해하여 수소와 산소로 나누는 과정을 뒤바꾸면 수소와 산소를 이용하여 전기 에너지를 생산할 수 있다. 수소를 이용한 에너지는 3세대 전지인 연료전지로 만들어져 이용된다. 수소연료전지는 연료인 수소만 공급하면 무한대로 전기를 생산할 수 있고, 유해물질 배출이 전혀 없다는 장점을 가지고 있다.

2. 녹색화 산업

기존의 모든 산업은 에너지 효율을 높이거나 석탄연료를 대체하는 방식을 이용하여 녹색화 산업으로 탈바꿈될 수 있다. 녹색화가 진행 중인 대표적인 분야를 소개하면 다음과 같다.

▮ 자동차 산업

지금까지 대기오염을 일으키는 가장 큰 원인 중에 하나로 꼽히는 것이 자동차에서 배출되는 배기가스였다. 따라서 많은 주요 자동차 기업들은 석유연료를 대체하거나 석유연료 사용을 줄일 수 있는 새로운 자동차 동력 개발에 많은 노력을 기울이고 있다. 전기 자동차, 수소 연료 자동차, 또는 두 가지 이상의 연료 사용 방식을 모두 사용하는 하이브리드 자동차를 신제품으로 출시하기 시작하였고, 더 많은 그린 자동차 제품을 개발 중에 있다. 선진국을 중심으로 정부에서도 이러한 그린 자동차 산업을 육성하기 위한 세제 혜택, 보조금 제공, 관련 규정 개정 등의 지원을 펼치고 있다.

▌그린 빌딩/도시

대도시화를 촉진시키고 있는 대형 건축물 역시 다량의 에너지를 소모하고 있는 주된 객체이다. 이러한 곳에서는 적은 에너지 효율 향상이라도 많은 양의 에너지를 절약할 수 있는 결과가 나타난다. 많은 건설 기업들이 지열, 빗물, 바람 등 자연으로부터 얻어지는 에너지를 최대한 활용하고, 새로운 자재 개발/사용을 통해 단열 기능을 향상시킴으로써 에너지 절감을 실현하고 있다.

▌클린 푸드

유기농 식품으로 대표되는 클린 푸드에 대한 수요가 꾸준히 증가함에 따라 많은 먹거리에 대한 녹색화가 진행되고 있다. 화학비료와 농약을 사용하지 않는 농산물, 이력을 조회할 수 있는 축/수산물 등 점점 안전하고 믿을 수 있는 식품을 만들어내려는 노력이 확산되고 있다.

제4절   기후변화와 기업경영

다양한 환경문제 중에서 근본적이면서도 가장 광범위한 영향을 일으키는 주제가 기후변화(climate change)라고 볼 수 있다. 기후변화가 지구환경에 미친 그리고 미칠 영향은 매우 심각한 수준으로 인식되기 때문에 기후위기라는 용어로도 불리기도 한다. 기후변화에 대한 대응은 몇몇 나라에 의해서 해결될 수 없기 때문에 유엔을 중심으로 많은 국가들이 문제를 제기하고 기후변화에 대응하기 위한 다양한 노력을 진행하고 있다. 특히, 기후변화의 문제를 실질적으로 해결하기 위하여 국제법의 틀로써 참여 국가들이 이행할 수 있도록 하는 협약을 체결해오고 있고, 이러한 노력은 국내외 많은 기업들이 탄소 배출량 감소를 중심으로 한 환경경영을 하지 않으면 안 되는 상황에 처하게 만들고 있다. 본 절에서는 국제사회의 지속적인 노력으로 탄생한 기후변화협약과 이에 대응하는 기업활동에 대하여 소개한다.

기후변화협약

환경문제를 해결하기 위해 전 지구적인 참여가 필요하다는 것을 인식한 스웨덴 정부는 1968년 유엔에 환경문제를 주제로 한 국제회의의 개최를 요청하여, 1972년 스톡홀름에서 유엔 환경회의가 개최되었고, 이후 유럽의 국가를 중심으로 환경문제에 관한 지속적인 논의가 진행되었다. 특히, 1980년대 이후에는 이산화탄소의 농도가 지구의 온난화가 직접적으로 연관이 있다는 것이 과학적인 사실로 밝혀지고, 기후변화에 대한 아무런 대응이 없다면 해수면 상승, 재해성 기상현상 확대, 생물 다양성 파괴 등 인류의 생존에 지대한 영향을 주는 일들이 발생할 수 있다는 예측이 나오면서 국제적인 노력이 구체화되어 갔다. 기후변화에 대한 과학적이고 이론적인 근거들은 많은 국제사회 구성원의 동참을 이끌었고, 1992년 브라질 리우에서 개최된 유엔 환경개발회의에서 '기후변화에 관한 국제연합 기본협약(UNFCCC: Unied Nations Framework Convention on Climate Change)', 약칭하여 기후변화협약을 체결하는 근거가 되었다. 그런데 이렇게 체결한 협약은 온실가스 배출을 줄이고자 노력하겠다는 선언일 뿐이지, 얼마큼을 언제까지 줄이겠다는 배출량 감소의 목표도 이행 계획도 없다는 한계가 있다(박덕영 외, 2019).

기후변화에 대응하는 국제적인 행동규범을 정하고 실천하기 위하여 기후변화협약을 근거로 당사국총회(COP)라는 최고의사결정기구 조직을 만들어 1995년부터 매년 회의를 개최하면서 가시적인 성과를 만들고자 하는 노력을 지속적으로 기울여왔고, 국가별로 온실가스 배출량 의무감축률과 그 시기를 정한 조약을 이끌어내었다. 가장 두드러진 성과로 1997년 3차 당사국총회에서 합의에 이른 '교토 의정서'와 2015년 21차 당사국총회에서 합의에 이른 '파리협정'을 들 수 있다. 두 협정에 대하여 아래에 자세히 설명한다.

▌교토 의정서(Kyoto Protocol)

교토 의정서의 가장 큰 의의는 국가별 온실가스 감축량을 구체적인 수치로 정하고, 해당 목표를 달성해야 하는 공약기간을 정했다는 것이다. 당사국들에게 2008년부터 2012년까지 5년의 이행 기간이 주어졌고, 1990년을 기준으로 EU -8%, 미국 -7%, 일본 -6% 등 차등적으로 온실가스 배출의 목표감축률이 정해졌다. 하지만 교토 의정서는 선진국을 중심으로 38개국에게만 의무감축률이 설정되었다는 점에서 그 한계가 컸다. 특히, 당시 가장 온실가스를 많이 배출하는 미국이 2001년 교토 의정서의 비준을 거부하여 그 실효성이 많이 떨어졌다. 중국이나 우리나라와 같이 온실가스 배출 상위 국가를 포함하여 많은 국가들이 개발도상국이라는 이유로 비의무감축국으로 분류되었는데, 개발도상국 입장에서는 온실가스의 감축이 자국의 경제성장을 더디게 하는 요인이 될 수 있기 때문에 이미 많은 성장을 이룬 선진국과 동등하게 온실가스를 감축할 수 없다는 그들의 입장도 일리가 있다.

▌파리협정(Paris Agreement)

교토 의정서가 사상 처음으로 온실가스 의무감축률을 합의했다는 점에서 의미가 있었지만, 모든 국가가 참여하지 못한 점, 미국의 탈퇴 등 적지 않은 한계점을 보여주었다. 하지만 국제사회는 매년 개최되는 유엔기후변화협약 당사국총회(COP)를 중심으로 교토 의정서의 실행 및 개선된 협정 체결을 위한 노력을 지속적으로 기울였다. 마침내, 2015년 파리에서 개최된 21차 당사국총회, 즉 COP21에서 파리협정에 합의하였다. 파리협정은 선진국과 개도국을 망라한 195개국의 당사국이 모두 온실가스 의무감축에 참여한다는 점에서 교토 의정서에 비하여 진일보한 협정이라고 할 수 있다. 파리협정의 또다른 특징은 국가별로 역량과 상황을 고려하여 자체적으로 감축목표를 설정했다는 것이다. 우리나라의 경우 배출전망치 대비 37%를 감축한다는 다소 강한 감축목표를 제출하였다. 파리협정은 또한 장기적인 온도목표를 다음과 같이 명시하였다. "산업화 이전 수준 대비 지구의 기온상승을 2°C보다 훨씬 아래로 제한하고, 상승폭을 1.5°C 이하로 제한하기 위해 노력한다." 이러한 목표를 달성하기 위해 국가별 감축목표의 이행사항을 점검하고 이행사항 준수 체계를 마련한다는 내용이 협정에 담겨 있다.

기후변화협약에 따른 대응

파리협정은 국회 비준을 통해 국내법과 동일한 효력을 갖고 있지만 감축목표를 달성하지 않더라도 강제할 수 있는 수단을 두고 있지 않다. 그리고, 우리나라는 이미 2011년에 '저탄소녹색성장기본법'을 제정하여 기후변화에 대한 내부적인 노력을 제도화하고 있었지만, 이러한 법이나 제도에 비하여 우리나라의 기후변화에 대한 실질적인 대응성과는 크지 않았다. 2019년 기후변화협약 당사국총회에서 발표된 국가별 기후변화대응지수(CCPI)를 보면 한국은 61개 국가 중 58위로 최하위권에 머물러 있다. 온실가스 배출의 많은 부분을 차지하는 석탄발전과 내연기관차가 계속 큰 비중을 차지하고 있는 것이 최하위권에 머문 주요 원인이라고 지적되었다. 하지만 기후변화에 대한 의미있는 행동을 취하는 것에 대한 인식은 많이 공감대를 이루고 있다. 정부나 기업에서 기후변화협약의 체결과 같은 산업환경 변화를 위기이자 기회로 인식하면서 적극적인 대응노력을 기울이고 있다. 민관에서 이루어지고 있는 기후변화에 대한 구체적인 대응노력을 하나씩 소개한다.

▎기후변화대응 기본계획

정부에서는 기후변화에 대응하기 위한 최상위 계획인 '기후변화대응 기본계획'을 수립하고 있다. 기후변화대응 기본계획은 20년을 계획기간으로 하여 5년 주기로 수립되며, 환경부를 포함한 17개 관계부처가 참여한다. 2019년에 수립된 2차 기본계획에서는 파리협정을 이행하기 위한 부문별 역량강화를 통해 2030년까지 온실가스 배출량을 5억 3,600만 톤으로 줄인다는 목표를 세웠다. 이러한 목표를 달성하기 위하여, 석탄발전 감축, 고효율 기기 보급, 공장에너지관리 시스템 도입, 녹색건축물로의 전환, 가전 에너지 소비 효율 기준강화, 저공해차 확대보급, 일회용품 사용금지 등의 실행과제를 제시하였다. 또한 온실가스 감축에 대한 책임을 강화하는 제도적 보완을 추진하고 미래세대에 대한 기후변화교육을 충분히 실시하는 등 기후변화에 대한 대응기반을 강화시키는 계획을 담고 있다.

▌ RE100(Renewable Energy 100%)

2014년 비영리단체인 기후그룹(The Climate Group)은 기업활동에 필요한 에너지를 100% 재생에너지로 사용할 것을 제안하였다. 이러한 제안에 애플, BMW, IKEA 등 굴지의 다국적 기업들이 호응하여 자신들의 기업활동에 재생에너지를 100% 사용하겠다는 선언에 나섰고, 지금도 참여 기업은 증가하고 있다(there100.org/companies). RE100에 참여하는 것은 단순히 선언이 아니라, 100% 재생에너지 사용의 목표달성 시기, 연도별 재생에너지 사용 수준 등을 공개하는 것을 의무로 한다. 글로벌 기업들의 자발적 재생에너지 사용의 확산은 국내기업도 직간접적으로 RE100에 참여할 수밖에 없는 상황을 만들고 있다. 예를 들어, RE100을 선언한 애플, BMW과 같은 글로벌 기업에 부품을 공급하는 국내기업이라면 고객사의 RE100 달성을 위해 공급하는 부품이 재생에너지로 생산된 제품이어야 할 것을 고객사에게 요구받을 것이다. 재생에너지 사용 확대라는 세계적인 추세에 적극적으로 참여하는 것이 기업의 새로운 경쟁우위를 창출할 수 있는 방법이 될 것이다(김태한, 2019).

Closing Case

4차 산업혁명 시대 – 스마트 환경관리 체계로의 전환

1. 4차 산업혁명 시대의 환경관리 동향

4차 산업혁명은 인류가 경험하지 못한 혁신적 기술의 진화 시대이다. 4차 산업혁명은 물리적 공간, 생물학적 공간, 그리고 디지털 공간의 경계가 사라지는 기술융합의 시대로써, 첨단 정보통신기술들이 인간과 유기적으로 연결되는 시대이다. 4차 산업혁명은 사물인터넷(IoT: Internet of Things), 인공지능(AI: Artificial Intelligence), 빅데이터 등 과학기술의 발전과 업무환경 및 방식의 변화, 기후 변화 등 사회·경제적 변화요인에 의해 등장할 것으로 전망된다. 특히 그동안 인류가 경험하지 못한 획기적·혁신적인 기술의 진보에 의해 생산, 관리, 지배구조 등을 포함한 모든 산업, 사회 시스템의 변화가 예상되고 환경관리 체계도 큰 변화를 앞두고 있다.

먼저, 지속가능한 도시환경을 위한 스마트 통합관리 체계의 등장도 예상할 수 있다. 첨단 기술을 접목하여 물과 공기 오염에 대응하는 스마트 통합관리시스템이 등장할 수 있다. 이미, 2009년 IBM은 전 세계적인 물 문제를 해결하기 위한 수자원 및 수질 스마트 통합운영관리 시스템을 개발하고 있다. IBM의 비콘연구소(Beacon Institute)는 로봇, 인공지능, 통합센서네트워크를 통해 뉴욕 허드슨강을 실시간 모니터링하고 분석할 수 있는 REON(River and Estuary Observatory Network)을 개발하였다. 독일은 배출가스 처리와 미세먼지 저감을 위해 휘발성 유기화합물질을 산화하여 청정공기로 바꾸는 축열식 연소산화기술(RTO: Regenerative Thermal Oxidizer)을 개발하였다.

또한, 지속가능 도시를 위한 새로운 도약, 순환형 도시 신진대사(Circular Metabolism) 개념이 시도되고 있다. 첨단기술 및 시스템을 도시환경에 적용함으로써 외부와 차단된 상태에서도 생명활동이 가능한 인공환경을 구현하고자 하는 노력이 시도된다. 외부와 차단된 상태에서 첨단기술과 시스템을 활용하여 생존에 필요한 자원들을 도시 자체적으로 공급하고 고도의 지속가능성을 실현하는 일명 '순환형 도시 신진대사' 개념을 구현하는 노력들이 시도된다. 즉, '순환형 신진대사' 개념은 정주환경 내부에서 물과 공기, 에너지와 식량 등 모든 인간 생존에 필요한 리소스들을 최대한 작동시켜 100%에 가까운 자족성을 확보하는 것을 의미한다. 이러한 도시환경에서의 '순환형 신진대사' 개념은 대기오염, 물관리, 토양, 폐기물 등 다양한 분야에서의 물질과 에너지 흐름을 친환경적이고 효율적으로 순환시키기 위한 전략과 구체적 실천으로 전개되고 있다.

환경-에너지-자원의 선순환을 위한 4차산업혁명 기술의 등장하고 있다. 혁신적 첨단기술의 개발을 통해 친환경 공법의 에너지 개발 노력이 지속되고 있다. 환경공학, 환경바이오 기술, 바이오 에너지 연구의 융합을 통해 화석연료에너지 발전으로 인한 환경부담을 감소시키는 혁신적 기술개발을 위한 노력이 지속되고 있다. 최근 국내에서 버려신 싱난, 쎼똑새, 농입 폐기물 등으로부터 미생물을 이용하여 바이오 에탄올을 추출하는 혁신적 에너지 기술개발 노력이 지속되고 있다. 특히 오일을 함유한 미생물체를 배양하여 바이오 디젤을 만드는 기술은 콩, 옥수수와 같은 식량용 작물로부터 추출하는 방식에 대한 최근의 윤리적 저항도 해결할 수 있는 획기적인 기술로 평가된다.

또한, 미세먼지, 산성비, 기후변화에 대응하기 위한 혁신적 스마트 에너지 생산기술 개발노력이 지속되고 있다. 화석연료 연소 시 배출되는 유해물질을 활용하여 친환경적 공법으로 클린에너지를 생산하는 기술 발전이 지속 중이다. 최근에는 발전소나 자동차로부터 배출되는 유해가스를 친환경적 공법의 전기화학 반응을 통해 질산,

유황과 같은 활용성 높은 물질로 변환시키는 기술이 개발되고 있다. 또한 이와 유사한 기술로서 공장이나 자동차 등에서 배출되는 배기가스에서 NOx, SOx, $CO2$와 같은 유해물질을 대기로 방출하기 이전에 전기에너지 등으로 전환할 수 있는 혁신적 기술 발전으로 이어지고 있다. 이러한 혁신적 첨단기술늘은 궁극적으로 미세먼지, 산성비, 기후변화에 대한 대응에도 큰 기여를 할 것으로 기대된다.

경기연구원(2019.02.)

01 지구 환경오염과 관련된 주요한 문제를 구체적으로 몇 가지 언급하고 각 문제의 원인, 심각성, 그리고 해결방안 등을 토의하시오.

02 환경문제에 적절히 대처하지 못하여 '기술적 위험'에 처한 기업의 사례를 찾아보시오.

03 국제표준화기구의 ISO 9000 시리즈와 ISO 14000 시리즈의 차이점과 공통점을 찾아보시오.

04 친환경 제품의 사례를 찾아보고, 해당 제품이 어떤 친환경 제품전략을 사용하여 개발되었는지 설명하시오.

05 마케팅의 4P, 즉 제품, 촉진, 유통, 가격의 각 단계별로 그린 마케팅 실행 사례를 찾아보시오.

06 환경 보고서 또는 지속가능성 보고서를 홈페이지에 제공하는 기업을 찾아 어떠한 내용이 보고서에 포함되었는지 조사/정리하시오.

07 2015년 파리협정 이후에 개최된 당사국총회에서 기후변화와 관련한 어떠한 결정이 이루어졌는지 조사하고 정리하시오.

08 RE100에 참여하고 있는 다국적 기업의 사례를 찾아보고 구체적으로 어떠한 방법을 통해 재생에너지 사용 100%를 달성하려고 하는지 조사하시오.

참고문헌

강보현, 기업윤리, 박영사, 2018.

국민권익위원회, 부정청탁 및 금품등 수수의 금지에 관한 법률 해설집, 2019.

국민권익위원회, 부패방지경영시스템 가이드북, 2017.

국찬표·강윤식, 기업의 사회적 책임, 지배구조 및 기업가치, 한국증권학회지, 2011, pp. 713−748.

권구혁·박광태·박주영·장정주·최진남·홍광헌 역, 경영학의 이해, 생능출판사, 2009.

권원오, 성공으로 가는 창업과 경영, 신광문화사, 2007.

김광수·정동섭·이수형·이수진, 국제경영, 박영사, 2010.

김기수·김문정·이명운·전재완, 성공을 위한 전략적 창업론, 백산출판사, 2001.

김대훈·장항배·박용익·양경란, 스마트 기술로 만들어 가는 4차 산업혁명, 박영사, 2019.

김민주·김선희 역, 기업은 왜 사회적 책임에 주목하는가, 기획출판 거름, 2006.

김석진, 글로벌시대 에센스경영, 도서출판 청람, 2007.

김영두, 4차 산업혁명과 경영, 박영사, 2019.

김제홍·오성환, e비즈니스 시대의 창업경영론, 도서출판 글로벌, 2005.

김진방·전창환·조영철, 유럽자본주의 해부, 2003.

김창수, 기업의 사회적 책임 활동과 기업가치, 한국증권학회지, 2009, pp. 507−545.

김태한, 글로벌 기업의 재생에너지 100% 전환선언, RE100, 환경부, 한국환경산업기술원, 2019.

문근찬, 피터드러커, 관점 경영학, 한티미디어, 2006.

미래기획위원회, 녹색성장의 길, 중앙북스, 2009.

박덕영·최승필·고문현, 기후변화에 대한 법적 대응, 박영사, 2019.

박재기, 그린 마케팅, 집문당, 2007.

박재린·이종법·윤대혁, 기업윤리론, 무역경영사, 2003.

박재림·한광모, 일하기 좋은 기업, 거름출판, 2006.

박정식·신동령, 경영분석, 다산출판사, 2002.

박종민, 기업문화 경영을 말하다, 북랩, 2019.

박흥수·이장우·오명열·유창조·전병준, 공유가치창출(CSV) 전략, 박영사, 2014.

반병길·김광규·한동여, 경영학원론: 현대기업의 이해, 박영사, 2002.

삼성경제연구소, 지속가능경영과 기업경쟁력 모형의 재구축, 2012.

선정훈·고광수·변진호, 기본 재무관리, 경문사, 2019.

신유근, 사회중시경영, 경문사, 2002.

신유근, 한국의 경영: 그 현상과 전망, 박영사, 1992.

신현우·이창원·윤상환, 디지털시대의 창업과 경영, 도서출판 대명, 2005.

심현식, 실전경영학, 박영사, 2018.

안병훈·이승규·이수 외, 우리나라 기업의 사회책임경영 현황 및 전망에 관한 조사 보고서, 한국과학기술원 사회책임경영연구센터, 2006.

안서규·김홍유, 디지털시대 가치창출을 위한 21C기업과 경영의 이해, 도서출판 청람, 2006.

안영도, 국가경쟁력 향상의 길, 비봉출판사, 1999.

안운석·탁동일·장형섭·박종원, 경영학원론, 도서출판 두남, 2003.

양동훈·임효창·조영복 역, 경영학원론, 시그마프레스, 2011.

양인목·정익철, 환경경영 리포트, 에코리브르, 2006.

오종근·문덕중·박준우·이재춘, 디지털 시대의 창업 가이드, 도서출판 대경, 2002.

오준환·김우봉·송균석·유재욱, 에센셜 매니지먼트, 도서출판 청람, 2007.

오준환·송균석·유재욱, 경영학원론, 도서출판 청람, 2016

유기현, 전략경영론, 무역경영사, 2003.

유성은, 기업윤리와 경영성과, 한국학술정보, 2007.

유재욱·이근철·선정훈, 현대사회와 지속가능경영, 박영사, 2014

유필화·황규대·강금식·정홍주·장시영, 디지털시대의 경영학, 박영사, 2008.

윤석철, 기업가정신, 도서출판 대경, 2008.

이규금·조준희, 중소·벤처기업의 창업과 경영, 도서출판 대경, 2009.

이도운, 그린 비즈니스, 무한, 2009.

이병욱·황금주·김남규, 환경경영, 에코리브르, 2005.

이선우·박성훈, 공공기관의 활기차고 재미있는 직장 만들기 사례연구, 한국인 사행정학회보, 제9권 제2호, 2010, pp. 89 - 112.

이우용·정구현·이문규, 마케팅원론, 형설출판사, 2003.

이은석·원지환, 기업구조조정의 거시경제적 효과, 한국은행 조사통계월보, 2011.

이장로·신만수, 국제경영, 홍문사, 2008.

이재규 역, 미래경영, 청림출판, 2002.

이재규, (알기쉬운) 경영학의 이해, 박영사, 2005.

이재규, 글로벌 지식사회의 지식경영학원론, 박영사, 2002.

이종영, 기업 윤리, 삼영사, 2007.

이지훈·신창목·강희찬, 도건우, 녹생성장시대의 도래, CEO Information, 675호, 삼성경제연구소, 2008.

이태규, 경영 그리고 경영학 －사례로 보는 경영이론－, 무역경영사, 2003.

임성훈, 표준국제경영, 학현사, 2010.

임정재 역, 기업의 사회적 책임에 대한 A부터 Z까지, 재승출판, 2007.

장경천·황선웅·전헌용, 경영학원론, 경영학의 이해, 삼영사, 2004.

장세진, 글로벌경영, 박영사, 2009.

장원봉, 한국 사회적 기업의 실태와 전망, 동향과 전망, 75호, 2008.

전진구, 환경경영시스템, 구미서관, 2004.

정재영·노승종·오세경·오홍석·정헌수·현용진 역, 경영학 배움터, 생능출판사, 2006.

정진섭, Paradigm Shift를 위한 4차 산업혁명 시대의 경영사례, 박영사, 2019.

조동성, 21세기를 위한 경영학, 도서출판 서울경제경영, 2000.

조동훈, 경영전략@벤처창업, 한올출판사, 2004.

지호준, 알기쉽게 배우는 21세기 경영학, 법문사, 2010.

최순규·신형덕, 국제경영, 도서출판 석정, 2009.

최재윤, 기업경영의 새로운 패러다임, 예영커뮤니케이션, 2003.

최정철, 세계화와 CSR, CSR국제워크샵, 서울, 2009.

최종태, 자본주의 4.0시대의 사회적 기업과 경영학, 2011.

클라우드 슈밥, 제4차 산업혁명, 메가스터디, 2016.

하틀리, R.F., e매니지먼트 역, 윤리경영, 21세기북스, 2005.

한상만·하영원·장대련, 마케팅전략, 박영사, 2007.

홍성수 역, 경영관리, 새로운 제안, 2003.

환경부, 2004 환경보고서가이드라인, 환경부, 2004.

황복주·김원석·이영희, 경영학원론, 도서출판 두남, 2005.

Barney, J. B., and Hesterly, W. S., Strategic Management and Competitive Advantage, Pearson, 2010.

Brush D., The Impact of Corporate Culture on Economic Performance, Renova Newsletter, 2008.

Carroll, A. B., and Buchholtz, A. K., Business & Society, 5th edition, Thomson, 2003.

Crane, A., McWilliams, A., Matten, D., and Siegel, D. S., The Oxford Handbook of Corporate Social Responsibility, Oxford University Press, 2008.

Daft, R. L., and Marcic, D., Understanding Management, 4th Ed., Thomson South-Western, 2004.

Deal, T. E., and Kennedy, A. A., Corporate Cultures, Addison Wesley, 1982.

Drucker, Peter F., The practice of management, Harper and Row, 1954.

Dumler, M. P., and Skinner, S. J., A Primer for Management, Thomson South-Western, 2005.

Greenberg, J., and Baron R. A., Behavior in Organizations, 7th Ed., Prentice Hall, 2000.

Heskett, J., Sasser, W. E., and Wheeler, J., The ownership quotient: putting the service profit chain to work for unbeatable competitive advantage, Boston: Harvard Business Press, 2008.

Hill, C. W. L., Global Business Today, 5 edition, McGraw Hill, 2008.

Hill, C. W. L., and McShane, S. L., Principles of Management, McGraw Hill, 2008.

Hitt, A. H., Ireland, R. D., and Hoskisson, R. E., Strategic Management - Competitiveness & Globalization, Cengage, 2015

Hitt, M. A., Black, J. S., and Porter, L. W., Management, Pearson Prentice Hall, 2005.

Idowu, S. O., and Filho, W. Leal, Global Practices of Corporate Social Responsibility, Springer, 2009.

Ireland, R. D., Hoskisson, R. E., and Hitt, M. A., The Management of Strategy, 9th Ed., South-Western Cengage Learning, 2009.

Jones, G. R., George, J. M., and Hill, C. W. L., Contemporary Management, 2nd Ed., McGraw Hill, 2000.

Lawrence, A. T., Weber, J., and Post J. E., Business and society, 11th edition, McGraw Hill, 2005.

Lee, C−Y and Yoshihara, H., Business ethics of Korean and Japanese Managers, Journal of Business Ethics 16, 1997.

Lewis, P. S., Goodman, S. H., and Fandt, P. M., Management(Challenges for tomorrow's leaders), 4th Ed., Thomson South−Western, 2004.

Lintner J., Distribution of Incomes of Corporation Among Dividends, Retained Earnings and Taxes, American Economic Review, 46, pp. 97−113, 1956.

Loughran, Tim, Jay R. Ritter, and Kristian Rydqvist, Initial public offerings: International insights, Pacific−Basin Finance Journal, Elsevier, vol. 2(2−3), pp. 165−199, May 1994.

Martin, J., Cultures in organizations, New York: Oxford University Press, 1992.

Martin, R., The Age of Customer Capitalism, Harvard Business Review, Jan.−Feb., 2010.

Mercer Human Resource Consulting, Mercer Perspective Summer 2004, http://mercer.co.kr/modules//contents/ct_view.html?id=know_perspectiv e&p=1&no=68

Mindtool, http://www.mindtools.com/pages/article/newSTR_91.htm

Muhammad Yunus, Grameen at a Glance, Grameen Bank, 2010.

Peng. M., Global4, Cengage, 2018

Porter, Michael E. and Kramer, Mark R., Creating Shared Value, Harvard Business Review, Jan−Feb, 2011.

Porter, Michael, From competitive advantage to corporate strategy, Harvard Business Review 65, 1987, pp. 43−59.

Quinn, Robert E. and Rohrbaugh, John, A Spatial Model of Effectiveness Criteria: Towards a Competing Values Approach to Organizational Analysis, Management Sciences, Vol. 29, No. 3, 1983.

Reidenbach R. E., and Robin D. P., A conceptional model of corporate moral development, Journal of Business Ethics, 10(4), 1991.

Robbins, S. P., and Coulter, M., Management, 10th Ed., Prentice Hall, 2008.

Robbins, S. P., and Decenzo, D. A. Human Resource Management,

Academic Internet Pub Inc., 2006.

Ross, Stephen A, Randolph W. Westerfield, and Bradford D. Jordan, Fundamentals of Corporate Finance, McGraw Hill, 2010.

Savitz A. and Weber K., The Triple Bottom Line: How Today's Best－Run Companies Are Achieving Economic, Social and Environmental Success － and How You Can Too, Wiley, 2006.

Schermerhorn, J. R., Management, 6th Ed., John Wiley & Sons, Inc. 2001.

Schermerhorn, J. R. Jr., and Chappell, D. S., Introducing Management, Jone Wiley & Sons, Inc., 2004.

SIF, Social investment forum, http://www.socialinvest.org

Stoner, J. A. F, Freeman, R. E., and Gilbert, D. R. Jr., Management, 6th Ed., Prentice Hall, 1999.

Trompenaars F., and Woolliams P., A new framework for managing change across cultures, Journal of Change Management, 3(4), pp. 361－375, 2003.

World Commission on Environment and Development(WCED), Our Common Future, Oxford: Oxford University Press, 1987.

Yoo, J. W., and Kim, J. I., The Effects of Entrepreneurial Orientation and Environmental Uncertainty on Korean Technology Firms' R&D investment, Journal of Open Innovation: Technology, Market, and Complexity, 2019.

찾아보기

[저자 약력]

유재욱

미국 워싱턴 주립대학교에서 경영전략 전공으로 경영학 박사학위를 취득하였다. 현재 건국대학교 경영대학 교수와 경영전문대학원 부원장으로 재직중이며, 주요 강의 및 연구 분야는 경쟁전략, 성장전략, 기업지배구조, 글로벌전략 등이다. 한국전략경영학회 부회장, 대한경영학회와 한국중견기업학회 상임이사, 대한경영정보학회와 고객만족경영학회 이사로 활동 중이다. 주요저서로는 현대사회와 지속가능경영과 경영학 원론이 있고, Journal of Management Studies, Long Range Planning, Journal of Management & Organization 등 국내외 유수의 저널에 다수의 논문이 있다.

이근철

한국과학기술원에서 산업공학으로 박사학위를 취득하였다. 현재 건국대학교 경영대학에서 운영관리 및 경영과학 분야 강의를 담당하고 있으며, 제조 및 서비스 시스템의 설계와 운영에 관한 최적화/휴리스틱 방법론 연구와 에너지 수요 예측에 관한 연구를 주로 수행하고 있다. International Journal of Production Research, Journal of the Operational Research Society, Omega - The International Journal of Management Science 등 관련 분야 국내외 저널에 다수의 논문이 있다.

선정훈

건국대학교 경영학과 재무 전공 교수로 재직 중이다. 그는 고려대학교에서 경제학 학사와 석사를, 미국 펜실베이니아주립대학교에서 경제학 박사학위를 취득하였다. 건국대학교 부임 이전에는 한국은행 과장, 한국증권연구원 연구위원을 역임했다. 건국대학교 부임 이후에는 한국은행 객원연구원, 금융감독원 자문위원, 자본시장연구원 초빙위원, 한국증권학회 이사 및 편집위원 등으로 활동해왔으며, 현재 감사원 자문위원, 공무원연금, 남북협력기금 및 대외협력기금 위원, Korean Journal of Financial Studies 편집위원장 등을 맡고 있다. 기본 재무관리, 핵심 기업재무, 기업재무 등이 저서가 있으며, Journal of International Money and Finance, Asia-Pacific Journal of Financial Studies 등 학술저널에 여러 편의 재무 분야 게재 논문이 있다.

4차 산업혁명 시대의 기업경영

초판발행	2020년 8월 13일
중판발행	2022년 2월 10일
지은이	유재욱·이근철·선정훈
펴낸이	안종만·안상준
편 집	황정원
기획/마케팅	정연환
표지디자인	박현정
제 작	고철민·조영환
펴낸곳	(주) 박영사
	서울특별시 금천구 가산디지털2로 53, 210호(가산동, 한라시그마밸리)
	등록 1959. 3. 11. 제300-1959-1호(倫)
전 화	02)733-6771
f a x	02)736-4818
e-mail	pys@pybook.co.kr
homepage	www.pybook.co.kr
ISBN	979-11-303-1001-5 93320

정 가   24,000원